U0092916

修訂三版

Economics

經濟學

王銘正 著

三民書局

修訂三版序

在 2020 與 2021 年，COVID-19 疫情雖然造成「宅經濟」的昌盛，而有利於電子資訊、電商、遊戲機、家電、家具與健身器材等產業， 但也對許多商品與服務的供需造成不利的影響（如「塞港」現象造成全球海運服務供給的減少）；而很多國家的政府為刺激經濟，也採取強力的貨幣政策與財政政策，不單影響了很多資產（如股票）市場的表現，也影響整體經濟。因此，疫情加上總體經濟政策不只造成很多商品、服務與資產市場其供需的波動，也造成總合需求與總合供給的波動；本書此次改版的重點即在闡明這些波動的影響，希望可以為讀者奠下日後繼續鑽研經濟與財金知識與議題的基礎。

本書也說明政府 2020 年口罩政策的影響。該政策一開始的影響就如同經濟學教科書所描述的：價格上限造成供不應求的現象，但後來「國家口罩隊」的產能大開與臺灣疫情控制得宜，讓人不禁讚嘆政府英明；不過，「一例一休」新制的施行，又引發不少民怨。另外，本書也說明為何我國的實質薪資在過去十餘年間幾近停滯的現象。

本書除了著墨上述種種議題之外，數據資料也根據最新年份加以更新，並盡量以日常生活中常見的或重要的經濟現象與政府政策為例，來說明相關的理論，如歐洲央行與日本央行的「負利率」政策。

本書在寫作期間，承蒙中央大學經濟系碩班劉柏宏與朱家萱兩位同學的的諸多協助，在此致上最誠摯的謝意。

王銘正

2021 年 4 月

於國立中央大學研究室

序

曾有學生問我，對經濟學實在沒有興趣，但也不曉得對哪一門學科有興趣，希望我可以給她一些建議。當時，我就建議她到三民書局，遍覽各學門的基礎教科書，看哪一本教科書她可以看得欲罷不能。如果可以找到這樣的教科書，那大概就八九不離十了。希望本書對某些讀者有這樣的效果。

不管是中文還是英文，市面上已經有不少經濟學教科書。在寫書的時候，我要求自己每一章都要有一些新的內容，且能讓讀者看了之後會覺得經濟學是一門「有趣又有用」的學問。為達到這樣的目標，本書大約舉了一百二十個實際的例子，像是以王建民的防禦率來說明邊際成本與平均變動成本的關係，以及以陳金鋒的打擊率來說明勞動邊際產量與平均產量的關係；另外，本書用了相當的篇幅來解釋我國總體經濟現象，例如第 10 章說明臺灣「經濟奇蹟」的成因。這樣做無非是希望透過眾多的實務印證與鮮活例子，讓讀者能充分領略本書所介紹的內容。

從 2001 年到 2006 年，臺灣經濟僅溫和成長；不少國人透過購買海外共同基金的方式進行海外投資。在 2007 年第一季，我國居民對外證券投資淨流出金額高達 111.8 億美元。在全球金融整合程度日益升高之際，國際金融知識也變得日益重要，所以，本書也用了比較多的篇幅介紹「國際金融」知識，包括用未避險利率平價 (uncovered interest parity) 理論說明臺灣與日本在 1980

年代下半期的「泡沫經濟」，以及 1997–1998 年的「亞洲金融風暴」。

本書能夠順利出版，要感謝的人實在太多了。首先要感謝三民書局劉振強董事長的邀約。單驥、方振瑞、黃麗璇、徐之強與鄭保志等教授的砥礪與磋商也讓我獲益良多。還有，中央大學經濟系馬慧娟與張雅琪兩位助教，以及我一群可愛的學生：徐珈婷、林億恩、王思文、韓佳君、高聚靁、張怡琳、余心慈、鍾心淇、高勝昌與洪于婷，熱心協助，在此謹致上最誠摯的謝意。

最後，要感謝家人全心全意與無怨無悔的支持，特別是妻子筱琳、女兒芝宇以及姐夫張永豐先生與大姐張王明香女士。

王銘正

2008 年 1 月

於中央大學研究室

經濟學 目 次

contents

第1章
導　論

1. 經濟學是一門什麼樣的科學？
2. 經濟學的基本觀念為何？
3. 價格機能如何引導社會資源的配置？
4. 何謂循環流程圖？

Economics

2020 年，全球經濟因冠狀肺炎疾病 (COVID-19)（以下簡稱新冠肺炎）而陷入衰退；在這一年，「拼經濟」成為各國政府的施政主軸。有人把「經濟」定義成「經世濟民」，這樣的定義雖是主政者須念茲在茲的，但對一般市井小民而言似乎太沉重了。一般人可能會比較關心「為什麼薪水增加的速度趕不上物價上漲的速度」之類的經濟現象或「手上的股票其價格會不會上漲」。經濟學旨在提供一套分析方法，解釋種種的經濟現象並預測未來的趨勢。本章首先將回答「經濟學是什麼」這個問題，接著再介紹經濟學一些重要的基本觀念；希望讀者讀完本章之後能對經濟學有一些初步的瞭解。

1.1 經濟學是什麼？

經濟學是解釋並預測「經濟現象」的一門學問。何謂「經濟現象」？簡單地說，就是市場價格波動的現象。市場價格除了一般商品（如手機與農產品）的價格外，也包括服務（service，如手機通訊與交通運輸）的價格，以及薪資、利率（使用資金的代價）、租金等生產要素的價格。除了以上的價格外，像匯率也是一種價格；如果美元兌新臺幣的匯率為 30，那就表示 1 美元以新臺幣所表示的價格為 30 元新臺幣。另外，像股票價格也是投資大眾耳熟能詳的價格。

任何一個經濟都有成千上萬種商品、服務與資產，我們時常可以觀察到它們的價格在波動；這些波動與我們的生活水準息息相關。例如，當汽油價格大幅上漲時，大多數家庭的油費支出會增加，而被迫減少其他的支出。又例如，當股票價格大幅下跌時，股票持有人的財富可能大幅縮水，而必須縮衣節食。當他們縮衣節食時，一般商家的收入也會隨著減少，從而這些商家也跟著減少支出，甚至減少他們的勞工雇用量，而造成失業的增加。因此，瞭解市場價格波動的經濟現象，不管是對個人還是政府，都是相當重要的。

我們知道，在自由市場下，也就是政府不介入市場去干預價格的情況下，一般市場價格是由市場買賣雙方所共同決定的。在經濟學，我們稱市場價格是由市場需求 (**market demand**) 與市場供給 (**market supply**) 所共同決定的，或簡稱市場價格是由市場供需所共同決定的。當市場供給、需求或供需雙方同時變動時，市場價格也就跟著變動。例如，若颱風造成農產品嚴重損害，則農產品的供給會減少，從而農產品的市場價格會上漲。在 2005 年夏天，一連串的豪雨及颱風造成中南部青蔥嚴重受損，全臺灣的青蔥幾乎全由宜蘭地區供應。供不應求的結果，使得宜蘭「三星蔥」的價格曾飆到 3 根 100 元的水準。又例如，在 1980 年代後期，臺灣當時有一句話叫「臺灣錢淹腳目（腳踝)」；這句話在形容臺灣當時資金氾濫的程度❶。資金氾濫的結果，使股票市場的需求大幅增加，進而造成「臺灣證券交易所發行量加權股價指數」從 1985 年 9 月約 700 點的水準，漲到 1990 年 2 月之 12,682 點。在 2020 年，雖然不少國家的經濟因新冠肺炎疫情而陷入衰退，但股價指數卻因資金氾濫而上漲。以美國為例，道瓊 (Dow-Jones) 指數雖然因疫情而曾自 2019 年年底的 28,634 點因賣壓而下殺至 2020 年 3 月的 18,213 點，但 2020 年年底卻收在 30,606 點，主要就是資金氾濫的緣故。在 2020 年，臺灣的上市加權股價指數也有類似道瓊指數的表現（從 11,997 點下殺至 8,523 點，而收在 14,732 點)，且漲跌原因也相似。

市場的供給與需求是市場參與者個別的供給與需求的總和。當大部分市場參與者其供給或需求改變時，市場的供給或需求也會跟著變動，進而使市場價格發生變動。因此，我們如要瞭解市場價格波動的經濟現象，首先必須瞭解哪些因素會影響市場參與者的供給與需求的決策；換句話說，我們必須先瞭解市場參與者他們如何作決策或選擇 (decision or choice)。從這個角度來看，**經濟學是一門研究人們如何作決策或選擇的科學 (a science of decision or choice)**。

❶ 關於臺灣當時的金融情勢，我們會在第 15 章再詳細介紹。

1.2 經濟學的基本觀念

有人說人生是一連串的選擇過程。人們為什麼需要作選擇？人們又如何作選擇？本節將介紹一些經濟學的基本觀念來回答這些問題。

◆ 1.2.1 魚與熊掌不可兼得

當你剛成為大一新生時，你可能想買電腦、腳踏車（甚至摩托車）、更炫的手機等等；你也有很多書要買，也有很多活動要參加。可是你的預算是有限的，以至於這些欲望無法同時滿足。這時候，你必須在你有限的預算下，根據這些欲望的強烈程度及所需支付的價格排定優先順序；換言之，你必須作選擇或取捨 (trade-off)。因此，人們之所以需要作選擇，是因為人們所擁有的資源相對其欲望是有限的。

也許有些大一新生家裡很有錢，所有的物質欲望不會有預算的限制；但這些人仍會面臨「時間是有限」的限制，以至於必須決定哪些活動必須割愛，特別是在大考之前。

又例如，在你的預算跟時間都是有限的情況下，你要搭哪一種交通工具返家？自強號或普通電車？有哪一種長途交通工具是既省時又省錢，而讓你不需要作取捨的？再例如，你可以盡情享受美食又同時維持窈窕的身材嗎？

動腦筋時間 1–1

舉出你作過的取捨的例子。

就一般家庭而言，最基本的決策是夫妻要不要同時工作，以及家庭的收入如何分配在食衣住行育樂各項支出上。就政府而言，也面臨相當多的決策問題。例如，要不要增加疫情的紓困支出？如果增加，是要增稅，還是舉債，還是減少其他項目的支出？如果是後者，哪些項目的支出要減少？又例如，政府要不要增加對「就學貸款」利息的補貼？如要增加，經費從何而來？再例如，有哪一種發電方式比其他發電方式來得安全、對環境較無害且成本較低❷，而使政府能輕易地做出決策？

魚與熊掌不可兼得

人們無時無刻都在作選擇，就連挑個禮物也要猶豫再三。

圖片來源：shutterstock 網站。

就整個社會而言，會面臨「生產什麼」、「生產多少」、「如何生產」（多用資本或多用勞動）以及「如何分配」（即所得分配問題）等四個基本決策。一個社會之所以會面臨這些決策問題，也是因為整個社會的資源相對於人們的欲望是有限的。一個具體而微的表徵是，人們所欲求的東西幾乎都是有價格標在上面的（這些東西即所謂的經濟財，economic goods）。如果社會所有的資源都像空氣一樣，取之不盡用之不竭，那麼，所有的東西就會像空氣一樣是免費的（即所謂的自由財，free goods），人們也就不會面臨任何物質上的取捨問題。正因為幾乎所有東西都是有價的，而人們的預算相對其欲望是有限的，所以必須要作選擇。

◆ 1.2.2　人們如何作選擇：比較成本與效益

人們如何作選擇呢？讓我們舉下面的例子來說明。想像你大學畢業時有 X 與 Y 兩個工作機會讓你選：X 工作的月薪為 3 萬元，而 Y 工作的月薪為 6 萬元。你是否會毫不猶豫地選 Y 工作呢？

❷ 根據台電公司網站（首頁 > 公司治理 > 電價成本）的資料，2020 年截至 11 月底，核能、燃煤、燃氣、風力與太陽光電等主要發電方式的每度成本分別為 1.95、1.30、1.90、1.28 與 2.93 元。其中，核能發電的成本低，但會有核廢料處理與核災風險等問題；燃煤發電的成本亦低，但空氣污染問題最嚴重；風力發電的成本也低且不會產生空氣污染，但會有噪音（陸上）及破壞景觀與生態的問題；太陽光電雖也不會產生空氣污染，但發電成本高，也會破壞景觀與生態；風力發電與太陽光電也會有設備製造所產生的污染及無法連續發電而無法做為基載電力的問題；燃氣發電的空氣污染程度輕，但天然氣的國際價格的波動幅度大。

薪水高低並不是人們在選擇職業時的唯一考量，人們還會考量工作的成就感、工作環境的和諧、訓練機會、未來發展性等效益 (benefit)，以及工作壓力、時間長短、安全危害、健康與尊嚴受損、相關支出（如交通、租屋、治裝）等成本 (cost)。人們會試著量化所有的效益與成本以進行比較。

讓我們以 B 與 C 分別代表效益與成本，且以下標 1 與 2 分別代表 X 工作與 Y 工作。我們稱 $B_1 - C_1$ 與 $B_2 - C_2$ 分別為 X 工作與 Y 工作的淨效益 (net benefit, NB)。如果

$$B_1 - C_1 > B_2 - C_2$$

則你會選擇 X 工作，亦即當 X 工作的淨效益大於 Y 工作時，你會選擇 X 工作，即使 Y 工作的月薪是 X 工作的兩倍。

舉例來說，X 工作是在冷氣房裡做咖啡拉花，而 Y 工作是當餐點外送員。你可能不願受風吹日曬雨淋，且擔心車禍風險，所以對你而言，Y 工作的成本相當高，高到讓你願意捨棄高薪。可是有些人可能會因經濟壓力而選擇高薪的 Y 工作；就這些人而言，經濟壓力迫使他們調低其所承擔的成本。上式可以改寫成：

$$\begin{aligned} B_1 &> C_1 + (B_2 - C_2) \\ &= C_1 + NB_2 \end{aligned}$$

我們稱 C_1 為 X 工作的外顯成本 (explicit costs)❸，亦即因從事 X 工作而遭致的直接成本，而 NB_2 為從事 X 工作的內隱成本 (implicit costs)，亦即因選擇 X 工作而放棄 Y 工作的淨效益。如果你可以選擇的工作機會不只兩個，且你最終選了 X 工作，則這意味著 X 工作的淨效益是這些工作裡面最高的，且其內隱成本為次高的淨效益。

---

❸ 外顯成本有時被稱為會計成本 (accounting costs)，但外顯成本可能源自於無形的項目，如上述的工作壓力，而無法顯示在會計帳上。因此，外顯成本實際上涵蓋會計成本。

經濟學的成本指的是經濟成本 (economic costs)，或稱機會成本 (opportunity costs)，它包括外顯成本與內隱成本，因此是一個總成本的概念。由上式可以得知，人們會選擇某一機會，是因為此一機會的總效益大於總成本的緣故。

由於機會成本是經濟學中相當重要的觀念，讓我們再舉一個例子說明。假設你家裡有一間店面租給別人，月租 3 萬元，且租金歸你。你本來在一家公司上班（對應上面的 X 工作），月薪 4 萬元。現在你想收回你家的店面來自己開店（對應上面的 Y 工作），而且你估算每個月會計帳上的利潤（= 營業收入 – 會計成本）會有 5 萬元。為簡化說明，假設這兩項工作有相同的外顯成本（亦即 $C_1 = C_2$），且其效益均只來自於收入。這時候你會不會因為自己開店的會計利潤有 5 萬元，高於你目前的月薪 4 萬元，而選擇辭掉工作去開店呢？

由於你目前的收入除了月薪 4 萬元之外，還有你家店面的 3 萬元租金，總共是 7 萬元（對應上面的 B_1），高於收回你家的店面來自己開店的會計利潤 5 萬元（對應上面的 B_2），所以你不應該自行開店。

我們可以換個角度來思考這個問題。如果你家沒有店面，所以你得租別人的店面（月租 3 萬元）來開店。這時候你會計帳上的成本會多了租金 3 萬元這一項（因為你有實際的支出），而使你會計帳上的利潤從使用自家店面的 5 萬元變成了 2 萬元，比你在人家公司上班還少，這時候你就不會選擇自行開店。同樣是自行開店，且自家店面與他家店面的租金同樣是 3 萬元，那麼，最後會不會選擇自行開店的結果不是應該一樣嗎？如果你是用機會成本的概念，那麼你用你家店面來開店的經濟利潤（= 營業收入 – 經濟成本）為每個月負 2 萬元，其為 5 萬元的會計利潤減去自家店面被你用來開店所少賺的月租 3 萬元，以及你辭去工作所少賺的月薪 4 萬元，這兩項內隱成本（以上的計算省略外顯成本）。因為經濟利潤為負，所以你不應該選擇自己開店。

如果你租別人的店面來開店，則經濟利潤仍為每個月負 2 萬元，其為 2 萬元的會計利潤減去你上班的月薪 4 萬元。這兩種情況的差別在於，月租 3 萬元在前者是內隱成本，在後者是外顯成本，但都屬於機會成本，所以不管店面是自家的還是用租的，最後的結果都是不應該自己開店。

動腦筋時間

1-2

假設你今晚要在附近的飲料店打工 4 小時，時薪為 200 元；但若翹班，不但領不到錢，還會被罰 1,000 元。對你而言，這 4 小時的外顯成本（如耗費體力與精神）為 300 元。突然間，你朋友說他有兩張免費的演唱會公關票，想請你一起去聽，前後也剛好是你打工的那 4 小時，不過你得出來回的計程車費 400 元。後來你答應你朋友的邀約，這意味著對你而言，這場演唱會的總效益起碼為多少元？

◆ 1.2.3 人們如何作邊際選擇：比較邊際效益與邊際成本

有時候人們的決策不是關於「要不要」的問題（如要不要念大學），而是關於「要不要繼續」的問題。比方說，期末考前一天你已念了 8 小時的書，要不要再繼續念下去呢？這時候你要比較如果再繼續念 1 小時所增加的效益（稱邊際效益，marginal benefit），與所增加的成本（稱邊際成本，marginal cost）。以本例而言，再多念 1 小時的邊際效益為明天考試你預期增加的分數所帶給你的滿足水準提升的部分。如果事關被二一或三二，那你多念這 1 小時的邊際效益可能相當大。而你的邊際成本為多念這 1 小時，你就少了做 1 小時當時你最喜歡做的事所帶給你的歡愉（內隱成本），而且這 1 小時若繼續念書，你可能會相當痛苦（外顯成本）。要不要繼續念呢？這時候你該比較邊際效益與邊際成本；如果前者大於後者，那就繼續念吧！又比方說，你已唱了 5 小時的 KTV，有同學提議再唱 1 小時，你要不要答應呢？這時候你的回答其實是反映出你所作的「邊際分析」(比較邊際效益與邊際成本）的結果。(你的回答會是什麼呢？為什麼？)

動腦筋時間 1-3

(a)舉出你所作過的邊際決策，並說明當時你所作的「邊際分析」。

(b)你開了一家泡沫紅茶店，生意非常好。這時候你會不會在生意好的時段多僱一位工讀生呢？為什麼？

經濟學之父亞當・史密斯 (Adam Smith, 1723–1790) 在《國富論》(*The Wealth of Nations*, 1776) 一書中，曾提到一個「水與鑽石的矛盾」現象，意即水是維持生命所需的東西，為什麼水的價格卻遠比鑽石低呢？這是因為在一般不缺水的情況下，人們已喝了足夠的水，再多喝水所帶來的邊際效益低，因此，人們所願意支付的價格也就不高。而鑽石由於稀有，一般人買不起，所以擁有它會有很強的炫耀效果（即邊際效益高），有錢人也就願意支付高價來購買。所以，透過邊際概念可以解答此一矛盾現象。不過，水的價值也不見得永遠比鑽石低。假設你在沙漠盜取了一袋鑽石，但水卻喝光了，你再不喝水的話，馬上就會渴死。這時候，如果有人要用一袋水跟你換那一袋鑽石，你願不願意換？答案應該是很明顯的。下面的「Economics 部落格」提供另一個關於人們如何作邊際選擇的實際例子。

Economics 部落格

李維特與杜伯納 (S. D. Levitt & S. J. Dubner) 在《蘋果橘子經濟學》（*Freakonomics*，李明譯，臺北：大塊文化，2006）一書中，也舉了一個跟邊際概念有關的例子，內容大致如下：房屋仲介員的所得來自於房屋仲介成功所收取的佣金。為簡化說明，假設房屋仲介員佣金為房屋成交價的 1%。如果他仲介成功一間 500 萬元的房子，那麼他就會有 5 萬元的所得。如果你有一間房子要賣，你是不是會以為房屋仲介員一定會替你賣到最高的價格，因為這樣的話，他的所得也會最高。

針對芝加哥地區房屋仲介市場所作的研究卻發現其實不然！為什麼會這樣呢？難道芝加哥市的房屋仲介員不在乎所得嗎？你可以想像自己是手邊有多

圖片來源：shutterstock 網站。

件案子的房屋仲介員。如果其中一個案子的委託人要求的賣價是新臺幣 520 萬元，而有人出價到 500 萬元，你可能會以一些理由(如房地產景氣高峰已過)來慫恿你的委託人接受 500 萬元的出價。因為若賣到 520 萬元，你的佣金只增加 2,000 元，但很可能因為要繼續忙這個案子而使其他案子成交的機率下降。換句話說，你若繼續忙這個案子，你的邊際效益只有 2,000 元，但若用同樣的時間來忙其他類似金額的案子，則只要一成交就會有 5 萬元的佣金收入；換言之，你若繼續忙這個案子，你可能就少賺了 5 萬元，亦即你預期的機會成本會很高，所以，你可能會慫恿你的委託人接受 500 萬元的出價。因此，不要太相信你的房屋仲介員一定會幫你賣到最高價，特別是業務量很大的仲介員。

芝加哥市房屋仲介員在乎自己所得的另一個證據是，房屋仲介員若是賣自己的房子的話，平均銷售期間長 10 天，賣價高 3%。如果房屋仲介員多等待 10 天，可以使自己的房子多賣 15 萬元的機率為 40%，那麼多等待 10 天的預期的邊際收益會是 6 萬元（15 萬元 × 40%），高於他們所預期的機會成本（如上述的 5 萬元）。在此情況下，會有上述的結果也就不足為奇了！

◆ 1.2.4 行為隨誘因起舞

人們的行為會隨誘因 (incentive) 的改變而改變。為瞭解這一點，讓我們先看下面兩個例子。

在十八世紀末，英國政府雇船將犯人送到澳洲，費用是依犯人數目事先支付給船長；結果，犯人死亡的比例很高 (約 12%)。這是因為船長已先拿到錢，所以沒有誘因善待犯人。後來，英國政府改成依犯人平安抵達澳洲的數目來付費，結果情況就大為改善。

作家劉墉在他《人生的真相》一書中提到一個故事，內容大致如下：有一位貧病交加的老農在臨終前告訴他遊手好閒的獨子：「家裡值錢的東西都在田底下。」他兒子在老農過世後就拼命地挖他家的田，結果什麼都沒有。

為了過日子，他兒子只好下田工作。沒想到，「深耕」後的田使農作物的收穫特別好，日後他兒子也就比較願意下田❹。

由上面的這兩個例子可以知道，足夠的誘因可以改變人們的行為。下面「Economics 部落格」中的例子是關於如何透過提供足夠的誘因來致富。

Economics 部落格

圖片來源：EmailCash 網站提供。

一般人看到垃圾郵件，內容看都不看就「殺」掉；這對上網廣告的廠商非常不利，因為廣告效果不好。如何讓人們有足夠的誘因開啟廣告郵件呢？EmailCash 這家公司的創辦人鄭言立就透過給予網友一定的好處，讓網友願意主動回覆廠商的電子郵件廣告或問卷，或是願意上網線上購物。EmailCash 的會員每回一封信、填一個問卷或線上購物，都有 5 元、10 元不等的「e 元」可拿；集滿 8,000「e 元」就可以領到 800 元現金。這樣一個誘因機制讓鄭言立得到政府頒發的「青年創業楷模獎」；EmailCash 臺灣分公司的會員數在 2007 年 11 月達到 35 萬人的水準。

參考資料：《中國時報》，2006 年 4 月 4 日；EmailCash 台灣電子郵件市調網。

動腦筋時間

1–4

(a)舉出你的行為隨著家庭或學校的誘因機制改變而改變的例子。

(b)舉出別人的行為因你提供足夠的誘因而改變的例子。

在日常生活中，最常見到的「行為隨誘因起舞」的例子是，廠商大降價後，顧客買的數量變多了，甚至原先沒買的，現在也來買了。另外，像政府有時候也會提出新的誘因機制來達成政策目標。例如，為減少酒醉駕車肇事

❹ 劉墉 (1993)，《人生的真相》，臺北：水雲齋文化。

事件，政府提高罰鍰且將酒測值超過一定標準者依「公共危險罪」移送法辦。又例如，為因應全球溫室氣體排放日益嚴重的趨勢，政府補貼電動機車的購買及住家屋頂太陽能面板的裝置。

有時，政府所提的誘因太強，反而造成資源浪費或不公平的結果。舉例來說，政府為照顧老年農民生活，自 1995 年起開始發放老農津貼，當時每月 3,000 元；發放金額後來逐步提高，自 2012 年起，每月達 7,000 元（2016 年元月再調高為 7,256 元）。由於這個津貼相當誘人，且農保資格寬鬆、審查浮濫❺，遂造成「假農民」人數大增：在 2013 年，臺灣的實際農業人口數明明只有約 54 萬人，但投保農保人數竟高達約 145 萬人❻；發放金額也從最初的一年 124 億元，大幅增加到一年 562 億元，約占行政院農委會一半的預算❼。為解決這個問題，立法院於 2014 年 7 月 16 日通過《老年農民福利津貼暫行條例》修正案，規定未來若要領取老農津貼，門檻將從原先投保農保 6 個月，提高到投保 15 年以上才能領取（比照勞保年金最低標準）。這項新政策提高假農民的保費支出，再加上確實審查投保人資格，而讓農保的投保人數持續減少至 2020 年 10 月底的 105 萬人❽。

另外，政府有些政策雖立意良善，但因沒有考慮到實施後產生的「副作用」，而使政策美意無法達成，甚至反其道而行。

舉例來說，原來的《勞動基準法》規定，勞工必須於同一事業單位工作 15 年以上且年滿 55 歲或工作 25 年以上，才能請領退休金。由於國內廠商主要是中小企業，其存續時間多半為 10 年至 13 年，加上《勞動基準法》對未按時提撥勞工退休準備金的處罰太輕（處 2,000 元以上、20,000 元以下罰鍰），有提撥的廠商家數至 2003 年 12 月底止僅有 10.10%（受益員工率為 49.18%），再加上國內勞工流動率高，使得大部分勞工沒有領到退休金。為

❺ 加保年資僅需 6 個月，農會會員僅需持有 0.1 公頃農地，非農會會員只需切結每年農業收入超過 10,200 元，即可請領津貼。

❻ 監察院 102 財正 0051 號糾正案文。

❼ 《聯合報》，2014 年 1 月 6 日。

❽ 行政院農委會農業統計資料查詢 > 動態查詢 > 農民健康保險投保人數。

解決此一問題，《勞工退休金條例》除了讓勞工可以選擇可攜式的個人退休金專戶外(此專戶保障勞工不會因離職或轉換工作而領不到以前工作期間應領的退休金)，並規定雇主每月負擔之勞工退休金提繳率，不得低於勞工每月工資的 6%，且一開始在《勞工保險條例》(通稱「勞退新制」) 中對違反規定者訂定相當重的罰則 (欠費 1 年，滯納金就變成應提繳金額的 23 倍)。

「勞退新制」上路後，勞保局每月發出一萬多張催繳單，相當於有 5% 的事業單位未配合新制按時提繳勞退金；過高的滯納金，反而讓部分事業單位採取直接關門的作法，最後受害的還是勞工。勞退新制立法當時原本是希望透過重罰讓事業單位不敢違規，以保障勞工權益 (立意良善)，但罰則過苛反而讓部分事業單位採取直接關門的作法，不但讓該事業單位的勞工領不到退休金，連薪水也沒有了 (副作用)。起碼就這些勞工而言，勞退新制反而讓他們受害。有鑑於此，立法院於 2008 年通過《勞工保險條例》修正案，改成每逾 1 日加徵其應納費額 0.1% 至應納費額 20% 為限。在這些較為合理的規定下，新制勞工退休金的收繳率在 2015 年已達 99.8%[9]。

動腦筋時間

舉出類似「勞退新制」其政策美意無法達成，甚至反其道而行的政府政策措施。

◆ 1.2.5　交易使雙方獲利

當你作完經濟方面的決策，亦即跟價格有關的決策 (如買火車票或當家教)，接下來就執行你的決策。首先你必須找到交易的另一方，然後開始議價。當然，像火車票或便利商店的商品，你並沒有議價空間，也就是說，像這類的商品或服務，你是一個價格接受者 (price taker)；但像家教的話，你多少有一些議價空間。有一些商品的議價空間會比較大，如房地產或地攤貨。

當交易雙方同意最後的議價結果後，交易就成立。由於交易是在自由意

[9] 行政院勞動部網站（搜尋關鍵字：滯納金）。

志下進行，且交易價格是雙方都接受的，因此，交易可以使交易雙方同時獲利，也就是說，雙方都會有交易利得(gains from trade，或稱貿易利得)。就買方而言，其交易利得為其所願意支付的價格大過實際支付的價格的部分；就賣方而言，其交易利得為其實際收到的價格大過他們所要求的價格(主要決定於他的機會成本)的部分。舉例來說，你最多願意花 800 元從臺北搭自強號火車到臺南，若實際的票價是 700 元，那麼你搭自強號火車的交易利得就是 100 元；如果你每小時至少要有 250 元才願意當家教，而實際的家教費是每小時 400 元，那麼你每小時的家教就會有 150 元的交易利得。所以，買賣雙方交易利得的多寡，一方面決定於買方的支付意願與賣方的機會成本，另一方面決定於實際成交的價格⑩。

交易利得

在買賣雙方都在自由意志下進行交易，且交易價格是雙方都接受時，那麼當交易成立時，雙方都會有交易利得。

圖片來源：shutterstock 網站。

當交易成立時，買賣雙方都會有交易利得，那麼，是不是成交數量愈大時，整個社會的福利水準就愈高呢？這要看交易的標的物是不是會產生外部成本 (external cost)。外部成本指的是人們的行為對其他人造成負面影響，且當事人並沒有負擔此一社會成本。例如，流動攤販占據騎樓，造成行人不方便；工廠排放廢氣，影響空氣品質等等。所以，像這類會產生外部成本的商品，並不是成交數量愈大，整個社會的福利水準就會愈高。關於外部性 (externalities) 與政府應有的作為，我們會在第 8 章再詳細介紹。

如果交易的標的物不會產生外部成本，那麼成交數量愈大，買賣雙方的交易利得也會愈大，從而整個社會的福利水準也會愈高。這樣的結論是不是也適用於交易標的物為身體器官呢？換句話說，如果「器官市場」存在，那

⑩ 關於交易利得，我們會在第 3 章再詳細介紹。

麼社會福利水準會不會提升呢？

臺灣在 2006 年爆發「卡債風暴」，50 萬以上的「卡奴」無法償還他們的卡債。另外，有些人因為經商失敗之類的原因而背負龐大的債務。這些人生活陷入困境，有些人甚至自殺。假設有一個卡奴已下定決心要自殺，突然之間，政府立法通過器官交易合法化；他只要「賣」一顆腎臟、或「賣」部分肝臟、或「賣」一片眼角膜，就可以解決他的債務問題。雖然賣掉他的器官之後，他的身體殘缺了，但他可以重新過日子；也就是說，他會有「器官交易利得」。就「買」器官的買者而言，他可能因為「買」到器官，而不會像現在一樣須等待適合的人捐贈，而使得生命可以延續或病情好轉；對他而言，他也會有「器官交易利得」。

讓我們再想一個比較極端的例子：有一個單親媽媽，她有三個稚齡的小孩，但負債 1 仟萬。她本來已決定攜子自殺，但突然間，心臟可以合法「交易」，「市場價格」是一顆 2 仟萬，這位媽媽決定進行這項「交易」。這項交易成立與沒有這項交易的差別在於她的三個小孩得以繼續過他們的一生，換心者也得以存活。雖然，不管有沒有這項交易，這位媽媽都會結束自己的生命，但一是「含恨」，一是「喜捨」。

既然器官交易可使交易雙方享有交易利得，那為什麼器官交易尚未合法化？

經濟學「交易利得」這個觀念可以清楚說明為什麼有些人贊成「器官交易合法化」，也讓不少經濟學家主張政府應該「輕稅」，因為課稅會使交易數量減少，而使得交易利得及社會福利水準下降。

1.3 價格機能：一隻看不見的手

由以上關於「交易利得」的分析可以得知：如果交易的標的物不會產生外部成本，那麼，一個社會的交易愈自由，亦即政府對交易的干涉愈少，則這個社會的福利水準應該會愈高。每個社會的交易自由程度並不一樣；中國曾實施「人民公社」制度，大家集體生產、集體消費，每個人生產的東西和消費的東西都一樣，因此也就沒有交易的空間，也因而沒有交易利得。在共產主義社會，「生產什麼」、「生產多少」及「如何生產」這三個社會基本決策是由中央政府官員依自己的偏好拍板定案。在此情況下，很容易發生人民想要的東西不生產，且生產出來的東西卻不是人民想要的結果。例如，北韓是全世界少數能夠發射彈道飛彈的國家，但北韓卻時常鬧饑荒且醫療物資非常短缺⓫。又例如，中國曾發生過用簡單高爐熔化炒菜鍋這種「土法煉鋼」的方式來生產鋼鐵。至於「如何分配」這個社會基本決策，在共產主義國家由於大家「均貧」，反倒沒什麼問題。

簡單地說，共產主義國家由於欠缺一個良好的社會資源配置機制，再加上「齊頭式的平等」，使人民沒有努力工作的誘因，因此，資源的使用非常沒有效率，每個人民的平均產出水準也就非常低。

相反地，在自由市場經濟體制下，資源的配置就非常有效率，亦即人民不要的東西不會被生產，且愈多人想要的東西產量會愈多。像美國這樣一個不管是以哪一種標準來衡量都是非常龐大的經濟體，她的資源配置就相當有效率。這樣的「神奇」結果是如何產生的呢？在自由市場經濟體制下，這樣的結果是透過「價格機能」(price mechanism)，或稱「市場機能」(market mechanism)，來達成的。價格機能是指透過市場價格引導社會資源配置的機能。何以價格機能可以讓社會資源有效率地配置？讓我們先看一些例子。

以智慧型手機為例。臺灣智慧型手機的領導廠商「宏達電」其 2011 年的稅後利潤高達 7.3 個資本額。簡單地說，是智慧型手機的高單價造就「宏達電」的高利潤。其他手機廠商看到這樣的現象，再加上預期未來會有更多人購買，自然會想積極切入智慧型手機市場，結果就造成智慧型手機市場供給的增加。當一項商品賣家的數目及每一賣家賣的數量持續增加時，這項商品的價格自然會持續下降；也就是說，這項商品會變得愈來愈便宜，從而更

⓫ 報紙曾報導北韓極度缺乏麻醉藥，所以有些手術是在沒有注射麻醉藥的情況下進行。

多人買得起。就這樣，智慧型手機一開始的高單價吸引廠商加入這個市場，導致價格下降，最後造成愈來愈多想要有智慧型手機的人真的擁有了。各個世代的手機與個人電腦，以及液晶電視機都曾有過這樣的過程。結果手機、電腦及液晶電視機這些一般人想要的東西，最後都普及了。之所以會有這樣的結果，不是政府叫廠商去生產這些產品，而是一開始的高單價讓追求自利 (self-interest) 的廠商覺得有利可圖。在利之所趨下，這些產品變普及了；買到這些產品的消費者其福利水準也提高了。換言之，廠商在追求利潤的過程中，他「不自覺地」增進消費者的福利水準。

自利

「自利」雖然使人們總是作出對自己最有利的選擇，但卻在無形中，被「一隻看不見的手」引導至「利人利己」的境地。

圖片來源：shutterstock 網站。

不過，價格高並不一定代表利潤就高，因為價格高可能是廠商反映成本增加的結果。臺灣在 1980 年代工資快速上漲，再加上中國自 1990 年起大幅改革開放，使得臺灣生產的成衣跟中國生產的比較起來是屬於高單價產品（所以這裡的「高單價」不是指臺灣成衣的絕對價格高，而是與中國成衣相比較下的相對價格高)。如果臺灣成衣與中國成衣的品質差不多，那麼，在全世界消費者都追求自利的情況下，臺灣成衣在全世界各個市場節節敗退也是很自然的結果。這樣的結果對臺灣資源的使用效率而言，好不好呢？不見得不好。臺灣成衣之於中國成衣的相對價格高，表示臺灣已不適合生產這項沒有競爭力的產品。臺灣成衣廠商面對這種情勢，不是提高其產品品質，不然就必須關廠。關廠之後可以把原先為這些廠商所使用的資源（如土地）釋放出來，而由臺灣競爭力較強的產業來使用，從而臺灣整個資源的使用效率得以提升。所以，消費者在追求自利的過程中，他也「不自覺地」讓整個社會資源的使用效率提升。當然，在資配置調整的過程中有人會失業，政府可以考慮對低收入戶提供生活補助，以降低資源重新配置對社會所造成的傷害。

總而言之，在市場經濟下，市場價格提供相當有用的訊號 (signal)，而能引導社會資源做有效率的配置，就如同交通號誌讓交通順暢一樣。如亞當・史密斯所言，在市場經濟下，自利的人們在追求自身利益的過程中，如同被「一隻看不見的手」**(an invisible hand)** 引導，而「不自覺地」增進社會福利水準。

政府有時候會基於善意（或無知、或選票壓力），想要去扭轉價格機能運作下的結果，或直接進行價格管制 (price control)，破壞價格機能（關於此點在後面的章節會陸續介紹）。政府如想要「拯救」那些已不具競爭力的產業，代價不只是拯救經費由全民負擔，還包括延緩資源的釋放與轉用，亦即社會資源使用效率的下降。

到目前看來，價格機能似乎是完美無缺的；但其實不然，因為每個經濟都會有市場失靈 (market failure) 的現象。市場失靈指的是市場自由運作並不能導致資源有效率配置的情況。市場失靈的原因除了先前提到的外部性之外，還包括廠商具有市場壟斷力以及公共財 (public goods)。關於市場失靈，我們會在第 8 章再詳細介紹。

市場經濟另一個常被人質疑的結果是，讓市場自由運作可能會造成所得分配相當不平均。有人年薪超過仟萬，有人卻失業。失業的人有可能在原先的工作崗位上很努力工作，可是因為時運不濟（如老闆惡性倒閉）且擁有的技能已過時，所以沒有工作。同樣願意努力工作，為什麼結果卻差這麼多？這是因為在市場經濟下，每個人所擁有的技能其「市場價值」不同的緣故。

關於所得分配不平均的問題，大部分國家是採取累進所得稅制、社會福利計畫（如失業救濟）與職業訓練等多管齊下的方式來解決。這些方式的實行程度反映出一個社會對效率與均等 (equality) 所作的取捨。如前所述，吃大鍋飯是形式上最公平的制度，但也是最沒有效率的；市場自由運作下的結果是較有效率的，但所得分配有可能很不平均。如果政府要提升均等程度，它必須對所得高的人課更多的稅，但這會影響高所得者的工作意願，甚至有可能退出職場，而使得他的技能處在閒置狀態。所以就一個社會而言，效率與均等二者之間是取捨關係，無法同時提升。一個社會最後會作出什麼樣的取捨，在代議士制度下，主要是交由國會決定。

本節最後要強調一點：在市場經濟下，是用「錢」投票，亦即誰的錢多，誰掌握的社會資源就比較多。如果「換心」是合法的且政府沒有全額補助昂貴的換心手術費用，心臟還是歸於出價最高的人。為避免讓自己陷入困境，讀者除作好自己的理財規劃外，還要讓自己的技能與時俱進。

1.4 循環流程圖與本書架構

本章最後介紹循環流程圖 (circular-flow diagram)，此圖包括一個經濟社會最主要的兩個部門，家戶 (households) 與廠商 (firms)，以及最主要的兩個市場，商品（與服務）市場及生產要素市場（簡稱要素市場）。透過此圖，我們可以瞭解家戶與廠商所作的主要決策以及他們彼此之間的互動。

如圖 1–1 所示，內圈的箭頭代表商品與生產要素的流向，外圈的箭頭則代表金錢的流向。家戶有兩個主要決策。首先，他們提供他們所擁有的生產要素到要素市場，以賺取所得 (流程圖右下角)。生產要素的種類包括勞動、土地、資金與企業才能 (entrepreneurship)，其報酬分別為薪資、地租、利息與利潤。接著，家戶以他們所賺取的所得在商品市場購買商品，進行消費 (流程圖右上角)。

至於廠商，他們先從要素市場雇用生產要素來進行生產；他們支付給生產要素的酬勞就構成他們的成本（流程圖左下角）。廠商再將生產出來的商品銷往商品市場，賺取收益（流程圖左上角）。廠商的收益減去成本即為利潤。由於這裡的成本是機會成本，所以這裡的利潤為經濟利潤。如果經濟利潤為正值，則表示廠商有高人一等的企業才能；由於廠商會有虧損的風險，所以正的利潤也可解釋成廠商承擔風險的報酬。另外，循環流程圖也可以包括政府部門與國外部門，我們會在以後的相關章節，介紹這兩個部門的行為。

本書第 2 章介紹需求及供給與影響它們的因素，還有市場均衡價格的決定。第 3 章探討供需影響因素的變動如何影響市場均衡價格，並討論政府政策（如課稅）的效果；本章也會分析價格管制的後果。第 4 章介紹各項生產

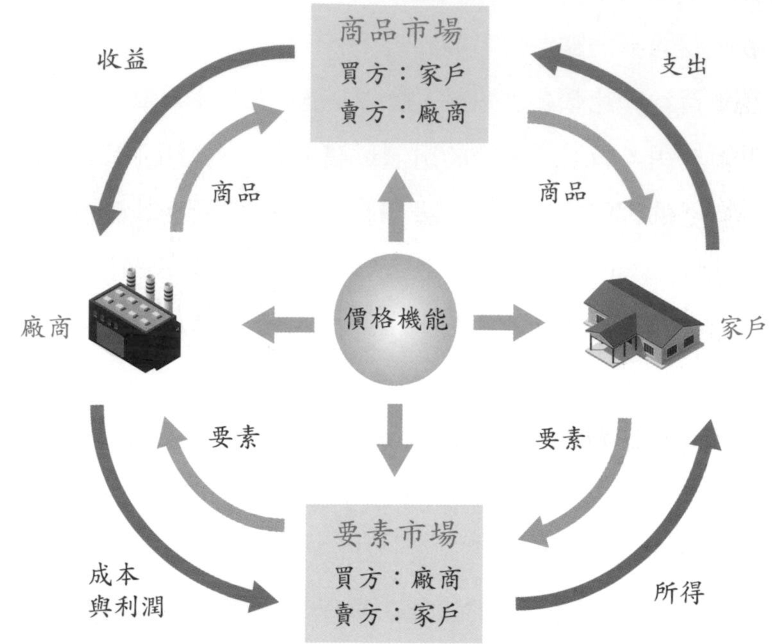

經濟社會最主要的兩個部門為家戶與廠商。家戶一方面提供他們所擁有的生產要素到要素市場，以賺取所得（流程圖右下角），另一方面以所賺取的所得在商品市場購買商品來消費（流程圖右上角）。廠商一方面支付酬勞給他們從要素市場雇得的要素以進行生產（流程圖左下角），另一方面將生產出來的商品銷往商品市場，獲取收益（流程圖左上角）。

圖 1–1　循環流程圖

成本；第 5 章介紹完全競爭市場中的廠商其長短期的決策，與市場的長短期均衡；第 6 章介紹在非完全競爭市場（如獨占與寡占市場），廠商的行為與政府的政策。第 7 章介紹生產要素市場，包括家戶的要素供給與廠商的要素需求。第 8 章介紹市場失靈的成因及政府如何矯正市場失靈。第 9 章介紹國際貿易，主要透過比較利益 (comparative advantage) 說明一國的貿易型態 (pattern of trade)，亦即一國出口哪些商品並進口哪些商品，如何決定，並分析政府的貿易政策效果。

以上九章是個體經濟學 (microeconomics) 的範疇，探討的範圍僅侷限於個別部門的行為及市場的表現。第 10 章起的章節則屬於總體經濟學 (macroeconomics) 的範疇，探討的範圍為一國整體經濟的表現。

第 10 章介紹一國的總體經濟指標，包括國民所得、一般物價水準及失業率，如何衡量。第 11 章介紹一國經濟成長的決定因素，亦即影響一國長期產出水準的因素。一般而言，投資 (investment) 是影響一國經濟成長相當重要的因素，而投資所需的資金來自於儲蓄 (saving)；我們在第 12 章分析這兩項行為，並探討撮合投資與儲蓄之可貸資金市場 (marker for loanable funds) 的表現。另外，影響一國長期物價水準的最主要因素為貨幣數量的多寡；我們在第 13 章介紹貨幣的定義，並探討中央銀行及一般銀行的行為如何影響貨幣數量。我們接著在第 14 章介紹貨幣需求理論，並結合貨幣供給與需求，來分析一國長期物價水準以及短期利率水準的表現。我們在第 15 章介紹國際金融，除了介紹國際收支 (balance of payments) 外，並介紹購買力平價 (purchasing power parity) 與利率平價 (interest parity) 等匯率理論，以及外匯供需模型，且會詳細說明 1980 年代後期臺灣「泡沫經濟」發生的始末。第 16 章介紹總合需求 (aggregate demand) 與總合供給 (aggregate supply)，並結合總合供需探討一國的景氣循環 (business cycle) 現象，以及政府財政政策與貨幣政策的效果。

摘 要

1. 經濟學是解釋並預測經濟現象的一門學問。所謂經濟現象，簡單地說，就是市場價格波動的現象。市場價格是由市場供需所共同決定的，而市場的供給與需求是市場個別參與者的供給與需求的總合。我們要瞭解市場價格如何波動，必須先瞭解市場參與者如何作選擇。因此經濟學是一門研究人們如何作選擇的科學。
2. 人們之所以需要作選擇，是因為人們所擁有的資源相對其欲望是有限的。人們根據成本與效益作出選擇；成本指的是機會成本，不單包括外顯成本，還包括內隱成本。
3. 人們有時面臨「要不要繼續」的邊際選擇問題，人們透過比較邊際成本與邊際效益作出選擇。
4. 人們的行為隨誘因起舞，廠商與政府可以透過提供足夠的誘因改變人們的行為。政府有時候無法達成政策目標是因為所提供的誘因不足，或忽略其作為所產生的「副作用」。
5. 當交易成交時，買賣雙方都會有交易利得。當交易的標的物會產生外部性時，自由市場下的成交量會與整體社會福利水準最大的最適成交量有所不同。
6. 在市場經濟下，市場價格提供有用的訊號，引導社會資源做有效率的配置。價格機能，猶如一隻「看不見的手」，引導人們在追求自身利益的過程中，「不自覺地」增進社會福利水準。

7. 任何一個經濟都面臨「生產什麼」、「生產多少」、「如何生產」與「如何分配」等四個基本決策。前三個是關於效率，最後一個是關於公平。效率與公平二者之間是取捨關係，無法同時提升。

8. 簡單的循環流程圖顯示家戶與廠商在商品市場與要素市場所扮演的角色，以及商品、要素與金錢如何流動。

習 題

1. 假設你現在是一家公司的小職員。你中了 1 億元的樂透，但沒人知道。你會繼續工作還是會辭職？為什麼？

2. 除了空氣以外，還有什麼東西是自由財？商店的免費贈品（如面紙）算不算自由財？假設上網成本是可以忽略的，「維基百科」(Wikipedia, the Free Encyclopedia) 的內容算不算自由財？為什麼？

3. 假設你是某家建築公司的老闆。你之前花了 10 億元買了一塊地，並已投入 3 億元的建築費用，你需要再花總共 2 億元的建築費用與售屋費用才能賣光所有的新成屋。如果你不繼續蓋，而把未蓋好的房屋與土地一併賣出，你只能拿到 8 億元。假設由於某種原因使房屋的價格大跌。

   (a)如果你預估總銷售金額只有 12 億元，你會不會把房子蓋好？

   (b)如果你預估總銷售金額只有 9 億元，你的決策是否與(a)小題相同？

4. 假設你是行政院院長。在不增加政府支出的前提下，你會採取什麼樣的措施（制定什麼樣的誘因機制）讓全國的用電量下降（以減少發電時排放的 CO_2）？

5. 根據行政院主計總處網站的資料，歷年來「臺灣地區 15 歲以上已婚女性之平均生育子女數」之調查結果幾乎都顯示，該平均數與教育程度呈反向關係。你認為這項結果的主要原因為何？

6. 假設只有甲與乙兩個人，且只有 X 與 Y 兩項產品。甲每小時可以生產 2 單位的 X 或 1 單位的 Y，乙每小時可以生產 4 單位的 X 或 6 單位的 Y。

   (a)甲生產 1 單位 X 的機會成本為多少單位的 Y？乙生產 1 單位 X 的機會成本又是多少單位的 Y？

   (b)甲與乙會不會同意以 1 單位 X 換 1 單位 Y 的比率進行交易？為什麼？

   (c)如果上述交易成立，則就甲與乙所獲得的每一單位商品而言，其各節省多少成本？

   (d)如果乙現在每小時只能生產 2 單位的 Y，但若生產 X，仍然可以生產 4 單位。在此情況下，兩人會不會交易？為什麼？

7. 若在圖 1–1 的「循環流程圖」中加入政府部門，則政府是商品與服務市場，以及生產要素市場的買者還是賣者，還是兩者都是？試舉例說明。

8. 若在圖 1–1 加入國外部門，則在本國的商品與服務市場中，外國是站在買方還是賣方，還是兩者都是？國內要素市場呢？試舉例說明。
9. 這個題目讓你思考取捨問題。假設包括勞保基金與軍公教退撫基金等各種基金，如果不改變收費及支付標準，均將於十年後破產，且政府有嚴重的債務問題，因此無法負擔這些基金的虧損。如果你是主政者，你會提出什麼樣的對策，讓這些基金不至於破產？而這些對策又可能會遭遇什麼樣的問題？試說明之。

Note

第 2 章
需求、供給與市場均衡

1.何謂需求？影響需求的因素為何？

2.何謂供給？影響供給的因素為何？

3.嚴重疫情如何影響需求與供給？

4.何謂市場均衡、均衡價格與均衡數量？

Economics

在第 1 章我們曾提到一些有趣的價格現象，如宜蘭「三星蔥」曾漲到 3 根 100 元的水準。在日常生活中，我們經常可以觀察到一些市場價格波動的現象，如汽油價格、農產品價格、飛機票票價、黃金價格、美元兌新臺幣的匯率，以及股票價格等等。

商品的市場價格不會無緣無故變動。我們曾在第 1 章提到，市場價格是由市場供需雙方所共同決定；當市場供給、需求或供需雙方同時變動時，市場價格也就跟著變動。而市場的供給與需求是市場個別參與者的供給與需求的總合， 當某一項可以影響很多參與者的供給或需求決策的因素發生改變時，市場的供給或需求也就跟著變動，從而造成市場價格的變動。

本章首先將說明何謂需求以及影響需求的因素，接著再說明何謂供給以及影響它的因素，最後再說明市場均衡的概念，特別是市場均衡價格。

值得一提的是， 本章及下一章中的商品市場指的是完全競爭市場 (perfectly competitive market)。在一個完全競爭市場，有很多的買者與賣者，每個賣者所賣的商品是同質的 (homogeneous)，且每個市場參與者擁有完全的資訊 (perfect information)。在這些條件下，因為沒有一個參與者有足夠的力量影響市場價格，同時也沒有必要以高於市場價格買進或以低於市場價格賣出，因此，完全競爭市場的參與者都是所謂的「價格接受者」。

在現實生活中，合乎完全競爭市場條件的市場幾乎絕無僅有，大概只有一些農產品市場（如稻米市場）勉強接近。不過，完全競爭市場有相當豐富的社會福利意涵，且絕大多數的市場具有相當的競爭程度，因此，我們以完全競爭市場作為分析的起點。

2.1 需 求

本節先說明何謂需求與需求曲線，再說明影響需求的因素，最後區別需求量的變動與需求的變動。

◆ 2.1.1　需求的意義與需求曲線

經濟學所謂的需求是價格與需求量 (**quantity demanded**) 之間的關係；需求量是指買者在一段時間內，願意且有能力購買的數量。一般人通常願意買鑽石，但不見得有能力；有能力買鑽石的人，並不見得願意買。這兩類人對鑽石的需求量均為零。

接下來我們以老王家在不同蘋果價格下的需求量來說明需求，並利用這些價格與需求量的組合繪出老王家對蘋果的需求曲線 (demand curve)。假設老王家在蘋果 1 顆 30 元時，一個月買了 15 顆；當價格漲到一顆 40 元時，購買數量減少為 10 顆；當價格降為 1 顆 20 元時，購買數量增加為 20 顆。我們可以把這些價量組合（及其他組合）列成表 2–1 的需求表 (demand schedule)，並繪成圖 2–1 中的需求曲線。

表 2–1　蘋果需求表

蘋果價格	蘋果需求量
$10	30
20	20
30	15
40	10
50	6

◆ 2.1.2　需求法則

由表 2–1 可以看出，蘋果價格與需求量呈反方向變動，所以圖 2–1 中的需求曲線為一條負斜率曲線。就絕大多數的商品（與服務）而言，在其他會影響需求量的因素不變的情況下（簡稱其他條件不變，other things equal），我們通常都可以觀察到商品價格上漲時需求量減少，且價格下跌時需求量增加的現象 。經濟學稱此一價格與需求量呈反向變動的關係為需求法則 (**law of demand**)。需求法則簡單地講，就是東西變貴了就少買，變便宜了就多買。

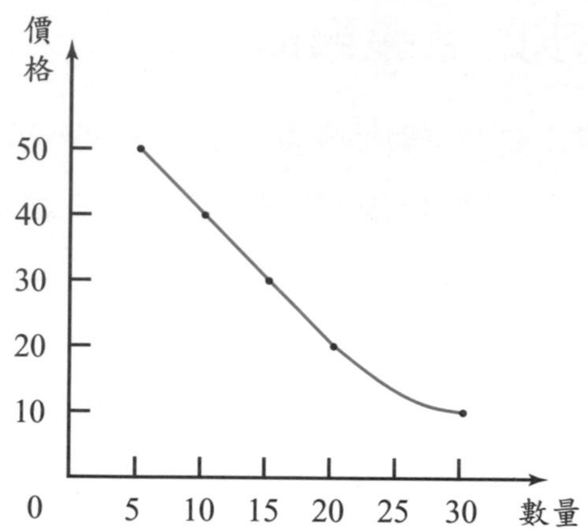

需求曲線描繪出價格與需求量之間的關係。圖中的需求曲線係根據表 2–1 中的價量組合所繪。由於價格與需求量呈反向變動，故需求曲線為一負斜率曲線。

圖 2–1　蘋果需求曲線

2–1

舉出你的購買行為合乎需求法則的例子。

為什麼合乎需求法則的現象會普遍存在呢？我們以下面的例子來說明。假設原先蘋果 1 顆 40 元，且橘子 1 顆 10 元時，老王家一個月買了 10 顆蘋果跟 30 顆橘子，共花了 700 元。若蘋果的價格現在降為 1 顆 30 元，而橘子的價格仍然是 1 顆 10 元，則蘋果現在變得相對便宜（經濟學稱此為蘋果之於橘子的相對價格 (relative price) 下降），老王於是就決定多買蘋果來替代橘子。老王發現，當他一個月買 14 顆蘋果及 24 顆橘子時，全家消費這兩樣水果的滿足水準跟原先消費 10 顆蘋果及 30 顆橘子時一樣。所以在橘子價格及老王全家滿足水準不變下，老王家會因蘋果價格下降（由每顆 40 元降為 30 元），而增加蘋果的需求量（由 10 顆增加為 14 顆）。我們稱此一需求量的變動為蘋果變得相對便宜所產生的替代效果 (substitution effect)。

這時候，老王這兩樣水果共花了 660 元 (30 元 × 14 + 10 元 × 24)。如果老王仍願意跟以前一樣花 700 元在這兩樣水果上，他可以再多買 1 顆蘋果跟 1 顆橘子。由於多了這 1 顆蘋果與這 1 顆橘子，老王全家的滿足水準變得比以前高了。為什麼可以有這樣的結果？這是因為蘋果價格下跌了，所以現在 700 元的購買力要比以前的 700 元來得高。因蘋果價格下降，購買力提高，所增加的蘋果需求量（由 14 顆增加為 15 顆），就稱為所得效果 (income effect)。

所以，在橘子價格及老王家對這兩樣水果支出總金額不變，且蘋果價格由每顆 40 元降為 30 元時，老王全家的蘋果需求量由原先一個月 10 顆增加為 15 顆。我們稱此一需求量的變動為價格效果 **(price effect)**，它包括維持原先滿足水準下，因相對價格改變所產生的替代效果（**10** 顆增為 **14** 顆），以及購買力改變所產生的所得效果（**14** 顆增為 **15** 顆）。由於這兩種效果，我們通常可以觀察到商品價格與需求量呈反向關係的需求法則。

◆ 2.1.3　改變需求的因素

在我們剛剛所舉的例子中，當蘋果價格為每顆 40 元時，老王全家一個月的需求量為 10 顆。可以想像的，即使蘋果價格一直維持在每顆 40 元，老王全家一個月的需求量也不會一直是 10 顆。我們接下來就介紹一些會讓需求改變的因素，分別說明如下。

1. 所　得

在 1950 年代的臺灣，蘋果只有少數有錢家庭買得起；但在現在，隨著所得的增加，一般家庭只要喜歡吃蘋果的，都會購買蘋果。因此，在每一個價格下的蘋果需求量，會隨所得的增加而增加。若一項商品每一價位下的需求量與所得呈同向變動，則我們稱此一商品為正常財 (normal goods)。以需求曲線表示的話，若一項商品為正常財，那麼當所得增加時，在其他條件不變下，其需求曲線會往右移，如由圖 2–2 中的 D_0 右移至 D_1。

在這邊，我們可以區分需求量的變動 (change in quantity demanded) 與需求的變動 (change in demand) 之間的不同。以老王為例，在原先的所得水準下，其全家的蘋果需求曲線為圖 2–2 中的 D_0。當蘋果每顆價格為 P_a（比方說 40 元）時，老王全家每個月的需求量為 Q_a（比方說 10 顆）；當蘋果每

顆價格降為 P_b（比方說 30 元）時，老王全家的需求量增為 Q_b（比方說 15 顆）。此一數量的變動是在其他條件不變下，由商品自身價格變動所引起的；我們稱此一數量的變動為需求量的變動。

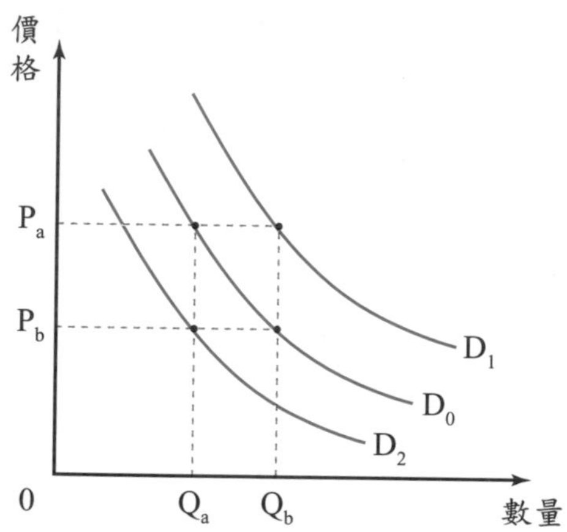

當一項商品自身價格變動時，在其他條件不變下，需求量沿著需求曲線變動。此一數量的變動稱為需求量的變動，如價格由 P_a 降至 P_b 時，在需求曲線為 D_0 的情況下，需求量由 Q_a 增為 Q_b。商品自身價格以外的影響因素變動時，會造成需求曲線整條線的左右移動。此一變動稱為需求的變動，如由 D_0 移至 D_1 或 D_2。

圖 2–2　需求曲線的移動

一項商品需求數量的改變也可能是自身價格以外的影響因素發生變動所造成的。比方說，在蘋果每顆價格為 P_a 時，老王家的所得增加了。由於蘋果對老王家而言是正常財，老王家會增加蘋果的購買量（由原先的 Q_a 增為 Q_b）；在其他的蘋果價格下，老王家同樣也會因所得的增加而增加購買數量。因此，在每一價位下，老王家的蘋果需求量均隨所得的增加而增加，此顯示在需求曲線由圖 2–2 中的 D_0 右移至 D_1。一項商品其自身價格以外的影響因素變動時，會造成需求曲線的左右移動，我們就稱此一變動為需求的變動。所以，所謂的需求量的變動是商品自身價格變動所引起的，其顯現在同一條需求曲線線上的移動；而所謂需求的變動是商品自身價格以外的影響因素變動所造成的，其顯現在需求曲線整條線的移動。

大多數的商品（如資訊與通訊商品）為正常財，但有些商品的需求會隨著所得的增加而減少，我們稱此類商品為劣等財 (**inferior goods**)。在 1950

年代的臺灣，有些窮苦家庭只有在過年時才吃得到豬油拌飯；後來所得增加了，吃到豬油拌飯的機會就增加了，此時，豬油是正常財；但隨著所得再進一步增加及健康觀念的普及，豬油變成劣等財。由這個例子也可以得知，一項商品不一定永遠是正常財。就大多數人而言，其他劣等財的例子還包括乘坐公共汽車、低價泡麵等等。

舉出劣等財的其他例子。

2. 相關商品的價格

所謂相關商品包括替代品與互補品。為滿足某一種欲求，彼此之間可相互替代的商品，稱為替代品 (**substitutes**)，如蘋果與梨子、豬肉與牛肉、捷運與計程車等等。當梨子的價格上漲時，在其他條件不變下，人們會以蘋果來替代，從而造成蘋果的需求增加。又例如，當捷運票價下降時，有人會因而多搭捷運，而少搭計程車，從而造成搭計程車的需求減少。所以，在其他條件不變下，一項商品價格的上漲（下跌）會造成其替代品需求的增加（減少)，亦即一項商品的需求會與其替代品的價格呈同向變動關係。

為滿足某一種欲求，必須同時使用的商品，稱為互補品 (**complements**)，如汽車與汽油、電腦與軟體、數位相機與 XD 卡等等。當汽油價格飆漲時，一些原先想買車的人會暫緩購車，或是轉買電動汽車或電動機車；當電腦價格愈來愈低而使電腦愈來愈普及時，遊戲軟體的需求會增加。所以，在其他條件不變下，一項商品價格上漲（下跌）會導致其互補品需求的減少（增加），亦即一項商品的需求會與其互補品的價格呈反向變動關係。

3. 嗜　好

有人說，多用香水的民族是因為他們不喜歡洗澡；中國人喜歡黃金是因為自古以來戰亂多，逃難機會多所造成的。另外，政府於 2021 年 1 月 1 日起開放含有萊克多巴胺的美國豬肉進口，但為避免「貿易歧視」，故未強制業者標示肉品含有萊克多巴胺；一些消費者本身，以及部分小吃店與餐廳為消除消費者在健康上的疑慮，而改買國產豬肉。

嗜好的形成與變動大多與非經濟因素有關，包括歷史、宗教、習俗、流行等等。經濟學家通常不會去分析嗜好為何變動，但確知嗜好是影響需求的一項重要因素。當消費者對某一商品的嗜好程度提高時，對該商品的需求將增加；反之，則減少。嗜好這項因素可以解釋，在所有條件都相同的情況下，不同人為何對同一項商品有不同的需求，以及為何一項商品對某些人而言是正常財，對另一些人卻是劣等財。

4.預　期

預期 (expectation) 是影響經濟行為相當重要的一項因素，其影響在日常生活中也隨處可見。例如，如果你預期某一檔股票的價格未來會上漲，則你會在現在就買進或買更多。又例如，如果你預期汽油價格未來會大幅上漲，那麼你現在可能不會買車。再例如，如果你預期颱風會對某一項農產品造成嚴重損害，那麼你會接著預期颱風過後這項農產品的價格會大幅上漲，從而你現在可能就會先買。另外一個例子是，如果你預期利率未來會下跌，你可能會等以後再買房子，因為這樣子你就可以少繳一點房屋貸款利息。還有一個例子是，如果你預期新冠肺炎疫情未來會更嚴重，從而口罩與酒精等防疫物資其價格未來會上漲，則你現在會多買。這些例子告訴我們，對未來價格的預期會影響現在的需求。

動腦筋時間 2-3

如果你預期利率未來會下跌，你會在現在趕快去買保險，還是等以後再買？同樣地，如果你預期利率未來會下跌，你會在現在趕快去買黃金，還是等以後再買？

除了對未來價格的預期會影響現在的需求外，對未來所得的預期也會影響現在的需求。比方說你考上高考，你會預期未來你會有一份穩定的收入，那麼你現在可能會借汽車貸款提前買車，也有可能決定少吃低價泡麵。再比方說，臺灣的公教年金改革法案於 2018 年 7 月 1 日正式通過，自那時起，公教月退休金的所得替代率❶一開始降為 75%，然後逐步調降為第十年的 60%。絕大多數的公教人士——不管是在職的，還是已退休的——都會預期其未來的所得會減少，從而會減少其正常財的現在消費。

又比方說，你在住客主要為國外旅客的飯店工作，同樣地，如果你預期疫情未來會更嚴重，則你會進一步預期你的未來所得會減少，從而現在就開始縮衣節食。

5. 嚴重疫情

嚴重的疫情也會影響人們的需求。當疫情嚴重時，人們為降低染疫的風險，會減少外出旅遊，或減少到人潮擁擠或密閉的空間消費，從而造成對大眾運輸（特別是航空客運）、外宿、餐飲、遊樂場、演唱會與電影等產品的需求減少。不過，嚴重的疫情也造成「宅經濟」——在家從事的經濟活動——的昌盛。這些活動包括在家上課／上班、消費及休閒活動，從而造成對筆記型電腦、遊戲機與遊戲軟體、家具、家電、玩具、健身器材與外送餐飲等產品的需求增加。另外，由於騎自行車是嚴重疫情下最適宜的戶外運動，因此，人們對自行車的需求也會增加。

6. 季節性因素

如中秋節流行烤肉造成甜玉米需求增加；又如夏季為用電高峰，電的需求增加；再如開學前後，資訊與通訊產品的需求會增加。這些都是季節性因素所造成的需求變動。

◆ 2.1.4　市場需求

我們剛剛所探討的是個別的需求。若我們把一項商品每個價格下的個別需求量予以加總，就可以得出該價格下的市場需求量；而一項商品的市場需求指的就是該商品價格與市場需求量之間的關係。此一關係我們可以用表 2–2 及圖 2–3 來說明。

---

❶ 所得替代率即「月退休金」之於「在職每月薪資」的比率。如果核計的在職每月薪資為 6 萬元，而月退休金為 4 萬元，則所得替代率為 66.6%。

表 2–2　蘋果市場需求表

蘋果價格	老王家的需求量	小李家的需求量	市場需求量
$10	30	20	50
20	20	12	32
30	15	6	21
40	10	2	12
50	6	0	6

假設市場只有老王與小李兩家人，他們每個月對蘋果的需求表如表 2–2 所示。將他們在每一個蘋果價格下的需求量相加，即可得出在不同蘋果價格下的市場需求量。我們可以利用表 2–2 中的數字繪成圖 2–3 中老王與小李家的需求曲線，以及市場需求曲線。我們可以在每一個價位上畫一條水平線，將此一水平線與個別需求曲線交點所對應的個別需求量相加，即可得到每一個價位下的市場需求量；所以我們稱市場需求曲線是個別需求曲線的水平加總。由於老王家與小李家的需求曲線均為負斜率，所以市場需求曲線也是負斜率。當市場的買者人數愈多時，市場需求曲線會愈往右移。

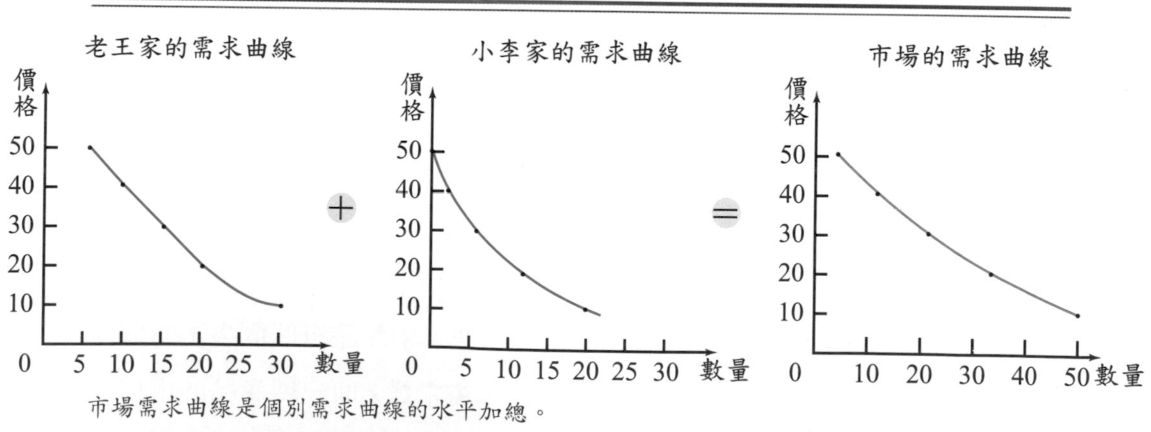

圖 2–3　市場需求曲線

2.2　供　給

在本節，我們介紹市場的另一面——供給。可以想像的，供給決策與需求決策不同，但仍有一些共通之處。本節僅介紹關於供給的一些通則，在第 4 章我們會再詳細介紹廠商的各項生產成本，以接著介紹第 5 章完全競爭市場與第 6 章非完全競爭市場之相關理論。

◆ 2.2.1　供給的意義與供給曲線

供給指的是價格與供給量 (**quantity supplied**) 之間的關係；供給量是一段時間內，賣者願意且有能力提供的數量。當一項農產品價格低到採收愈多就虧損愈多的水準時，農夫即使有滿園的農產品，他也不願意採收；當一項商品價格飆漲時，生產者願意無限量供應，但受限於產能，他有能力供應的數量是有限的。所以，供給量同時決定於賣者的意願與能力。

假設老張有一塊蘋果園，最高產量為 10 萬顆，且他必須雇工人採收；旁邊還有很多類似的蘋果園。當蘋果價格為每顆 5 元時，老張算一算採收工人成本、紙箱成本、裝箱工人成本與運輸成本，發現採收蘋果會虧損，所以就決定讓蘋果「自由落體」，也就是說，他的供給量為零 (如表 2–3 所示)。若蘋果的價格為每顆 10 元，他會雇工人採收比較好採的蘋果，假設數量為 4 萬顆；若蘋果價格為每顆 20 元，他會雇工人採收較難採的蘋果 (比方說需用梯子)，假設數量為 3 萬顆，所以當蘋果價格為每顆 20 元時，他的供給量為 7 萬顆。若蘋果價格為每顆 30 元，他會雇工人採收更難採的蘋果，假設數量為 2 萬顆，所以當蘋果價格為每顆 30 元時，他的供給量為 9 萬顆。若蘋果價格為每顆 40 元，老張決定通通採收，所以其供給量為最高產量的 10 萬顆。若蘋果價格為每顆 50 元，老張雖然願意多採蘋果，但其供給量也仍是最高產量的 10 萬顆。上述的價格與供給量的組合可列成表 2–3 的供給表 (schedule of supply)。

我們可以利用表 2–3 中的數字繪成圖 2–4 的供給曲線 (supple curve)。

表 2–3　蘋果供給表

蘋果的價格	蘋果的供給量
$ 5	0 萬顆
10	4
20	7
30	9
40	10
50	10

此線包括三個部分：當蘋果每顆價格低於 10 元時，供給量為零，所以這部分的供給曲線為垂直線段；當蘋果每顆價格高於 40 元時，供給量均為 10 萬顆，故這部分的供給曲線也是垂直的；剩下的供給曲線部分為正斜率曲線，其所對應的蘋果每顆價格介於 10 元和 40 元之間。

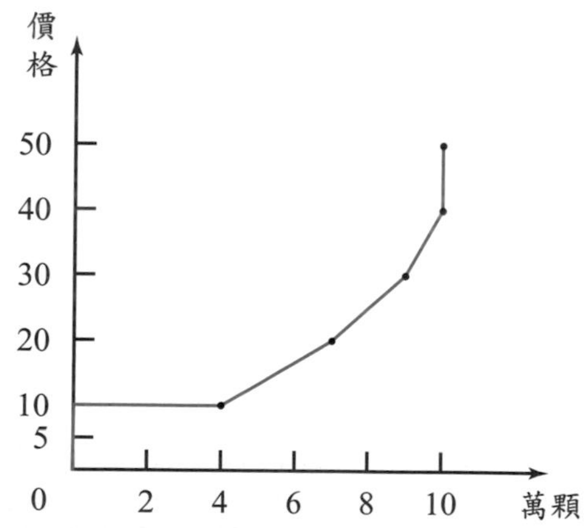

供給曲線描繪出價格與供給量之間的關係。圖中的供給曲線係根據表 2–3 中的價量組合所繪。在一般情況下（價格不會相當高或相當低），價格與供給量呈同向變動，故供給曲線為一正斜率曲線。

圖 2–4　蘋果供給曲線

◆ 2.2.2　供給法則

由表 2–3 可以看出，在一般情況下，也就是價格不會相當高或相當低，蘋果價格與供給量呈同向變動，所以圖 2–4 中的供給曲線為一條正斜率曲線。就絕大多數的商品（與服務）而言，我們通常都可以觀察到這樣的現象；換言之，在其他條件不變（如生產要素價格不變）下，供給量通常隨著價格的上漲（下跌）而增加（減少）。經濟學稱此一價格與供給量呈同向變動的關係為供給法則 **(the law of supply)**。

為什麼會有這樣的供給法則呢？我們可以從兩個角度來解釋。一個角度是，一項商品價格愈高時，生產該商品愈有利可圖，所以生產者願意投入更多的生產要素來生產（如雇用更多的採收工人），供給量因而增加。另一個角度是，生產者投入更多的生產要素來生產時，生產要素的生產力會愈來愈低，當要素價格不變時，此意味著每單位產量的成本愈來愈高，生產者將本求利，所以當供給量愈來愈大時，生產者所要求的商品價格也就愈來愈高。關於第二個角度，我們可以用採收蘋果的例子來說明。當蘋果採收量愈高時，蘋果愈難採，即工人一天的採收量愈低。當採收工人每天薪資不變時，工人一天的採收量愈低，就表示每顆蘋果的採收成本愈高。生產者將本求利，所以若要他增加蘋果的產量，則他會要求更高的蘋果單價，以涵蓋更高的每顆蘋果的生產成本。這是從生產成本的角度來解釋供給法則，我們會在第 4 章再詳細說明。

◆ 2.2.3　改變供給的因素

我們剛剛所提的老張蘋果供給表及供給曲線，是在其他條件（如採收工人的薪資）不變下所得出來的。在其他條件不變下，若供給量的變動是由商品自身價格變動所造成的，則此一變動稱為供給量的變動 **(change in quantity supplied)**；此一變動顯現在同一條供給曲線線上的移動。當其他條件改變時，在每一價格下的供給數量也跟著改變；這時候整條供給曲線會左右移動，這是所謂的供給的變動 **(change in supply)**；換言之，商品自身價格以外的影響因素發生變動，會造成供給曲線整條線的移動。我們接下來就介紹一些會讓供給變動的因素，分別說明如下。

1. 要素價格

當蘋果採收工人的每天工資提高時，蘋果園園主所願意雇用工人的數量會減少（這是生產要素的需求法則），從而在每一個蘋果價格下的供給量會減少，進而造成供給的減少。以供給曲線表示的話，要素價格上漲會造成供給曲線往左移，如從圖 2–5 中的 S_0 左移至 S_1。從另一個角度來看，當蘋果採收工人的每天工資提高時，每顆蘋果的採收成本也跟著提高；蘋果園園主為涵蓋更高的薪資成本，每一個蘋果產量下他所要求的蘋果售價都會提高，這時候他的供給曲線會往上移。所以，當要素價格上漲時，生產成本會增加，從而造成供給的減少，或供給曲線上移。相反地，當要素價格下跌時，供給會增加，使得供給曲線往下移或往右移，如從圖 2–5 中的 S_0 往右移至 S_2。

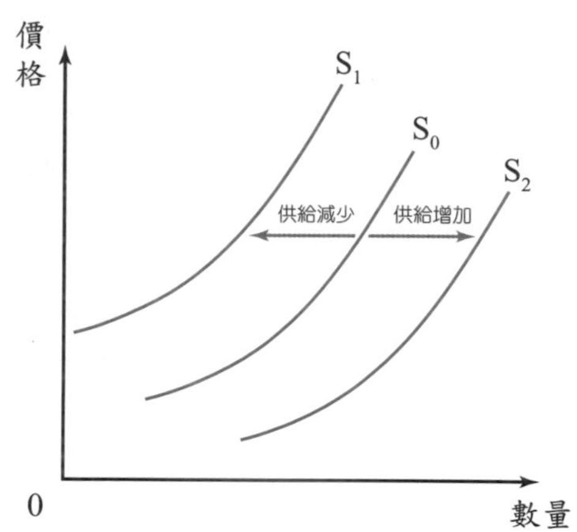

當一項變動造成供給者在每一價位下的供給量均減少時，供給曲線會往左移，如由 S_0 移至 S_1；當一項變動造成供給者在每一價位下的供給量均增加時，供給曲線會往右移，如由 S_0 移至 S_2。

圖 2–5　供給曲線的變動

2.技　術

如果老張採用產量更多或病蟲害抵抗力更強的品種，那麼每棵蘋果樹的產量會更多。在此情況下，他在每一個蘋果價位下的供給量都會增加，亦即他的供給增加了，這意味著他的供給曲線往右移。從另一個角度來看，新品種使每棵蘋果樹所結的數量增加，讓蘋果變得更容易採收，所以採收成本下降，而使得他所要求的蘋果價格也跟著下降。因此，技術進步會讓相同生產要素雇用量下的產量增加，或讓相同產量下所需花費的生產成本減少，而造成供給的增加。

3.預　期

當你預期你手中的股票其價格未來會上漲時，你現在會減少每一個價位下本來要賣出的數量，等到未來股價上漲時再賣。如果口罩與酒精等防疫物資的賣者預期疫情未來會更嚴重，從而其價格未來會上漲，則部分賣者現在會少賣❷。所以當賣者預期價格未來會上漲時，他現在的供給會減少（供給曲線左移）。相反地，當賣者預期價格未來會下跌時，他現在的供給會增加。

動腦筋時間 2–4

舉出賣者預期未來價格會上漲而減少供給的其他例子。

4.嚴重疫情

當疫情嚴重時，廠商可能因自身生產線的勞工染疫而減少供給，也可能因上游廠商其生產線的勞工染疫而減少供應，或貨運業的勞工染疫，使貨運量減少，而使其自身的供給被迫減少。舉例來說，中國是全球原料藥的主要供應國；在 2020 年第一季，中國不少原料藥工廠因疫情嚴重而關閉，當時造成歐美藥廠的緊張。又例如，自 2020 年第二季起，隨著全球染疫人數的大幅增加，可上工的貨櫃裝卸工人與貨櫃車司機的人數也隨之減少，而造成歐美不少港口有「塞港」現象，亦即由於貨櫃裝卸與離港速度緩慢，而使不少貨櫃輪滯留港外，從而使全球的貨櫃運輸服務的供給大幅減少，進而使不少國家的出口廠商因貨櫃量不足而造成其供給減少❸。

5.其他因素

就農產品而言，天候是影響供給相當重要的因素。當颱風或豪雨造成產地嚴重損害時，農產品的供給會減少；當風調雨順時，農產品的供給會增加。另外，像冬天是高麗菜的盛產期，這是季節性因素影響供給的例子。

---

❷ 在我國，囤積防疫物資與哄抬其價格是會觸法的。

❸ 臺灣的全球最大汽車維修零件廠東陽公司在 2021 年元月就有 300 個貨櫃出不去，占其正常月貨櫃量的兩成左右。（《今周刊》，1256 期，頁 64–65，2021 年 1 月 24 日 –2021 年 1 月 31 日）

◆ 2.2.4　市場供給

類似市場需求是個別需求的水平加總，市場供給是由個別供給的水平加總而來。假設除了老張外，小林也種蘋果。我們可以由表 2–4 的供給表畫出圖 2–6 的市場供給曲線。由於老張與小林的供給曲線均為正斜率，所以市場供給曲線也是正斜率。當果農數目增加時，國內蘋果的市場供給會增加，從而供給曲線往右移。

表 2–4　蘋果市場供給表

單位：萬顆

蘋果價格	老張的供給量	小林的供給量	市場的供給量
$ 5	0	2	2
10	4	6	10
20	7	9	16
30	9	11	20
40	10	12	22
50	10	13	23

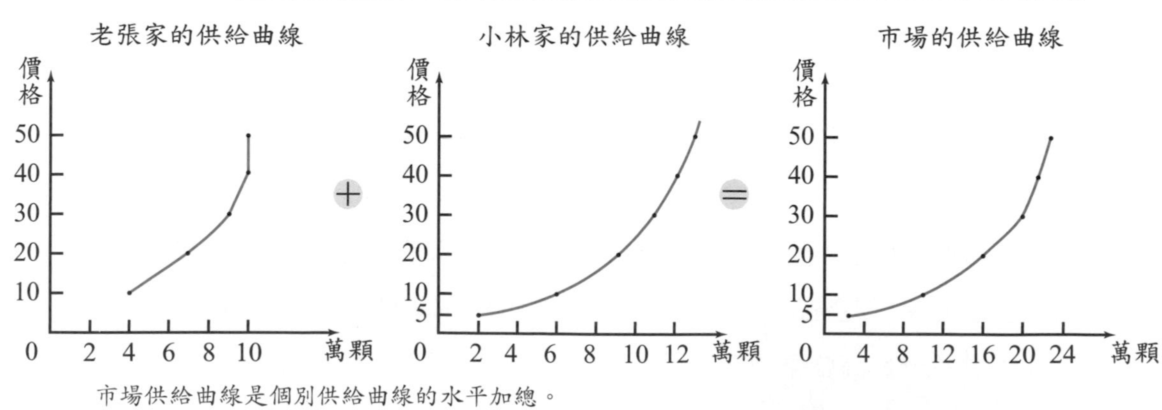

市場供給曲線是個別供給曲線的水平加總。

圖 2–6　市場供給曲線

2.3 市場均衡

介紹完市場需求與市場供給以後，我們就可以說明市場均衡 (market equilibrium) 的概念。我們可以把前兩節的市場需求曲線與市場供給曲線畫在同一個圖形，如圖 2–7。這兩條線的交點（如圖 2–7 中的 e 點）就是市場均衡點。**市場均衡點所對應的價格（如 P_e）稱為均衡價格 (equilibrium price)，所對應的數量（如 Q_e）稱為均衡數量 (equilibrium quantity)。**

所謂「均衡」是指各方力量達平衡的狀態；當各方力量不再變動，均衡的狀態就可以繼續保持。所以，所謂的「市場均衡」是指市場供需雙方的力量達成平衡。具體而言，當市場價格為均衡價格時，從圖 2–7 中的市場需求曲線看，此時的市場需求量為 Q_e；同時，從市場供給曲線看，此時的市場供給量亦為 Q_e。由於數量均為 Q_e，所以當市場價格為均衡價格時，市場供需雙方的力量達成平衡。若影響市場供需的變數（如技術與所得）不再變動，則市場均衡價格與數量也將繼續維持。

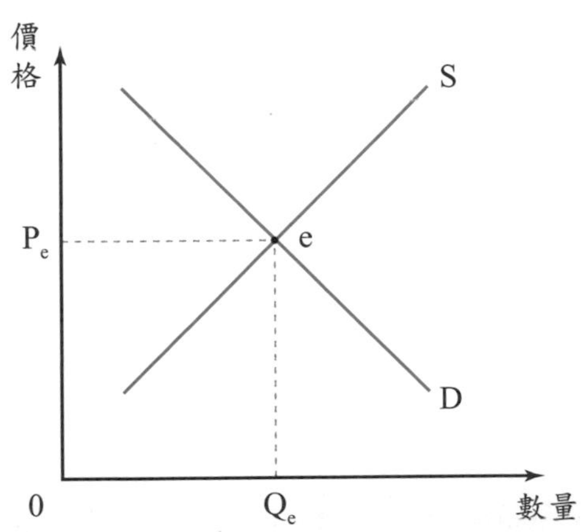

市場供給曲線 (S) 與需求曲線 (D) 的交點（e 點）為市場均衡點。其所對應的價格 P_e 為均衡價格，所對應的數量 Q_e 為均衡數量。

圖 2–7　均衡價格與均衡數量

當市場價格未達均衡水準時，市場的供給量與需求量不會相等；供需數量不相等將造成市場價格的調整，直到均衡價格達成為止。

為什麼有這樣的價格調整過程，或為什麼市場會自動趨向均衡？這一點我們可以利用圖 2–8 來說明。若市場價格為 P_1，則此時市場供給量 Q_b 大於市場需求量 Q_a，其差額 $(Q_b - Q_a)$ 稱為超額供給 (excess supply) 或過剩 (surplus)。市場供過於求的結果，通常會讓那些生產力較高，即生產成本較低的廠商降價求售。價格下降以後，一方面其他廠商的供給量減少，而使市場供給量減少；另一方面，消費者的需求量會增加，而使市場的需求量增加（如箭頭所示）。這樣一減一增的結果，市場超額供給會減少。這樣的過程會一直持續到市場均衡達成為止。此時，在市場均衡價格 P_e 下，所有的廠商都可以順利賣出其所想要賣出的數量，也就沒有廠商會再降價求售。在影響市場供需的因素沒有變動的情況下，此一均衡狀態將繼續保持下去。

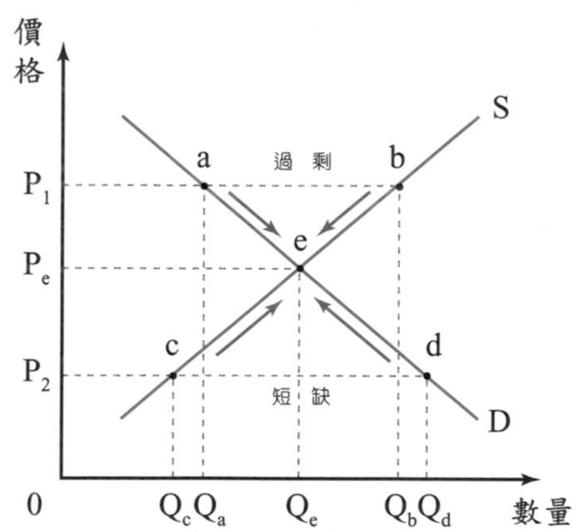

當市場價格不等於市場均衡價格 P_e 時，會有供給量大於需求量的過剩現象，或有供給量小於需求量的短缺現象。當有過剩（短缺）現象時，市場價格會下跌（上漲），直到均衡點 e 達成為止。

圖 2–8　均衡的達成

若市場價格為 P_2，則此時市場需求量 Q_d 大於市場供給量 Q_c，其差額 $(Q_d - Q_c)$ 稱為超額需求 (excess demand) 或短缺 (shortage)。市場供不應求的結果，通常會讓那些所得較高或比較「死忠」的消費者高價搶購，而使價格上漲。價格上漲以後，一方面其他消費者的需求量會減少，而使市場需求量減少；另一方面，供給者的供給量會增加，而使市場供給量增加（如箭頭所示）。這樣一減一增的結果，市場短缺程度會下降；此一過程會一直持續到市場均衡達成為止。

因此，不管原先市場是處在超額供給還是超額需求的狀態，透過價格的調整，可使市場失衡的程度逐漸縮小，直到市場供需雙方的力量達成平衡為止。

在前兩節，我們曾介紹一些會改變需求或供給的因素，當這些因素變動時，市場的供給或需求也會跟著變動，從而造成市場均衡點與市場均衡價格的變動。透過這些影響因素的變動，我們可以解釋市場價格波動的現象。這是下一章的討論重點。

摘　要

1. 供給曲線與需求曲線合起來形成「經濟學的十字架」，是經濟學最主要的分析工具。
2. 需求是價格與需求量之間的關係；需求量是指買者在一段時間內，願意且有能力購買的數量。
3. 需求法則是指一項商品（其實也包括服務與資產）其價格與需求量呈反向變動關係。需求法則之所以成立是因為相對價格改變所產生的替代效果與購買力變動所產生的所得效果。根據需求法則，需求曲線是一條負斜率的曲線。
4. 需求量的變動指的是在其他條件不變下，因商品自身價格變化所引起的需求量的改變；此一變動顯現在同一條需求曲線線上的移動。需求的變動指的是商品自身價格以外的影響因素改變，所引起的每一價位下的需求量的變化；此一變動顯現在需求曲線整條線的移動。
5. 造成需求變動的因素包括：所得、相關商品的價格、嗜好、預期與嚴重疫情等。
6. 若一項商品的需求隨著所得的增加而增加，其為正常財；反之，則為劣等財。若一項商品的需求與另一項商品的價格呈同向變動關係，則這兩項商品互為替代品；反之，則為互補品。
7. 一項商品其未來價格會上漲（下跌）的預期心理，將造成此項商品現在需求的增加（減少）；一項商品其相關商品未來價格會變動的預期心理，也會影響此項商品的現在需求；預期未來的所得會變動，亦會影響一些商品的現在需求。嚴重的疫情也會影響人們的需求，有些影響是負向的，有些則是正向的。

8. 供給是價格與供給量之間的關係；供給量是指賣者在一段時間內，願意且有能力提供的數量。
9. 供給法則是指一項商品（其實也包括服務與資產）其價格與供給量呈同向變動關係。當價格上漲時，賣者因為有利可圖，所以其供給量增加。換個角度來看，當賣者供給量增加時，通常成本也會增加，因此，賣者會要求更高的價格，以涵蓋其更高的成本。根據供給法則，供給曲線是一條正斜率的曲線。
10. 供給量的變動指的是在其他條件不變下，因商品自身價格變化所引發的供給量的改變；此一變動顯現在同一條供給曲線線上的移動。供給的變動指的是商品自身價格以外的影響因素改變，所引起的每一價位下的供給量的變化；此一變動顯現在供給曲線整條線的移動。
11. 造成供給變動的因素包括：要素價格、技術、預期與嚴重疫情等因素。當要素價格下跌或技術進步時，生產成本會下降，從而造成供給的增加；此時，供給曲線往右移。一項商品其未來價格會上漲（下跌）的預期心理，會造成此項商品的現在供給減少（增加）。嚴重的疫情會造成很多產品其供給的減少。
12. 市場供給曲線與需求曲線的交點為均衡點，其所對應的價格為均衡價格，其所對應的數量為均衡數量。在均衡價格下，市場供給量等於需求量。
13. 當市場價格高於均衡價格時，市場供給量會大於需求量，其差額稱為超額供給或過剩。供過於求的結果，會使市場價格下降並趨向均衡價格。當市場價格低於均衡價格時，市場需求量會大於供給量，其差額稱為超額需求或短缺。供不應求的結果，會使市場價格上漲並趨向均衡價格。

習題

1. 試舉出需求法則的反例，亦即需求量與價格呈同向變動的例子。
2. 假設某甲對商品 X 的需求函數為 $Q_X^d = 10 - 2P_X + 0.4P_Y - 0.3I$，其中 Q_X^d 為需求量，P_X 與 P_Y 分別是商品 X 與 Y 的價格，I 為某甲的所得。對某甲而言，
   (a)商品 X 是否合乎需求法則？為什麼？
   (b)商品 X 與 Y 是替代品還是互補品？為什麼？
   (c)商品 X 是正常財還是劣等財？為什麼？
3. 試舉出課文以外的替代品與互補品例子。
4. 假設銀行調高存款利率。在其他條件不變下，人們對股票的需求會增加還是會減少？為什麼？
5. 假設原先美元兌新臺幣的匯率為 33NT$/US$，亦即 1 塊錢美元可以兌換 33 元新臺幣。如果現在美元兌新臺幣的匯率升為 34NT$/US$，則在其他條件不變下（如來自美國的進口汽車的美元報價不變），國內進口車市場的價格會不會變動？國產車的

國內市場需求又會如何變動？

6. 在 2010 年，臺灣地區的「總生育率」（平均每位育齡婦女一生所生嬰兒數）為 0.895 人，為全世界最低。此一「少子化」現象，會使國內哪些商品或服務的市場需求減少？

7. 國人平均壽命延長會使國內哪些商品的市場需求增加？

8. 國人環保意識提升會對國內哪些商品或服務的市場需求造成影響？如何影響？

9. 國際原油價格若因供給減少而飆漲，主要會對國內哪些商品的市場供給造成影響？如何影響？

10. 哪一項因素會同時影響需求與供給？如何影響？

11. 假設某一商品的價格 (P) 與市場需求量 (Q^D) 和市場供給量 (Q^S) 的關係分別為

$$Q^D = 10 - 3P, \qquad Q^S = -2 + P,$$

則均衡價格與均衡數量各為何？

Note

第3章 市場均衡價格的變動與政府個體經濟政策的福利效果

1. 市場均衡價格為何會變動？如何變動？
2. 何謂需求的價格彈性？其決定因素為何？
3. 何謂需求的所得彈性與交叉彈性？
4. 何謂供給的價格彈性？其決定因素為何？
5. 何以「穀賤傷農」？何謂「薄利多銷」？
6. 何謂消費者剩餘？何謂生產者剩餘？
7. 政府課稅時，買者與賣者的負擔各為何？課稅所造成的福利效果又為何？
8. 政府實施價格管制所造成的福利效果為何？
9. 「一例一休」新制的影響為何？

Economics

有了上一章的市場均衡及市場均衡價格的概念後，我們接下來就可以探討市場均衡價格的變動及其變動方向。由於市場均衡價格是市場均衡點所對應的價格，所以當市場供給、需求或供需同時變動時，市場均衡價格也會隨著變動。由於市場價格會趨向均衡價格，所以我們在第 1 章所強調的「市場價格波動的經濟現象」，其實指的是市場均衡價格變動的現象。當我們比較新舊均衡價格時，就可以知道市場價格的變動方向。

本章除了分析市場均衡價格的變動外，也會探討數量之於價格的相對變動比率（即價格彈性）的意涵及其應用。最後，我們會分析一些政府政策措施（如課稅與價格管制）對社會福利水準的影響。

3.1 市場均衡價格的變動

本節將根據上一章所提的改變需求與改變供給的因素，舉例說明這些因素的變動對市場均衡價格與均衡數量的影響。

◆ 3.1.1 需求變動的影響

影響需求的因素包括所得、相關商品的價格、嗜好、預期與嚴重疫情。在其他條件（如市場供給）不變下，當這些因素的變動造成需求增加時，會使市場需求曲線往右移（如從圖 3–1 中的 D_0 右移至 D_1），從而造成市場均衡價格的上漲（如從圖 3–1 中的 P_0 上漲至 P_1）。之所以會有這樣的結果，是因為當市場需求增加時，在原先的均衡價格下（如 P_0），市場會有超額需求（如圖 3–1 中的 ea），因而造成均衡價格的上漲。另外，均衡數量這時候也會增加（如從圖 3–1 中的 Q_0 增為 Q_1）。

相反地，當市場需求減少時，會使需求曲線往左移（如從 D_0 移至 D_2），從而造成均衡價格的下跌（如從 P_0 下跌至 P_2）。這是因為在原先的均衡價格 (P_0) 下，市場會有超額供給 (eb)，因而均衡價格會下跌。此外，均衡數量這時候也會減少（如從 Q_0 減少為 Q_2）。接下來我們就舉例說明影響需求的因素發生變動所造成的影響。

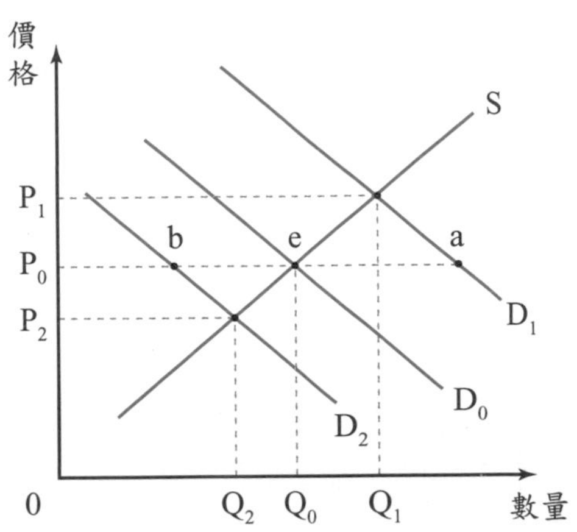

市場原先的需求與供給曲線分別為 D_0 與 S。當市場需求增加（減少）時，需求曲線會由 D_0 右移至 D_1（左移至 D_2），從而造成均衡價格由 P_0 上漲至 P_1（下跌至 P_2），均衡數量則從 Q_0 增加為 Q_1（減少為 Q_2）。

圖 3–1　市場需求變動的影響

1.所　得

臺灣經濟在 2009 年出現衰退，失業率也大幅攀升，不少家庭因所得減少而緊縮支出。以圖 3–1 表示，就是不少行業的市場需求由 D_0 左移至 D_2，從而造成均衡價格的下跌與均衡數量的減少❶。另外，臺灣的公教年金改革法案於 2018 年 7 月 1 日正式通過後，絕大多數的公教人士都會預期其未來的所得會減少，從而會減少其正常財的現在消費。以娛樂服務類（包括旅館住宿費、遊樂場入場費、國內旅遊團費……等）為例，其價格指數從 2018 年 7 月的 104.53，降至 2018 年 12 月的 99.38❷，下降了 4.9%。

2.替代品價格

一項商品的價格上漲，會導致其替代品的市場需求增加；在其他條件不變下，會造成該替代品市場價格的上漲。在 2005 年夏天，由於接連的豪雨

❶ 臺灣 2009 年的消費者物價指數（衡量一般家庭所購買之商品其價格水準）較 2008 年的下滑。

❷ 行政院主計總處網站：首頁 > 政府統計 > 主計總處統計專區 > 物價指數 > 統計表 > 時間數列查詢 > 物價統計資料庫檢索各中類及個別項目指數 > 消費者物價指數 > 消費者物價基本分類暨項目群指數。

與颱風重創中南部的青蔥產地，使全臺的青蔥價格居高不下，也造成人們改用香菜來替代青蔥。香菜的市場需求增加，使臺北農產運銷公司批發價由 2006 年年初的每公斤不到 40 元漲到 2006 年 10 月 8 日的 600 元❸。以圖 3–1 表示，就是香菜的市場需求因青蔥價格上漲而由 D_0 右移至 D_1，從而造成香菜市場均衡價格的上漲。

3. 互補品價格

一項商品的價格上漲，會使其互補品的市場需求減少，從而造成該互補品市場價格的下跌。國際石油價格從 2004 年每桶約 30 美元起漲，在 2006 年每桶曾漲至 75 元左右（在 2008 年每桶曾漲破 140 美元）；國內 95 無鉛汽油在 2006 年也由每公升 24.6 元漲至 28.6 元。汽油價格高漲也連帶使國內汽車市場的需求減少，再加上卡債風暴與景氣差，使得 2006 年 1 至 8 月國內車市的銷售量僅 26 萬餘輛，較 2005 年同期衰退近 28%。由於汽車市場需求大幅減少，使得購車人的殺價空間變大。曾有一家公司的員工湊足 10 人，向車商以「團體優待價」買車，原本要價 59.5 萬元的房車，最後每輛只花 43 萬元，折價幅度近 3 成❹。以圖 3–1 表示，汽油價格高漲（再加上卡債風暴與景氣差）造成國內汽車的市場需求由 D_0 左移至 D_2，從而造成汽車的市場價格下跌，且銷售量減少。

4. 嗜　好

世界衛生組織專家於 2005 年 10 月發出禽流感疫情警語後，民眾談「禽」色變，使得雞肉的市場需求大幅減少。同年 11 月上旬桃園縣肉雞批發價就由每臺斤 22 元跌到 19.8 元❺。另外，政府於 2021 年 1 月 1 日起開放含有萊克多巴胺的美國豬肉進口後，反而造成國產豬肉的需求增加，就有傳統市場的攤商表示：國產豬肉每公斤應聲上漲 10 元❻。這些都是嗜好改變造成市場需求變動的例子。

---

❸ 《聯合報》，2006 年 10 月 16 日。

❹ 《中國時報》，2006 年 9 月 5 日。

❺ 《聯合晚報》，2005 年 11 月 12 日。

❻ 《聯合報》，2021 年 1 月 10 日。

5. 嚴重疫情

當疫情嚴重時，人們會減少外出旅遊，從而造成對外宿需求減少。以國內旅館住宿類為例，其價格指數於 2020 年 5 月降至 79.54❼，年減 16.15%。以圖 3–1 表示，疫情嚴重造成國內旅館住宿的市場需求由 D_0 左移至 D_2，從而造成其市場價格下跌，且銷售量減少。

疫情嚴重也會造成自行車的需求增加，國內自行車市場的價格指數於 2020 年 12 月漲至 105.67，年增 2.05%。以圖 3–1 表示，國內自行車的市場需求由 D_0 右移至 D_1，從而造成其市場價格上漲，且銷售量增加。

6. 預　期

價格預期會同時影響需求與供給，我們將在後面的「供需同時變動的影響」這一小節再舉例說明。

7. 季節性因素

由於中秋節流行烤肉，在中秋節前夕，烤肉應景蔬菜（如甜玉米）的市場需求會增加，從而造成市場價格的上漲。像 2005 年中秋節前夕，臺北果菜市場甜玉米特級品每公斤的批發價，短短 5 天就從 40 元漲到 70 元，漲幅超過七成❽。

動腦筋時間

既然甜玉米的價格短短 5 天就上漲超過七成，且每年中秋節前夕都會有類似的現象，為何甜玉米供應商不囤積 5 天前收割的甜玉米，5 天後再來賣？

◆ 3.1.2　供給變動的影響

影響供給的因素包括生產要素價格、技術、預期、嚴重疫情、天候與季節等因素。在其他條件（如市場需求）不變下，當這些因素的變動造成供給

❼ 行政院主計總處網站：首頁 > 政府統計 > 主計總處統計專區 > 物價指數 > 統計表 > 時間數列查詢 > 物價統計資料庫檢索各中類及個別項目指數 > 消費者物價指數 > 消費者物價基本分類暨項目群指數。

❽ 《中時晚報》，2005 年 9 月 13 日。

增加時，會使市場供給曲線往右移（如從圖 3–2 中的 S_0 右移至 S_1），從而造成市場均衡價格的下跌（如從圖 3–2 中的 P_0 下跌至 P_1）。這是因為在原先均衡價格 (P_0) 下，市場會有超額供給 (ec)，因而均衡價格會下跌。此外，均衡數量這時候也會增加（如從 Q_0 增加為 Q_1）。

相反地，當市場供給減少時，供給曲線會往左移（如從 S_0 左移至 S_2），從而造成均衡價格的上漲（如從 P_0 上漲至 P_2）。這是因為在原先的均衡價格 (P_0) 下，市場會有超額需求 (ed)，因而均衡價格會上漲。此外，均衡數量這時候會減少（如從 Q_0 減少為 Q_2）。接下來我們就依序說明影響供給的因素發生變動所造成的影響。

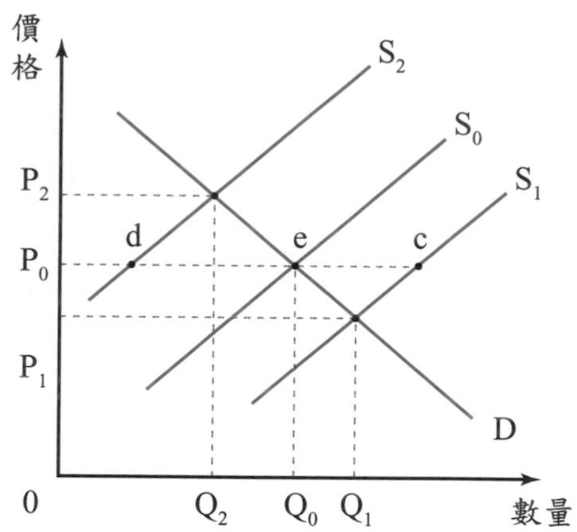

市場原先的需求與供給分別為 D 與 S_0。當市場供給增加（減少）時，供給曲線會由 S_0 右移至 S_1（左移至 S_2），從而造成均衡價格由 P_0 下跌至 P_1（上漲至 P_2），均衡數量則從 Q_0 增加為 Q_1（減少為 Q_2）。

圖 3–2　市場供給變動的影響

1. 要素價格

當生產要素價格上漲時，不管產量為何，廠商為反映成本的增加，其所要求的價格會提高。以圖 3–2 表示，市場供給曲線會從原先的 S_0 上移至 S_2，從而造成商品均衡價格由 P_0 上漲至 P_2。例如，糖與麵粉價格上漲導致麵包漲價；鐵砂價格上漲導致鋼鐵價格上漲；鋼鐵、砂石與土地成本上漲導致房價上漲；電腦價格因為臺灣電腦廠商將生產線移至工資比較便宜的中國大陸而下跌等等。

2. 技　術

當廠商生產技術進步時，其成本會下跌或其產量在生產要素雇用量不變下會增加。不管是從成本或產量的角度來看，供給曲線會往下移或右移。如果不少廠商都發生技術進步，則市場供給會增加。以圖 3–2 表示，技術進步造成供給曲線往右移，從而均衡價格下跌且均衡數量增加。例如，資訊、通訊與液晶面板等產品的價格都因廠商的技術不斷進步而不斷地下跌。

3. 嚴重疫情

嚴重疫情使 2020 – 2021 年全球的貨櫃運輸服務的供給大幅減少，而造成 40 呎貨櫃的全球運價的平均值由 2020 年第 2 季的 1,524 美元漲至 2021 年元月的 6,029 美元❾。以圖 3–2 表示，貨櫃運輸服務的市場供給曲線從原先的 S_0 上移至 S_2，從而造成均衡價格由 P_0 上漲至 P_2。

4. 天候與季節性因素

以高麗菜為例，颱風過後，高麗菜價格因市場供給大幅減少而可以漲到 1 顆 100 元；但在冬季盛產時，也可以因市場供給大幅增加，而跌到 1 顆只剩 10 元。這些價格現象變動主要是市場供給變動所造成的。

◆ 3.1.3　供需同時變動的影響

之前我們曾提到，價格預期是唯一會同時影響市場供給與需求的單一因素。在金融市場，我們經常可以觀察到，市場買賣雙方對金融商品未來價格的預期水準發生變動，進而對金融商品的市場供需造成影響所引發的現在價格的變動。以股票為例，如果某一家上市公司突然宣布一項股價尚未反映的利多消息（如開發出一項深具競爭力的產品），市場參與者會預期該公司的股票價格未來會上漲，從而現在就買進或買更多，或減少原先要賣出的數量。前者造成市場需求的增加，後者造成市場供給的減少。以圖 3–3 表示的話，前者造成市場需求曲線由 D_0 右移至 D_1，後者造成供給曲線由 S_0 左移至 S_1。從圖 3–3 也可以看出，在原先的均衡價格 P_0 之下，現在會有 ab 的超額需求，

---

❾ 《今周刊》，1256 期，頁 66，2021 年 1 月 24 日 –2021 年 1 月 31 日。

從而造成現在價格的上漲，一直到新的均衡價格 P_1 達成為止。因此，當市場預期某一家公司的股票價格未來會上漲時，買賣雙方均不會錯失此一獲利機會，因而現在的市場需求就會增加且市場供給也會減少，從而現在的股價就會上漲。

值得一提的是，影響股價的因素眾多且瞬息萬變，所以剛剛所提到的新的均衡價格 P_1 可能維持不了幾秒鐘就會因新的訊息出現而發生變動。另外，就 P_1 而言，那些沒有在此一價位下買進股票的人，以及在此一價位下賣出股票的人，是因為他們認為股價漲到 P_1 已充分反映利多，因而未來股價在其他條件不變下，不會再上漲。相反地，在 P_1 價格下，買進股票以及未賣出股票的人，則認為未來股價還有上漲的空間。因此，由於市場參與人所擁有的訊息不同（此點可由某些人擁有「內線消息」來理解），所以對未來股價水準的判斷也就有所不同，從而在絕大多數的情況下，會有人因預期股價未來會上漲而買進，也會有人因預期股價未來會下跌而賣出。

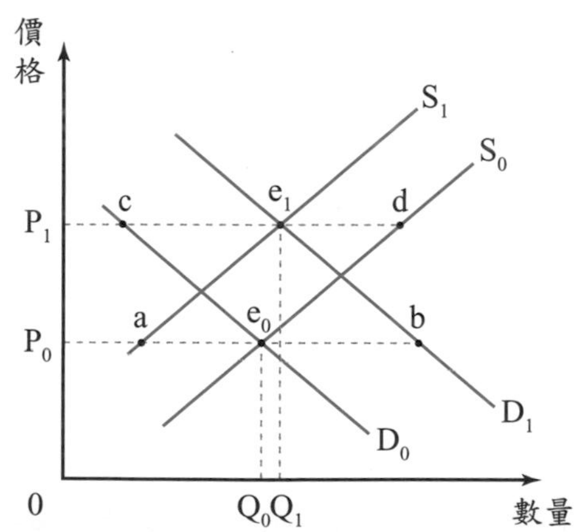

當人們預期未來價格會上漲時，現在的市場需求會增加，而造成市場需求曲線由 D_0 右移至 D_1，且現在的市場供給會減少，而造成市場供給曲線由 S_0 左移至 S_1，從而均衡價格由原先的 P_0 上漲至 P_1。在市場需求增加幅度 (ce_1) 大於市場供給減少幅度 (e_1d) 的情況下，均衡數量會由原先的 Q_0 增加為 Q_1。

圖 3–3　預期價格變動：價漲量增

另外，圖 3–3 中新的均衡數量 Q_1 大於原先的均衡數量 Q_0，這是因為市場需求的增加幅度（以 ce_1 表示），大過市場供給的減少幅度（以 e_1d 表示）。

因此，圖 3–3 所畫的是「價漲量增」的結果。如果市場需求增加的幅度小於市場供給減少的幅度，那麼，結果就會是圖 3–4 所畫的「價漲量縮」的情況。

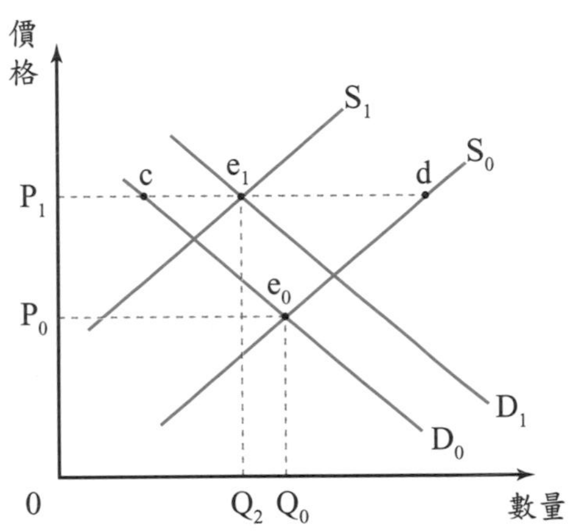

當人們預期未來價格會上漲時，如果市場需求增加的幅度 (ce_1) 小於市場供給的減少幅度 (e_1d)，那麼，雖然均衡價格由 P_0 上漲至 P_1，但均衡數量由 Q_0 減少為 Q_2。

圖 3–4　預期價格變動：價漲量縮

動腦筋時間

3–2

假設某一股票上市公司發布一項股價尚未反映的利空消息，價格與數量會如何變動？

3.2　彈性及其決定因素

在上一節的前兩個小節，我們曾探討單由市場需求或單由市場供給變動所造成的市場均衡價格的變動。例如，當颱風過後，高麗菜價格可以漲到 1 顆 100 元；這時候，消費者的需求量會減少多少呢？又例如，若政府大幅開放外國蘋果的進口而導致本國蘋果市場價格下跌，本國果農的供給量又會減少多少呢？本節將介紹彈性的觀念來回答這些問題。本節首先將介紹關於需求的一些彈性觀念，接著再介紹關於供給的，最後再介紹一些有趣的應用。

◆ 3.2.1 需求的彈性及其決定因素

之前我們曾提到一項商品的需求量，會與其自身價格呈反向變動，會與替代品（互補品）的價格呈同向（反向）變動，且如果是正常財，會隨所得的增加而增加。這些討論都只涉及需求量變動方向的屬質 (qualitative) 分析，我們可以透過彈性的觀念來回答需求量變動多少的屬量 (quantitative) 問題。

㈠需求的價格彈性

根據需求法則，一項商品的價格上漲時，消費者的需求量會減少。需求的價格彈性（price elasticity of demand，簡稱需求彈性），衡量商品價格變動時，該商品需求量的變動幅度。由於需求量的變動幅度決定於度量衡的單位，為避免因度量衡單位不同而造成不同的衡量結果，我們用變動百分比來衡量需求的價格彈性。比方說，當汽油價格由每公升 20 元上漲至 30 元時，老王家的汽油消費量由每個月的 200 公升減少為 150 公升。如果以公升為單位，則老王家每個月的汽油消費量減少 50 公升；如以千公升為單位，則老王家每個月減少 0.05 千公升。但如以變動百分比來表示，則那麼不管是以公升還是千公升為衡量單位，老王家每個月的汽油消費量都減少 25%。

如果我們以 η^D 來表示需求的價格彈性，那麼其意義為：價格上漲（下跌）百分之一時，需求量減少（增加）η^D 個百分點。其計算公式如下：

$$\eta^D = -\frac{\dfrac{(Q_1^D - Q_0^D)}{Q_0^D}}{\dfrac{(P_1 - P_0)}{P_0}}$$

這個公式表示當價格由 P_0 變動到 P_1 時，共變動 $(P_1 - P_0)/P_0$ 個百分點；此時，需求量由 Q_0^D 變動到 Q_1^D，共變動 $(Q_1^D - Q_0^D)/Q_0^D$ 個百分點。這兩個變動百分點相除等於 η^D，表示價格變動百分之一時，需求量變動 η^D 個百分點。因為公式前面加負號，且價格與需求量呈反向變動，所以 η^D 為正值。由於

η^D 為正值，所以當 η^D 愈大時，表示需求量的變動對價格的變動愈敏感。

如果 η^D 為零，那就表示不管原先的價格 (P_0) 為何，且不管價格變動的百分比為何，需求量都沒有變動。這時候，需求曲線會是圖 3–5 (a)的垂直線。

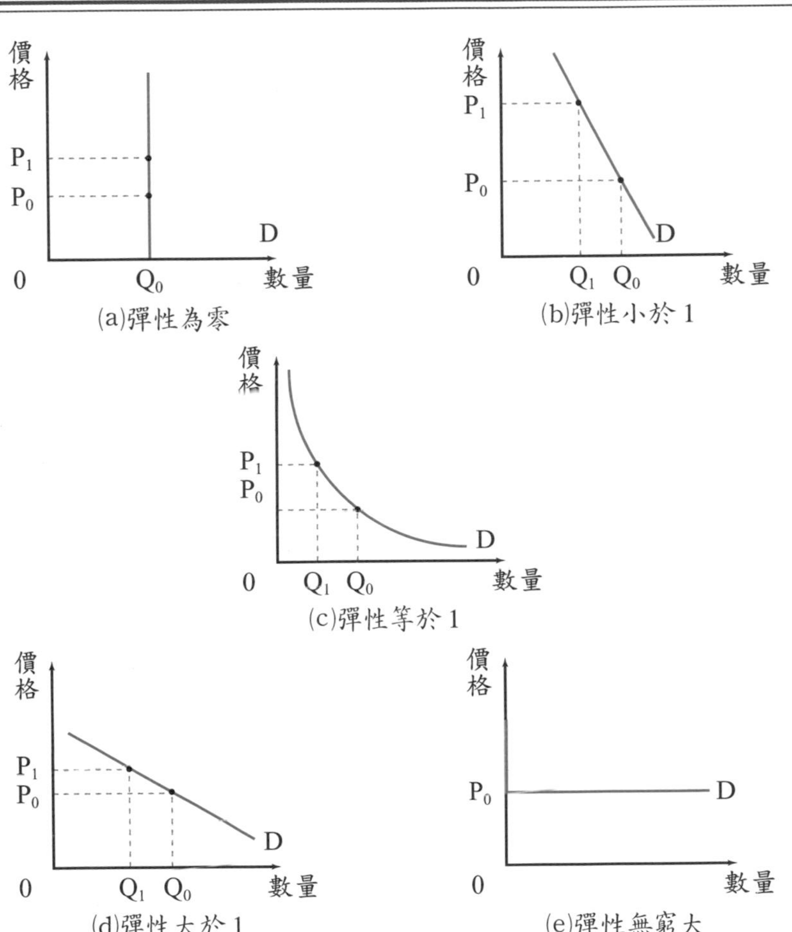

若需求曲線為一垂直線，如(a)圖，則價格彈性為零，稱為完全無彈性。若需求曲線較陡，如(b)圖，則價格彈性小於 1，稱為無彈性。若需求曲線較平坦，如(d)圖，則價格彈性大於 1，稱為有彈性。若需求曲線為雙曲線，如(c)圖，則價格彈性等於 1，稱為單位彈性。若需求曲線為一水平線，如(e)圖，則價格彈性為無窮大，稱為完全有彈性。

圖 3–5　需求的價格彈性

像一些有錢人對毒品、香菸或 Hello Kitty 商品的需求就屬於這種型態。我們稱此一需求型態為完全無彈性 (perfectly inelastic)。至於一般的毒品吸食者、吸菸者或 Hello Kitty 迷，當這些商品價格上漲時，他們的需求量會減少，但需求量的減少百分比（絕對值）會小於價格上漲的百分比，亦即其 η^D 會介於 0 與 1 之間。比方說，某人原先在香菸 1 包 100 元時，每個月抽 30 包，當價格漲為 1 包 120 元時，每個月變成只抽 27 包，其 η^D 為 0.5。這些消費者的需求曲線會如圖 3–5 (b)所示，為較陡的曲線。我們稱此一需求型態為無彈性 (inelastic)。

另外，像一般的飲料與零食，由於其替代品較多，所以當其價格上漲時，消費者會多消費其替代品，而造成其需求量減少的百分比（絕對值）大過其價格上漲的百分比，亦即其 η^D 大於 1。這時候的需求曲線會如圖 3–5 (d)所示，為一較平坦的曲線。我們稱此一需求型態為有彈性 (elastic)。

如果當一項產品價格上漲時，其需求量減少的百分比等於價格上漲的百分比，這時候的 η^D 等於 1。我們稱此一需求型態為單位彈性 (unit elastic)，其需求曲線會如圖 3–5 (c)所示，為一雙曲線（雙曲線的方程式為 $P \cdot Q = A$，A 為定數，所以價格與需求量呈反向且同比例的變動）。

最後一種需求型態為需求曲線為一水平線。我們會在第 5 章說明完全競爭廠商所面對的需求曲線為一水平線，它在市場價格下（如圖 3–5 (e)內的 P_0），可以銷售它所願意銷售的任何數量；但它若是將產品價格訂稍微高於市場價格，則市場對其產品的需求量會馬上降為零。由於價格稍微一上漲，需求量馬上大幅減少，因此，這種需求型態的 η^D 趨近於無窮大。我們稱此一需求型態為完全有彈性 (perfectly elastic)。

有了上述的價格彈性的概念後，接下來我們就可以說明消費者支出 $(P \cdot Q)$ 與價格之間的關係。如上所述，若消費者的需求曲線為雙曲線的型態，則不管原先與新的價格為何，消費者的支出不變，因此，若 η^D 等於 1，則支出不會隨價格的變動而變動。若 η^D 大於 1，則當價格上漲時，由於需求量的減少百分比大於價格上漲的百分比，因此，支出會減少；同理可證，當價格下降時，支出會增加。因此，**若需求彈性大於 1，則價格與支出會呈反向變動。相反地，若需求彈性小於 1，則價格與支出會呈同向變動。**

值得一提的是，消費者對某一商品的價格彈性不一定恆大於或小於 1。以第 2 章表 2–1 的老王家蘋果需求表為例，當蘋果由 1 顆 10 元上漲為 20

元時，老王家每個月的蘋果需求量由 30 顆減為 20 顆，每個月的蘋果支出金額則增加 100 元；這時候老王家蘋果需求的價格彈性小於 1（為 0.33），因而價格與支出呈同向變動。當蘋果由一顆 40 元上漲為 50 元時，老王家每個月的蘋果需求量由 10 顆減為 6 顆，且蘋果支出金額減少 100 元；這時候老王家的需求彈性大於 1（為 1.6），因而價格與支出呈反向變動。這個例子說明，一項商品的需求彈性有時候會受到價格水準高低的影響，通常是價格低時，需求彈性會比較小；這是因為當價格低時，需求量已經較大，若價格再下降，需求量增加的幅度有限，因此，需求彈性較小。除了價格水準這項因素外，接下來我們說明會影響需求彈性的其他因素。

㈡需求彈性的決定因素

像我們剛剛所舉的香菸與 Hello Kitty 的例子，由於這些商品沒有替代性高的替代品，所以其需求彈性通常都很小。另外，像鹽與蛋也有同樣的情況。相反地，有一些商品會有比較多替代性高的替代品，如一般的飲料與零食等等。若這些商品原先的價格不低，則在漲價時，一般人會改買它們的替代品，而減少對它們的支出，也就是說，這時候這些商品的價格彈性會大於 1。因此，一項商品的替代品數量愈多且替代性愈高，則其需求彈性愈大。

另外一個影響需求彈性的因素是商品是否為必需品 (necessity)。對一般人來說，像水、電、主食等等，是必需品，其需求彈性通常都不高，亦即當這些商品的價格上漲時，其需求量的減少比例都很有限。但就大部分商品而言，其必需性的高低就因人而異了。例如，像手機通訊，對有些人來說是非常必需的；就這些人來說，即使通訊費率上漲，他通話時間減少的幅度可能相當有限（即 η^D 小）。但就其他人而言，手機通訊不是那麼必要，他們的需求彈性就比較高。又例如，像汽油，對計程車司機而言，不加油就沒有收入，因此，他們汽油的需求彈性比較低。但一些原先開車或騎車的上班民眾，在油價高漲後，他們可能就改搭公車或捷運上班，也就是說，他們汽油的需求彈性比較高。

影響需求彈性的最後一項因素是時間的長短。例如，在油價高漲後，電價通常也會跟著上漲。假設某一個家庭在原先 1 度電價是 2 元時，每個月用電 250 度，換算成一年的用電量為 3,000 度；在電價上漲為 1 度 3 元時，每個月用電 200 度，換算成一年的用電量為 2,400 度。此一家庭在電價上漲後，陸續更換省電燈泡並安裝太陽能面板，而使得它的用電量降為一年 2,000 度。換句話說，這個家庭原先電的需求彈性為 0.4 ([(3,000 − 2,400)/3,000]/[(3 − 2)/2])，但時間拉長後，電的需求彈性提高為 0.67 (原先用電量為一年 3,000 度，在電價上漲 50% 後，安裝省電設備使得用電量降為一年 2,000 度，減少 33.3%)。在商品價格變動後，一般消費者可能短時間無法大幅改變其消費習慣，或需要時間更新一些新的裝置，因此，短期的需求彈性通常比長期的要來得小。

到目前為止，我們介紹的彈性是所謂的「點彈性」(point elasticity)，亦即需求彈性計算公式中的價格與數量的變動百分比，是以需求曲線線上某一點的價格與數量 (如圖 3–6 中的 (P_0, Q_0)) 為計算基準。此一方法的問題是，如果價量組合由圖 3–6 中的 (P_1, Q_1) 變到 (P_0, Q_0)，那麼計算出來的彈性值會與原先的彈性值不同；這是因為現在價量變動百分比的計算基準變成 (P_1, Q_1)。為解決此一問題，我們可以使用所謂的「中點法」(midpoint method) 來計算所謂的「弧彈性」(arch elasticity)。令弧彈性值為 ε^D，那麼弧彈性的計算公式如下：

$$\varepsilon^D = -\frac{\dfrac{(Q_1^D - Q_0^D)}{(\dfrac{Q_0^D + Q_1^D}{2})}}{\dfrac{(P_1 - P_0)}{(\dfrac{P_0 + P_1}{2})}} = -\frac{\dfrac{(Q_1^D - Q_0^D)}{(Q_0^D + Q_1^D)}}{\dfrac{(P_1 - P_0)}{(P_0 + P_1)}}$$

根據這個公式，不管價格是由 P_0 變到 P_1，還是由 P_1 變到 P_0，所計算出來的弧彈性值都一樣。

由於本書並沒有要計算某一商品的彈性值，且點彈性在圖形的說明上比較方便，所以本書後面提到的彈性都是點彈性。

㈢其他彈性

就需求而言，除了價格彈性外，還有所得彈性與交叉彈性，分別介紹如下。

之前我們曾提到，當一項商品的需求量隨所得的增加而增加（減少）時，其為正常財（劣等財）。所得彈性（income elasticity，令其為 η_I）衡量的是需求量對所得（令其為 I）變動的反應程度，其公式如下：

$$\eta_I = \frac{\dfrac{(Q_1^D - Q_0^D)}{Q_0^D}}{\dfrac{(I_1 - I_0)}{I_0}}$$

如果 η_I 為正值，則為正常財。正常財又可區分成奢侈品與必需品，前者 η_I 大於 **1**，後者小於 **1**。如果 η_I 為負值，則為劣等財。

之前我們也曾提到，若 x 商品的需求與 y 商品的價格呈同向（反向）變動，則 x 與 y 為替代品（互補品）。交叉彈性（cross elasticity，令其為 η_{xy}）衡量的是當 y 商品價格因供給變動而變動時，x 商品在原先價格下其需求量的反應程度，其公式如下：

$$\eta_{xy} = \frac{\dfrac{(Q_{x1}^D - Q_{x0}^D)}{Q_{x0}^D}}{\dfrac{(P_{y1} - P_{y0})}{P_{y0}}}$$

如果 η_{xy} 為正值，則 **x** 與 **y** 為替代品；且 η_{xy} 的值愈大，表示 **x** 與 **y** 彼此之間的替代性愈高。如果 η_{xy} 為負值，則 **x** 與 **y** 為互補品；且 η_{xy} 的絕對值愈大，表示 **x** 與 **y** 彼此之間的互補性愈高。

◆ 3.2.2 供給的彈性及其決定因素

㈠供給的價格彈性

根據供給法則，供給量與價格呈同向變動，因此，供給的價格彈性（price elasticity of supply，簡稱供給彈性）為正值。如果我們以 η^S 表示供給彈性，其公式如下：

$$\eta^S = \frac{\frac{(Q_1^S - Q_0^S)}{Q_0^S}}{\frac{(P_1 - P_0)}{P_0}}$$

如果 η^S 為零，那就表示不管原先的價格 (P_0) 為何，且不管價格變動的百分比為何，供給量都沒有變動。這時候，供給曲線會是圖 3–6 ⒜的垂直線。像每一塊土地都有其地目（如農地），非經變更地目，否則不能改變用途，因此，在短期間，特定用途的土地其供給量是固定的。我們稱此一供給型態為完全無彈性。若 η^S 小於 1，則表示供給量的變動百分比小於價格的變動百分比。像大學附近都會有學生套房出租，如果租金上漲，則附近住家會比較有意願將家中多餘的房間隔成學生套房出租。但一些歷史比較悠久的大學，其附近可以增加的學生套房數量就比較有限，因此，其供給曲線會如圖 3–6 ⒝所示，為較陡的曲線。我們稱此一供給型態為無彈性。相反地，新大學附近可以增加的學生套房數量就比較多，因此，其供給曲線會如圖 3–6 ⒟所示，為較平坦的曲線。我們稱此一供給型態為有彈性。

如果供給曲線為一通過原點的直線，那麼線上任何一點的彈性值都等於 1（請讀者自行證明），我們稱此一供給型態為單位彈性。如果供給曲線為一水平線，那麼當價格稍微低於圖 3–6 ⒠的 P_0 時，供給量馬上變為零，因此其供給彈性為無窮大。在第 9 章我們介紹國際貿易時會提到，如果本國為小國（亦即本國為國際市場的價格接受者），則國外的出口廠商願意以國際市場價格（如圖 3–6 ⒠的 P_0）銷給本國所願意進口的任何數量；但若國內進口

廠商不願以 P_0 的價格進口，則國外的出口廠商在本國市場的供給量為零。我們稱此一供給型態為完全有彈性。

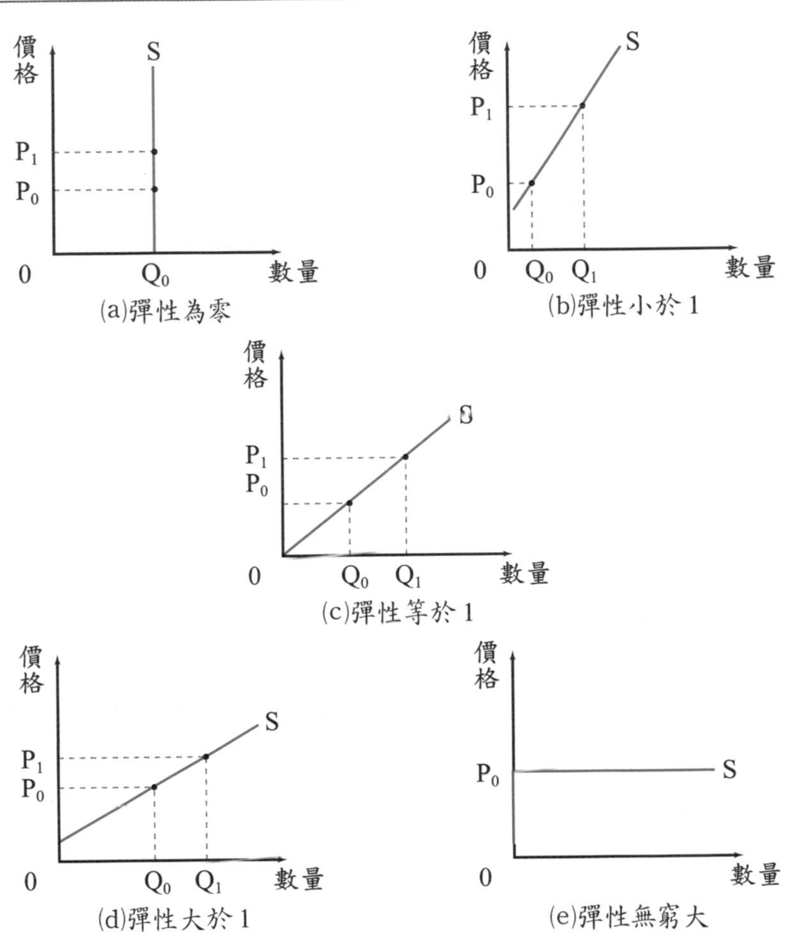

若供給曲線為一垂直線，如(a)圖，則供給彈性為零。若供給曲線較陡，如(b)圖，則供給彈性小於 1。若供給曲線較平坦，如(d)圖，則供給彈性大於 1。若供給曲線為通過原點的直線，如(c)圖，則線上任一點的供給彈性均為 1。若供給曲線為一水平線，如(e)圖，則供給彈性為無窮大。

圖 3–6　供給的價格彈性

就某些市場結構接近完全競爭市場的產業（如成衣業）而言，其廠商短期的供給彈性並非一成不變，而可能像圖 3–7 所示，在價格低時，供給彈性大於 1，但在價格高時，供給彈性小於 1。這是因為在價格低時，廠商的產量也低，亦即有閒置的產能；當價格提高時，廠商有利可圖且有充裕的產能，因此，供給量可以大幅度增加，亦即此時的供給彈性大於 1。相反地，在價格高時，其產能已接近滿載，且可能員工都已經在加班；此時，因受限於短期的產能有限（因工廠規模固定），所以當價格再提高時，其供給量增加的幅度是有限的，亦即此時的供給彈性小於 1。

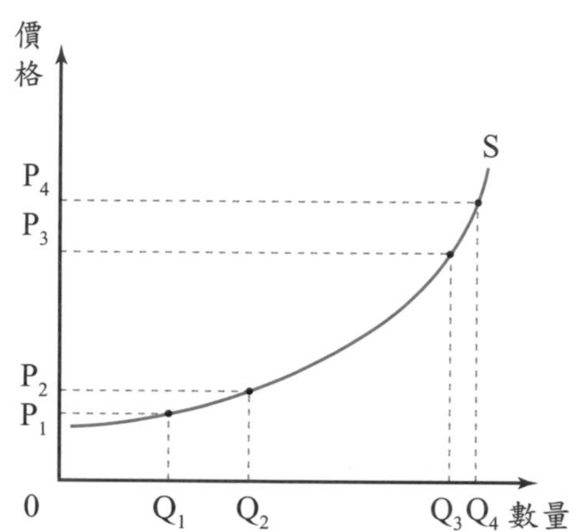

在價格低時（如 P_1），廠商有閒置產能，因此當價格上漲時（如漲到 P_2），廠商的供給量可以大幅增加（如由 Q_1 增至 Q_2），此時的供給彈性大於 1。在價格高時（如 P_3），由於產能已接近滿載，即使價格再上漲（如漲到 P_4），其供給量增加的幅度有限，此時的供給彈性小於 1。

圖 3–7　短期供給彈性的改變

㈡供給彈性的決定因素

除了剛剛所提到的產能利用率的高低會影響供給彈性外，還有一些其他的影響因素，分別說明如下：

就大多數的市場而言，時間長短是影響供給彈性的主要因素。在短期，廠商的供給量受限於產能，但在長期，廠商可以進行擴廠且增添機器設備，亦即廠商長期的產能可以提高。在產能提高後，供給量隨價格變動而變動的幅度也就較短期來得大，亦即廠商長期的供給彈性會較短期來得大。就整個市場而言，若既有的廠商在短期有經濟利潤，則在長期會吸引新廠商的加入，而使得整個市場的供給量及供給彈性提高；若既有的廠商在短期有經濟損失，且損失的情況在長期沒有改善，則他會退出市場，而使整個市場的供給量減少，但供給彈性提高。

上述的結果可以透過圖 3–8 來說明。假設某一商品原先的市場供給曲線為圖 3–8 中的 S_1，當價格由 P_0 上漲為 P_1 時，每個月的市場供給量由 Q_0 增加為 Q_1。當時間拉長時，不單原有的廠商可能擴充產能，且可能有新廠商加入市場，而使得市場的供給量由原先每個月的 Q_1 增加為 Q_2，因此，長期的市場供給曲線為圖 3–9 中的 S_2，較短期的 S_1 來得平坦，亦即長期的供給彈性較短期的來得大。若市場價格由 P_0 下降為 P_2 時，每個月的市場供給量由原先的 Q_0 減少為 Q_3。當時間拉長時，可能有部分廠商會因虧損而退出市場，而使得市場的供給量由原先的 Q_3 減為 Q_4，因此，在價格下跌時，長期的供給彈性亦較短期的來得大。所以，就整個市場而言，在長期，不管價格是上漲還是下跌，市場的供給彈性都較短期的來得大。

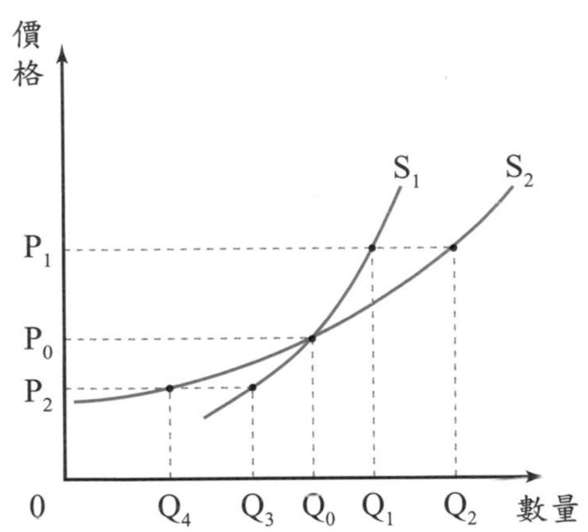

假設某一商品原先市場的供給曲線為 S_1。當商品價格由 P_0 上漲為 P_1 時，每個月的市場供給量由 Q_0 增加為 Q_1。當時間拉長時，不單原有的廠商可能擴充產能，且可能有新廠商加入市場，而使得市場的供給量由原先每個月的 Q_1 增加為 Q_2，因此，長期的供給曲線為 S_2。若市場價格由 P_0 下降為 P_2，每個月的市場供給量由原先的 Q_0 減少為 Q_3；當時間拉長時，可能有部分廠商會退出市場，而使得市場的供給量由原先的 Q_3 減為 Q_4。因此，長期的市場供給曲線 S_2 較短期的供給曲線 S_1 來得平坦，亦即，長期的供給彈性較短期的來得大。

圖 3–8　長短期的市場供給曲線

動腦筋時間 3–3

如上所述，長期的市場供給彈性大於短期的，但我們之前也提到，成立時間較久的大學其附近的學生套房供給彈性要小於成立時間較短的大學（或是就同一家大學而言，成立時間愈久，其附近的學生套房的供給彈性愈小）。這兩者之間是否矛盾？試說明之。

另外一項影響供給彈性的因素是，生產成本隨產量變動而變動的敏感程度。之前我們曾提到採收蘋果的例子，當蘋果變得比較難採收時，每一個採收工人的採收量會變得比較少；在採收工人的工資不變下，這意謂著每顆蘋果的採收成本變高了。這個例子告訴我們，在其他條件不變下，若勞工的生產力隨著產量增加而下降的比例愈大，那麼每單位產量生產成本上升的比例也愈高。在此情況下，廠商所願意增加的產量比例也愈小，亦即其供給彈性愈小。如果我們以圖 3–9 中的 S_1 與 S_2 分別代表同一個產業同一段時間，第一家廠商與第二家廠商的供給曲線，那麼由 S_2 比 S_1 來得平坦可以得知，第二家廠商在成本控制上比第一家廠商來得好，所以當商品價格由 P_0 上漲至 P_1 時，第二家廠商的供給量 (Q_2) 要大於第一家廠商 (Q_1)。

3.3 價格彈性的應用

之前我們曾提到，當需求的價格彈性大於 1（小於 1）時，支出會與價格呈反向（同向）變動。由於買者的支出就是賣者的收益 (revenue)，因此，當市場價格因市場供給改變而變動時，賣者的收益會如何變動，端看市場需求的價格彈性而定。接下來，我們就以「穀賤傷農」與「薄利多銷」為例來說明。

◆ 3.3.1 穀賤傷農

當農產品大豐收時，農產品的價格通常會跌得很慘。例如，嘉義縣盛產香蕉，由於 2020 年沒有颱風，讓香蕉大豐收，導致上品香蕉每公斤的大盤價由 5 月的 30 元大降至 10 月的 8 元[10]。

農產品的需求彈性通常在價格低時會小於 1。比方說，當自助餐店一碗飯的價格因米價大跌而由原先的 10 元跌至 5 元時，原先每餐吃一碗飯的人，不會因為這樣而變成每餐吃兩碗飯。因此，當農產品價格因豐收而大跌時，人們需求量的增加比例是有限的，從而農民的收益會減少，因此就有所謂的

[10] 《蘋果即時》，2020 年 10 月 11 日。

「穀賤傷農」的現象。此點可利用圖 3–9 來說明。

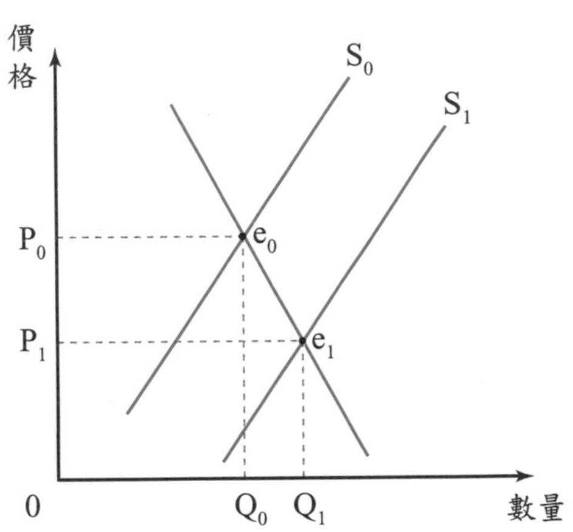

農產品的市場需求彈性在價格低時通常很小，因此，當農產品因豐收而使得市場供給由 S_0 增加為 S_1 時，農民的總收益 $P_1 \cdot Q_1$ 會比原先的 $P_0 \cdot Q_0$ 來得小。

圖 3–9　穀賤傷農

如圖所示，某一項農產品原先的市場價格為 P_0，銷售量為 Q_0，所以農民的總收益為 $P_0 \cdot Q_0$，或長方形 $0P_0e_0Q_0$ 的面積。當此項農產品大豐收時，市場供給曲線由原先的 S_0 右移至 S_1，使得市場價格降為 P_1，但銷售量僅增為 Q_1。此時，農民的總收益為 $P_1 \cdot Q_1$，或長方形 $0P_1e_1Q_1$ 的面積。由於市場需求的價格彈性小於 1，所以銷售量增加的比例小於價格下跌的比例，因此，農民的總收益減少。

動腦筋時間 3–4

當農產品市場供給因歉收而減少時，是不是一定會有「穀貴益農」的結果呢？

◆ 3.3.2　薄利多銷

薄利多銷是廠商透過降價，來增加收益的策略。如前所述，廠商降價之後，收益要能增加，其商品的市場需求彈性必須大於 1。我們之前也曾提到，替代品愈多且替代性愈強的商品，其需求彈性愈大。因此，採取薄利多銷策略的廠商，通常是其產品的替代品多且彼此之間的替代性高。舉例來說，臺灣智冠科技公司曾以一套不到 4 美元的售價銷售國外正版遊戲軟體，把替代性相當高的盜版遊戲軟體打得落花流水；全盛時期，智冠曾取得全球 60 家遊戲軟體業者的在臺授權⓫。另外，像百貨公司舉辦「週年慶」等特價活動，而使得收益大增，也是薄利多銷的例子。

廠商採取薄利多銷策略，其短期利潤是不是一定會增加呢？薄利多銷雖會使廠商的收益增加，但其成本也會隨銷售量的增加而增加。因此，廠商的短期利潤是否增加還要看收益增加的幅度是否大於成本增加的幅度；如果廠商降價的幅度過大，其短期收益甚至有可能下降（參閱下面的「Economics 部落格」）。

Economics 部落格

美國戴爾 (Dell) 電腦公司在 2000 年夏天推出一系列的降價活動，如入門機種 Dimension L 系列的售價先降 18%，再降 21%；不單戴爾的利潤率從當年第三季的 21.3% 降為第四季的 18%，其收益還衰退 8%。因此，戴爾的大幅降價策略不是為了提升短期收益與利潤，而是著眼於提升市場占有率，希望藉此增加長期的利潤⓬。

有時候，我們也會看到一些賣場或公司將某些商品的價格訂得不可思議地低（如 1 元電腦或 1 元手機）。因為這些特價商品的價格實在太低了，所以這些商品的總銷售金額不可能比沒有特價時要來得高，也因此，廠商採取的並不是薄利多銷的策略。他們是著眼於利用這些超低價商品來增加其他商品或服務（如手機通訊）的需求，以提升整體的利潤水準。因此，這些超低價商品有「犧牲打」的意味在，也因此，這些商品通常是限量銷售的。

⓫ 《大紀元時報》，2006 年 8 月 31 日。

⓬ 《CNET 新聞專區》，2001 年 2 月 19 日。

3.4　政府政策及其福利效果

以上我們所分析的是自由市場的情況，亦即政府不介入市場的情況。政府基於稅收考量，或有時候基於「善意」，會採行一些政策。這些政策會形成對市場的干預，以至於市場的表現會與市場自由運作下的表現有所不同。在本節，我們先介紹消費者剩餘 (consumer surplus) 與生產者剩餘 (producer surplus)，這兩種剩餘的概念可以幫助我們瞭解政府政策對消費者與生產者福利水準所產生的效果。接著，我們再說明政府課稅以及政府進行價格管制對市場表現以及福利水準的影響。

◆ 3.4.1　消費者剩餘

從第 2 章表 2–1 的老王全家對蘋果的需求表可以知道，當蘋果價格為每顆 50 元時，老王全家每個月的需求量為 6 顆，老王總共付了 300 元。「如果」蘋果是一顆一顆買，則這 6 顆蘋果老王總共「願意」付多少錢呢？我們利用下面的需求表來回答這個問題。當蘋果每顆價格超過 100 元時，老王覺得太貴了，所以一顆也沒買；當蘋果每顆價格為 100 元時，老王願意買第 1 顆；當蘋果價格為 90 元時，老王願意買第 2 顆，這表示老王第 2 顆願意支付的最高價格為 90 元。因此，若老王是依其每顆願意支付的最高價格，一顆一顆地買，則老王總共願意花 190 元 (100 元 +90 元) 買 2 顆蘋果；但老王實際上總共只花 180 元 (90 元 ×2) 買到 2 顆蘋果，所以老王覺得「賺到了」10 元 (190 元 − 180 元)。我們稱消費者購買某一數量的商品，其所願意支付的最高金額與實際支付金額的差，為消費者此一購買數量下的消費者餘額。根據此一定義及表 3–1，老王購買 3 顆蘋果的消費者剩餘為 30 元 (100 元 +90 元 +80 元 − 80 元 ×3)。此一 30 元的剩餘也可表示成第 1 顆 20 元的剩餘加第 2 顆 10 元的剩餘。依此類推，在蘋果每顆價格為 50 元時，老王購買 6 顆，其消費者剩餘總共為 150 元 (100 元 +90 元 +80 元 +70 元 +60 元 +50 元 − 50 元 ×6)。

表 3–1　蘋果需求表

蘋果價格	蘋果需求量
$100 以上	0
100	1
90	2
80	3
70	4
60	5
50	6

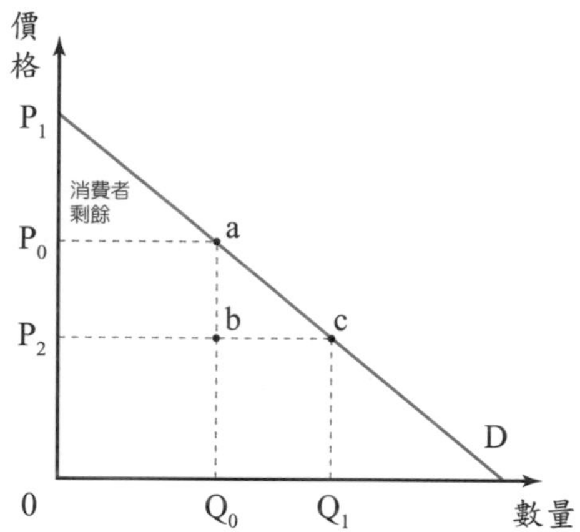

當市場價格為 P_0 時，需求量為 Q_0。此時消費者剩餘為需求曲線與對應 P_0 的水平線，以及縱軸所圍成的面積。

圖 3–10　消費者剩餘

根據以上的說明，如果價格與需求量都是連續的，則我們可以用圖 3–10 來說明消費者剩餘。如圖所示，當市場價格為 P_0 時，需求量為 Q_0，此時消費者購買 Q_0 數量的商品，其所願意支付的最高金額為梯形 $0P_1aQ_0$ 的面積，其為第 1 單位到 Q_0 這個單位，每一單位所對應的需求曲線的高度（代表消費者購買此單位其所願意支付的最高金額）的加總；而消費者購買 Q_0 數量的實際支付金額為長方形 $0P_0aQ_0$ 的面積。二者的差為三角形 P_0P_1a 的面積，此一面積所代表的金額即為消費者購買 Q_0 數量的消費者剩餘。消費者為什麼只願意買 Q_0 這麼多數量？這是因為超過 Q_0 的下一個數量，消費者所願意支付的最高金額（為此一數量所對應的需求曲線的高度），小於市場價格 P_0，所以消費者不願意購買此單位。

由於消費者在市場價格下，其所願意且有能力購買的每一單位，均是以市場價格來支付，而非以每一單位其所願意支付的最高金額來支付，所以會有消費者剩餘。如果圖 3–10 中的 D 線代表市場需求曲線，那麼三角形 P_0P_1a 的面積就代表全市場的消費者剩餘。

動腦筋時間 3–5

若圖 3–10 中的市場價格由 P_0 降為 P_2 時，消費者剩餘會如何變動？為什麼？

◆ 3.4.2　生產者剩餘

根據供給法則，當商品的價格愈高時，生產者願意且有能力供給的數量愈多。如圖 3–11 中的供給曲線所示，當價格為 P_0 時，生產者的供給量為 Q_0；若要生產者比 Q_0 多供給 1 單位，則他所要求的價格會比 P_0 高，所以每一數量所對應的供給曲線的高度為生產者提供此一單位所要求的最低價格。因此，若市場價格為 P_0，供給量為 Q_0，則生產者此時所拿到的實際金額為 $0P_0aQ_0$，但他供給 Q_0 數量所要求的最低金額為 $0P_1aQ_0$，其為生產者供給每一單位所要求的最低金額（為此一單位所對應的供給曲線高度）的總和。這二者之間的差（三角形 P_1P_0a），稱為生產者剩餘，因此，某一數量下的生產者剩餘為生產者提供此一數量，其所拿到的實際金額大過其所要求的最低金額的部分。若圖 3–11 中的 S 線代表市場的供給曲線，那麼三角形 P_1P_0a 代表全市場的生產者剩餘。當市場價格上漲時，在其他條件不變下，整個市場的生產者剩餘會增加（讀者可自行利用圖 3–11 來理解此一結果）。

我們可以結合上述的消費者剩餘與生產者剩餘，得出某一商品在自由市場及沒有外部性的情況下，當市場達成均衡時，整個社會的總剩餘。如圖 3–12 所示，市場均衡價格為 P_0，均衡數量為 Q_0。此時，社會的總剩餘為三角形 abe，其為消費者剩餘 P_0be 與生產者剩餘 aP_0e 之和。

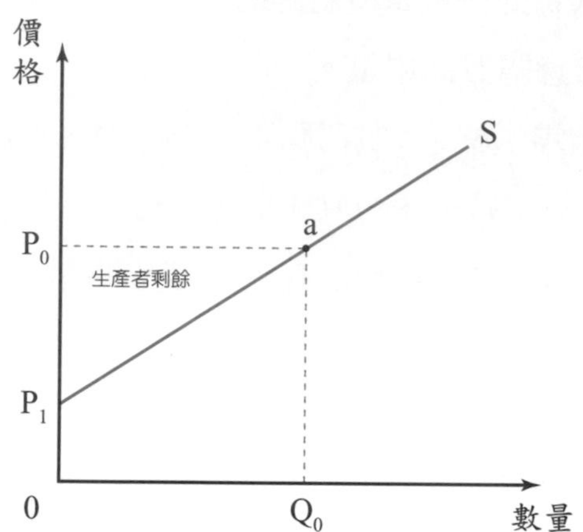

當市場價格為 P_0 時，供給量為 Q_0。此時生產者剩餘為供給曲線與對應 P_0 的水平線，以及縱軸所圍成的面積。

圖 3–11　生產者剩餘

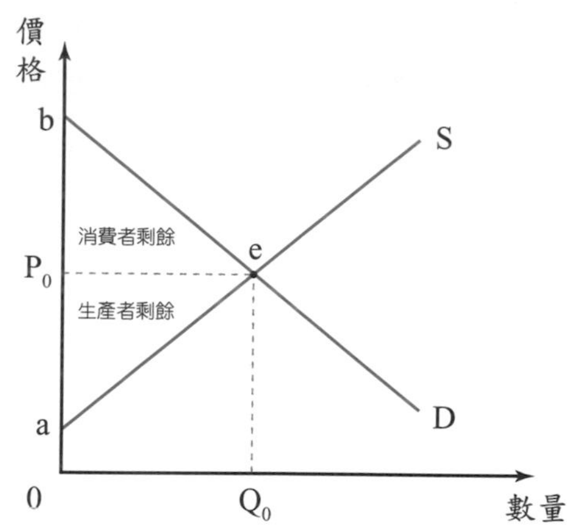

當市場均衡價格為 P_0 時，均衡數量為 Q_0。此時，社會的總剩餘為市場需求曲線、供給曲線與縱軸所圍成的面積，即三角形 abe。

圖 3–12　社會總剩餘

◆ 3.4.3　政府課稅

有了消費者剩餘與生產者剩餘這兩個概念後，我們就可以分析政府課稅對社會福利水準(其為消費者剩餘加生產者剩餘再加稅收金額之和)的影響。

當你因買東西而拿到 100 元的發票時，其實你已經繳了 5 元的「營業稅」。有人曾以「中華民國萬萬稅」來形容我國的稅目多如牛毛。雖然納稅對絕大多數人而言是一件惱人的事，但經濟學有一些關於稅方面的有趣結論，包括：不管是對買方還是賣方課稅，市場有相同的結果；被課稅的一方（不管是買方還是賣方），其稅的負擔 (tax burden) 不見得比另一方要來得重。接著，我們就以市場供需模型來說明這些結論。

就商品的課稅而言，稅有兩種型式：一為從量稅 (specific tax)，一為從價稅 (*ad valorum* tax)。前者對每一數量課徵同樣稅額的稅；後者以商品的價格為稅基，課以某一百分比的稅。由於二者屬質的結果相同，為方便繪圖，本書僅討論從量稅的情況。

㈠對買者課稅

如果某一商品的從量稅單位稅額為 t，且由買者繳稅，則對買者的需求會有何影響？此一問題我們利用圖 3–13 ⒜來說明。

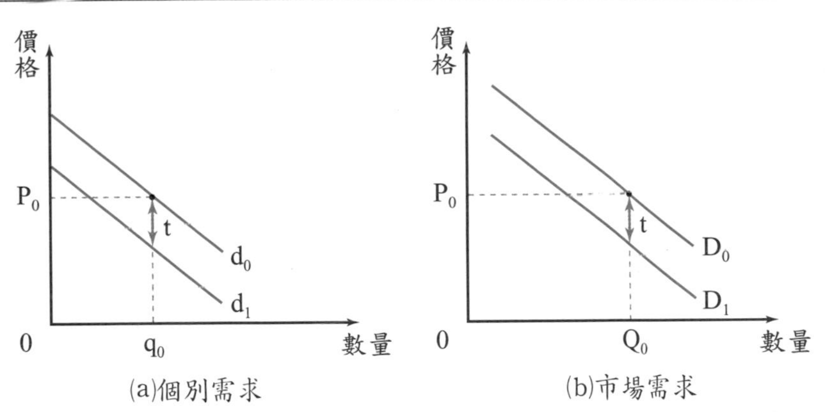

當政府對買方課從量稅，稅額為 t 時，不論個別的需求曲線，或市場的需求曲線，均向下移動 t 這麼大的幅度。

圖 3–13　對買者課稅

圖中的 d_0 為買者在沒有從量稅下的需求曲線，每一數量所對應的需求曲線的高度為買者購買此一單位其所願意支付的最高金額。當單位稅額為 t 時，因為買者所購買的每一單位均須支付 t 這麼多的稅額，所以買者在購買每一單位所願意支付的最高金額都少了 t 這麼多。例如，當買者要購買 q_0 這一單位時，在原先沒有稅的情況下，他所願意支付的最高金額為 P_0；有了稅之後，他現在所願意支付的最高金額變成 P_0-t。當他付 P_0-t 這麼多金額給賣方後，他還要繳 t 的稅，因此，他購買 q_0 這一單位時，他包含稅的支出金額仍為原先的 P_0（我們假設買者不因課稅而改變其支付意願）。所以，當政府對某一商品課從量稅時，需求曲線會往下移動（如從 $\mathbf{d_0}$ 下移至 $\mathbf{d_1}$），且移動的幅度等於稅額。

需求曲線往下移動代表需求減少，因此，課稅會造成需求的減少。由於市場需求曲線為個別需求曲線的水平加總，因此，如圖 3–13 (b)所示，市場需求曲線也會因政府課從量稅而往下移動，其幅度也等於單位稅額 t（我們可以想像，若每個買者都有同樣的水平需求曲線，則當每個買者的需求曲線均往下移動 t 這麼大的幅度時，那麼市場需求曲線也是一樣）。

當市場需求曲線向下移動 t 這麼大的幅度時，賣者所收到的價格是否也會下降 t 這麼多？這決定於市場供給曲線的型態。

由於是對買者課稅，所以市場供給不受影響。如圖 3–14 (a)所示，若市場供給曲線為正斜率，那麼新的市場需求曲線 (D_1) 與供給曲線交點所對應的價格 (P_s) 為賣者所收到的價格。此一價格比原先沒有課稅下的市場均衡價格少了 P_0-P_s 這麼多。而買者除了支付 P_s 的單價給賣者外，每單位購買量還須支付 t 這麼多的稅額，因此，其所支付的完稅價格為 P_s+t，等於 P_b。

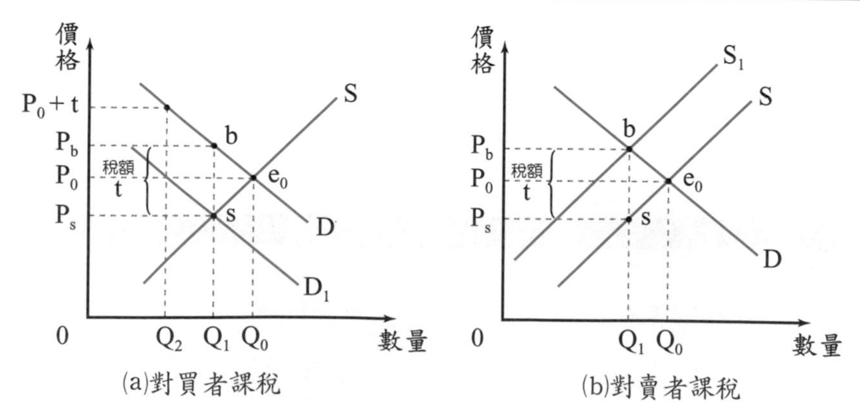

不管是對買者還是對賣者課稅，課稅後，買者所需支付的價格均為 P_b，賣者所收到的價格均為 P_s，且市場均衡成交量為 Q_1。

圖 3–14　課稅後的市場均衡

P_b 大於 P_0 的部分 $(P_b - P_0)$，即買者因政府課稅而比以前多支付的價格，我們稱此為買者的稅的負擔；而賣者因政府課稅而比以前少收的價格 $(P_0 - P_s)$，我們稱為賣者的稅的負擔。

由圖 3–14 (a)可以看出，買者與賣者的稅的負擔均小於稅額，所以，在市場供給曲線為正斜率且需求曲線為負斜率的情況下，稅額是由買者與賣者共同負擔。

為什麼政府對買者課稅，稅額最後卻是由買者與賣者共同負擔？或是為什麼買者可以「轉嫁」一部分的稅額給賣者？如圖 3–14 (a)所示，若稅額全部由買者負擔，則買者每單位須支付 $P_0 + t$ 這麼多（賣者仍收到原先的 P_0）。在這樣的完稅價格下，市場的需求量 (Q_2) 會小於市場的供給量 (Q_0)，從而在供過於求的情況下，市場價格會下跌。市場價格下跌就表示買方沒有負擔全部的稅額，或賣者也負擔一部分的稅額。最後，在買者支付 P_b 的完稅價格及賣者收到 P_s 的情況下，市場的需求量與市場的供給量均為 Q_1，此時，市場達成新的均衡。

因此，在市場需求並非完全無彈性的情況下，政府雖對買者課稅，但由於買者可以有其他的選擇（如增加對替代品的需求），所以，稅不會全部由買者負擔。不過，如果市場需求是完全無彈性的，則這時候由於市場需求曲線是垂直的，因此，不會因課稅而移動；此時，賣者所收到的價格仍為 P_0，所以稅就全部由買者負擔。之所以會有這樣的結果，是因為買者別無選擇，以至於整個市場的需求量還是跟課稅前一樣多；而要讓賣者繼續供給這麼多的數量，賣者所要求的價格會跟課稅前一樣，也因此，稅就全部由買者負擔（讀者可自行畫圖來理解）。

相反地，如果市場需求彈性是無窮大的，那麼稅就全部由賣者負擔。這是因為如果買者所支付的完稅價格要比以前高，那麼買者就不會購買任何數量，也因此，賣者若要銷售任何數量，則賣者就要吸收全部的稅額（這部分也請讀者自行畫圖來理解）。

㈡對賣者課稅

如果政府對賣者課稅，那麼由於賣者現在必須繳稅，所以其銷售成本會增加。當成本增加時，賣者每一個供給量所要求的價格也會呈同幅度的增加，這樣子，賣者在繳完稅後，仍可拿到其所要求的最低價格。因此，政府若對賣者課稅，則會造成市場供給曲線往上移，且移動的幅度等於稅額 t。如圖 3–14 (b)所示，市場新的均衡數量為 Q_1，買者所支付的價格為 P_b，而賣者繳完稅後所收到的價格為 P_s。

比較圖 3–14 (a)與圖 3–14 (b)可以發現，不管是對買者還是對賣者課稅，結果是一樣的：市場均衡數量均為 Q_1，買者所支付的價格均為 P_b，且賣者最後所收到的價格均為 P_s。為什麼會有這樣的結果？我們可以在圖 3–14 (b)中畫上圖 3–14 (a)中的 D_1 線，它會與 S 線交在 s 點。由圖 3–14 (a)可以知道，s 點所對應的數量為 Q_1，與圖 3–14 (b)中的 b 點所對應的數量是一樣的。因此，不管是對買者還是對賣者課稅，市場成交量都是一樣。既然成交量一樣，買者價格也都會是 P_b，且賣者價格也都會是 P_s。

這個結果也可以用另一個方式來理解。在市場需求曲線（D 線）高度與市場供給曲線（S 線）高度的差隨數量的增加而縮小時，只有一個數量（即 Q_1）可以讓這個差等於稅額。

㈢稅的負擔

我們剛剛提到，買者的稅的負擔為 $P_b - P_0$，而賣者的稅的負擔為 $P_0 - P_s$。在稅額固定下，一方稅的負擔大，就表示另一方的負擔小。買賣雙方稅的負擔的大小決定於哪些因素？之前我們曾提到，如果買者的選擇機會愈多，則其需求彈性愈大；在此情況下，其稅的負擔就會愈小。就賣者而言，也會有同樣的結果，亦即賣者的供給彈性愈大，其稅的負擔就愈小。簡單地說，哪一方的「彈性」大，那一方規避稅負的能力就比較強，從而其稅的負擔就比較小。

我們可以利用圖 3–15 來說明這個結果。如圖所示，(a)與(b)二圖有相同的市場供給曲線，(a)圖中的市場需求曲線比(b)圖中的來得平坦，亦即(a)圖的市場需求彈性較大。我們可以發現，市場需求彈性愈大，買者的稅的負擔愈小。(c)圖與(d)圖則顯示，市場供給彈性愈大，賣者的稅的負擔愈小。

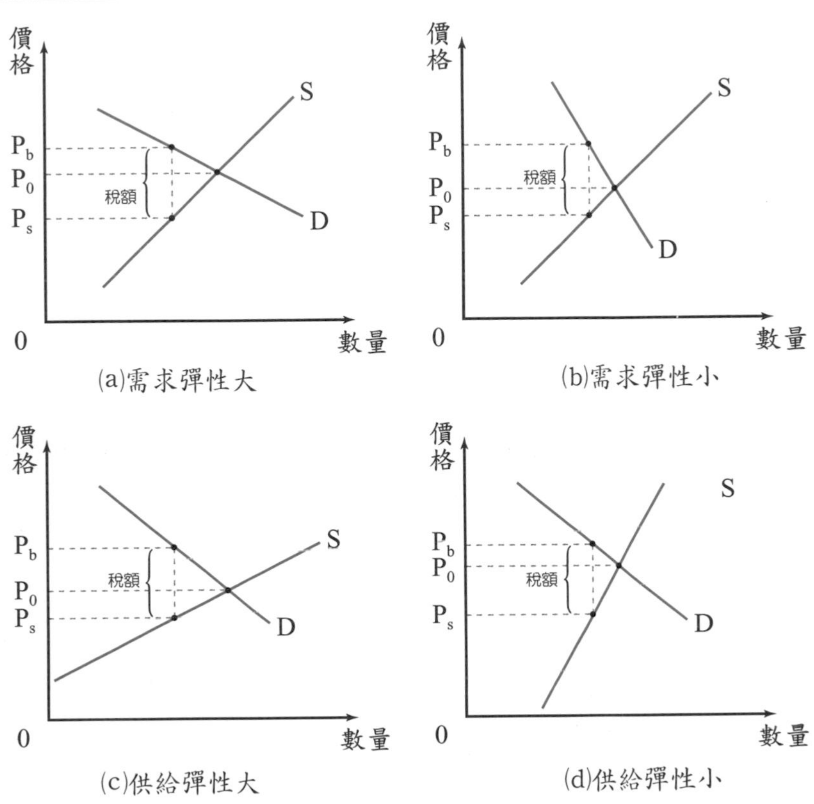

(a)與(b)二圖有相同的市場供給曲線，(c)與(d)二圖有相同的市場需求曲線。當市場需求彈性相對於供給彈性較大時，買者稅的負擔 $P_b - P_0$，小於賣者的 $P_0 - P_s$。

圖 3-15　彈性與稅的負擔

接下來，我們就以「勞退新制」的實施（2005 年 7 月 1 日）為例，來說明稅的負擔。如第 1 章所述，原來《勞動基準法》規定，勞工必須於同一事業單位工作 15 年以上且年滿 55 歲，或工作 25 年以上，始可請領退休金。由於國內廠商主要是中小企業，其存續時間多半為 10 年至 13 年，加上《勞動基準法》對未按時提撥勞工退休準備金的處罰太輕（處 2 千元以上 2 萬元以下罰鍰），有提撥的廠商家數至 2003 年 12 月底止僅有 10.10%（受益員工率為 49.18%），再加上國內勞工流動率高，使得大部分勞工沒有領到退休金。為解決此一問題，「勞退新制」規定，雇主每月負擔之勞工退休金提繳率，不得低於勞工每月工資的 6%，且對違反規定者訂定相當重的罰則。

在這樣的勞工退休金新制下，勞工所領到的退休金是不是全部由雇主負擔呢？由於此一新制有相當高的強制性，所以對以前未按時提撥勞工退休準備金的廠商而言，就如同被課稅一樣。在勞動市場，資方是買者，勞方是賣者。根據我們之前的分析，買方與賣方的稅的負擔決定於市場需求彈性與供給彈性的相對大小（圖 3–15）。因此，在資方的勞動需求彈性很大或勞方的供給彈性很小的行業，勞工所領的退休金其實大部分是勞工自己「提撥」的（參閱下面的「Economics 部落格」）。

Economics 部落格

104 人力銀行的一項調查指出，勞退新制實施後，有 37% 的企業會減薪，15% 會縮減三節獎金，13% 會減少員工旅遊，67% 會減緩未來的調薪速度[13]。這些企業的因應措施告訴我們，在勞退新制下，雖然絕大多數的勞工以後可以領得到退休金，但有一部分的退休金是資方減少勞方在退休前的薪資或福利而來的，亦即有一部分的退休金其實是勞工自己「提撥」的。因此，就那些資方的勞動需求彈性很大或勞方的供給彈性很小的行業（如特種行業）而言，勞退新制對勞工的福利水準的提升是有限的；相反地，就那些資方的勞動需求彈性很小或勞方的供給彈性很大的行業（如 IC 設計業）而言，勞退新制對勞工的福利水準的提升會比較有幫助。

(四)課稅的福利效果

我們可以用圖 3–16 及表 3–2 來說明政府課稅對社會福利的影響。在沒有稅的情況下，市場均衡價格為 P_0，均衡數量為 Q_0；消費者剩餘為市場需求曲線高出 P_0 的部分，即面積 A + B + C，生產者剩餘為 P_0 高出市場供給曲線的部分，即面積 D + E + F。因此，社會的總剩餘為市場需求與供給曲線圍起來的面積（參閱表 3–2）。當政府課徵 $P_b - P_s$ 這麼多的單位從量稅時，市場的均衡數量降為 Q_1，買者所支付的價格上漲至 P_b，且賣者所收到的價格下降至 P_s。因此，消費者剩餘減少 B + C，只剩 A；生產者剩餘減少 D + E，只剩 F；政府稅收則從無增加為 B + D，即每單位稅額乘以成交量。由於政

[13] 《中時晚報》，2005 年 5 月 25 日。

府稅收可挹注政府支出，而使某些人受益，這些人受益的程度我們簡單地以稅收金額來表示。所以，在政府課稅下，社會總剩餘為課稅下的消費者剩餘，生產者剩餘與稅收之和，其為 A + B + D + F。兩相比較可以發現，課稅使社會總剩餘減少 C + E，我們稱此為課稅所造成的無謂損失 (deadweight loss)。

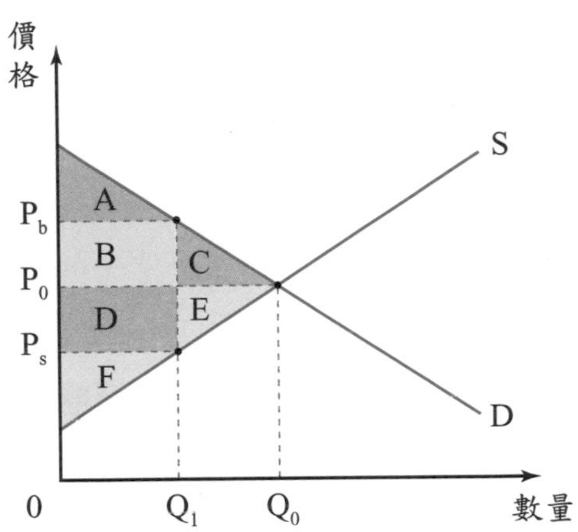

課稅使消費者剩餘減少 B + C，生產者剩餘減少 D + E，且稅收增加 B + D。這三項變動的淨效果為社會福利減少 C + E。

圖 3–16　課稅的福利效果

消費者剩餘與生產者剩餘所反映的其實就是我們在第 1 章所提的交易利得。若沒有交易數量，就沒有任何的剩餘；交易數量減少，交易利得也就跟著減少。如上所述，政府課稅造成市場成交量減少，進而導致消費者剩餘與生產者剩餘的減少；此兩部分剩餘的減少可用來反映買賣雙方交易利得的減少。而交易利得的減少總額（即 B + C + D + E），無法由稅收來彌補的部分（即 C + E），稱為無謂損失。

從另一個角度來看，每一單位的數量，其所對應的需求曲線的高度，為買者所願意支付的最高價格，亦即這一單位所帶給買者的價值；其所對應的供給曲線的高度，為賣者所要求的最低價格，即賣者提供這一單位的機會成本。就圖 3–16 中的 Q_1Q_0 的每一單位數量而言，由於它們對買者的價值高於賣者的成本，因此，如果它們被交易，是可以提升社會福利水準的。但課稅使得這些數量不被交易，社會也因此損失了 C + E 這麼多的社會總剩餘。

表 3–2　課稅的福利效果

	沒課稅	課稅	變動
消費者剩餘	A+B+C	A	–(B+C)
生產者剩餘	D+E+F	F	–(D+E)
稅收	0	B+D	+(B+D)
總剩餘	A+B+C+D+E+F	A+B+D+F	–(C+E)

從以上的說明也可以得知，在自由市場下，社會的產量不會超過 Q_0，這是因為賣者生產這些數量所要求的價格高於買者所願意支付的最高價格。因此，在自由市場下，社會不會生產那些賣者成本高於買者價值的數量；這也說明了為什麼在自由市場下，如果沒有市場失靈（即沒有外部性，沒有市場壟斷力，且不是公共財），那麼讓價格機能充分運作，可以使整個社會資源做最有效率的配置，因為這時候社會的產量是圖 **3–16** 中的 Q_0，此時的社會總剩餘是最大的。

總而言之，課稅會使成交量減少，而造成無謂損失。政府課稅的正當性來自於稅收用於公共財的提供，且公共財所造成的社會總剩餘的增加不單超過稅收金額，且超過的部分大於課稅的無謂損失。

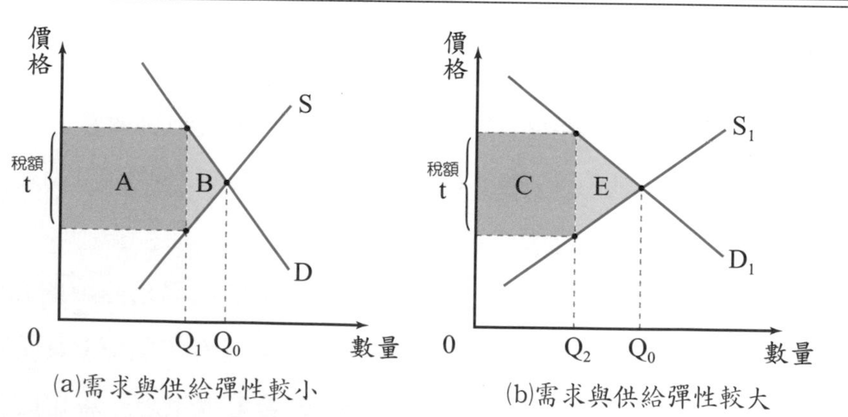

就相同的單位稅額而言，若市場需求與供給彈性較小，則稅收金額較大（(a)中 A 的面積大於(b)中 C 的面積），且無謂損失較小（(a)中 B 的面積小於圖(b)中 E 的面積）。

圖 3–17　彈性、稅收與無謂損失

如果政府要透過課稅來挹注公共財的支出，那麼政府應對市場需求與供給彈性較小的商品課稅，因為這樣做所減少的交易量比較小，從而無謂的損失也就比較小。這一點我們可以用圖 3–17 來說明。如圖所示，(a)與(b)二圖中的單位稅額相同且課稅前的均衡數量均為 Q_0。課稅後，市場需求與供給彈性較小的商品，其成交量減少的幅度比較小；在單位稅額相同下，此意味著其無謂損失比較小，且稅收金額比較大。因為有這樣的結果，所以一些經濟學家主張提高土地稅的稅率，這是因為土地的市場供給彈性通常都很小。這樣做不單可以增加政府的稅收，且造成的無謂損失較小。

◆ 3.4.4　價格管制

(一)價格上限

1. 循環信用利率

在 2006 年第一季「卡債風暴」爆發的時候，曾有立法委員為拯救「卡奴」，而提議立法將信用卡與現金卡的未償還餘額年利率的上限由當時的 20% 大幅調降為 12%，亦即若該項提議立法通過，那麼銀行對雙卡未償還餘額至多只能收 12% 的年利率；在 2009 年，由於失業率攀升，立法委員也有類似的提案⓮。由於利率是以百分比表示的資金使用價格，上述的提議是價格管制的一種，屬於價格上限 (price ceiling) 的形式。所謂價格上限是受管制的標的物，賣方的售價不能超過的法定最高水準。如我國《民法》第 205 條規定：「約定利率，超過週年百分之二十者，債權人對於超過部分之利息，無請求權。」換言之，年利率的法定上限是 20%。這樣的價格上限會有什麼樣的影響，我們可以用圖 3–18 來說明。

由於會使用信用卡與現金卡循環信用額度的人，通常是信用條件較差的人（如沒有不動產或汽車等抵押品）；這些人無法償還借款的機率較高，所以銀行會收取較高的利率以涵蓋較高的風險。而這些人可能由於需錢孔急，所以也會願意付較高的利率。如圖 3–18 所示，如果政府沒有對這個資金市

⓮ 信用卡與現金卡循環信用利率上限於 2015 年 9 月 1 日在立法院通過由 20% 降低為 15%。

場有任何的限制，假設均衡利率為 30%（圖 3–18 中的 i_0）（此一水準純屬臆測）。在此一均衡利率水準下，均衡的借款金額為 Q_0，且借款者的消費者剩餘為 i_0fe，銀行的生產者剩餘為 i_3i_0e，社會總剩餘為 i_3fe。

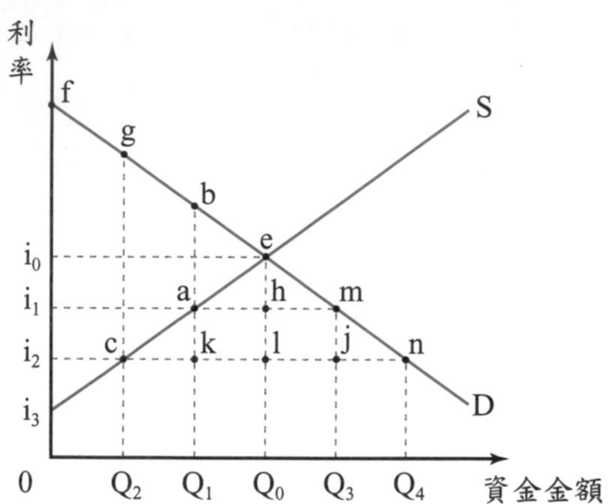

假設在政府沒有管制的情況下，均衡利率為 i_0，借款金額為 Q_0。若政府將利率上限訂在 i_1，此時借款金額減少為 Q_1，消費者剩餘為 i_1fba，生產者剩餘為 i_3i_1a，社會總剩餘為 i_3fba，比之前少了 abe，此即利率上限 i_1 下的無謂損失。若政府再將利率上限調降為 i_2，此時借款金額再降為 Q_2，且此時的無謂損失會進一步擴大為 cge。

圖 3–18　利率上限的影響

如果政府將借款利率的上限訂在 20%（如圖 3–18 中的 i_1），那麼根據供給法則，銀行現在願意貸出的金額降為 Q_1。假設現在借到錢的人「剛好」是那些支付意願最高的。在此假設下，此時的消費者剩餘為 i_1fba，生產者剩餘為 i_3i_1a，社會總剩餘為 i_3fba，比之前少了 abe，此即利率上限 i_1 下的無謂損失。（如果現在借到錢的人是那些支付意願較低的，則由於他們的消費者剩餘較小，從而此時的無謂損失會大於 abe。）

如果政府再將利率上限降為 15%（圖 3–18 中的 i_2），那麼，銀行的貸出金額會再進一步縮減為 Q_2。根據剛剛的分析，此時的無謂損失會進一步擴大為 cge。

由以上的分析可以得知，政府所訂的利率上限愈低，整個社會福利水準就愈低，這是因為銀行所願意貸出的金額會愈少，而使得整個社會的交易利得愈少。

如果利率上限愈低對整個社會愈有利，那麼政府應將利率上限訂在圖 3-18 中 i_3 以下的水準，但由這個圖也可以看出，借款金額將為零。在此情況下，不單那些信用條件差的人借不到錢，就連那些信用條件好但只是一時需要借款的人也借不到錢。最後，所有需要借款的人可能需轉向地下錢莊或向那些原本他們不想開口的人借，且銀行也賺不到這部分的錢，這會造成社會福利的重大損失。所幸，上述立法委員的提議最後沒有成案。

由以上的分析可以得知，如果沒有市場失靈，那麼，政府對市場的干預愈嚴重，社會福利的損失會愈重大。

2. 口罩價格

另一個價格上限的例子是口罩。因新冠肺炎疫情爆發，政府除了於 2020 年 1 月 24 日宣布禁止口罩出口外，並於當月 31 日宣布徵用口罩，直接向工廠收購口罩，並限制每人購買量及制定口罩價格。一開始訂為每片 8 元，隨即降為每片 6 元。由於在疫情爆發前，超商的售價為 2 片 18 元，平均一片 9 元，因此，當時每片 6 元的價格屬於價格上限。

如果政府沒對口罩實施價格上限，則國內的口罩價格會跟國外大多數國家一樣，因需求大幅增加而大幅飆漲。雖然政府一開始徵用口罩，但由於數量遠小於大幅增加後的需求量，因此有嚴重的供不應求的短缺現象，所以政府當時限制每人每 7 天只能購買 2 片，但仍有短缺下的大排長龍現象。此一短缺現象在後來由於「口罩國家隊」⓯的產能大幅提升，以及臺灣的疫情控

⓯ 「口罩國家隊」是臺灣在嚴重特殊傳染性肺炎疫情期間，參與口罩生產線架設、口罩生產的多家工具機廠商、口罩製造商、法人組織、中華民國經濟部官員及中華民國國軍的合稱。在 2020 年 1 月 31 日，行政院宣布將擴增口罩生產線，臺灣區工具機暨零組件工業同業公會自告奮勇協助此項政策，在經濟部的協調下，公會累積投入 3,241 人次協助製造，在 40 天之內組建完成 92 臺口罩產線，交付數十家口罩生產商生產醫療用口罩，而法人組織和中華民國國軍也派人力支援，齊力促使臺灣的口罩產能從原本 1 月時的日產 188 萬片，在 5 月時達到日產 2,000 萬片。然而，隨著口罩品質良莠不齊、廠商混充口罩、員工過勞等弊端叢生，口罩國家隊的部分廠商也飽受社會批評，並受到政府裁罰。(《維基百科》)

制得宜而趨緩，口罩的價格上限於 2021 年元月降為每片 4 元，且每人每 14 天可買 10 片，同時不再有排隊的現象。

此一結果可以用在圖 3–18 中的 i_2（對應每片 4 元）畫一條水平的市場供給曲線來說明。之可以有這樣的結果，是因為臺灣本來就有生產口罩，且有生產力相當高的工具機等產業，可以讓「口罩國家隊」迅速開出大量產能，這是絕大多數國家無法做到的，也算是一項「臺灣之光」，且口罩普及有助於疫情的控制（亦即會有第 8 章將提到的「外部效益」）。不過，一開始的大排長龍現象，及口罩廠商無法出口，讓其損失不少獲利，且新增的大量產能未來有可能閒置，是此一「臺灣之光」背後的代價。

㈡價格下限

1. 資本工資

另外一種價格管制的形式是價格下限 (price floor)。價格下限是受管制的標的物，買方的買價不能低於的法定最低水準，如「基本工資」（經濟學稱最低工資，minimum wage）。自 2021 年 1 月 1 日起，臺灣的基本工資為每月 24,000 元，此表示資方付給正職勞工的工資每個月不得低於 24,000 元。由於臺灣大部分勞工的每月工資都高於這個水準，所以這項基本工資對臺灣大部分勞工而言是無效的；但對於少部分技能水準較低的勞工（如國中畢業生）卻有影響。此點我們可以利用圖 3–19 以及機車行學徒為例來說明。

假設在沒有基本工資的管制下，機車行學徒市場的均衡工資為每月 1 萬元（如圖 3–19 中的 W_0），就業人數為 Q_0。就一些國中畢業生而言，他們不想再繼續升學，而且雖然當學徒每個月只領 1 萬元，但他們可以學得一技之長，且「出師」後，每個月的收入足以養家糊口，所以他們現在願意領這麼低的工資。而一些機車行老闆認為，以學徒對機車行所能做的貢獻而言，每個月 1 萬元是他們願意支付的工資。因此，每個月 1 萬元的工資對雙方而言，都是有利的。

如果現在政府為「照顧」勞工而訂定每個月 24,000 元的基本工資水準（如圖 3–19 中的 W_1），那麼，不單有些機車行老闆覺得不划算而停止雇用，而且現在會有較多的國中畢業生滿意這個工資水準而加入市場；前者造成學徒需求量由原先的 Q_0 減少為現在的 Q_1，後者造成學徒供給量由 Q_0 增加為 Q_2，而使得學徒市場出現 $Q_2 - Q_1$ 的超額供給或失業人口。

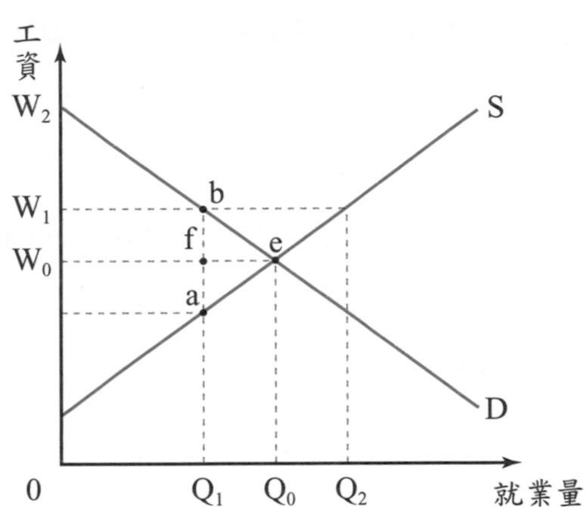

假設在政府沒有管制的情況下，均衡工資為 W_0，就業量為 Q_0。若政府將基本工資訂為 W_1，則勞動的需求量減為 Q_1，供給量則增為 Q_2，因而造成的失業人口為 $Q_2 - Q_1$，且會有三角形 abe 的無謂損失。

圖 3–19　基本工資的影響

有限制作用的基本工資水準不單造成失業人口，且由於雇用量的減少，而使得社會有圖 3–19 中 abe 的無謂損失。之所以會有這部分的無謂損失是因為機車行老闆們的消費者剩餘減少 W_0W_1be，比繼續有工作的學徒其所增加的剩餘 W_0W_1bf 要來得大 fbe，且就那些現在失業的學徒而言，其「生產者剩餘」減少 afe（我們假設因「基本工資」的實施而被解雇的學徒，「剛好」是那些對工資要求較高的學徒）。由於沒有任何一家機車行大到在學徒市場具有壟斷力而出現「剝削」學徒的情形，因此，就機車學徒市場以及類似的市場而言，基本工資的訂定對社會福利水準會有不利的影響，且基本工資水準愈高，失業人口數會愈多，從而勞資雙方的交易利得總額（或勞資雙方的總剩餘）會愈小，亦即社會的無謂損失會愈大。

換個角度來看，如果基本工資水準愈高對社會愈有利，那麼政府應將基本工資訂在圖 3–19 中 W_2 以上的水準；但由這個圖形也可以看出，此時的就業量等於零，因此社會福利水準反倒是最小的。

2.「一例一休」新制的影響

我國立法院在 2016 年 12 月修改《勞動基準法》，通過「一例一休」的新制，明定勞工每七天中應有一天例假日和一天休息日，且這兩日的加班費將加成計算，希望透過「以價制量」抑制過長的工時⑯，落實周休二日的目標。

雖然雇主可事前與勞工協調議定例假日與休息日，但若要求勞工在休息日加班，則須負擔加成計算的加班費。以時薪 180 元的勞工阿國為例，若阿國在休息日加班，則其前兩小時內的工資額將以 180 元 $\times \frac{7}{3}$ 計算；從第三小時開始，工資額將以 180 元 $\times \frac{8}{3}$ 計算。
如果阿國在休息日加班 8 小時，則他當天的工資額為 3,720 元 $(180\times 2\times \frac{7}{3} + 180\times 6\times \frac{8}{3})$，是修法前的 2,280 元 $(180\times 2\times \frac{4}{3} + 180\times 6\times \frac{5}{3})$ 的 1.63 倍⑰。

因此，「一例一休」就等同政府設下「加班時薪下限」，而使正職員工的加班時薪大幅提高。根據需求法則，這會讓廠商減少對正職員工加班的需求量。如果廠商其勞動需求的價格彈性高（大於 1），則正職員工的加班費收入會減少。相反地，如果其彈性低（小於 1），則正職員工的加班費收入會

⑯ 在 2018 年，臺灣就業者的全年平均工時為 2,033 小時，雖然比近十年中最高的 2010 年的 2,173 小時少了 140 小時，且比 1997 年製造業的 2,421 小時大幅減少了許多，但和 37 個 OECD 國家相較，排名仍高居第 4，僅次於新加坡（2,330 小時）、墨西哥和哥斯大黎加，與南韓（2,005 小時）相近，較日本（1,680 小時）每年多出 353 小時，更較工時最短的德國（1,363 小時）高出 670 小時（中華民國勞動部全球資訊網首頁 > 勞動統計專網 > 統計報告 > 國際勞動統計 > 工時 > 表 6–2）。

⑰ 另外，例假日為強制休假日，雇主僅能在天災或突發事件發生時才能要求員工上班，且須給付員工加倍工資，同時，員工還可以補假。此外，新制還增加資淺員工的特休假天數，且明定特休假折算工資的規定。立法院曾於 2018 年元月通過「一例一休」的部分修正內容，如「7 休 2」鬆綁為「14 休 4」，但上述的時薪加成內容沒有變動。

增加（即廠商的加班費支出會增加，如滿手訂單的廠商）；但如果廠商因正職員工加班的時薪提高而改雇用派遣或計時勞工，則正職員工的加班費收入會減少。從長期的角度來看，部分廠商可能加速其生產自動化的進程，甚至將生產基地外移，這會使我國勞工的整體收入因勞動市場需求減少而降低。

不少廠商反映其勞動成本會增加。表面上看來，這意味著勞工的收入會增加，但除了上述廠商可能加速其生產自動化的進程，甚至將生產基地外移，而使勞工的整體收入減少外，廠商也可能採取其他的因應措施來降低「一例一休」對它的不利影響。例如，部分企業宣稱未來的年終獎金會包括員工未休的特休假工資，亦即變相減少年終獎金；這也意味著，部分勞工的加班費收入即使能增加，其整體工資收入增加的幅度可能有限。

「一例一休」新制的目的是要透過減少工時與提高時薪來提升勞工的福祉。如上所述，它等同政府設下「加班時薪下限」，因此，對資方一定是不利的（國內生產自動化設備的廠商除外），對部分勞工可能有利（如果他加班時數的減少有限，或他是工作時數增加的派遣或計時勞工[18]），但對加班時數減少幅度較大且需財孔急的勞工則肯定是不利的。另外，由於廠商會為了反映勞動成本增加而調高商品或服務的價格，或因勞動雇用量減少而減少商品或服務的供給量，所以對消費者來說，一定是不利的。

動腦筋時間

試舉出廠商會為了反映勞動成本增加而調高商品或服務的價格，或因勞動雇用量減少而減少商品或服務供給量的例子。

綜上所述，「一例一休」在短期不會讓所有的勞工獲利，且在長期對絕大多數的勞工很可能是不利的，同時，不管在長短期，對廠商及消費者都是不利的，因此，在當時它引發不少民怨就不足為奇了。

---

18 在 2017 年 5 月，國內部分時間、臨時性或人力派遣工作者的人數達 80.5 萬人，較 2016 年 5 月增加 1.3 萬人（行政院主計總處網站：首頁 > 政府統計 > 主計總處統計專區 > 其他專案調查 > 人力運用調查 > 106 年人力運用調查統計結果）。

從本小節的分析可以得知，有限制效果的價格上限與價格下限均會使市場成交量減少，而造成交易利得的下降，從而整個社會會有無謂損失。如果市場沒有失靈，那麼，政府對市場的干預愈嚴重，社會福利的損失會愈大。

摘　要

1. 市場均衡價格是市場均衡點所對應的價格；當市場需求、供給或供需雙方同時變動時，市場均衡價格也會跟著變動。
2. 當市場供給不變時，市場需求增加（市場需求曲線往右移），造成均衡價格上漲且均衡數量增加；相反地，市場需求減少造成均衡價格下降且均衡數量減少。
3. 當市場需求不變時，市場供給增加（市場供給曲線往右移），造成均衡價格下跌且均衡數量增加；相反地，市場供給減少造成均衡價格上漲且均衡數量減少。
4. 價格預期是唯一會同時影響市場供給與需求的單一因素。如果大部分的市場參與者預期價格未來會上漲（下跌），那麼現在的市場需求會增加且市場供給會減少，從而造成現在的均衡價格上漲（下跌），但現在的均衡數量的變動方向則不確定。
5. 價格彈性衡量價格變動所引發的數量變動的程度，其定義為數量變動百分比除以價格變動百分比。關於需求的，稱為需求的價格彈性，簡稱為需求彈性；我們取其正值，以方便比較大小。關於供給的，稱為供給的價格彈性，簡稱為供給彈性。
6. 彈性值等於零，稱為完全無彈性；小於 1，稱為無彈性；等於 1，稱為單位彈性；大於 1，稱為有彈性；等於無窮大，稱為完全有彈性。
7. 若需求的價格彈性大於 1（小於 1），則價格與支出呈反向（同向）變動。
8. 需求彈性的大小，主要決定於三個因素：替代品種類的多寡與替代性的高低，是否為必需品，以及時間的長短。
9. 供給彈性的大小主要決定於時間的長短以及生產成本隨產量變動而變動的敏感程度。
10. 由於農產品的需求彈性通常在價格低時會小於 1，因此，農產品大豐收時，通常會發生「穀賤傷農」的現象。
11. 由於替代品種類愈多且替代性愈高的商品，其需求彈性愈大，因此，生產這類商品的廠商可採取薄利多銷的策略來增加收益。
12. 某購買數量下的消費者剩餘是消費者購買此數量所願意支付的最大金額與實際支付金額之間的差。某售出數量下的生產者剩餘是生產者銷售此數量所實際收到的金額與其所要求的最小金額之間的差。
13. 政府不論是對買者還是對賣者課徵同樣的稅額，買者支付的價格一樣，且賣者收到的價格一樣，而且，其所造成的買者的稅的負擔一樣，其所造成的賣者的稅的負擔也一樣。

14.政府課稅所造成的買者與賣者的稅的負擔的大小，決定於市場需求彈性與供給彈性的相對大小；彈性較大的一方，其稅的負擔較小。

15.政府課稅一般都會造成交易數量的減少，從而造成消費者剩餘與生產者剩餘同時減少，進而造成無謂損失。

16.價格管制包括價格上限與價格下限，這兩種價格管制如果有效，均會造成交易數量的減少，如果市場沒有失靈，則會造成社會福利水準的下降。

習　題

1. 在其他條件不變下，人們的所得增加會造成商品均衡價格上漲，下跌，還是都有可能？
2. 均衡價格與均衡數量會呈同向變動，反向變動，還是都有可能？
3. 假設商品 X 與 Y 為互補品。在其他條件不變下，若 Y 產業發生技術進步，則 X 的均衡價格會如何變動？
4. 如果商品 X 與 Y 為替代品，繼續回答上一題。
5. 某一商品的市場成交金額會隨均衡價格上漲而增加，減少，還是都有可能？
6. 假設對某甲而言，商品 X 是正常財。在其他條件不變下，某甲其 X 的所得份額（價格 × 消費量／所得）會隨所得增加而增加，減少，還是不一定？
7. 如果人們預期某檔股票其價格未來會上漲，那麼該股票現在的價格與成交股數會如何變動？
8. 如果某甲其商品 X 的需求曲線為一負斜率直線，那麼線上每一點的需求價格彈性會不會都一樣？
9. 假設政府原先對勞工課徵某一稅額的薪資稅。如果現在政府將該稅額改成由勞方與資方各負擔一半，那麼此一變動會不會改變勞資雙方原先的稅的負擔？為什麼？
10. 如果政府提高對某一商品所課徵的從量稅，那麼政府從該商品所收到的稅收會如何變動？
11. 假設某一商品的市場供給曲線為正斜率直線且需求曲線為負斜率直線。如果政府將該商品的從量稅稅額提高一倍，則該商品的無謂損失是不是也會提高一倍？
12. 如果政府將價格管制水準提高，則市場成交量會如何變動？
13. 假設政府課徵某一稅額的薪資稅。如果政府現在開放廠商赴海外投資，那麼此一政策變動會不會改變勞資雙方原先的稅的負擔？為什麼？
14. 假設某一商品的價格 (P) 與市場需求量 (Q^D) 和市場供給量 (Q^S) 的關係分別為

$$Q^D = 10 - 3P, \qquad Q^S = -2 + P。$$

(a)如果政府對消費者每一單位的消費量補貼 1 元，則價格與市場需求量的關係會如何變動？均衡數量又會如何變動？

(b)如果政府對廠商每一單位的產量補貼 1 元，則價格與供給量的關係會如何變動？均衡數量又會如何變動？

(c)你是否得到不管政府是對買者還是賣者補貼，只要每一單位的補貼金額一樣，則均衡數量也會一樣？你如何解釋你得到的結果？

15. 承上題，如果政府對廠商進行從價補貼，補貼率為 s（若 s = 0.1 且廠商的售價為 $100，則廠商可以獲得政府 $10 的補貼），那麼當 s 等於多少時，會有與上題(b)相同的結果？

第 4 章 生產成本

1. 何謂生產函數？何謂邊際報酬遞減？
2. 在短期，勞動的邊際產量與勞動的平均產量之間的關係為何？
3. 何謂成本函數？
4. 在短期，邊際成本、平均變動成本與平均成本之間的關係為何？
5. 長短期平均成本曲線之間的關係為何？
6. 何謂規模經濟、規模不經濟與固定規模報酬？

Economics

我們在第 2 章與第 3 章所分析的是完全競爭市場的情況 。其實不管市場是完全競爭還是非完全競爭(如獨占與寡占),廠商的決策,如產量的多寡、要不要退出市場或進入某一個市場,都與其生產成本息息相關。例如,由於「一例一休」新制使加班工資大幅提高(生產成本上漲),臺大醫院在 2017 年元月宣布,自該年四月起,將減少週六門診量❶。本章將介紹各式各樣的生產成本,作為後續章節關於廠商行為的分析基礎。

經濟學利用成本函數 (cost function) 描述廠商的生產成本與其產量之間的關係,而廠商的生產成本為其雇用生產要素的支出,且廠商雇用生產要素是為了要生產產品以出售獲利,因此,我們如要瞭解成本與產量之間的關係,必須先瞭解生產要素雇用量與產品數量之間的關係。所以我們先在 4.1 節介紹生產理論來說明生產要素雇用量與產量之間的關係。

由於某些生產要素數量在短期間不容易改變,如耕種用地與煉鋼廠的高爐,因此,我們接下來在 4.2 節介紹廠商的短期成本,然後在 4.3 節再介紹所有生產要素數量均可變動下的長期成本。

4.1 生產理論

廠商從事生產活動的目的是為了要賺錢,在經濟學我們稱是為了要賺取利潤 (profit)。經濟學所考慮的利潤是經濟利潤 (**economic profit**),其與會計利潤 (**accounting profit**) 的差別在於,經濟利潤考慮的是機會成本,而會計利潤只考慮會計成本。

我們在第 1 章曾說明機會成本的觀念,它包括外顯成本與內隱成本。就廠商而言,外顯成本即會計成本,而內隱成本是資源用於某一用途而無法用於其他用途所損失的「最高淨效益」。我們在第 1 章曾以「要不要自行開店」為例,來說明這些成本,以及為何機會成本是作決策時較正確的成本概念。

利潤是銷售金額扣掉成本的差額;銷售金額在經濟學稱為總收益 (total revenue)。以上的各種利潤與成本之間的關係,我們可以用下列的方程式來

❶ 《自由時報電子報》,2017 年 1 月 6 日。

表示：

> 經濟利潤 = 總收益 − 機會成本
> 　　　　 = 總收益 −(外顯成本 + 內隱成本)
> 　　　　 = 總收益 −(會計成本 + 內隱成本)
> 　　　　 =(總收益 − 會計成本)− 內隱成本
> 　　　　 = 會計利潤 − 內隱成本。

因此，經濟利潤與會計利潤的差別在於內隱成本，且經濟利潤恆小於會計利潤。如果你出資 1 仟萬元讓別人經營一家公司，結果這家公司每年的會計利潤只有 5 萬元，那麼，你倒不如把這 1 仟萬元存在銀行的定期存款，因為銀行的一年期定期存款的年利率起碼都有 0.5% 以上的水準，亦即 1 仟萬元的存款每年都至少會有 5 萬元以上的利息，而這些利息是你那 1 仟萬資金的內隱成本（假設你沒有獲利更高的其他投資機會）。所以，雖然這家公司的會計利潤仍為正值，但由於會計利潤小於內隱成本，因此，這家公司的經濟利潤是負值，也因此，你應該結束這家公司（以上的分析是以這家公司的董事長頭銜不會提升你的滿足水準為前提）。

如果沒有特別強調，本書所提到的成本指的都是機會成本。如前所述，廠商的生產成本是其雇用生產要素的支出，而生產要素的種類包括勞動 (labor)、資本（capital，如機器、設備、廠房等）、土地以及企業才能 (entrepreneurship)。勞動的雇用量（以 L 表示）不單包括勞工的人數，還包括工作時間；另外，勞工也有各自的技能水準。為方便說明，我們假設每位勞工的技能水準都一樣。資本與土地的雇用量在短期間都不容易變動，為簡化說明，資本與土地這兩項生產要素我們合稱作資本，並以 K 表示。企業才能，簡單地說，代表廠商結合勞動與資本生產出產品的能力，亦即它代表廠商的生產知識 (production knowledge) 或是各式各樣的技術水準，如生產、管理與行銷技術，我們以 A 表示。

廠商在生產過程中也可能會使用零組件或原物料等生產投入

(production inputs)，如液晶電視機的生產須用到液晶螢幕，但為簡化說明，我們省略這一部分的生產投入。

根據以上的說明，我們可以用下列的生產函數 (production function) 來表示生產要素雇用量（L 與 K）與技術水準 (A)，和產品產量（以 Q 表示）之間的關係：

$$Q = F(L, K, A)$$

在短期間，資本數量通常是固定的，因為像機器數量如果要增加，得先經過評估、採購、安裝、試俥，然後才能投入生產，而技術水準的提升更是需要時間。所以在短期，只有勞動的雇用量會變動，也因此，短期產量的變動純粹來自於勞動雇用量的變動。我們稱雇用量在短期可以變動的生產要素為變動生產要素 **(variable factor)**；如無法變動則稱為固定生產要素 **(fixed factor)**。在長期，由於所有生產要素的雇用量都可以變動，所以，所有生產要素都是變動生產要素。至於技術也能變動的期間，我們就稱為超長期 (very long run)。

至於長期是多久？每個產業有不同的答案。像大煉鋼廠可能需要幾年才能增加一座高爐；而像連鎖便利商店，可能一個禮拜就可以有一家新店開幕。接下來，我們以表 4–1 為例來說明在短期，勞動雇用量與產量之間的關係。

假設老王有一間電腦組裝廠，目前只有一條生產線。表 4–1 顯示其所雇用的勞動數量與產量；表中 1 單位的勞動數量可能代表 10 位勞工，且每人一天工作 8 小時，亦即 1 單位的勞動數量為每天 80 工時，而 1 單位的產量可能為每天 100 臺電腦。

如表 4–1 所示，當老王雇用第 1 單位的勞動時，由於每位勞工可能要負責生產線上好幾個組裝階段，所以產品的不良比率比較高，因此，總產量只有 8 單位。此時，勞動的邊際產量（marginal product of labor，以 MP_L 表示）與平均產量（average product of labor，以 AP_L 表示）均為 8 單位。勞動的邊際產量指的是廠商多雇用 1 單位的勞動，其總產量的增加量（或變動量）；勞動的平均產量為平均下來每單位勞動的產量，等於總產量除以總勞動雇用量。

表 4–1　短期勞動雇用量與產量

勞動	總產量	勞動邊際產量	勞動平均產量
0	0		
1	8	8	8
2	19	11	9.5
3	28	9	9.3
4	36	8	9
5	43	7	8.6
6	49	6	8.1
7	54	5	7.7
8	57	3	7.1
9	59	2	6.5
10	60	1	6
11	57	–3	5.1

當老王雇用第 2 單位勞動時，每位勞工所負責的組裝階段比之前少了一半，所以產品的不良率大為降低。此時的總產量為 19 單位，比之前增加了 11 單位，此一增量即為老王雇用第 2 單位勞動的邊際產量；此時勞動的平均產量為 9.5 單位。當老王雇用第 3 單位勞動時，由於產品不良率降低的幅度比之前小，所以此時勞動的邊際產量為 9 單位，比之前的 11 單位來得小；此時的總產量為 28 單位，勞動的平均產量為 9.3 單位。表 4–1 還顯示其他數字，比較特別的是，若老王雇用第 11 單位的勞動，其總產量反而由原先的 60 降為 57 單位，亦即此時的勞動邊際產量為負值。一個可能的原因是，因為生產線只有一條（資本固定），所以勞工數量如果太多的話會「礙手礙腳」，而使產量反而減少。因此，在只有一條生產線的情況下，老王絕不會雇用第 11 單位的勞動，至於老王會雇用多少單位的勞動，我們在第 7 章「生產要素市場」中再說明。

如果我們以勞動雇用量為橫軸變數，以產量為縱軸變數，那麼我們可以根據表 4–1 的數字畫出圖 4–1 中的總產量曲線 (TP)、勞動邊際產量 (MP_L) 與平均產量 (AP_L) 曲線。

從圖 4–1 (b)中的 MP_L 曲線可以看出，雖然一開始是上升的，但後來是下降的，亦即勞動的邊際產量出現隨著勞動雇用量的增加而逐漸減少的現象，此一現象稱為邊際報酬遞減 (**diminishing marginal returns**)。如前所述，之所以會有這樣的現象，是因為在資本固定的情況下，勞動雇用量愈多就愈「擁擠」，而使得勞動分工程度提升所造成的產出增量，隨著勞動雇用量增加而減少。日常生活中，有不少邊際報酬遞減的例子。例如唸書，通常第 1 小時由於心還未靜下來，所以效率不高；第 2 與第 3 小時漸入佳境 (勞動邊際產量遞增)，但到第 4 小時以後，由於短期間可以發揮作用的腦細胞數量是固定的，所以，唸書效率就愈來愈差，亦即開始出現邊際報酬遞減的現象。

4–1

試舉出日常生活中「邊際報酬遞減」的例子。

不單只有勞動會出現「邊際報酬遞減」的現象，其他生產要素也會有同樣的情形。比方說，如果勞工數量是固定的，那麼增添機器所能增加的產量 (機器的邊際產量) 會隨著機器數量的增加而減少。這是因為每一個勞工要負責的機器數量愈來愈多，所以機器的不當操作情況也會愈來愈多。

根據以上的說明，我們可以用下列的數學式來定義勞動的邊際產量與平均產量：

$$MP_L = \frac{\Delta TP}{\Delta L}; \quad AP_L = \frac{TP}{L}。$$

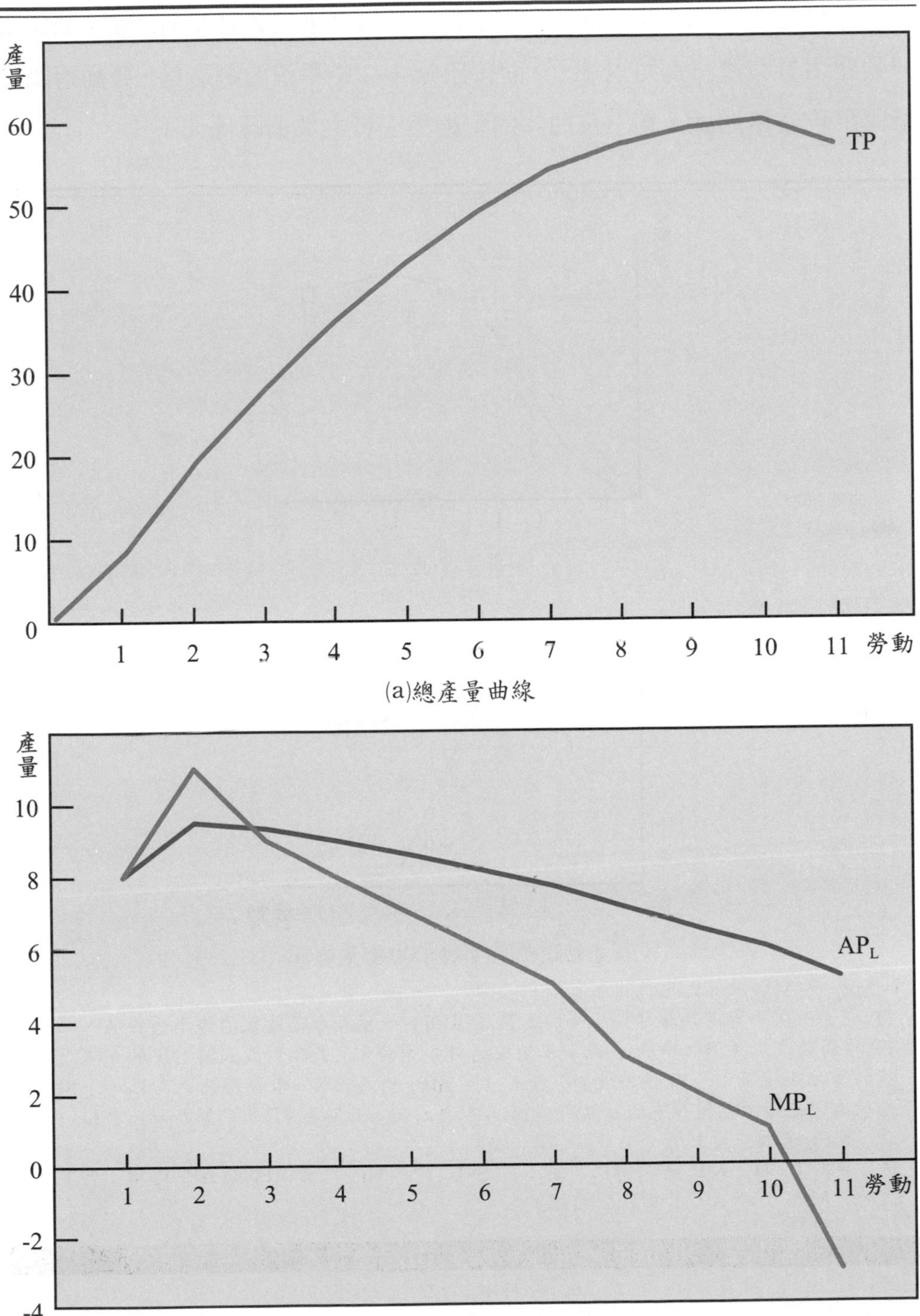

(a)總產量曲線

(b)勞動邊際產量及平均產量曲線

圖(a)與圖(b)中的曲線是根據表 4–1 的數字所描繪出來的。

圖 4–1　總產量與勞動邊際產量及平均產量曲線

為充分說明總產量、勞動邊際產量與平均產量三者之間的關係，我們讓勞動雇用量與產量都可以細分，而得出圖 4–2 中平滑的總產量、勞動邊際產量與平均產量曲線，這三條曲線的型態與三者之間的關係如下：

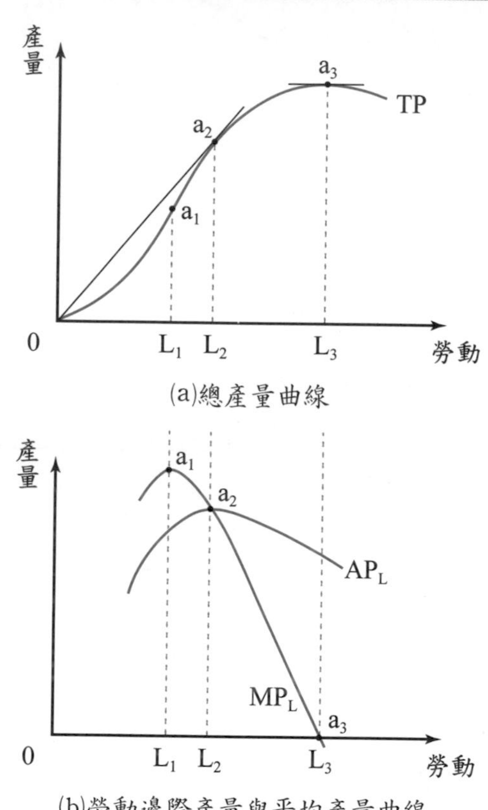

TP、MP_L 與 AP_L 三者之間的關係為：

1. TP 線上任何一點其切線的斜率等於 MP_L，且任何一點與原點連線的斜率等於 AP_L。
2. TP 線的最高點（圖(a)中的 a_3 點）其切線的斜率等於零，此點對應到圖(b)中的 a_3 點，且對應的勞動數量為 L_3。當勞動數量小於 L_3 時，MP_L 均為正值。當勞動數量為 L_1 時，MP_L 的值最大，此顯示在圖(b)中的 a_1 點，或圖(a)中的 a_1 點，此點為 TP 線的轉折點。當 L 小於 L_1 時，MP_L 遞增；當 L 大於 L_1 時，MP_L 遞減。
3. 當 L 等於 L_2 時，MP_L 等於 AP_L；當 L 小於 L_2 時，MP_L 大於 AP_L 且 AP_L 遞增；當 L 大於 L_2 時，MP_L 小於 AP_L，且 AP_L 遞減。

圖 4–2　平滑的總產量與勞動邊際產量及平均產量曲線

(1)根據以上的式子，TP 線上任何一點其切線的斜率等於 MP_L，且任何一點與原點連線的斜率等於 AP_L。

(2)如圖 4–2 (a)所示，當勞動雇用量等於 L_3 時，TP 達到最大，此時 TP 上

的點為 a_3，且其切線的斜率為零，亦即 MP_L 等於零，所以我們可以得到圖 4–2 (b)中對應的 a_3 點，其位於橫軸上。當 L 小於 L_3 時，MP_L 均大於零，且當 L 等於 L_1 時，此時圖 4–2 (a)中的對應點為 a_1，其為 TP 線的轉折點 (inflection point)，表示其切線斜率最大，亦即 MP_L 達到最大，此對應到圖 4–2 (b)中的 a_1 點。當 L 小於 L_1 時，MP_L 是遞增的；當 L 大於 L_1 時，MP_L 開始出現遞減現象。

(3)當 L 等於 L_2 時，其對應到 TP 線上的 a_2 點，且其切線正好通過原點；根據上述第(1)點，此時 AP_L 等於 MP_L，且如圖 4–2 (b)所示，此時的 AP_L 達到最大（讀者也可自行將 TP 線上的任何一點與原點連線，就可發現任何一條連線都比 a_2 點與原點的連線來得平坦）。

(4)當 L 小於 L_2 時，由圖 4–2 (b)可以看出，MP_L 大於 AP_L，也因此，AP_L 在 L 還未到達 L_2 之前，呈現上升狀態。這是因為廠商增加 1 單位勞動雇用量的 MP_L 只要比之前的 AP_L 來得大，就會使 AP_L 上升。例如，陳金鋒第 10 場比賽的打擊率為 0.400，且前面 10 場的平均打擊率為 0.300，如果陳金鋒第 11 場的打擊率為 0.333，那麼其前面 11 場的平均打擊率就上升為 0.303（假設每場的打數一樣）。這是因為其第 11 場的打擊率高於前面 10 場的平均打擊率，雖然其第 11 場的打擊率比第 10 場差。由這個例子也可以瞭解，為何當 L 介於圖 4–2 (b)中的 L_1 與 L_2 之間時，雖然 MP_L 是下降的（打擊率由 0.400 降為 0.333），但由於仍高於 AP_L（平均打擊率為 0.300），所以 AP_L 還是上升的（平均打擊率上升為 0.303）；相反地，當 L 大於 L_2 時，由於 MP_L 小於 AP_L，所以 AP_L 是下降的（如果陳金鋒第 11 場的打擊率低於前面 10 場的平均打擊率，則其平均打擊率會下降）。因此，勞動邊際產量曲線從勞動平均產量曲線的上方穿過勞動平均產量曲線的最高點。

(5)由於勞動雇用量不單包括勞工的就業人數，還包括勞工的工作時間，因此，當勞工的就業人數不變而工作時間增加時（比方說加班），那麼勞動雇用量也會增加，從而由於邊際報酬遞減的緣故，勞工每個工時的平均產量，即一般所稱的勞動生產力 (labor productivity) 會下降。

(6)以上的說明是以資本數量與技術水準不變為前提。當廠商的技術水準提升時，勞動的生產力會提升，所以，圖 4–2 (b)中的 MP_L 與 AP_L 線均會往上移；當 AP_L 線往上移時，表示圖 4–2 (a)中的 TP 線也往上移。同樣地，當勞動雇用量不變而機器數量增加時，由於每個勞工平均所能使用的機器數量增加，所以勞工的生產力會提升，也因此，圖 4–2 中的三條線也都會往上移。此外，當勞工透過在職訓練 (on-the-job training) 或工作經驗的累積，而使其生產力提升時，也會使圖 4–2 中的三條線都往上移。

4.2 短期生產成本

成本函數所描述的是廠商雇用生產要素之支出與產量之間的關係，而產量決定於廠商所雇用的生產要素數量（以及技術水準），因此，有了上一節勞動雇用量與產量以及勞動邊際產量與平均產量之間關係的概念後，我們在本節就可以介紹各種短期的成本函數。

廠商在某一段期間（比方說一個月）對其所雇用的生產要素的支出總金額稱為總成本 **(total cost, TC)**。由於在短期，生產要素分為變動的以及固定的，所以總成本包括總變動成本 **(total variable cost, TVC)** 與總固定成本 **(total fixed cost, TFC)**；前者為廠商對變動生產要素的總支出，後者為對固定生產要素的總支出。由於變動生產要素的數量在短期是可以改變的，所以當它們變動時，不單產量會跟著變動，總變動成本也會跟著變。至於總固定成本，由於固定要素的數量在短期不變，所以即使產量變動，總固定成本也不會改變。

因此，廠商在某一產量下的總成本，可以表示成：

$$TC = TVC + TFC。$$

我們可以把此一產量下的總成本、總變動成本與總固定成本除以此一產量，即可得到此產量下的平均總成本 (total average cost，簡稱為平均成本，AC)、平均變動成本 (average variable cost, AVC) 與平均固定成本 (average fixed cost, AFC)。這三個平均概念的成本之間的關係可以由上式兩邊同除以產量（以 Q 表示）而得到：

$$AC = \frac{TC}{Q} = \frac{TVC}{Q} + \frac{TFC}{Q} = AVC + AFC。$$

所以，平均成本為平均變動成本與平均固定成本之和。

由總成本我們也可以得出邊際成本 **(marginal cost, MC)**，其為廠商增加 **1** 單位的產量，其總成本的增加金額，亦即：

$$MC = \frac{\Delta TC}{\Delta Q} = \frac{\Delta(TVC + TFC)}{\Delta Q} = \frac{\Delta TVC}{\Delta Q} + \frac{\Delta TFC}{\Delta Q} = \frac{\Delta TVC}{\Delta Q}。 \quad (1)$$

由於總固定成本不隨產量變動，所以產量變動所造成的總成本變化就只來自於總變動成本的變化，因此，我們有上式的結果。

以上所述的各項成本之間的關係，我們可以利用表 4–2 來說明。表 4–2 是以表 4–1 為基礎加上要素價格而來的。我們假設老王的生產線設備與廠房全部是租來的，且假設每個月租金為 50 萬元；再假設每一單位的勞動雇用量的每月工資為 30 萬元。在這些假設下，我們可以根據表 4–1 的數字而得到表 4–2（金額的單位為萬元）。

如果以產量為橫軸，金額為縱軸，那麼，根據表 4–2 的總成本與總固定成本的數字，我們可以得到圖 4–3 中的總成本線 (TC) 與總固定成本線 (TFC)。由於總固定成本不隨產量變動，所以 TFC 線為一條水平線，而任一產量下 TC 線與 TFC 線之間的垂直距離代表總變動成本 (TVC)。

另外，由表 4–2 也可以看出，邊際成本隨產量的增加而呈現先減少然後持續增加的結果，正好與勞動邊際產量隨勞動雇用量增加而呈現先增加然後持續減少的結果相反。此一邊際成本與勞動邊際產量之間的密切關係可以用以下的數學來說明。

我們以 W 代表市場工資率且假設勞動市場為完全競爭市場。由於有很

表 4–2　產量與各項成本

產量 (1)	勞動 (2)	總變動成本 (3)	總固定成本 (4)	總成本 (5) = (3) + (4)	邊際成本 (6) = $\frac{\Delta(5)}{\Delta(1)}$	平均成本 (7) = $\frac{(5)}{(1)}$	平均變動成本 (8) = $\frac{(3)}{(1)}$	平均固定成本 (9) = $\frac{(4)}{(1)}$
0	0	$ 0	$50	$ 50				
8	1	30	50	80	$ 3.75	$10	$3.75	$6.25
19	2	60	50	110	2.72	5.78	3.15	2.63
28	3	90	50	140	3.33	5	3.21	1.79
36	4	120	50	170	3.75	4.72	3.33	1.39
43	5	150	50	200	4.28	4.65	3.48	1.17
49	6	180	50	230	5	4.69	3.67	1.02
54	7	210	50	260	6	4.81	3.88	0.93
57	8	240	50	290	10	5.08	4.21	0.87
59	9	270	50	320	15	5.42	4.57	0.85
60	10	300	50	350	30	5.83	5	0.83

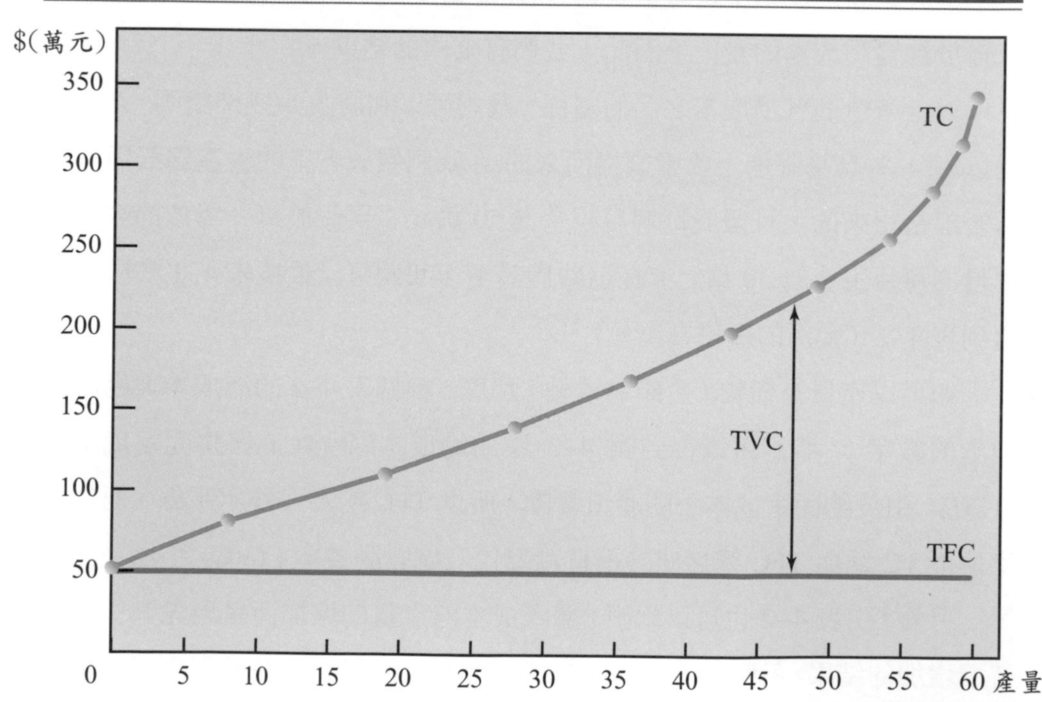

總固定成本曲線 (TFC) 為一條水平線；總成本曲線 (TC) 與總固定成本曲線之間的垂直距離即為總變動成本（TVC，曲線未畫出）。

圖 4–3　短期總成本與總固定成本

多參與者，所以個別廠商勞動雇用量的變動並不會影響 W。另外，假設勞動成本 (W·L) 為唯一的變動成本。在這些假設下，由式(1)我們可以得到：

$$MC=\frac{\Delta TVC}{\Delta Q}=\frac{\Delta(W\cdot L)}{\Delta Q}=\frac{W\cdot\Delta L}{\Delta Q}$$
$$=W\cdot\frac{1}{\frac{\Delta Q}{\Delta L}}=\frac{W}{MP_L}\text{。} \qquad (2)$$

因此，在 W 固定下，MC 與 MP_L 呈反向變動，所以當勞動邊際產量呈現先增後減的型態時，我們會得到邊際成本呈現像表 4–2 那樣的先減後增型態。這是因為當廠商多雇用 1 單位勞動時，不管此時勞動邊際產量為何，廠商的總變動成本都會增加 W 這麼多，亦即 ΔTVC = W 且固定，所以當這 1 單位勞動的邊際產量 (ΔQ) 愈大時，邊際成本 ($MC=\frac{\Delta TVC}{\Delta Q}$) 就愈小。直覺而言，當勞動的邊際產量愈大時，就表示勞動的生產力愈高；當勞動的生產力愈高時，廠商的邊際成本愈低就不足為奇了。

另外，平均變動成本與勞動平均產量也有類似的密切關係：

$$AVC=\frac{TVC}{Q}=\frac{W\cdot L}{Q}=W\cdot\frac{1}{\frac{Q}{L}}=\frac{W}{AP_L}\text{。}$$

所以，當勞動的平均產量呈現如表 4–1 的先增後減型態時，表 4–2 中的平均變動成本也就呈現先減後增的型態。

為能更清楚地說明短期各項成本之間的關係，我們把圖 4–3 中的 TC 線予以平滑化，而得到圖 4–4 (a)中的 TC 線。TC 線上任一點的切線其斜率等於 $\frac{\Delta TC}{\Delta Q}$，亦即等於 MC。另外，TC 線上任一點與原點的連線其斜率等於 $\frac{TC}{Q}$，亦即等於 AC；此外，由於 TVC 等於 TC 減去 TFC，所以，TC 線上任一點與 F 點的連線其斜率等於 $\frac{TVC}{Q}$，也就是等於 AVC。因此，根據以上的說明，我們可以得到圖 4–4 (b)中的 MC、AVC 與 AC 這三條線，其型態與彼此之間的關係如下：

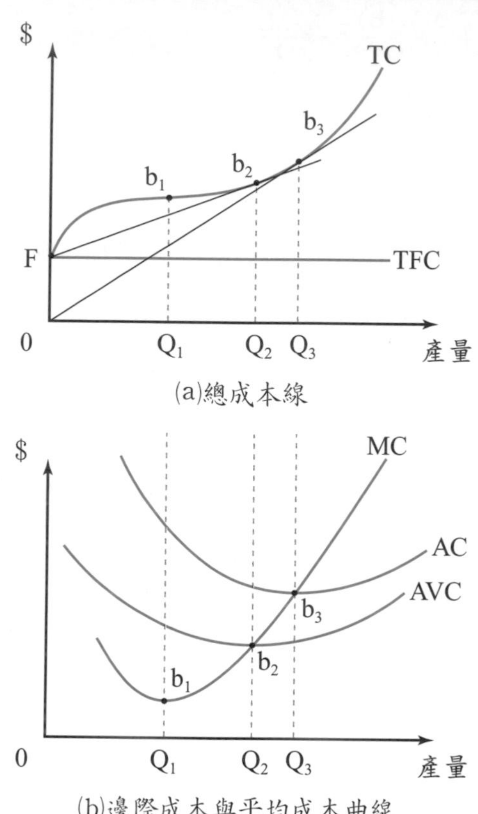

(a)總成本線

(b)邊際成本與平均成本曲線

短期各項成本之間的關係為：

1. TC 線上任何一點其切線的斜率等於 MC，且任何一點與原點連線的斜率等於 AC。圖(a)中 F 點的高度代表 TFC，且 TC 線上任何一點與 F 點連線的斜率等於 AVC。
2. 圖(a)中的 b_1 點為 TC 線的轉折點，其切線的斜率最小，且其對應的產量為 Q_1，因而圖(b)中的 b_1 點為 MC 線的最低點。當 Q 大於 Q_1 時，MC 遞增。
3. 當 Q 等於 Q_2 時，AVC 最小，且 MC 線由下方穿過（圖(b)中的 b_2 點）。當 Q 大於 Q_2 時，由於 MC 大於 AVC，所以 AVC 遞增。
4. 當 Q 等於 Q_3 時，AC 最小，且 MC 線由下方穿過（圖(b)中的 b_3 點）。當 Q 小於 Q_3 時，由於 AFC 下降的幅度大過 AVC 上升的幅度，所以 AC 遞減；當 Q 大於 Q_3 時，正好相反。

圖 4–4　短期各項成本之間的關係

(1)當產量 (Q) 等於 Q_1 時，TC 線上的對應點為 b_1 點，其為轉折點，亦即其切線的斜率最小，此對應到圖 4–4 (b)中 MC 線的最低點 b_1。當 Q 小於 Q_1 時，MC 遞減；當 Q 大於 Q_1 時，MC 持續上升。

⑵當 Q 等於 Q_2 時，其所對應的 TC 線上的 b_2 點其切線正好通過 F 點，所以此時的 MC 等於 AVC，且此時的 AVC 最小。因此，如圖 4–4 ⒝所示，AVC 線上的 b_2 點為最低點，且 MC 線亦通過此點。

⑶當 Q 小於 Q_2 時，由圖 4–4 ⒝可以看出，MC 小於 AVC，也因此，AVC 呈現下降型態。此一結果可以用以下的例子來理解。假設王建民第 10 場比賽的防禦率為 4.000，且其前面 10 場的平均防禦率為 4.500。如果王建民第 11 場的防禦率為 4.250，雖然比第 10 場來得差，但仍會使平均防禦率由原先的 4.500 降為 4.477（假設每場的投球局數一樣）。因此，當 MC（防禦率 4.250）小於 AVC (4.500) 時，AVC 會呈現下降型態（下降為 4.477）。相反地，當 Q 大於 Q_2 時，由於 MC 大於 AVC，因此 AVC 呈現上升型態。所以，邊際成本曲線由平均變動成本曲線的下方穿過平均變動成本曲線的最低點。

⑷當 Q 等於 Q_3 時，其所對應的 TC 線上的點為 b_3，且其切線正好通過原點，所以此時的 MC 等於 AC，且此時的 AC 最小。因此，如圖 4–4 ⒝所示，AC 線上的 b_3 點為最低點，且 MC 線亦可過此點。

⑸當 Q 小於 Q_3 時，由於 MC 小於 AC，所以 AC 遞減；相反地，當 Q 大於 Q_3 時，由於 MC 大於 AC，所以 AC 遞增。因此，邊際成本曲線由平均成本曲線的下方穿過平均成本曲線的最低點。

⑹由於 AC 等於 AFC 加上 AVC，且由於 AFC 隨著產量增加而持續下降（為什麼？），同時在 Q 小於 Q_2 時，AVC 亦持續下降，因此，AC 在 Q 小於 Q_2 時呈現下降型態。由於在 Q 等於 Q_2 時，AVC 已達最低點，而 AC 仍持續下降，所以平均變動成本最低下的產量 (Q_2) 小於平均成本最低下的產量 (Q_3)。當 Q 介在 Q_2 與 Q_3 之間時，雖然 AVC 已開始上升，但其上升幅度小於 AFC 的下降幅度，所以 AC 還是下降的。當 Q 大於 Q_3 時，AVC 的上升幅度已大於 AFC 的下降幅度，且由於 AVC 持續上升，AFC 持續下降，所以 AC 呈現持續上升型態。

4.3 長期生產成本

在長期，由於廠商有足夠的時間變動所有生產要素的雇用量，所以在長期，所有的生產要素都是變動生產要素，而無固定生產要素，也因此沒有固定成本。長期的成本曲線形狀會與短期的有何不同？我們利用圖 4–5 與圖 4–6 來回答這個問題。

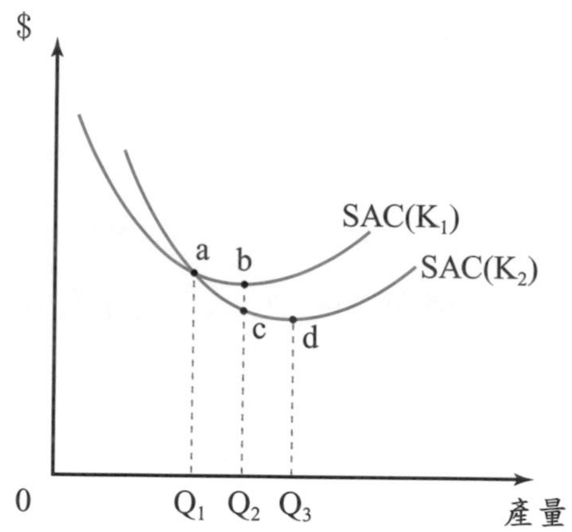

假設 K_2 大於 K_1。這兩個不同規模下的短期平均成本曲線相交於 a 點，其所對應的產量為 Q_1。當產量大於 Q_1 時，大規模下的平均成本較小，所以雖然在產量為 Q_2 時，K_1 下的平均成本最小，但仍大於 K_2 下的平均成本。而此時 K_2 下的平均成本（C 點）並不一定是 K_2 下最低的。

圖 4–5　不同規模下的短期平均成本曲線

圖 4–5 顯示兩種資本數量（K_1 與 K_2，且 K_1 小於 K_2）下的短期平均成本曲線，SAC (K_1) 與 SAC (K_2)，其中 "S" 代表短期 (short run)。我們稱 K_2 下的規模 (scale) 大於 K_1。由圖 4–5 我們可以得到下列三點結論：

1. 不同規模下的短期平均成本曲線會相交

由於平均固定成本隨著產量增加而下降，所以當產量很大時，K_1 與 K_2 下的平均固定成本相差就有限，但是當產量很小時，二者的差異可能會很大。比方說，在資本數量等於 K_1 時，廠商每個月付的租金為 50 萬元，在資本數量等於 K_2 時，租金為 100 萬元。在此情況下，產量為 1 時，平均固定成本分別為 50 萬元與 100 萬元，相差 50 萬元，但產量為 10 時，平均固定成本分別為 5 萬元與 10 萬元，相差只有 5 萬元。另一方面，當資本數量增加時，由於變動生產要素的生產力提升，因此平均變動成本會下降，且下降幅度會隨著產量的增加而擴大。這是因為變動生產要素在雇用量大時的「擁擠」情況，會因資本數量增加或廠商規模擴大而獲得較大程度的紓解（記不記得圖 4–1 中的總產量在勞動雇用量超過 10 單位時呈現減少的情況）。因此，在產量比較大時，規模大下的平均成本會因平均固定成本的高出程度變小，且平均變動成本的降低幅度擴大，而小於規模小下的平均成本。所以，如圖 4–5 所示，兩條不同規模下的短期平均成本曲線會相交。從另一個角度來看，如果不相交，那就表示廠商規模擴大後，任一產量下的平均成本都要比以前來得高，那就沒有廠商願意擴大規模了。

2. 某一規模下的最低平均成本不一定是此一產量的長期最低平均成本

如圖 4–5 所示，SAC (K_1) 與 SAC (K_2) 交於 a 點，其對應的產量為 Q_1。當產量大於 Q_1 時，SAC (K_2) 小於 SAC (K_1)。所以，雖然在產量為 Q_2 時，SAC (K_1) 為最低，但仍高於 SAC (K_2)。

3. 某一產量下的長期最低平均成本不一定是該規模下的最低平均成本

假設在長期，廠商選擇 K_2 可以使其生產 Q_2 的平均成本達到最低，其為圖 4–5 中的 cQ_2，但 cQ_2 並不是 SAC (K_2) 中的最低平均成本（其為 dQ_3）。以上第 2. 點比較的是圖 4–5 中的 b 點與 c 點，而本點所比較的是 c 點與 d 點。

如果廠商只有 K_1 與 K_2 兩種規模可以選擇，那麼，就圖 4–5 而言，長期的平均成本曲線在產量小於 Q_1 時為 SAC (K_1) 的部分，在產量大於 Q_1 時為 SAC (K_2) 的部分。這樣一條長期平均成本曲線由下方「包絡」住 SAC (K_1) 與 SAC (K_2) 這兩條短期平均成本曲線。實際上，廠商有多種規模可以選擇。根據以上的說明，如果 K 可以細分，我們可以得到圖 4–6 中的長期平均成本曲線（**LAC**，**L** 代表 **long run**），其為眾多短期平均成本曲線的包絡曲線 **(envelope curve)**。

如圖 4–6 所示，長期平均成本曲線可能有三個階段。當產量小於 Q_1 時，長期平均成本隨著產量的增加而遞減，我們稱此一現象為規模經濟

(economies of scale)；當產量大於 Q_2 時，長期平均成本隨著產量的增加而遞增，我們稱為規模不經濟 (diseconomies of scale)；當產量介於 Q_1 與 Q_2 之間時，總成本與總產量呈同比例的變動，故長期平均成本不變，我們稱為規模報酬不變或固定規模報酬 (constant returns to scale)。

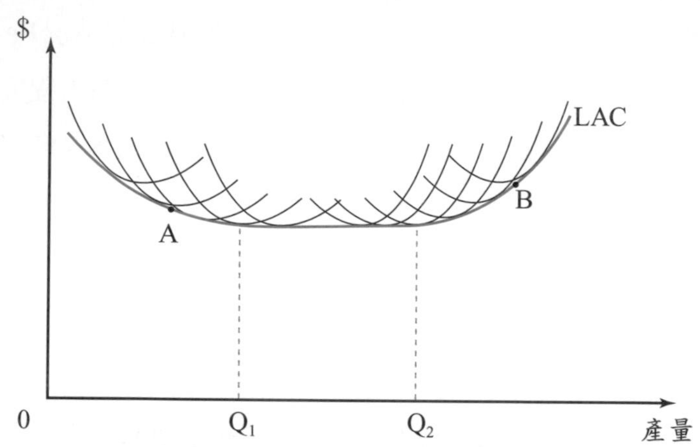

就任一產量而言，在長期廠商可以調整到平均成本最低的規模，所以長期平均成本曲線 (LAC) 是短期平均成本曲線的包絡曲線。當 Q 小於 Q_1 時，存在「規模經濟」，當 Q 大於 Q_2 則存在「規模不經濟」，介於中間則表示「固定規模報酬」。

圖 4–6　長期平均成本曲線

規模經濟發生的主要原因為規模擴大後可以促進勞動的專業與分工，而使勞動生產力提升，進而使生產成本降低。例如，裝配線 (assembly line) 的生產方式就具有這樣的效果。另外，有些行業的設備支出相當高，亦即其主要的成本為資本成本，如高鐵、寬頻網路等；當其客戶數 (可視同其產量) 增加時，其所增加的營運成本相較其資本成本是有限的，但其平均資本成本可以比較快速地下降，從而造成其長期平均成本的降低。

當然，規模經濟不可能一直存在，如果可能一直存在的話，所有行業就會只剩下少數幾家的大企業，因為它們的平均成本最低，而把其他的小企業給「趕盡殺絕」(上述的高鐵、寬頻網路等行業因為市場規模有限且需大額的資本，所以廠商家數本來就少)。眾多中小企業之所以能在國內外大企業的環伺之下，仍能不斷上演「小蝦米對抗大鯨魚」的戲碼，就是因為當企業大到某種程度以後，組織會變得龐大，管理成本會因而大幅增加；雖然其採購成本可以大幅壓低（如美國蘋果公司不斷要求我國供應商降價），但其節省的成本不見得會超過增加的管理成本。另一方面，大企業的大腦（管理總部）與末梢神經（各營業據點或生產基地）之間也可能無法有效地傳遞訊息，而使其決策與行動變得很不靈活，就如同大象要轉個身會很費勁一樣。所以當企業規模大到某一程度之後，就會發生規模不經濟，這也給了靈活的中小企業生存空間。以圖 4–6 表示的話，小企業可能位在長期平均成本曲線上的 A 點，而大企業位於 B 點，兩者的長期平均成本相差有限。

至於固定規模報酬的現象之所以存在，可能是因為造成規模經濟的有利因素與造成規模不經濟的不利因素相互抵銷，而使長期平均成本不因產量的變動而變動。實際上，圖 4–6 中的 Q_1 與 Q_2 有可能非常接近。

當廠商技術進步時，因為生產力提升，所以整條長期平均成本曲線會往下移。造成整條長期平均成本曲線移動的原因還包括一些外在因素，比方說，當某一個產業的產量增加時，可能會吸引更多的廠商加入其上游產業；若其上游零組件的價格因上游廠商家數與規模增加而下跌，進而造成這個產業的長期平均成本下降（如液晶電視機產業），那麼我們稱此一現象為外部規模經濟 (external economies of scale)。外部規模經濟的例子還包括我國資訊電子業在 1990 年代蓬勃發展之後，吸引不少優秀人才就讀相關科系，而使資訊電子業能吸收到足夠的優秀的人才，從而其生產力能夠提升，進而其長期平均成本得以下降。外部規模經濟與先前所提的規模經濟，兩者的差別在於，前者為廠商整條 LAC 線往下移的現象，而後者為廠商的長期平均成本沿著 LAC 線往下降的現象，其為線上的移動。

動腦筋時間　4–2

當廠商的長期平均成本曲線因整個產業產量增加而上移時，我們稱為外部規模不經濟 (external diseconomies of scale)，試舉出這樣的例子。

摘 要

1. 經濟學利用成本函數描述廠商的生產成本與其產量之間的關係，而廠商的生產成本為其雇用生產要素的支出。
2. 廠商從事生產活動的目的是為了要賺取利潤。經濟學所考慮的利潤是經濟利潤，其與會計利潤的差別在於，經濟利潤考慮的是機會成本，而會計利潤只考慮會計成本。
3. 機會成本包括外顯成本與內隱成本，外顯成本即會計成本；經濟利潤與會計利潤的差別在於內隱成本，且經濟利潤恆小於會計利潤。
4. 雇用量在短期可以變動的生產要素為變動生產要素；如無法變動則稱為固定生產要素。在長期，由於所有生產要素的雇用量都可以變動，所以，所有生產要素都是變動生產要素。
5. 勞動的邊際產量為廠商多雇用 1 單位的勞動，其總產量的增加量（或變動量）；勞動的平均產量為平均每單位勞動的產量，等於總產量除以總勞動雇用量。生產要素的邊際產量隨著雇用量的增加而逐漸減少的現象稱為邊際報酬遞減。
6. 若以勞動雇用量為橫軸，則總產量曲線線上任何一點其切線的斜率等於勞動邊際產量，且任何一點與原點連線的斜率等於勞動平均產量。勞動邊際產量曲線從勞動平均產量曲線的上方穿過勞動平均產量曲線的最高點。
7. 當廠商的技術水準提升或資本數量增加時，勞動的生產力會提升，所以廠商的總產量、勞動邊際產量與平均產量三條線都會往上移。
8. 在短期，生產要素分為變動的以及固定的，所以總成本包括總變動成本與總固定成本，且平均成本為平均變動成本與平均固定成本之和。
9. 邊際成本曲線由平均變動成本曲線的下方穿過平均變動成本曲線的最低點，且邊際成本曲線由平均成本曲線的下方穿過平均成本曲線的最低點，同時，平均變動成本最低下的產量小於平均成本最低下的產量。
10. 不同規模下的短期平均成本曲線會相交，某一規模下的最低平均成本不一定是此一產量的長期最低平均成本，且某一產量下的長期最低平均成本不一定是該規模下的最低平均成本。
11. 長期平均成本曲線為眾多短期平均成本曲線的包絡曲線。長期平均成本隨著產量的增加而遞減的現象稱為規模經濟；長期平均成本隨著產量的增加而遞增的現象稱為規模不經濟；當長期總成本與總產量呈同比例變動時，長期平均成本不變，我們稱為規模報酬不變或固定規模報酬。
12. 若一個產業的產量增加，造成這個產業的長期平均成本下降，則存在外部規模經濟；若一個產業的產量增加，造成這個產業的長期平均成本上升，則存在外部規模不經濟。

習　題

1. 若廠商有正的會計利潤，則廠商是否一定也會有正的經濟利潤？若廠商有負的會計利潤，則廠商是否一定也會有負的經濟利潤？
2. 若廠商的 MP_L 隨勞動雇用量增加而下降，其 AP_L 是否也會跟著下降？
3. 若廠商的 MC 隨著產量增加而上升，其 AVC 是否也會跟著上升？
4. 若不管勞動雇用量為何，廠商的 MP_L 都是相同的，亦即 MP_L 是固定的，則其 AP_L 是否也是固定的？
5. 若不管產量為何，廠商的 MC 是固定的，則其 AVC 與 AC 是否也是固定的？
6. 請填滿下表的空格。

K	L	TP	MP_L	AP_L	TFC	TVC	TC	MC	AVC	AC
10	0	0	…	…	$50	…	$___	…	…	…
10	1	7	___	___	___	$10	___	$___	$___	$___
10	2	17	___	___	___	___	___	___	___	___
10	3	___	9	___		___	___	___	___	___
10	4	___	___	8	___	___	___	___	___	___
10	5	36	___	___	___	___	___	___	___	___

7. 根據下表的長期總成本資料回答下列問題：

產量	1	2	4	8
廠商 A	$30	$50	$100	$220
廠商 B	$20	$30	$60	$120

(a)這兩個廠商的生產是不是都有規模經濟現象？

(b)這兩個廠商的生產是不是都有固定規模報酬以及規模不經濟現象？

8. 假設某廠商在 K_1 與 $K_2(> K_1)$ 兩種規模下的短期成本函數分別為

$$TC_1 = 25 + 10Q + Q^2, \qquad TC_2 = 50 + 8Q + \frac{1}{2}Q^2。$$

(a)這兩種規模下的最低平均成本產量分別為多少？

(b)在哪一個產量水準下，兩種規模的平均成本會相同？

(c)假設只有這兩種規模。畫出該廠商的長期平均成本曲線。

Note

第 5 章
完全競爭市場

1. 何謂總收益、平均收益與邊際收益？
2. 完全競爭廠商如何決定利潤極大的產量？
3. 在什麼樣的情況下，完全競爭廠商會選擇暫時停業？
4. 完全競爭廠商的短期供給曲線為何？
5. 為何固定成本的多寡不會影響完全競爭廠商的短期產量決策？
6. 完全競爭廠商的長期供給曲線為何？
7. 完全競爭產業的長期供給曲線有哪幾種型態？

有了上一章的成本概念後，接下來我們就可以分析在不同市場結構（包括完全競爭、獨占、獨占性競爭與寡占）下，廠商的長短期決策。若市場不是完全競爭，則可能由於廠商家數少或廠商的產品有自己的獨特性，因而廠商可以決定自己產品的訂價。這一部分我們留待下一章再探討；在本章，我們探討完全競爭市場中的廠商行為 。 首先 ， 我們分析一個追求利潤極大 (profit maximization) 的廠商其短期的產量決策，包括要不要暫時停業，並據以得出個別廠商以及市場的供給曲線。接著，我們再分析廠商長期的產量決策，包括要不要退出市場，並據以得出個別廠商以及整個產業的長期供給曲線。我們會在各節舉例說明理論的應用。

5.1 廠商的短期決策

一個完全競爭市場有下列三個特徵：

(1)有很多的買者與賣者；

(2)每個賣者所賣的產品是同質的 (homogenous)；

(3)每個市場參與者擁有相同的資訊 (perfect information)。

在這三個特徵下，因為有很多的市場參與者，所以沒有人對市場價格具有影響力，且由於產品是同質的以及資訊是完全的，所以每個賣者賣的價格無法比市場貴，而且他所賣的數量相當有限，所以也沒有必要賣得比市場便宜。因此，在一個完全競爭市場，每一個參與者都是所謂的價格接受者，亦即每個參與者都只能接受由市場所決定的價格。

完全競爭市場的另一個特徵是，在長期廠商可以自由進出市場。在現實生活中，並不是你想要進入哪一個產業就可以進入。例如，你不能跟郵局一樣經營信函郵遞業務，因為這是郵局的「郵政專營權」；另外，不少行業需要相當的資本額才能成立一家公司。不過，你若是想當農夫，只要夠努力，基本上不會有太大的問題，特別是在網際網路發達的時代，網路上有很多相關資訊。

◆ 5.1.1　利潤極大化下的廠商行為

在本書，我們假設廠商經營的目的是追求利潤極大；如果不是這樣，他遲早會因成本過高、不堪虧損而退出市場。

廠商的利潤 (以 π 表示) 等於總收益 (total revenue, TR) 減去總成本 (以 TC 表示)，即：

$$\pi = \mathrm{TR} - \mathrm{TC}。$$

而總收益等於價格 (P) 乘以產量 (Q)。由總收益我們可以得出平均收益 (average revenue, AR)，以及邊際收益 (marginal revenue, MR)。平均收益為廠商產品的平均銷售金額，其為總收益除以產量 ($\frac{\mathbf{TR}}{\mathbf{Q}}$)。就任一廠商而言，不管其所處市場的型態為何，平均收益都等於產品價格：

$$\mathrm{AR} = \frac{\mathrm{TR}}{\mathrm{Q}} = \frac{\mathrm{P} \cdot \mathrm{Q}}{\mathrm{Q}} = \mathrm{P}。$$

廠商的邊際收益為廠商增加 **1** 單位產量，其總收益的增加金額，即：

$$\mathrm{MR} = \frac{\Delta \mathrm{TR}}{\Delta \mathrm{Q}} = \frac{\Delta(\mathrm{P} \cdot \mathrm{Q})}{\Delta \mathrm{Q}} = \frac{\mathrm{P} \cdot \Delta \mathrm{Q}}{\Delta \mathrm{Q}} = \mathrm{P}。$$

由於完全競爭廠商是價格接受者，所以會有上式的結果。

因此，就完全競爭廠商而言，其平均收益與邊際收益都等於市場價格，即：

$$\mathrm{P} = \mathrm{AR} = \mathrm{MR}。$$

根據以上的結果，我們可以得到圖 5–1 中的總收益、平均收益與邊際收益線。由於完全競爭廠商是價格接受者，所以圖(a)中的總收益線為一條通過原點且斜率為 P 的直線，同時，圖(b)中的平均收益線與邊際收益線為對應 P 的同一條水平線。

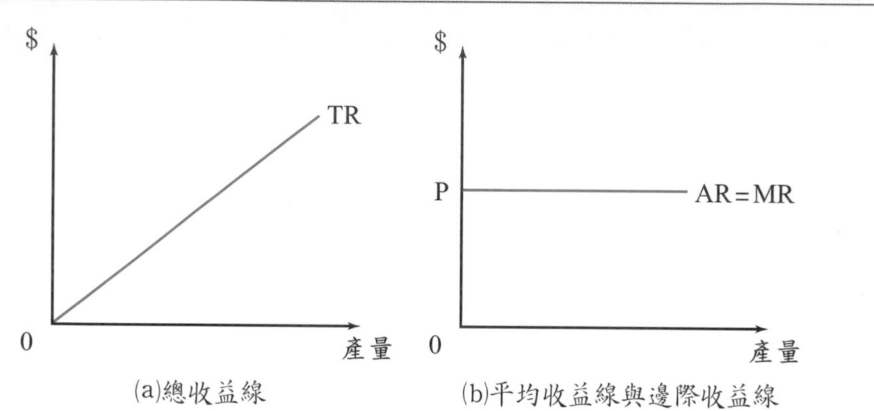

由於完全競爭廠商是價格接受者，所以其總收益線為圖(a)中通過原點的直線，其斜率為市場價格；其平均收益線與邊際收益線為對應市場價格 P 的同一條水平線。

圖 5–1　不同的收益線

就完全競爭廠商而言，在面對 P 的市場價格下，他要生產多少產量才能使他的利潤達到最大？這決定於他的邊際成本。這一點我們可以利用表 5–1 與圖 5–2 來說明。

假設 P 等於 \$5。表 5–1 中的各項成本數字來自於上一章的表 4–2（嚴格說來，表 4–2 的金額單位為萬元，所以這裡的 P 應等於 5 萬元，不過，我們在表 5–1 忽略「萬」）。表 5–1 中第 5 欄的利潤等於第 3 欄的總收益減第 4 欄的總成本。當產量增加時，廠商利潤的變動可以表示成：

$$\Delta\pi = \Delta TR - \Delta TC = \Delta(P\cdot Q) - \frac{\Delta TC}{\Delta Q}\cdot\Delta Q$$
$$= P\cdot\Delta Q - MC\cdot\Delta Q = (P - MC)\Delta Q。$$

因此，廠商利潤的變動金額除了決定於產出的增量 (ΔQ) 外，還決定於市場價格與其邊際成本之間的差額 (P − MC)。當市場價格大於邊際成本時，廠商增加產量會使其增加的收益 (ΔTR) 大於增加的成本 (ΔTC)，因而其利潤會增加。在此情況下，廠商會增加產量，直到市場價格不再大於其邊際成本為止。如表 5–1 第 9 至第 11 欄所示，當完全競爭廠商的邊際收益（等於市場價格）大於邊際成本時，廠商增加產量可以使其利潤增加，亦即第 11 欄的利潤變動金額為正值。例如，當廠商雇用第 2 單位勞動而使其產量由 8 單位增加為 19 單位時，由於此時的邊際收益 ($5) 大於邊際成本 ($2.72)，因此，每增加 1 單位的產量，廠商的利潤可以增加 $2.28，所以產量增加 11 單位共可使利潤增加 $25，從而其利潤由原先產量為 8 單位時的 –$40 增加為 –$15。

表 5–1　各種收益與成本關係表

產量 (1)	價格 (2)	總收益 (3)	總成本 (4)	利潤 (5) = (3) – (4)	平均收益 (6) = $\frac{(3)}{(1)}$	平均成本 (7) = $\frac{(4)}{(1)}$	平均利潤 (8) = $\frac{(5)}{(1)}$	邊際收益 (9) = $\frac{\Delta(3)}{\Delta(1)}$	邊際成本 (10) = $\frac{\Delta(4)}{\Delta(1)}$	利潤變動 (11) = Δ(5)
0	$5	$ 0	$ 50	$–50	$–	$ –	$ –	$–	$ –	$ –
8	5	40	80	–40	5	10	–5	5	3.75	10
19	5	95	110	–15	5	5.78	–0.78	5	2.72	25
28	5	140	140	0	5	5	0	5	3.33	15
36	5	180	170	10	5	4.72	0.27	5	3.75	10
43	5	215	200	15	5	4.65	0.34	5	4.28	5
49	5	245	230	15	5	4.69	0.30	5	5	0
54	5	270	260	10	5	4.81	0.18	5	6	–5
57	5	285	290	–5	5	5.08	–0.08	5	10	–15
59	5	295	320	–25	5	5.42	–0.42	5	15	–20
60	5	300	350	–50	5	5.83	–0.50	5	30	–25

當表 5–1 第 11 欄的數字為正值時，廠商會繼續增產，直到利潤不再增加為止。當廠商生產第 44 到第 49 單位的產量時，由於此時的邊際收益與邊際成本均為 $5，因此廠商的利潤不再增加（第 11 欄的對應數字為零），此時廠商的利潤達到最大，為 $15（見第 5 欄）。所以，在本例中，廠商生產 44 到 49 單位的產量都可使其利潤極大（其實廠商生產 43 單位，其利潤也是極大的）。當廠商的產量超過 49 單位時，由於邊際成本已大過邊際收益，所以產量增加反而會造成利潤的減少。

廠商的利潤也可以表示成：

$$\pi = TR - TC = P \cdot Q - AC \cdot Q$$
$$= (P - AC)Q\text{，}$$

亦即利潤等於每一單位產量的平均利潤 (P – AC) 乘以產量。所以，表 5–1 第 5 欄的數字也可以由第 6 欄的平均收益減去第 7 欄平均成本後再乘以產量而得到。

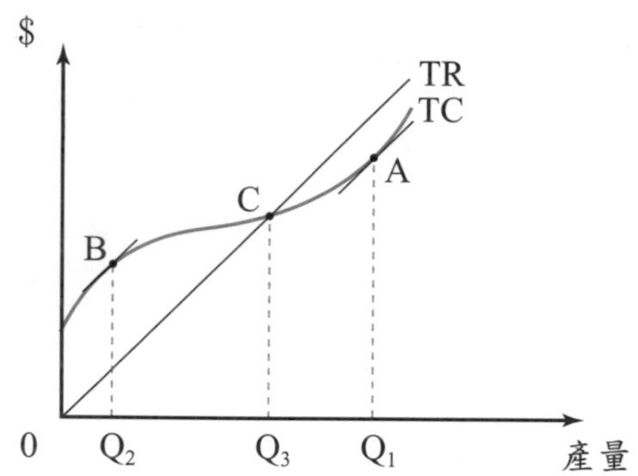

(a)由總收益與總成本曲線找出利潤極大產量

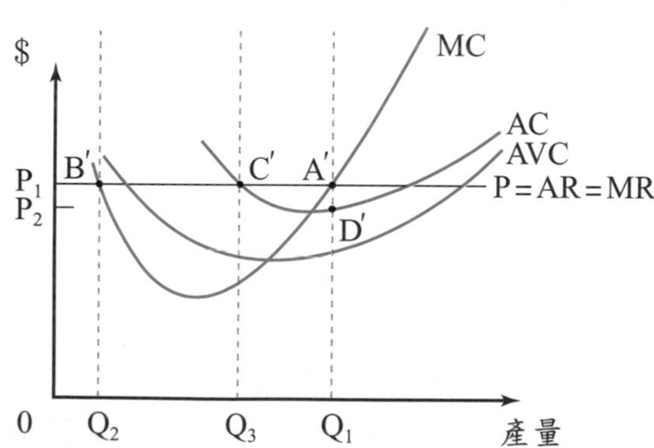

(b)由邊際收益與邊際成本曲線找出利潤極大產量

假設市場價格為 P_1。圖(a)中 A 點的切線與 TR 線平行，因此，代表邊際成本等於邊際收益，所以 A 點所對應的產量 Q_1，為使利潤達到最大的產量。圖(b)中的 A′ 點，由於其為邊際收益曲線與邊際成本曲線的交點，所以其對應的產量亦為 Q_1。圖(a)中的 B 點與圖(b)中的 B′ 點也顯示邊際收益等於邊際成本的結果，但它們所對應的產量 Q_2，為使利潤極小的產量。另外，當產量等於 Q_3 時，廠商利潤等於零。

圖 5–2　利潤極大產量

為了能更清楚說明以上的結果以及其他的結論，我們在圖 5–2 中畫出產量可以細分下的各條成本曲線。在此情況下，使廠商利潤達到最大的產量是唯一的。

假設市場價格為 P_1，因此，圖 5–2 (a)中的 TR 線其斜率等於 P_1。另外，圖(a)中 TC 線上的 A 點其切線與 TR 線平行，亦即這兩條線的斜率是一樣的。由於 TC 線上任一點其切線的斜率等於邊際成本，因此，A 點所對應的產量 (Q_1)，具有使邊際收益 (P_1) 等於邊際成本的性質。根據以上的說明，Q_1 為使廠商利潤極大的產量。當產量不等於 Q_1 時，由於 TR 線與 TC 線之間的距離（代表利潤）變小，所以我們可以確定 Q_1 為廠商利潤極大產量。

由圖 5–2 (b)可以看出，邊際收益曲線與邊際成本曲線交於 A′ 點，因此，A′ 點與圖 5–2 (a)中的 A 點是相互對應的，也因此，A′ 點所對應的產量為利潤極大產量 Q_1。圖 5–2 (b)中的 B′ 點雖然也是邊際收益與邊際成本曲線的交點，但由通過 B′ 點的 MC 線處在下降狀態就可以知道，廠商增加產量以及減少產量均可使利潤增加，所以 B′ 點所對應的產量 Q_2，使廠商利潤達到最小。此點也可由圖 5–2 (a)中 TC 線上的 B 點，其與 TR 線的垂直距離是最大的而看出。

動腦筋時間

為何由通過 B′ 點的 MC 線處在下降狀態就可以知道，廠商增加產量以及減少產量均可使利潤增加？

另外，若廠商的產量為 Q_3，則由圖(a) TR = TC 或圖(b) P = AC 就可以知道，此時廠商利潤等於零。此外，由圖(b)可以看出，當產量為 Q_1 時，AC 線上的對應點為 D′；此時 A′D′ 代表 P – AC，所以利潤等於 A′D′ 乘以 Q_1，即等於長方形 $P_1A'D'P_2$。如果由於某個原因（如租金上升）使廠商的平均成本上升，而使圖(b)中的 AC 線往上移且位於平均收益線上，那麼，雖然廠商生產 Q_1 產量仍可使其利潤最大，不過此時廠商發生虧損；換言之，由於 AC 線位於 AR 線之上，所以廠商生產任何產量都會有虧損，而 Q_1 是使廠商虧損金額最小的產量。

◆ 5.1.2　廠商的短期供給曲線

由以上的分析可以得知，我們可以根據水平的邊際收益曲線與上升的邊際成本曲線的交點，找出廠商利潤極大的產量。如圖 5–3 所示，當市場價格由 P_1 上升至 P_2 時，此時新的邊際收益曲線與邊際成本曲線交於 A_2 點，因而利潤極大產量由原先的 Q_1 增加為 Q_2。所以，當市場價格由 P_1 上升為 P_2 時，若廠商的成本曲線不變，則由於廠商由 Q_1 增產時，邊際收益大於邊際成本，因此廠商增產可以使其利潤增加，所以廠商會增產到 Q_2。

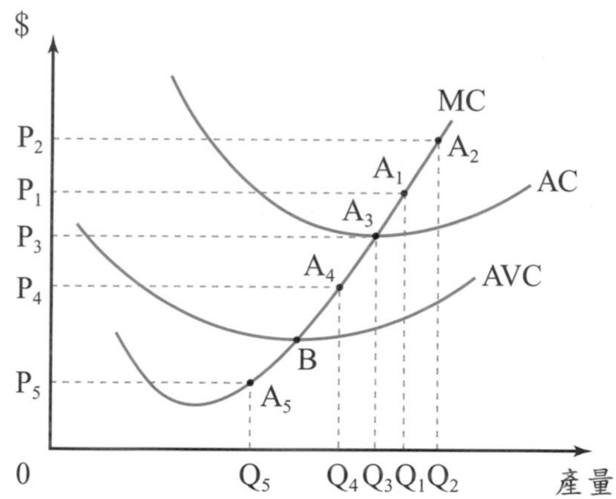

在短期，只要 P > AVC，廠商會根據 P = MC 來決定產量。因此，在 AVC 線最低點（B 點）以上的 MC 線部分，反映了廠商短期供給量與對應價格之間的關係，所以，B 點以上的 MC 線就是完全競爭廠商的短期供給曲線。

圖 5–3　完全競爭廠商短期供給曲線

如果市場價格由 P_1 降為 P_3，由於此時邊際收益與邊際成本曲線的交點 A_3，為平均成本曲線的最低點，所以廠商生產 Q_3 數量的利潤為零。若市場價格進一步下降為 P_4，廠商生產 Q_4 數量會有虧損。如果市場價格再進一步下降為 P_5，此時邊際收益與邊際成本曲線的交點位於平均變動成本曲線之下，廠商是否會生產 Q_5 這麼多產量？答案是不會。為瞭解為什麼，讓我們先看下面這個例子。

假設你開了一家快餐店，你每天原先必須支付的變動成本，包括工資、食材、水電費等共 6,000 元；每天攤下來的固定成本，包括廚房設備、裝潢、你自有資本的內隱成本等共 3,000 元，還有你不做其他工作的內隱成本 1,000元，所以，每天的固定成本共 4,000 元。本來你一份快餐賣 100 元，每天賣 120 份，但後來由於不景氣，變成每天賣 100 份（變動成本降為 5,000 元），且一份變 80 元，因而你每天的總收益 8,000 元比你的總成本 9,000 元（5,000 元 +4,000 元）還要少，因此，你每天虧損 1,000 元。不過，由於你的總收益仍比變動成本多 3,000 元，從而可以回收部分的固定成本，因此，即使虧損了，你還是應該繼續營業。

不過，如果景氣進一步惡化，讓快餐的市場價格再進一步下降為每份 50 元（圖 5–3 中的 P_5），且你變成每天只賣 60 份；同時，變動成本降為 3,600 元，亦即此時的價格（50 元）小於平均變動成本（60 元）。在此情況下，你還應該繼續營業嗎？答案是不應該。這是因為此時你的總收益（3,000 元）還不足以涵蓋你的變動成本（3,600 元），遑論回收固定成本。如果你暫時歇業的話，你每天可以省下這 600 元的虧損，所以你應該要暫時停業。當然，如果情況持續沒有好轉，則你應該把店收起來，另謀發展。

從這個例子可以瞭解，當 **P < AVC** 時，廠商會選擇暫時停業；當 **P ≥ AVC** 時，廠商會根據 **P = MC** 決定他的產量，因此，**AVC** 曲線最低點（圖 **5–3** 中的 **B** 點）以上的 **MC** 線部分，反映了廠商面對不同價格下的供給量，也因此，這一段的 **MC** 線就是完全競爭廠商的短期供給曲線。把各個廠商的短期供給曲線予以水平加總，就可以得出整個市場的短期供給曲線。由於 MC 線之所以呈現正斜率是因為變動生產因素（主要是勞動）的邊際產量遞減，所以，市場的短期供給曲線之所以呈現正斜率，是因為邊際報酬遞減的緣故。

根據以上的說明，廠商的短期產量只決定於市場價格與邊際成本和平均變動成本，而不會受到不管產量多寡都必須支付的固定成本的影響。如果廠商因為短期利潤為負值就不生產，那麼那些高資本支出的產業就不會存在。比方說像台灣高鐵公司，由於營運初期班次少，且因為狀況多而造成載客率不高，所以在初期是虧損的。台灣高鐵寄望的是長期因班次增加且載客率提高而能有利潤，且利潤高到足以涵蓋短期的虧損❶。也許下一個例子可以讓你更明白決策不應考慮那些無法回復的因素的道理。

假設你願意花 300 元看電影「魔戒三部曲」，而票價只有 200 元，所以就決定去買票。當你買完票時，你的票卻突然被「戒靈」的座騎給叼走了；這時候，你看電影的心情略受到影響，而認為這部電影的價值只剩 250 元。不過，因為票價還是只有 200 元，所以你應該再買一次票，因為這時候你會有 50 元的消費者剩餘。第一張票的 200 元可視為固定成本，但只要看電影的價值仍大於票價（對應到 $P > MC$），你應該再買一次票，雖然你實際上總共花了 400 元看這場電影。

由以上的說明可以得知，當固定成本改變時，由於任一產量下的利潤會呈同幅度的變動，所以原先利潤極大下的產量依然可使利潤極大。

在以上的快餐店例子當中，之所以會有 $P < AVC$ 的情形，是因為價格下降，另一個造成 $P < AVC$ 的原因是變動成本上升，如一例一休新制使加班工資大幅提高，我們可以用圖 5–4 來說明。

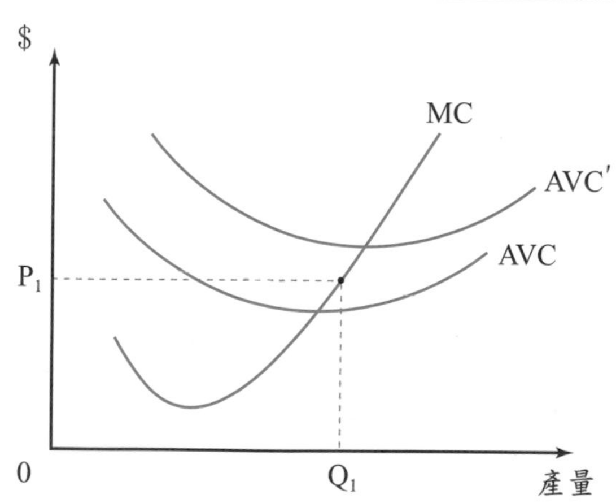

假設在市場價格為 P_1 之下，廠商原先的產量為 Q_1。當變動成本上升而使平均變動成本曲線由原先的 AVC 上移至 AVC′ 時，由於價格已小於平均變動成本，所以廠商會選擇暫停營業。

圖 5–4　變動成本上升導致廠商暫時停業

❶ 台灣高鐵在 2011 年上半年已開始獲利，淨利為 19 億 8 千多萬元。獲利主因為旅運人次增加，利息支出減少與其他成本降低。

假設在市場價格為 P_1 之下，廠商根據 P = MC 所決定的產量為 Q_1。當變動成本上升而使平均變動成本曲線由原先的 AVC 上升至 AVC′ 時，由於價格已小於平均變動成本，所以廠商會選擇暫停營業（當工資上升時，MC 也會上升；但為簡化圖形，MC 線往上移的結果予以省略）。

試舉出廠商暫時停業的例子。

5.2　廠商的長期決策

在長期，所有的生產要素其數量都是可以變動的，因此就沒有固定成本，或所有的成本都是變動成本。不過，廠商利潤極大化的原則——邊際收益大於邊際成本就應該要增產——還是適用的。

◆ 5.2.1　廠商的長期供給曲線

在短期，廠商根據 P = MC 來決定產量；在長期，如果我們以 LMC 來代表廠商的長期邊際成本，那麼，廠商也會根據 P = LMC 來決定產量。接下來，我們說明如何得出廠商的 LMC 曲線。

如上一章所說明的，長期平均成本曲線 (LAC) 是所有短期平均成本曲線 (SAC) 的包絡曲線，廠商會調整生產規模而使得任一產量所使用的規模可以使其平均成本最小。圖 5–5 顯示三種生產規模下的短期平均成本曲線，分別以 SAC_1, SAC_2 與 SAC_3 表示。

當市場價格為 P_1 時，SAC_2 與 SAC_3 這兩種規模根據 P = MC 所決定的產量分別為 Q_a 與 Q_b。不過，Q_a 與 Q_b 所對應的 SAC_2 與 SAC_3 線上的點並未位在 LAC 線上，表示就長期而言，Q_a 與 Q_b 並不是廠商在 P_1 之下的最適產量。在 SAC_1 的規模之下，根據 P = MC 所決定的產量為 Q_1，此時其所對應的 SAC_1 線上的點位在 LAC 線上，表示 Q_1 為廠商在 P_1 之下的利潤極大化產量。此時，MC_1 線上的對應點為 A_1。

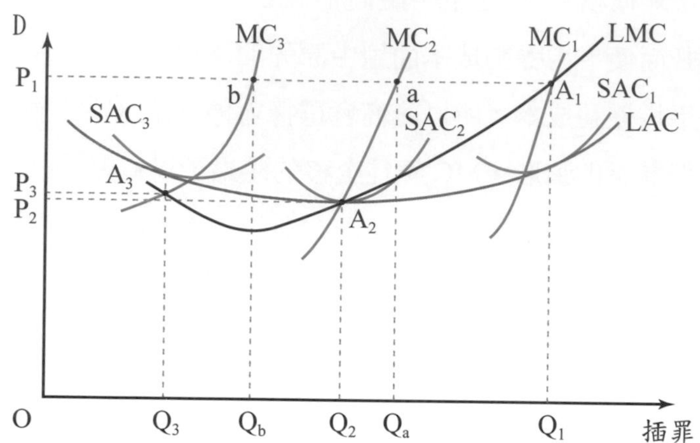

SAC_1、SAC_2 與 SAC_3 分別代表廠商由大到小的生產規模其平均成本曲線。當市場價格為 P_1 時，這三個規模下的利潤極大產量分別為 Q_1、Q_a 與 Q_b，其中只有 Q_1 所對應的短期平均成本曲線上的點落在長期平均成本曲線 LAC 上。這表示在 P_1 下，廠商生產 Q_1 數量可以使其長期利潤達到最大，此時 Q_1 所對應的短期邊際成本曲線 MC_1 線上的點為 A_1。同樣的，當市場價格分別為 P_2 與 P_3 時，長期利潤極大的產量分別為 Q_2 與 Q_3，此時其所對應的短期邊際成本曲線上的點分別為 A_2 與 A_3。將 A_1, A_2 與 A_3 相連，即可得到廠商的長期邊際成本曲線 LMC。

圖 5–5　長期邊際成本曲線與供給曲線

根據同樣的原則，當市場價格為 P_2 時，使廠商利潤極大的產量為 Q_2。此時，因為價格等於平均成本，所以廠商的利潤為零。在 P_2 之下，Q_2 以外的產量所對應的長期平均成本都會高於 P_2，也因此都會有虧損，所以，雖然在 Q_2 之下廠商利潤為零，但相較於其他利潤為負的情況，其利潤是最大的。此時，MC_2 線上的點為 A_2。同樣的，當市場價格為 P_3 時，Q_3 是利潤極大化的產量，此時，MC_3 上的點為 A_3。不過，此時的利潤為負。

我們把 A_1, A_2 與 A_3 三點相連，就可以得出長期邊際成本曲線 LMC。與短期下的情況一樣，長期邊際成本曲線由下方通過長期平均成本曲線的最低點 (圖 5–5 中的 A_2 點)，這表示當市場價格低於 P_2 時，廠商長期會有虧損；在此情況下，廠商會退出市場，所以，廠商的長期供給曲線為其長期邊際成本曲線在長期平均成本曲線上方的部分（即圖 **5–5** 中 $\mathbf{A_2}$ 點以上的 **LMC** 部分）。將各個廠商的長期供給曲線水平加總，即可得到廠商家數固定下的完全競爭市場長期供給曲線。

雖然完全競爭廠商面對相同的產品價格與生產要素價格，且因為擁有相同的資訊，所以也會使用相同的生產技術，但廠商的企業才能可能會所有不同。企業才能愈高的，其長期平均成本愈低，因而其長期平均成本曲線與邊際成本曲線的位置也愈低，亦即在任一市場價格下，其長期產量會較大。

假設圖 5–5 中的 P_2 市場價格水準使所有廠商的利潤均不為負值。如果某一廠商的長期平均成本曲線跟圖 5–5 中的一樣，那麼他的利潤等於零。由於我們所稱的利潤是指考慮各種機會成本的經濟利潤，所以即使廠商長期利潤等於零，他也不會退出市場。我們稱長期利潤為零的廠商為邊際廠商 **(marginal firm)**。如果某一廠商的長期平均成本曲線因他有較高的企業才能，而低於圖 5–5 中的長期平均成本曲線，那麼在價格為 P_2 時，他會有正的經濟利潤，或稱他會有超額利潤 (excess profits)。

在長期，由於廠商可以自由進出市場，因此當長期的市場價格降到 P_2 以下時，會有部分廠商因發生虧損而退出市場，從而使市場的供給量減少。原先部分享有經濟利潤的廠商現在變成邊際廠商。相反地，當長期的市場價格高於 P_2 時，所有原先的廠商都享有超額利潤，因而會吸引其他廠商的加入，直到所有的邊際廠商都已加入為止。此時，市場的供給量除了因既有廠商的供給量增加而增加之外，還因新廠商的加入而增加。因此，在廠商可以自由進出市場的情況下，市場的長期供給曲線會比廠商家數固定下的情況來得平坦。在下面「Economics 部落格」中，我們以本小節的內容說明我國成衣產業自 1980 年代至 1990 年代由盛而衰的始末。

Economics 部落格

在 1980 年代，我國主要的出口品為紡織品，如在 1981 年，紡織品中的成衣服飾業占我國出口的比率為 11.3%，但在 1993 年就降至 3.3%，顯示不少成衣服飾業者已關廠。之所以如此，是因為我國工資在 1980 年代快速上升且新臺幣兌美元的匯率在 1980 年代中期以後快速升值。在 1985 年，1 美元約可兌換 40 元新臺幣，表示成衣的單價若是 10 美元，則廠商可以換得 400 元新臺幣。在 1993 年，1 美元約只可兌換 25 元新臺幣，表示同樣一件單價 10 美元的成衣，廠商只能拿到 250 元新臺幣。如果在 1981 年，成衣的市場單價為圖 5–6 中的 P_1，且某一廠商的長期平均成本與邊際成本曲線分別為 LAC_1 與 LMC_1，那麼當工資上升後，其長期平均成本曲線上升至 LAC_2（當工資上升時，LMC 也會上升；但為簡化圖形，LMC 線往上移的結果予以省略）。另外，假設在新臺幣對美元升值後，成衣以新臺幣所表示的市場單價降至 P_2。由於 P_2 小於 LAC_2，因此這個成衣廠商會關掉臺灣的工廠而到東南亞或中國大陸等工資較便宜的地區設廠。在 1990 年代以後，由於大陸的成衣產量大幅增加，造成世界成衣市場價格的大幅滑落，雖然，新臺幣對美元在 1990 年代中期起持續貶值（如在 1998 年美元兌新臺幣的平均匯率為 33.445），但仍不敵以美元計價的世界成衣價格的下跌，而使圖 5–6 中的價格再降至 P_2 以下，從而更多的成衣廠選擇出走。不單是成衣廠商，全球市占率約占八成的我國筆記型電腦廠商也因客戶不斷地砍價，而在 2005 年將臺灣最後一條生產線關閉，移至中國大陸❷。雖然，筆記型電腦市場並非完全競爭市場，但當市場價格低於長期平均成本時，廠商會選擇關廠的結論依然適用。

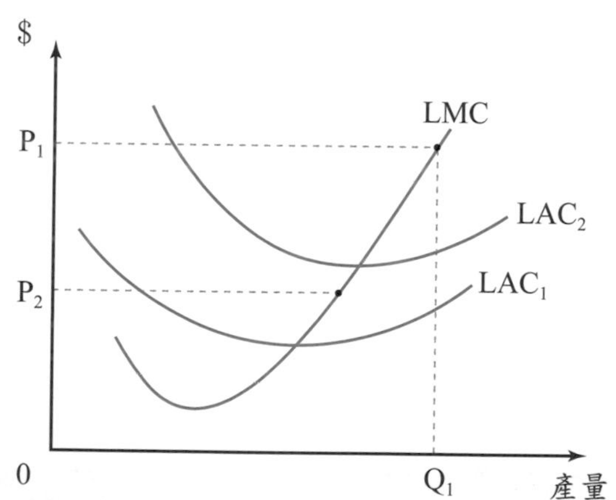

假設在 1981 年成衣以新臺幣表示的世界成衣市場價格為 P_1。在 1980 年代我國工資快速上升後，成衣廠商的長期平均成本曲線由 LAC_1 上移至 LAC_2，且在 1980 年代中期新臺幣對美元大幅升值後，成衣的價格降至 P_2，而低於 LAC_2，從而造成不少成衣業者選擇關閉臺灣的工廠，而到中國大陸或東南亞等工資較低廉的地區設廠。

圖 5–6　產品價格與生產成本變動對產量的影響：以我國成衣業為例

❷ 《聯合報》，2005 年 9 月 18 日。

◆ 5.2.2　產業的長期供給曲線

本章到目前為止的分析是以「若市場價格為何」為前提。市場價格是市場供需所共同決定的；當市場需求增加時，在市場供給不變下，市場價格會上漲，而引發新廠商的加入，從而使市場供給量增加。當市場供給量增加時，可能會造成上一章所提的外部規模經濟或外部規模不經濟現象，而導致市場供給的變動。我們可以從市場供需的變動得到不同型態的產業長期供給曲線。

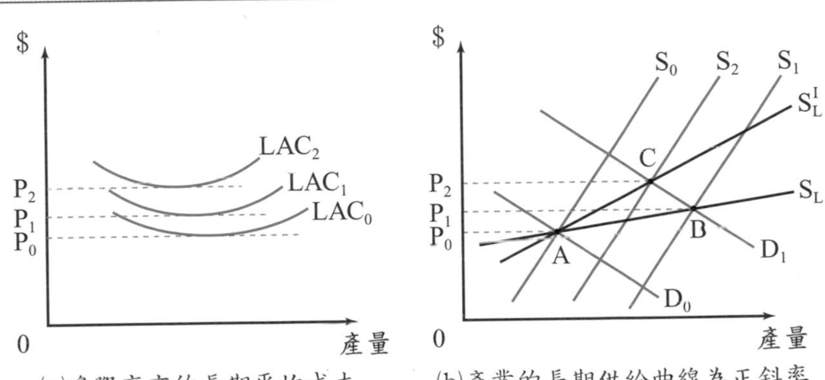

(a)邊際廠商的長期平均成本　(b)產業的長期供給曲線為正斜率

假設原先的市場需求曲線與供給曲線分別為圖(b)中的 D_0 與 S_0，市場均衡價格為 P_0；此時邊際廠商的長期平均成本曲線為圖(a)中的 LAC_0。當市場需求由 D_0 增加為 D_1 時，由於市場價格上漲，遂吸引其他廠商加入，而使市場供給增為 S_1，且市場均衡價格上升為 P_1；此時邊際廠商的長期平均成本為 LAC_1。如果因產量增加而引發外部不經濟，進而使廠商的長期平均成本上升，那麼市場的供給會由 S_1 減為 S_2，而使市場均衡價格由 P_1 上升為 P_2；此時邊際廠商的長期平均成本再上升為 LAC_2。圖(b)中的 S_L 線為考慮不同企業才能下的市場供給曲線；S_L^I 線為外部規模不經濟存在時，產業的長期供給曲線。由於 S_L^I 為正斜率，我們稱此一產業為成本遞增產業。

圖 5–7　成本遞增產業的長期供給曲線

如圖 5–7 所示，假設原先的市場需求曲線為 D_0，供給曲線為 S_0，從而市場均衡價格為 P_0；此時邊際廠商的長期平均成本曲線為圖 5–7 (a)中的 LAC_0，其利潤為零。當市場需求由 D_0 增加為 D_1 時，市場價格會上漲，而引發新廠商的加入，從而使市場供給由 S_0 增加為 S_1。此時市場的均衡點為 B，均衡價格為 P_1，新的邊際廠商其長期平均成本曲線為圖 5–7 (a)中的 LAC_1。圖 5–7 (b)中的 S_L 線為新舊兩個均衡點，A 點與 B 點，的連線，S_L 線即為在廠商可自由進出市場下的完全競爭市場長期供給曲線；而 S_0、S_1 與 S_2 等曲線，則為廠商家數固定下的完全競爭市場長期供給曲線。S_L 線之所以為正斜率是因為我們假設新加入的廠商其長期平均成本較原先的高(不然他早就加入)。如果此一產業因產量增加而發生外部規模不經濟現象（如在 2020 年，口罩原料不織布的國際價格因全球口罩產量增加而上漲，造成全球口罩廠商其成本的上升），那麼市場的供給會因成本上升而由 S_1 減少為 S_2。此時新的市場均衡點為 C，市場均衡價格為 P_2，新的邊際廠商其長期平均成本為 LAC_2。

我們將 A 點與 C 點相連即可得到考慮不同企業才能以及外部規模不經濟下的產業長期供給曲線 S_L^I（上標 “I” 代表產業)。由於 S_L^I 線為正斜率，我們稱此一產業為成本遞增產業 **(increasing cost industry)**。

如果當產業產量增加時，發生外部規模經濟現象（如我們在上一章所舉的我國資訊電子業因 1990 年代的蓬勃發展，吸引不少優秀的人才加入，而使其生產力提升的例子)，那麼在市場需求增加而引發市場供給由圖 5–8 中的 S_0 增為 S_1 之後，市場供給還會因生產成本降低而再進一步增加為 S_3。

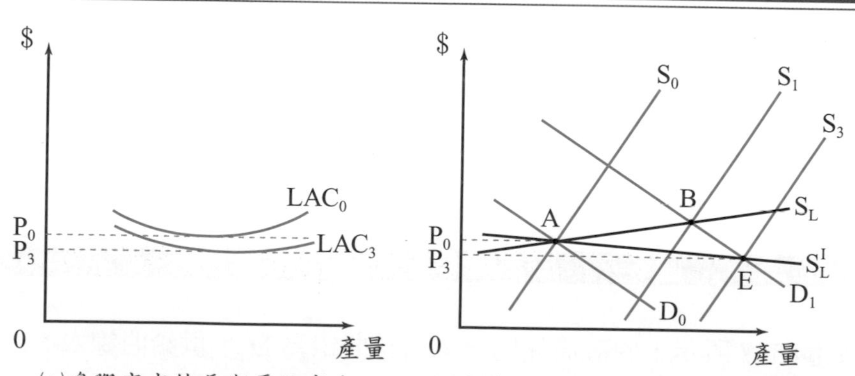

當外部規模經濟存在時，市場供給曲線因市場需求增加而由 S_0 增為 S_1 之後，會再進一步增加為 S_3。最後的均衡點為 E，均衡價格為 P_3，且新的邊際廠商的長期平均成本為圖(a)中的 LAC_3。產業的長期供給曲線為 A 點與 E 點相連的 S_L^I，其為負斜率。我們稱此一產業為成本遞減產業。

圖 5–8　成本遞減產業的長期供給曲線

如圖 5–8 所示，此時的市場均衡點為 E，均衡價格為 P_3 低於原先的 P_0，且新的邊際廠商其長期平均成本為圖 5–8 (a)中的 LAC_3。我們將 A 點與 E 點相連即可得到圖 5–8 (b)中的 S_L^I 線。此時的 S_L^I 線為負斜率，我們稱此一產業為成本遞減產業 **(decreasing cost industry)**。值得一提的是，此時的市場長期供給曲線仍為正斜率的 S_L 線；換言之，本書所定義的完全競爭市場長期供給曲線，為不考慮外部規模經濟、外部規模不經濟或技術進步下，完全競爭產業的長期供給曲線。

另外，如果外部規模經濟所造成的生產成本的降低幅度有限，而使得最後的市場供給曲線為圖 5–9 中的 S_4（高於圖 5–8 (b)中的 S_3），此時市場的均衡點為 F，且均衡價格剛好等於原先的 P_0，同時，新的邊際廠商其長期平均成本與原先的邊際廠商一樣，都為 LAC_0（原先的邊際廠商其長期平均成本在外部經濟發生後已降至 LAC_0 之下）。我們將 A 點與 F 點相連即可得到圖 (b)中水平的 S_L^I 線，我們稱此一產業為成本固定產業 **(constant cost industry)**。

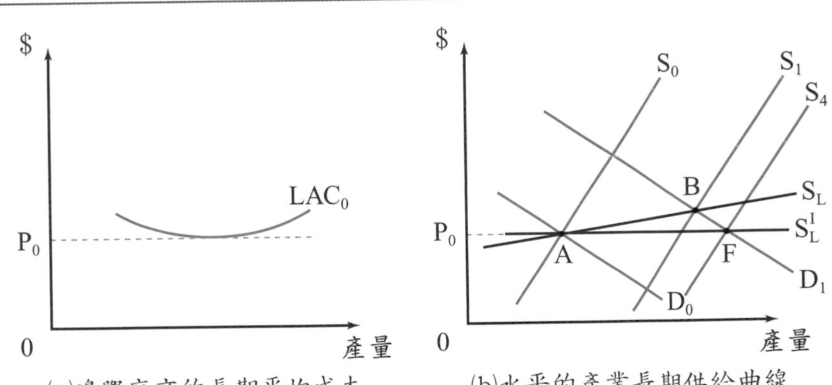

如果外部規模經濟的效益有限，而使得最後的市場供給曲線為 S_4，均衡點為 F，均衡價格剛好等於 P_0，那麼將 A 點與 F 點相連，即可得到水平的 S_L^I 線；此時新的邊際廠商其長期平均成本與原先的邊際廠商一樣，均為 LAC_0。我們稱此一產業為成本固定產業。

圖 5–9　成本固定產業的長期供給曲線

以上的分析並未考慮超長期 (very long run) 下的技術進步。當一個產業發生進步時，廠商的生產成本會降低，而使市場的供給增加。在此情況下，上述的成本遞增產業有可能變成成本固定產業，而原先是成本固定產業會變成成本遞減產業。當然，原先是成本遞減產業依然還是成本遞減產業，且由於最後的市場供給曲線會位於圖 5–8 (b)中的 S_3 線的下方，所以其 S_L^I 線會變得更陡。

最後，值得一提的是，有些教科書假設所有的完全競爭廠商有相同的成本，因此，在不考慮外部規模經濟或外部規模不經濟或技術進步的情況下，當市場需求增加之後，由於新舊廠商有相同的長期平均成本，或均為邊際廠商，所以最後的均衡價格會回到原先的水準。在此情況下，長期的市場供給曲線會是一條水平線（亦即完全競爭產業為成本固定產業），而不是像本章圖 5–7 至圖 5–9 中的 S_L 線那樣，是一條正斜率的曲線。換言之，在新加入的廠商其長期平均成本較舊廠商來得高，且沒有外部規模經濟或技術進步的情況下，本章所提的完全競爭產業為成本遞增產業，也就是 S_L^I 線即正斜率的 S_L 線。

摘 要

1. 一個完全競爭市場的特徵包括：有很多的買者與賣者，每個賣者所賣的產品是同質的，且每個市場參與者擁有相同的資訊。在這些特徵之下，每一個參與者都是價格接受者。完全競爭市場的另一個特徵是，在長期廠商可以自由進出市場。
2. 由於完全競爭廠商是價格接受者，其平均收益與邊際收益都等於市場價格。
3. 完全競爭廠商的總收益線為一條通過原點且斜率為市場價格的直線，同時，平均收益線與邊際收益線為對應市場價格的同一條水平線。
4. 完全競爭廠商利潤極大的產量為水平的邊際收益曲線與上升的邊際成本曲線交點所對應的產量。
5. 當市場價格小於平均變動成本時，廠商會選擇暫時停業；當市場價格大於平均變動成本時，平均變動成本曲線最低點以上的邊際線成本曲線部分，就是完全競爭廠商的短期供給曲線。
6. 把各個廠商的短期供給曲線予以水平加總，就可以得出整個市場的短期供給曲線；市場的短期供給曲線之所以呈現正斜率，是因為邊際報酬遞減的緣故。
7. 完全競爭廠商的短期產量只決定於市場價格與邊際成本以及平均變動成本，而不會受到不管產量多寡都必須支付的固定成本的影響。
8. 在長期，完全競爭廠商根據市場價格等於長期邊際成本來決定產量。廠商的長期邊際成本曲線由下方通過長期平均成本曲線的最低點；廠商的長期供給曲線為其長期邊際成本曲線在長期平均成本曲線上方的部分。將各個廠商的長期供給曲線水平加總，即可得到市場的長期供給曲線。

9. 我們稱長期利潤為零的廠商為邊際廠商。當長期的市場價格下降時，會有部分廠商因發生虧損而退出市場，從而使市場的供給量減少；原先部分享有經濟利潤的廠商現在變成邊際廠商。相反地，當長期的市場價格上漲時，所有原先的廠商都享有超額利潤，因而會吸引其他廠商的加入，直到所有的邊際廠商都已加入為止。在廠商可以自由進出市場的情況下，市場的長期供給曲線會比廠商家數固定下的情況來得平坦。

10. 當外部規模不經濟存在時，產業長期供給曲線為正斜率，我們稱此一產業為成本遞增產業。當外部規模經濟夠大時，產業長期供給曲線為負斜率，此一產業為成本遞減產業。如果外部規模經濟所造成的生產成本的降低幅度有限，而使得產業長期供給曲線為水平線，則此一產業為成本固定產業。在新加入的廠商其長期平均成本較舊廠商來得高，且沒有外部規模經濟或技術進步的情況下，完全競爭產業為成本遞增產業。

習　題

1. 假設某一完全競爭市場只有 A 與 B 兩類廠商，且在任一產量水準下，A 類廠商的短期邊際成本均低於 B 類廠商。
   (a)在什麼樣的情況下，A 與 B 兩類廠商均會進行生產？此時，A 類廠商的短期利潤是否一定大於 B 類廠商？
   (b)在什麼樣的情況下，只有 A 類廠商會進行生產？
2. 「如果完全競爭廠商追求利潤極大，則其產量為平均成本最低下的產量。」你是否同意？為什麼？
3. 「追求利潤極大的廠商不會發生虧損。」你是否同意？為什麼？
4. 完全競爭廠商會不會從事廣告活動？為什麼？
5. 「在長期均衡達成時，完全競爭廠商的利潤一定為零。」你是否同意？為什麼？
6. 若政府禁止新廠商加入某一競爭產業，則
   (a)該產業的市場長期供給曲線會如何變動？
   (b)在此一政策下，若市場需求增加，那麼是不是所有既有的廠商都會有超額利潤？為什麼？
7. 如果政府對某一完全競爭產業進行補貼（不管是對買者補貼還是對賣者補貼，結果一樣），則該產業的長期產量是否一定會增加？價格是否一定會上漲？為什麼？
8. 一個產業是否可能長保它是成本遞減產業？亦即只要市場需求增加，該產業一定會有外部規模經濟？

Note

第 6 章
非完全競爭市場

1. 何謂獨占市場？其形成的原因為何？
2. 何謂自然獨占？
3. 獨占廠商如何訂價？
4. 為何獨占會造成無謂損失？政府如何解決此一問題？
5. 獨占廠商如何進行差別訂價？
6. 何謂獨占性競爭市場？其邊際廠商的長期均衡為何？
7. 為何寡占市場通常會有價格僵固的現象？如何說明此一現象？

愈競爭的市場消費者得到的愈多

一般而言，大都市的交通運輸選擇性較多，如火車、巴士、飛機，所以各家公司也都必須提供除了價格以外，更吸引人的服務設施來爭取旅客的搭乘。
圖片來源：shutterstock 網站。

在大專校園附近，通常會有一些小吃店賣水餃；有的一顆賣 5 元，有的一顆賣 5.5 元，如 2020 年中央大學旁邊的「八方雲集」。為何「八方雲集」賣的水餃一顆可以貴 0.5 元？當然主要是因為味道不一樣，亦即它賣的水餃與其他店的水餃並非同質的，而是異質的 (heterogeneous)。因為產品異質，所以「八方雲集」可以訂定一個不同於其他小吃店的水餃價格。另外，像臺灣的電力配售市場，只有「台電」一家電力公司；「台電」的電價並非一成不變的，像夏天用電高峰，電價就比較貴。還有，像「中油」與「台塑石化」，其油品供應價會隨國際石油價格變動而波動。以上這些例子的共同點是，這些廠商可以自行訂定其產品價格，而不是像完全競爭廠商那樣是「價格接受者」，而是所謂的「價格制定者」(price maker)。

當一個市場只有一家廠商且沒有近似替代品 **(close substitute)** 時，我們稱此市場為獨占 **(monopoly)** 市場；如果一個市場只有少數幾家廠商，我們稱為寡占 **(oligopoly)** 市場；如果一個市場有很多廠商，但產品是異質的，我們稱為獨占性競爭 **(monopolistic competition)** 市場，像校園附近的所有小吃店就構成一個獨占性競爭市場。寡占市場與獨占性競爭市場合稱不完全競爭市場，所以本章所稱的非完全競爭市場包括獨占與不完全競爭市場。本章將分別介紹在這些非完全競爭市場中，廠商的訂價行為與其他相關議題。

6.1　獨占市場

除了剛剛所提的「台電」是獨占廠商外，像「台灣自來水公司」也是獨占廠商，因為提供水龍頭一開水就來的廠商就只有這麼一家。「台灣高鐵」是不是一家獨占廠商呢？就長途客運而言，人們除了可以搭高鐵以外，還可以選擇搭飛機、搭「台鐵」，或是搭國道客運。因為高鐵有其他的近似替代品，所以「台灣高鐵」並不是一家獨占廠商。另外，像在 2020 年，臺灣合法的彩券公司只有「台灣彩券」，但因為有地下「六合彩」、職棒簽賭、國外運動彩券等近似替代品，所以「台灣彩券」並不是獨占廠商。

◆ 6.1.1　獨占市場的成因

為何一個市場會只有一家廠商？簡單地說，是因為市場存在高度進入障礙 (entry barriers)。市場之所以會有進入障礙，一個原因是政府透過立法禁止其他廠商加入，如《郵政法》禁止人民從事信函郵遞業務，所以只有「中華郵政」一間公司可以開郵局；又如臺灣早期禁止國外菸酒的進口且禁止人民製造，所以菸酒是由「臺灣省菸酒公賣局」專賣的。

另外，市場也會因「自然形成」的進入障礙而只有一家廠商，我們稱此一類型的獨占為自然獨占 (natural monopoly)。當一項產品的生產一開始須投入巨額資本且市場需求相對有限時，第二家廠商若進入這個市場一定會發生虧損，因此不會有第二家廠商加入，也因此，「很自然地」只會有一家廠商。我們可以利用圖 6–1 來說明自然獨占的現象。

如果一項產品的生產一開始須投入巨額資本，如自來水管或輸電線路的埋設，那麼隨著產量的增加，其平均資本成本，進而其長期平均成本會下降，因此會有我們上一章所提的規模經濟現象。如圖 6–1 所示，廠商的長期平均成本 (LAC) 呈現隨著產量增加而持續下降的規模經濟現象。另外，假設市場需求曲線為圖 6–1 中的 D_0。如果有另一家廠商加入，且假設此一廠商跟原先的廠商有相同的長期平均成本，且加入市場後會平分市場，亦即兩家廠商面對的需求曲線均為 $\frac{1}{2}D_0$，那麼，從圖 6–1 可以看出，不管這兩家所訂的價格為何，都小於長期平均成本；換言之，不管如何，這兩家廠商都會發生長期虧損。在此情況下，「自然」不會有第二家廠商加入市場，因而形成自然獨占。

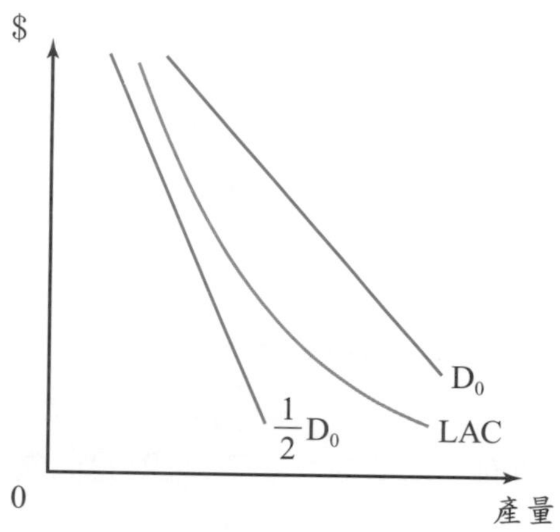

假設原先的市場需求曲線為 D_0，且只有一家廠商，其長期平均成本曲線為 LAC。如果第二家廠商的 LAC 與原先廠商一樣，且加入市場後會平分市場，而使這兩家廠商所面對的需求均為 $\frac{1}{2}D_0$，那麼，由於 LAC 曲線位於 $\frac{1}{2}D_0$ 曲線之上，這兩家廠商一定都會發生長期虧損，所以第二家廠商不會選擇進入市場，因而形成自然獨占。

圖 6–1　自然獨占

不過，規模經濟並不保證一定會形成自然獨占，因為市場需求有可能增加。假設市場需求增加為原先的兩倍，因而第二家廠商若加入市場且平分市場，則其所面對的市場需求與原先的獨占廠商一樣均為 D_0。在此情況下，因為存在獲利的空間，所以會有第二家廠商加入市場。以此類推，當市場需求不斷增加時，就陸續會有其他廠商進入市場，像手機通訊、寬頻網路、無線上網等都是很好的例子。

◆ 6.1.2　獨占廠商如何訂價

像「台電」這樣的獨占廠商，由於屬於公營企業，因此往往負有「照顧民生」的責任，所以每當國際石油價格高漲時，也不一定會為了反映發電成本的增加而調高電價，因此其訂價行為不是假設廠商追求利潤極大的經濟理論所能分析的 。

「取之於社會，用之於社會」

2007 年全球首富比爾．蓋茲，其所成立的慈善基金會為全世界無數的窮困人民們，帶來實質的援助與希望。

圖片來源：shutterstock 網站。

在現實生活中，公營企業以外，大概只有電腦作業系統市場的美國微軟公司可以稱得上比較接近獨占廠商。雖然，其創辦人比爾．蓋茲 (Bill Gates) 出資幾佰億美元成立慈善基金會，但微軟公司必須為其為數眾多的股東負責 ； 而絕大多數的股東購買微軟的股票並不是要贊助蓋茲的慈善事業，而是要賺取股利，因此，微軟公司所作的決策也會著眼於如何增加公司的利潤。就一個追求利潤極大的獨占廠商而言，他是如何訂價的？當價格高於其短期的平均變動成本或高於其長期的平均成本時，那麼只要產量增加所造成的邊際收益 (MR) 大於邊際成本 (MC)，其利潤就會增加。在產量可以細分的情況下，追求利潤極大的廠商會一直增加產量，直到邊際收益等於邊際成本為止，亦即：

$$MR = MC。$$

此一條件適用於長短期，所以我們在以下的分析中並沒有區分長短期。

不過，獨占廠商所面對的需求曲線就是整個市場的需求曲線，且是負斜率的，所以獨占廠商如要使其增加的產量能夠完全售出，必須要先降價使市場需求量增加，才能辦得到。當獨占廠商降價時，其總收益的變動除了來自於因降價使銷售量增加而增加的部分外，還包括因銷售價格下降而使收益減少的部分。關於這兩個部分，我們可以用下列的數學來說明。

獨占廠商的收益等於價格 (P) 乘上銷售量 (Q)。由於獨占廠商為市場的唯一賣者，所以其銷售量也就等於市場的需求量，從而 Q 會隨 P 的下降（上

升）而增加（減少）。當 Q 增加時，其邊際收益為

$$
\begin{aligned}
MR &= \frac{\Delta TR}{\Delta Q} = \frac{\Delta(P\cdot Q)}{\Delta Q} \\
&= P\cdot\frac{\Delta Q}{\Delta Q} + \frac{\Delta P}{\Delta Q}\cdot Q = P + \frac{P\cdot\frac{\Delta P}{P}}{\frac{\Delta Q}{Q}} \\
&= P + \frac{P}{\frac{\frac{\Delta Q}{Q}}{\frac{\Delta P}{P}}} = P - \frac{P}{\eta^D} \\
&= P(1 - \frac{1}{\eta^D}), \qquad (1)
\end{aligned}
$$

其中 η^D 為市場需求的價格彈性，我們取正值。

由以上倒數第二行的等式可以知道，當獨占廠商降價使其銷售量增加 1 單位時，其邊際收益包括上面所提的兩個部分：一為銷售量增加使收益增加的部分 (P)，另一為降價使其收益減少的部分 $-\frac{P}{\eta^D}$。比方說，原先 P 為 100，Q 為 10。當廠商降價 1 元而使 P 為 99 時，Q 增加為 11，所以當廠商降價使其銷售量增加 1 單位時，其邊際收益為 89 $(99\times 11 - 100\times 10)$；這 89 來自於，增加 1 單位銷售量依新價格 (99) 計算所增加的收益 99，以及降價 1 元使原先的銷售量 (10) 的銷售值減少 10，這兩部分合起來使總收益增加 89 $(99 - 10)$。

由式(1)也可以知道，當 η^D 小於 1 時，MR 小於零，所以**獨占廠商不會將價格訂在需求無彈性 ($\eta^D < 1$) 的範圍**。

我們在上一章曾說明，由於完全競爭廠商是價格接受者，所以其邊際收益等於平均收益；但由於獨占廠商是價格制定者，因此其邊際收益不再等於平均收益。由於廠商的平均收益 (AR) 等於價格 ($AR = \frac{TR}{Q} = \frac{P\cdot Q}{Q} = P$)，所以由式(1)可以得出

$MR = AR(1 - \frac{1}{\eta^D})$。

由於 η^D 是正數，所以 MR 一定小於 AR。這是因為 MR 除了 P（亦即 AR）之外，還要扣掉因降價使總收益減少的部分。

由於 AR 等於 P，且因為任一銷售量對應到市場需求曲線的高度為 P，所以獨占廠商所面對的市場需求曲線也就是他的平均收益曲線。根據我們剛剛所得到的 MR 小於 AR 的結論，如圖 6–2 所示，獨占廠商的邊際收益曲線，一定位在平均收益或市場需求曲線之下。

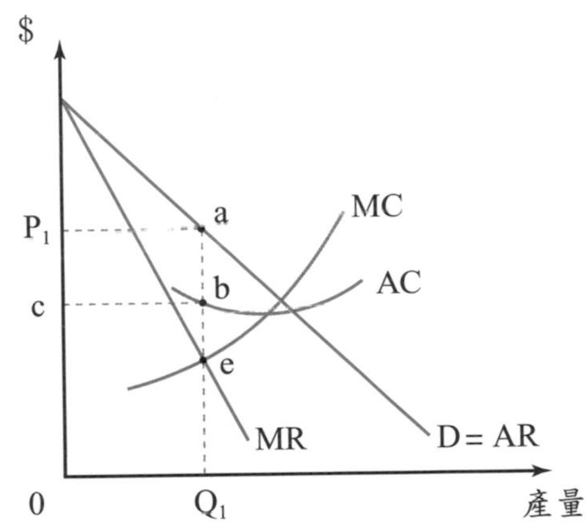

假設市場需求線為 D，獨占廠商的邊際收益線為 MR，其與邊際成本線 MC 交於 e 點。e 點所對應的產量為 Q_1，Q_1 為使獨占廠商利潤極大的產量。Q_1 對應的需求線上的點為 a，而 a 點對應的價格為 P_1，P_1 即為追求利潤極大的獨占廠商其訂價。另外，Q_1 對應到平均成本曲線 AC 上的 b 點，因此，獨占廠商的利潤為 P_1abc。

圖 6–2　追求利潤極大的獨占廠商其訂價行為

圖 6–2 所畫的市場需求曲線為直線。我們在本章附錄中證明，直線的需求曲線其中點的 η^D 等於 1，且中點右下方（左上方）的 η^D 小於（大於）1，同時，邊際收益線斜率之絕對值為市場需求線斜率之絕對值的兩倍。

有了以上獨占廠商邊際收益的概念後，接下來我們就可以結合第 4 章的成本分析，探討追求利潤極大的獨占廠商如何訂價。

如圖 6–2 所示，邊際收益線 MR 與正斜率的邊際成本線 MC 交於 e 點，

其所對應的產量為 Q_1。由於 Q_1 滿足 MR = MC 的條件，所以 Q_1 就是獨占廠商利潤極大的產量。獨占廠商為使 Q_1 全部銷售出去，他會將價格訂在 P_1，亦即他會將價格訂在 Q_1 所對應的市場需求線的點 (a 點)，其所對應的價格水準。另外，如圖 6–2 所示，此時 Q_1 對應到平均成本曲線 AC 上的 b 點，因此，其利潤為長方形 P_1abc；此時獨占廠商有正的經濟利潤，亦即有超額利潤。

不過，獨占廠商不一定享有超額利潤，特別是在短期平均固定成本較高的情況下。讀者可自行利用圖 6–2 畫出此一結果。

總之，獨占廠商根據 MR = MC 決定利潤極大的產量，而讓此一產量完全銷售出去的最高價格，即其利潤極大的價格。

◆ 6.1.3 獨占的社會成本與政府管理

在利潤極大的產量下，獨占廠商的邊際收益等於邊際成本；但由於其邊際收益一定小於平均收益（等於價格），所以獨占廠商在 P > MC 下進行生產，而不像完全競爭廠商是在 P = MC 下進行生產。由於價格代表買者的支付意願，因此價格亦反映這項產品對買者的價值，也因此當 P > MC 時，社會若生產這一單位的產量，表示其對社會的貢獻 (P) 大於社會所需花費的成本 (MC)，所以社會應生產這一單位的產量，且應持續增加生產，直到 P = MC 為止；此時社會的福利水準達到最大。

如圖 6–3 所示，獨占廠商利潤極大的產量為 Q_1，小於 P = MC 下使社會福利達到最大的產量 Q_2，所以，獨占會造成圖 6–3 中三角形 abc 的無謂損失。換言之，獨占會有生產過少以及價格過高的問題，也因此政府擁有介入獨占市場的正當性。

如果在 Q_2 下，價格大於平均成本（如圖 6–2 所畫的情況），那麼獨占廠商仍享有超額利潤，這時若政府要求他將產量增加為 Q_2，則他會比較容易接受，因為如果他不接受的話，可能對其企業形象，進而對其長期市場需求與利潤有不利的影響；甚至政府有可能開放外國廠商加入市場，而使其利潤減少。但如果是自然獨占，情況就會變得比較複雜。

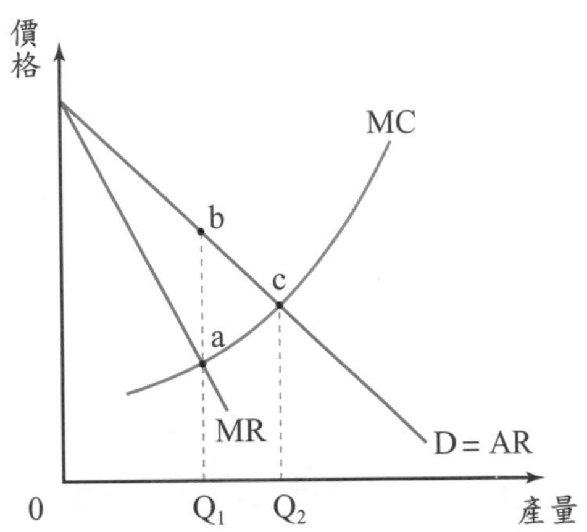

追求利潤極大的獨占廠商根據 MR = MC 只生產 Q_1 的產量，小於 P = MC 下使社會福利達到最大的產量 Q_2，因而會有三角形 abc 的無謂損失。

圖 6–3　獨占的社會成本

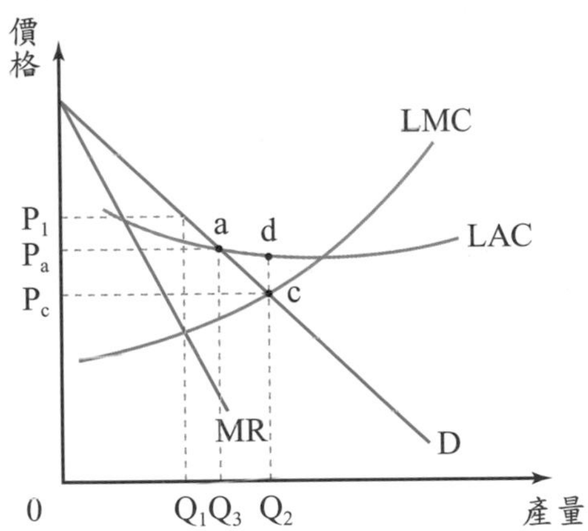

如果政府要求獨占廠商依邊際成本訂價法訂價，獨占廠商會將價格訂在 P_c，其產量為 Q_2。不過由於此時的長期平均成本 Q_2d 大於 P_c，所以獨占廠商會有虧損。如果政府要求獨占廠商依平均成本訂價法訂價，獨占廠商會將價格訂在 P_a，其產量為 Q_3，小於使社會福利達到最大的 Q_2 水準。

圖 6–4　獨占的邊際成本與平均成本訂價法

如圖 6–4 所示，自然獨占廠商的長期平均成本在市場需求範圍內呈現持續下降的現象。如果政府要求獨占廠商將價格訂在長期邊際成本曲線 LMC 與市場需求曲線 D 的交點 c 所對應的價格 P_c，亦即政府要求獨占廠商根據邊際成本訂價法 (marginal-cost pricing) 來訂價，那麼，由於 P_c 小於長

期平均成本 Q_2d，所以獨占廠商會有虧損。在此情況下，政府必須補貼其虧損。如果政府補貼經費來自於增稅或減少其他支出，那麼會造成被課稅市場的無謂損失，或政府其他支出受益者其福利水準的下降。

如果政府不願進行補貼，那麼一個折衷的辦法是讓獨占廠商依平均成本訂價法 (average-cost pricing) 來訂價。此時，獨占廠商將價格訂在長期平均成本曲線 LAC 與市場需求曲線 D 交點（a 點）所對應的價格 P_a，且其產量為 Q_3。由於此時價格等於長期平均成本，所以獨占廠商不會有虧損，政府也就不用進行補貼 。 雖然此時的產量 Q_3 小於使社會福利達到最大的產量 Q_2，但仍大於獨占廠商利潤極大的產量 Q_1。同時，此時的價格 P_a 雖高於邊際成本訂價法下的 P_c，但小於利潤極大下的水準 P_1。所以，平均成本訂價法是一種折衷方案。不過，由於不管獨占廠商的平均成本為何，在平均成本訂價法下，廠商都不會有虧損，所以獨占廠商不會有降低成本的誘因，甚至會有浪費（如用光交際費）的動機。

因此，政府如要介入自然獨占市場，須付出補貼獨占廠商虧損或獨占廠商浪費資源的代價，同時，不管是採取邊際成本或平均成本訂價法，獨占廠商都不會有提升技術水準使其成本降低的誘因，這也是整個社會所必須付出的代價之一。

由於獨占的問題在於缺乏競爭而使其產品價格過高且產量過低，同時由於政府對獨占的管理會有上述的問題，所以一個解決之道為開放獨占產品的進口或開放國外廠商加入，來提升此一市場的競爭程度。不過，就自然獨占而言，如果開放國外廠商經營，那麼可能由於國外廠商的技術水準較高，因而其平均成本低於原先的國內獨占廠商，進而最後取代國內廠商成為新的獨占廠商。此時，雖然產品價格會比未開放時來得低，但獨占利潤為國外廠商所有。

因此，獨占市場的各項管理方案（包括不管理）各有其利弊得失，政府所能做的就是儘可能確實評估各項方案的優劣，然後選擇一個「較佳」方案。不過，政府有沒有這種評估能力，又是另一個問題。最後獨占市場會呈現什麼樣貌，可能決定於政治角力的結果。

6–1

獨占市場的另一個管理方案是將獨占廠商收歸公營。你認為政府這樣做的利弊得失為何？

◆ 6.1.4　差別訂價

就同一套作業系統軟體而言，在同一時點微軟在不同國家的訂價（同樣以美元表示）通常不會一樣；換言之，微軟有所謂的差別訂價 (price discrimination) 的情形。通常在所得較低的國家或盜版比較猖獗的國家其售價較低，像中國大陸的售價就低於臺灣。我們可以利用圖 6–5 來說明這樣的差別訂價現象。

假設獨占廠商面對兩個可以完全區隔的市場（A 市場與 B 市場），亦即沒有人可以在低價市場進行收購，然後賣在高價市場進行套利 (arbitrage)。又假設這兩個市場的需求只決定於所得（A 市場顧客的所得高於 B 市場），且獨占廠商只有一個生產據點。

如圖 6–5 所示，圖(a)的 A 市場其市場需求高於 B 市場，亦即若價格相

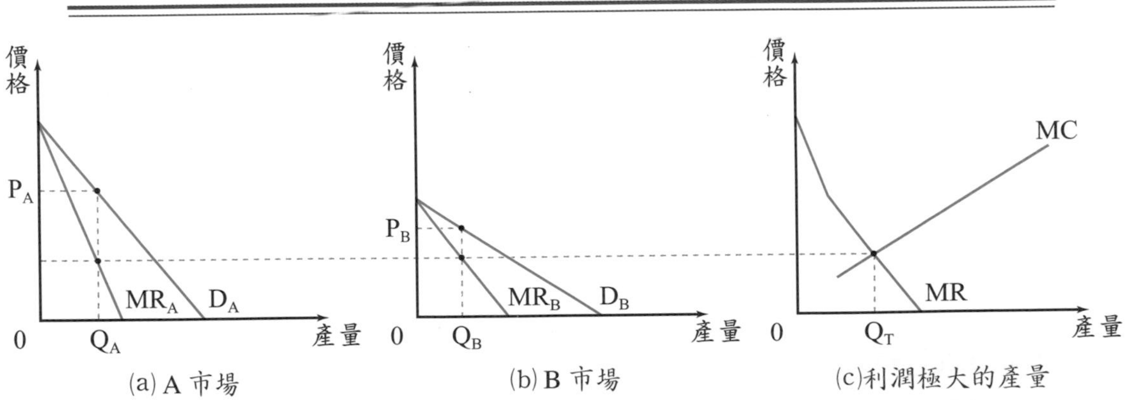

假設 A 市場顧客的所得高於 B 市場，所以其市場需求 D_A 大於 D_B。將兩個市場的邊際收益曲線，MR_A 與 MR_B，進行水平加總，可得到圖(c)中獨占廠商的邊際收益曲線 MR。獨占廠商 MR 線與 MC 線交點所對應的產量 Q_T 為其利潤極大的產量。獨占廠商根據 $MR_A = MR_B = MC$，將其中的 Q_A 數量賣在 A 市場，且將價格訂為 P_A，並將其中的 Q_B 賣在 B 市場，且將價格訂為 P_B。由於 D_A 大於 D_B，所以 P_A 大於 P_B。

圖 6–5　不同所得下的差別訂價

同，A 市場的需求量大過 B 市場。將兩個市場的邊際收益曲線（MR_A 與 MR_B）進行水平加總，即可得到圖(c)中獨占廠商的邊際收益曲線 MR。如果獨占廠商的邊際成本曲線為圖(c)中的 MC，那麼，其利潤極大的產量為 MR 與 MC 交點所對應的 Q_T。獨占廠商會將其中 Q_A 數量賣在 A 市場，且訂價為 P_A，並將其中 Q_B 數量賣在 B 市場，且訂價為 P_B。

從圖 6–5 可以看出，在獨占廠商這樣決定之下，

$$MR_A = MR_B = MC。 \tag{2}$$

為何獨占廠商做這樣的銷售與訂價，其利潤可以達到最大？這是因為不管賣在 A 市場或 B 市場，其邊際成本都一樣；如果賣在某一市場的邊際收益大過賣在另一市場，例如 $MR_A > MR_B$，那麼獨占廠商會調降 A 市場的價格以增加 A 市場的銷售量並調高 B 市場的價格以減少 B 市場的銷售量。當獨占廠商這樣做時，由於 $MR_A > MR_B$，所以其利潤會增加，且 MR_A 與 MR_B 之間的差距會縮小。當獨占廠商持續這樣做時，其利潤會持續增加，直到 $MR_A = MR_B$ 時，其利潤就無法再增加，此時其利潤達到最大。所以，追求利潤極大的廠商會根據式(2)來決定這兩個市場的銷售量，並根據這兩個市場的需求曲線訂定各自的售價。

如圖 6–5 所示，雖然 $MR_A = MR_B$，但由於 A 市場的需求大於 B 市場，所以 A 市場的價格（圖(a)中的 P_A）高於 B 市場（圖(b)中的 P_B）。如果獨占廠商將 B 市場的價格訂得和 A 市場一樣高，那麼 B 市場的銷售量可能為零，從而無法從 B 市場賺取任何利潤。所以，追求利潤極大的獨占廠商會根據各個市場的需求情況進行差別訂價。下面的「Economics 部落格」以微軟作業系統軟體為例，說明除了市場需求大小不同外，會造成獨占廠商差別訂價的其他因素。

Economics 部落格

一個市場的需求較大，其價格不一定就比另一個市場來得高。以微軟的作業系統軟體為例，美國的所得水準與消費者人數均高於臺灣，但臺灣的價格卻比美國貴，根據立委周錫瑋提供的資料，若以國家為比價單位，以 Windows XP Home Edition 完整版來說，臺灣的售價是 8,190 元，大陸為 5,992 元，日本是 6,210 元，北美地區為 6,832 元；若以 Windows XP Professional 完整版為例，臺灣售價是 12,090 元，大陸是 7,992 元，日本是 8,636 元，北美則為 10,266 元❶。這表示除了市場需求大小以外，還有其他因素會影響獨占廠商的訂價。

我們曾在第 2 章提到，影響市場需求的因素除了所得與消費者人數外，還包括嗜好。一地的消費者如果對某一項產品的嗜好較另一地來得強，那麼其需求的價格彈性較低，亦即其需求曲線較陡。由於 $MR_A = MR_B$，那麼由式(1)可以得到：

$$P_A(1-\frac{1}{\eta_A^D}) = P_B(1-\frac{1}{\eta_B^D})。 \tag{3}$$

因此，如果 $\eta_A^D > \eta_B^D$，那麼 $P_A < P_B$。所以，雖然美國（A 市場）的所得水準與消費者人數均高於臺灣（B 市場），但如果臺灣的消費者比較偏好微軟的作業系統，那麼有可能臺灣的價格比美國貴。再回過頭看中國大陸與臺灣的例子，雖然中國大陸的消費者人數遠大於臺灣，但中國大陸的所得水準較低，且其盜版情況比較嚴重（表示其需求曲線較平坦），因而其 η^D 較臺灣來得高，從而根據式(3)，其微軟作業系統軟體的價格較臺灣來得低。

在現實生活中，也可看到其他針對不同顧客群差別訂價的例子，如戲院與遊樂場所的全票與兒童票，又如部分旅館會給公教人員折扣優惠。雖然這些廠商都不是獨占廠商，但他們有不同的顧客群，所以他們的差別訂價行為都可以用圖 6–5 來解釋。

❶ 《自由時報》，2002 年 5 月 24 日。

最後，值得一提的是，上述的差別訂價是在同一時點發生的，因此，像飛機票價與旅行團費有淡旺季之分，餐點費有中晚餐或假日與非例假日之別，都不算是差別訂價。另外，百貨公司的週年慶特價若對所有顧客一體適用，且沒有類似「買仟送百」的優惠措施，則也不算差別訂價。

動腦筋時間 6–2

試舉出差別訂價的其他例子。

6.2 獨占性競爭市場

我們在上一章所提的完全競爭廠商與上一節的獨占廠商，都屬於特例。不過，我們所介紹的理論可以部分適用於日常生活中最常見的市場結構——獨占性競爭。獨占性競爭市場有很多的廠商，各自提供異質的產品且進出市場容易。除了本章一開始所提的校園附近的小吃店外，各地的麵包店、一般服飾店、便利商店（不一定是連鎖的）、理髮店或髮廊、菜市場的菜販與肉販、傢俱街的傢俱店等等，都是獨占性競爭市場的例子。

這些商店的產品各有其特質；它們的特質除了產品本身不同外，也可能來自於衛生、裝潢、服務態度、地利之便等主客觀條件的不同。

獨占性競爭廠商因為產品異質，所以有自己的需求曲線，因而一個追求利潤極大的獨占性競爭廠商可以像圖 6–2 一樣，根據 MR = MC 決定其產量，並根據該產量所對應的需求曲線的位置，決定價格。當需求較大時，價格就訂得較高；相反地，當需求較小時，價格就訂得較低。如吃到飽的火鍋店，由於平常日中午用餐時間較短，顧客的支付意願較低，所以價格就訂得比晚餐和例假日來得低；比方說平常日中午訂 199 元，晚餐與例假日訂 259 元。

我們也時常可以觀察到，因為「流行」使獨占性競爭廠商的需求增加，而使其享有長期的超額利潤。不過，由於進出容易，所以不久之後就吸引其他廠商的加入，直到邊際廠商不再享有超額利潤為止。當「流行」退潮後，需求減少，又使部分廠商退出市場，直到新的邊際廠商不再虧損為止。像電子雞、葡式蛋塔與夾娃娃機都曾經蔚為流行，而使新的廠商如「雨後春筍」般林立；但熱潮一降，又可以看到不少廠商退出市場。這樣的廠商進出市場的長期現象，我們可以用圖 6–6 來說明。

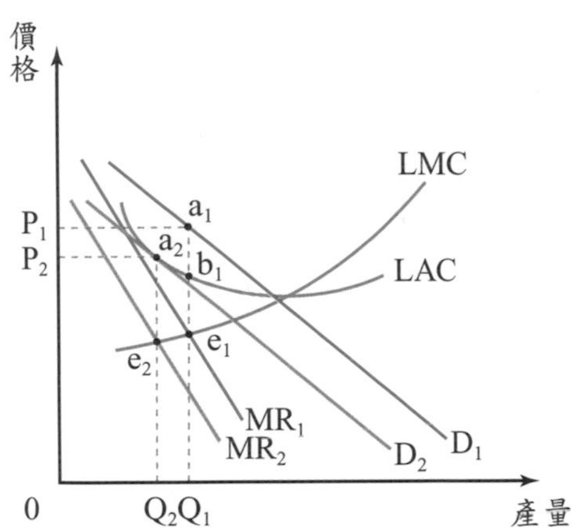

假設某一獨占性競爭廠商原先面對的需求曲線為 D_1，他根據 $MR_1 = LMC$ 決定利潤極大產量 Q_1，並將價格訂為 P_1。此時 P_1 大於長期平均成本 Q_1b_1，所以他享有長期的超額利潤。此一結果會吸引其他廠商的加入而瓜分市場，因而原先既存的獨占性競爭廠商其需求會減少。此一情況會持續到新的邊際廠商不再享有長期的超額利潤為止。此時，新的邊際廠商其產量為 $MR_2 = LMC$ 所對應的 Q_2，價格為 P_2。由於 P_2 等於長期平均成本 Q_2a_2，所以其利潤為零。

圖 6–6　獨占性競爭廠商的長期均衡

假設原先某一行業的獨占性競爭廠商均享有長期的超額利潤。如圖 6–6 所示，某一獨占性競爭廠商原先面對的需求曲線為 D_1，他根據 $MR_1 = LMC$ 決定利潤極大產量 Q_1，並將價格訂為 P_1。此時 P_1 大於 Q_1 下的長期平均成本 Q_1b_1，因而他享有長期的超額利潤。不過，由於獨占性競爭產業的進入障礙低，所以既有廠商享有長期超額利潤的現象，馬上就會吸引其他廠商加入市場。當新廠商進入市場後，就會瓜分既有廠商的需求，而使其需求減少。此一情況會一直持續到新的邊際廠商不再享有超額利潤為止。如圖 6–6 所示，此時新的邊際廠商面對的需求曲線為 D_2，他根據 $MR_2 = LMC$ 決定利潤極大產量 Q_2，並將價格訂為 P_2。由於 P_2 等於 Q_2 所對應的長期平均成本 Q_2a_2，所以他不享有長期的超額利潤(不過其他成本較低或成本相同但需求較大的廠商仍享有超額利潤)。在此情況下，此一獨占性競爭產業達成長期均衡。

如果由於某個原因(如流行退潮)使這個獨占性競爭產業的需求減少，那麼原先的邊際廠商會因長期虧損而退出市場，從而釋放出需求給其他廠商。此一情況會一直持續到新的邊際廠商產生為止，此時各個廠商的價格會比原先的低。

因此，我們可以透過市場需求的波動來解釋獨占性競爭產業廠商家數與價格波動的現象。

6.3 寡占市場

在日常生活中，只有少數幾家廠商的寡占市場也頗為常見。除了先前所提的長途客運、汽油供應商(與連鎖加油站)、手機通訊、寬頻網路、無線上網等例子外，還包括報紙、汽車與機車、可樂、速食麵、香菸、水泥、大型百貨公司、大賣場、智慧型手機、平板電腦、液晶面板、電視遊樂機等等例子。這些寡占市場的共同特徵是進入障礙高，所以廠商的家數不多，也因為廠商家數不多，所以廠商對價格的調整就格外謹慎，以免發生調高價格後，其他廠商不跟進而使其市場占有率下降，或調降價格後，其他廠商跟進而發生價格戰，最後導致兩敗俱傷的局面。所以，除非成本或市場需求有較大幅度的波動，否則我們比較不常看到寡占廠商調整價格的現象(如報紙、可樂、長途客運、泡麵)。換言之，寡占市場通常有價格僵固 (price stickness) 的現象❷。以下我們利用拗折的需求

寡占市場——大型百貨公司

大型的百貨公司由於經營門檻高，形成一定的進入障礙，因此並不常有新的競爭者加入，例如臺灣目前最具規模的業者，只有新光三越、遠百、SOGO等幾家。

❷ 「中油」自 2006 年下半年起實施「浮動油價」制度，每週都會根據國際油價的變動而調整油品價格。之所以實施此一制度是因為在 2006 年國際油價漲幅較大

曲線 (kinked demand curve) 模型，來說明寡占市場的價格僵固現象。

拗折的需求曲線模型有兩個基本假設：

(1)寡占廠商臆測當他提高價格時，其他同行不會跟進；

(2)當他降價時，其他同行會馬上跟進。

這兩個假設合起來就是寡占廠商會有「跟跌不跟漲」的價格調整行為。根據假設(1)，由於其他廠商不跟漲，因此當寡占廠商漲價時，其需求量會有比較大幅度的減少，所以此時廠商的需求曲線為圖 6–7 中比較平坦的 D_1 線，其所對應的邊際收益曲線為 MR_1。根據假設(2)，當寡占廠商降價時，由於其他廠商會馬上跟進，所以其需求量增加的幅度有限，因而此時廠商的需求曲線為圖 6–7 中比較陡的 D_2 線，其所對應的邊際收益曲線為 MR_2。

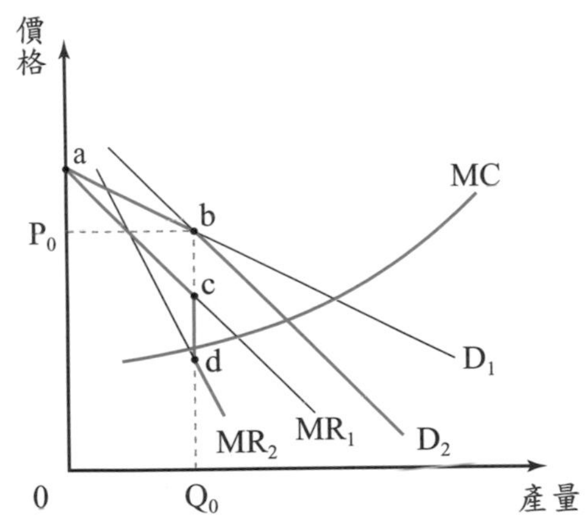

假設某一寡占廠商原先將價格訂在 P_0，且同行「跟跌不跟漲」。因此，他會有拗折的需求曲線 abD_2，且對應的邊際收益曲線為 $acdMR_2$。所以，只要邊際成本曲線通過垂直的 cd 線段，他都會將產量維持在 Q_0，且價格維持在 P_0 的水準。

圖 6–7　拗折的需求曲線

假設原先的價格為 P_0，那麼根據以上的假設，若廠商調高價格，則其適用的需求曲線為 D_1；若調降價格，則適用的需求曲線為 D_2。因此，廠商所面對的需求曲線為圖中拗折的曲線 abD_2，且對應的邊際收益曲線為

時，「中油」會比較充分反映成本，但國際油價下跌時，又不太降價，遂引發民怨。為消除民怨，故實施「浮動油價」制度；通常「台塑石化」會進行同幅度的價格調整。

$acdMR_2$。為什麼邊際收益曲線會有 cd 的垂直線段？這是因為 c 點所對應的需求曲線上的點為 D_1 上的 b 點，而 d 點所對應的點為 D_2 上的 b 點，因此，cd 線段上其他點所對應的也是 b 點，所以邊際收益曲線會有 cd 的垂直線段。

追求利潤極大的寡占廠商仍然根據 MR = MC 來決定產量。如圖所示，如果邊際成本線 MC 通過 cd 的垂直線段，那麼他會將價格訂在 P_0，而且如果邊際成本僅微幅變動，而仍通過 cd 線段，那麼廠商會將價格維持在 P_0 而不會變動。因此，透過拗折需求曲線所產生的垂直邊際收益線段，我們可以解釋當邊際成本變動幅度不太大時，寡占廠商不會調整價格的價格僵固現象。當然，如果邊際成本的變動幅度相當大，寡占廠商還是有可能調整價格的❸。

以上所說明的是邊際成本變動時，寡占廠商可能維持價格不變的現象。接下來，我們利用同樣的拗折需求曲線模型來說明當需求變動時，寡占市場仍可能有價格僵固的現象。

如圖 6–8 所示，在原先的市場需求下，寡占廠商需求曲線的拗折點為 b 點❹，價格為 P_0，且產量為 Q_0。假設現在市場需求由於某個原因增加了，且該寡占廠商原先的 D_1 需求曲線右移至 D_1'，同時，原先的 D_2 需求曲線同幅度右移至 D_2'。在此情況下，D_1' 與 D_2' 的交點 b^1，位於 P_0b 線上，且新的邊際收益曲線為 $a^1c^1d^1MR_2'$。如果 MC 線通過 c^1d^1 的垂直線段，那麼寡占廠商仍會將價格維持在原先的 P_0 水準，變動的只有產量由原先的 Q_0 增加為 Q_0'。

因此，如果在市場需求增加後，寡占廠商新的需求曲線拗折點所對應的價格仍是原先的水準，且邊際成本曲線仍和原先一樣，通過垂直的邊際收益曲線線段，那麼，我們仍可得到市場需求增加後，寡占市場價格僵固的結果。如果市場需求減少後，仍有跟以上結論相對應的結果，那麼我們就可以解釋在市場需求波動下，寡占市場價格僵固的現象。

---

❸ 在 2011 年，國內泡麵業者（如統一企業）曾因麵粉、食用油等原物料價格上漲而調漲泡麵價格。

❹ 為簡化圖形，本圖並未畫出對應的邊際收益曲線。

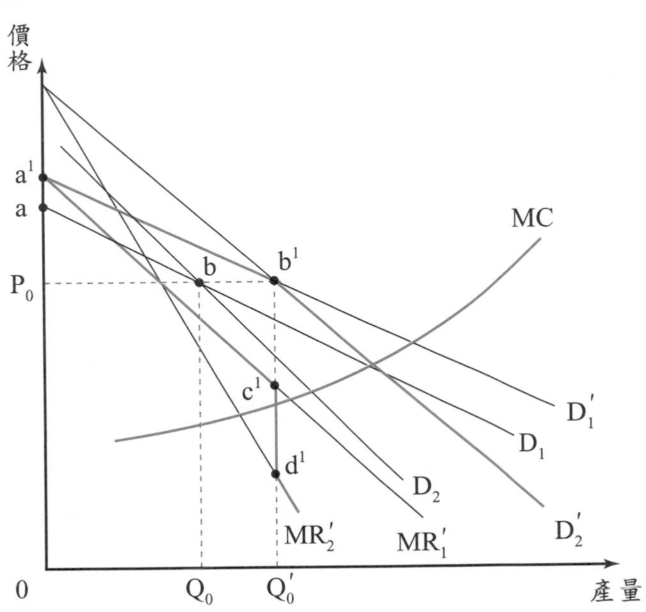

假設在原先的需求下，寡占廠商需求曲線的拗折點為 b 點。現在需求增加了，假設新的 D_1 與新的 D_2 曲線，分別為 D_1' 與 D_2'，交於 b^1 點，其位於 P_0b 線上。此時，新的邊際收益曲線為 $a^1c^1d^1MR_2'$。如果 MC 線通過 c^1d^1 的垂直線段，那麼寡占廠商仍會將價格維持在 P_0，只是現在的產量由原先的 Q_0 增加為 Q_0'。

圖 6–8　需求變動下的拗折需求曲線模型

當然，新的需求曲線拗折點並不一定對應到原先的價格水準，不過，由於廠商變動價格會有重新印製價目表以及跟顧客解釋為何調整價格的所謂菜單成本 (menu cost)，所以有可能在新的需求曲線拗折點所對應的價格與原先的水準相差有限的情況下，寡占廠商仍維持原先的價格水準。因此，圖 6–7 與圖 6–8 的模型合起來，在相當程度上可以解釋一些寡占市場在市場需求與生產成本變動相對有限的情況下，其價格僵固的現象。

在「個體經濟學」中，有相當多的理論試圖解釋寡占廠商的行為，本書限於篇幅無法一一介紹。有興趣的讀者可自行參考「個體經濟學」教科書。

摘　要

1. 寡占市場與獨占性競爭市場合稱不完全競爭市場，本章所稱的非完全競爭市場包括獨占與不完全競爭市場。當一個市場只有一家廠商且沒有近似替代品時，我們稱此市場為獨占市場；如果一個市場只有少數幾家廠商，我們稱為寡占市場；如果一個市場有很多廠商，但產品是異質的且進出市場容易，我們稱為獨占性競爭市場。

2. 如果一項產品的生產一開始須投入巨額資本，那麼隨著產量的增加，其平均資本成本，進而其長期平均成本會下降，因此會有規模經濟現象。如果有另一家廠商加入，那麼，由於市場需求相對有限，不管這兩家所訂的價格為何，這兩家廠商都會發生長期虧損。在此情況下，「自然」不會有第二家廠商加入市場，因而形成自然獨占。不過，規模經濟並不保證一定會形成自然獨占；當市場需求不斷增加時，就陸續會有其他廠商進入市場。
3. 當獨占廠商降價時，其總收益的變動除了來自於因降價使銷售量增加而增加的部分外，還包括因銷售價格下降而使收益減少的部分，因此其邊際收益小於價格。獨占廠商所面對的市場需求曲線就是他的平均收益曲線，且其邊際收益曲線一定位在市場需求曲線之下。
4. 獨占廠商根據邊際收益等於邊際成本決定利潤極大的產量，同時他會將價格訂在此一產量所對應的價格水準，且不會將價格訂在需求不具彈性的範圍。
5. 由於獨占廠商在 $P > MC$ 下進行生產，所以獨占會造成無謂損失，或獨占會有生產過少以及價格過高的問題。
6. 如果政府要求自然獨占廠商根據邊際成本訂價法來訂價，那麼，獨占廠商會有虧損。在此情況下，政府必須補貼其虧損。如果政府不願進行補貼而要求獨占廠商依平均成本訂價法來訂價，那麼，此時的產量小於使社會福利達到最大的產量。不管是採取邊際成本或平均成本訂價法，獨占廠商都不會有提升技術水準使其成本降低的動機。
7. 若獨占廠商面對兩個可以完全區隔的市場（A 市場與 B 市場），他會根據 $MR_A = MR_B = MC$ 來決定利潤極大的總產量與兩個市場的銷售量，並根據這兩個市場的需求曲線訂定各自的售價，且需求的價格彈性較高的市場其售價較低，亦即會有差別訂價的情形。
8. 獨占性競爭廠商因為產品異質，所以有自己的需求曲線；他會根據 $MR = MC$ 決定其產量，並根據該產量所對應的需求曲線的位置決定價格。由於獨占性競爭產業的進入障礙低，所以當既有廠商享有長期超額利潤時，會吸引其他廠商加入市場，直到新的邊際廠商不享有超額利潤為止。如果獨占性產業的需求減少，那麼原先的邊際廠商會因長期虧損而退出市場，直到新的邊際廠商不再有虧損為止。
9. 寡占市場由於廠商的家數不多，除非成本或市場需求有較大幅度的波動，否則寡占市場通常會有價格僵固的現象。若寡占廠商面對的是拗折的需求曲線，則其邊際收益曲線會有垂直線段，因而當邊際成本或市場需求變動幅度不大時，寡占廠商不會調整價格。

習 題

1. 假設某一獨占市場需求線的方程式為 $P = a - bQ$，$a, b > 0$。試證明獨占廠商其邊際收益線的方程式為 $P = a - 2bQ$。
2. 假設某一獨占市場需求線的方程式為 $P = 10 - Q$，且獨占廠商的總成本函數為 $TC = 5 + 4Q$。
   (a)此一獨占廠商利潤極大化下的產量為何？他所訂的價格又為何？
   (b)如果政府規定此一獨占廠商必須採用邊際成本訂價法訂價，則此時的產量與市場價格各為何？
   (c)如果政府規定此一獨占廠商必須採用平均成本訂價法訂價，則此時的產量與市場價格各為何？
3. 如果獨占廠商的邊際成本隨產量增加而上升，則邊際成本訂價法下的產量會大於還是小於平均成本定價法下的產量？試繪圖說明之。
4. 「如果獨占廠商的固定成本增加，則其產量與利潤都會減少。」你是否同意？為什麼？
5. 當市場需求增加時，獨占廠商的利潤是否一定會增加？為什麼？
6. 「如果政府對某一獨占廠商課徵從量稅，則該獨占廠商可以將稅額完全轉嫁給消費者。」你是否同意？為什麼？
7. 追求利潤極大的獨占廠商可不可能選在需求彈性小於 1 的階段生產？為什麼？
8. 假設某一獨占廠商為 A 與 B 兩個市場的唯一供給者，這兩個市場可完全分割，且其市場需求分別為 $P = 4 - 2Q_A$ 與 $P = 3 - Q_B$。又，此一獨占廠商的邊際成本線為 $MC = 1 + Q$，$Q = Q_A + Q_B$。在利潤極大化下，此二市場的價格各為何？
9. 假設某一追求利潤極大的獨占廠商其面對的市場需求為 $P = 130 - Q$，且其總成本為 $TC = 400 + 10Q + \frac{1}{2}Q^2$。
   (a)其產量與訂價各為何？
   (b)假設該廠商正考慮是否要推出一筆費用為 1,500 的廣告，該廣告可使市場需求增加為 $P = 160 - Q$。該廠商是否該進行這項廣告？試說明之。
10. 試繪圖說明平均成本訂價法下的無謂損失。
11. 假設某一市場原先是獨占市場。如果市場需求不變，但市場結構變成完全競爭，那麼市場價格會如何變動？
12. 假設某一獨占性競爭市場原先處在長期均衡的狀態下。如果市場需求減少，試繪圖說明在新的長期均衡下，新的邊際廠商的價格與產量跟原先的邊際廠商的水準相較，會如何變動？
13. 試繪圖說明，當市場需求減少時，寡占廠商不一定會調降售價。

附錄——直線型需求線的價格彈性與邊際收益線

A. 直線型需求線的價格彈性

需求的價格彈性其公式為：

$$\eta^{D}=-\frac{\frac{\Delta Q}{Q}}{\frac{\Delta P}{P}}=-\frac{\Delta Q}{\Delta P}\cdot\frac{P}{Q}\text{。}$$

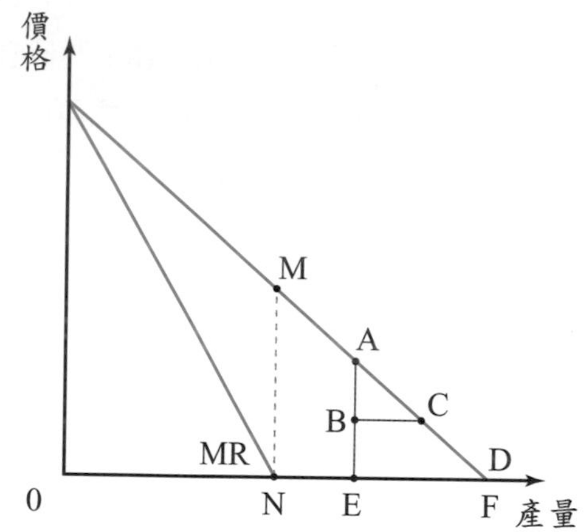

就需求線上的 A 點而言，其價格彈性為 $-\frac{\Delta Q}{\Delta P}\cdot\frac{P}{Q}$，等於 $\frac{BC}{AB}\cdot\frac{AE}{0E}$。由於三角形 ABC 與三角形 AEF 為相似三角形，所以 $\frac{BC}{AB}$ 等於 $\frac{EF}{AE}$，因而價格彈性等於 $\frac{EF}{AE}\cdot\frac{AE}{0E}$，也就等於 $\frac{EF}{0E}$。因此，就直線型需求線而言，其中點 (M) 的價格彈性等於 1；位於 M 點右下方的需求線的點，如 A 點，其價格彈性小於 1；位於 M 點左上方的需求線的點，其價格彈性大於 1。

圖 6–9　直線型需求線的價格彈性

因此，就圖 6–9 中的 A 點而言，其價格彈性等於 $\frac{BC}{AB}\cdot\frac{AE}{0E}$。由於三角形 ABC 與三角形 AEF 為相似三角形，因此 $\frac{BC}{AB}$ 等於 $\frac{EF}{AE}$，也因此其價格彈性等於 $\frac{EF}{AE}\cdot\frac{AE}{0E}=\frac{EF}{0E}$。以此類推，就需求線的中點 M 而言，其價格彈性等於 $\frac{FN}{0N}$。

由於 N 點為 $\overline{0F}$ 的中點，所以 0N = NF，因此 M 點的價格彈性等於 1，也因此位於 M 點右下方的需求線的點，如 A 點，其價格彈性小於 1，而位於 M 點左上方的需求線的點其價格彈性大於 1。

B. 直線型需求線與邊際收益線的關係

假設市場需求線的方程式為 $P = a - bQ, b > 0$。獨占廠商的總收益為：

$$TR = P \cdot Q = aQ - bQ^2,$$

因此，邊際收益為：

$$MR = \frac{\Delta TR}{\Delta Q} = a - 2bQ。$$

所以邊際收益線亦為一負斜率的直線，而且其斜率 $-2b$ 為市場需求線斜率 $-b$ 的兩倍。根據正文中的式(1)，當 η^D 等於 1 時，MR 等於零，所以 MR 線會通過圖 6–9 中的 N 點。

Note

第 7 章
生產要素市場

1. 如何導出廠商的勞動需求曲線？
2. 影響廠商勞動需求的因素為何？
3. 在長期，廠商如何決定使利潤極大的要素雇用量組合？
4. 工資率變動對休閒影響的替代效果為何？所得效果又為何？
5. 影響勞動供給的因素為何？
6. 哪些因素會造成勞動市場均衡工資率的變動？如何變動？
7. 長短期均衡地租如何決定？
8. 經濟利潤的意義為何？

Economics

到目前為止，我們介紹了商品市場的供給與需求，亦即第 1 章圖 1–1「循環流程圖」上半部的部分。在商品市場中，供給來自於廠商，需求來自於家戶；但在循環流程圖下半部的要素市場中，情況正好相反：廠商雇用生產要素構成要素市場的需求，而家戶提供生產要素則構成要素市場的供給。同樣地，在市場經濟之下，生產要素價格也是由要素市場的供需所共同決定的。

經濟學所稱的生產要素包括勞動、資本、土地（為天然資源的簡稱）與企業才能。雖然廠商的生產投入還包括零組件或原物料，但由於它們也是利用上述四項生產要素所製造出來的，所以我們並不特別針對它們進行分析。由於勞動是最主要的生產要素，所以在本章我們首先介紹勞動需求與供給的決定因素，接著再說明這些決定因素發生變化時，均衡工資水準會如何變動。資本是另外一項重要的生產要素。當廠商進行投資時，其機器設備等資本財數量會增加，而投資需要資金，所以投資就構成資金市場的需求；資金的供給則主要來自家戶的儲蓄。我們會在第 12 章利用可貸資金 (loanable funds) 市場模型說明資金的價格（利率）是如何決定的。本章最後說明土地的報酬（地租），以及企業才能的報酬（利潤）其影響因素。

雖然部分的獨占廠商與寡占廠商（如我國的晶圓代工廠商），其生產規模擴大所造成的要素需求增加有可能影響要素價格，但就大多數的廠商而言，他只是要素市場眾多的需求者之一，其要素需求量的變動並不足以影響要素價格。因此，在本章的分析中，我們假設所有的要素市場都是完全競爭市場，亦即每一個參與者都是價格接受者。

7.1 勞動需求

經濟學稱消費者為滿足其欲望所產生的商品需求為最終需求 (final demand)。當商品的市場需求增加時，在市場供給不變下，市場價格會上漲，這時由於有利可圖，廠商會增加產量；而廠商要增加產量，必須要先增加生產要素的雇用量。因此，廠商對生產要素的需求是由最終需求所引申出來的，所以我們稱生產要素的需求為引申需求 (derived demand)。由此也可以看出商品市場與要素市場之間的緊密關係，此點我們會在本節透過勞動市場加以詳細說明。

◆ 7.1.1　廠商的勞動需求曲線

我們在第 4 章假設勞動是唯一的變動生產要素，且在該章式(2)導出以下的結果：

$$MC=\frac{W}{MP_L}，$$

其中，W 為工資率。我們在前兩章曾說明，追求利潤極大的廠商會根據下式決定產量：

$$MR=MC。$$

因此，結合這兩個等式，我們可以得到：

$$MR=\frac{W}{MP_L}$$

或

$$MR\cdot MP_L=W。\tag{1}$$

上式等號左邊為廠商增加 1 單位勞動的雇用所能增加的總收益。何以如此？當廠商增加 1 單位勞動的雇用時，其總收益的變動為：

$$\begin{aligned}\frac{\Delta TR}{\Delta L}&=\frac{\Delta TR}{\Delta Q}\cdot\frac{\Delta Q}{\Delta L}\\&=MR\cdot MP_L。\end{aligned}\tag{2}$$

當廠商增加 1 單位勞動雇用量時，其產量增加 MP_L 這麼多，而每單位產量的增加可使廠商增加 MR 這麼多的收益，因此，二者的乘積即為廠商增加 1 單位勞動雇用量所能增加的總收益。我們稱 $MR \cdot MP_L$ 為勞動的邊際生產收益 (marginal revenue product of labor，以 MRP_L 表示)。若產品市場為完全競爭市場，則由於 MR = P，所以 $MRP_L = P \cdot MP_L$。我們稱 $P \cdot MP_L$ 為勞動的邊際產值 (value of marginal product of labor，以 VMP_L 表示)。

當 MRP_L 大於 W 時，表示廠商增加此單位勞動的雇用會使其利潤增加，所以一個追求利潤極大的廠商會持續增加勞動的雇用直到式(1)成立為止。在產品市場與勞動市場都是完全競爭，產品價格等於 \$5，且 1 單位勞動的工資率等於 \$30 的假設下，根據第 4 章表 4–1 的數字，我們可以得到以下表 7–1 所列的結果。

如表 7–1 所示，廠商會雇用 6 單位的勞動，這是因為此時 $MRP_L = W$，廠商的利潤達到最大；若廠商的勞動雇用量超過 6 單位，則由於 $MRP_L < W$，廠商的利潤反而會減少（參見第 5 章表 5–1）。

表 7–1　勞動的邊際生產收益與工資率

勞動 (1)	總產量 (2)	邊際產量 (3)	邊際收益 (4)	邊際生產收益 (5) = (3) × (4)	工資率 (6)
1	8	8	\$5	\$40	\$30
2	19	11	5	55	30
3	28	9	5	45	30
4	36	8	5	40	30
5	43	7	5	35	30
6	49	6	5	30	30
7	54	5	5	25	30
8	57	3	5	15	30
9	59	2	5	10	30
10	60	1	5	5	30

另外，從表 7–1 也可以看出，從第 3 單位勞動起，由於邊際報酬遞減的緣故，勞動的邊際產量開始減少，在邊際收益固定的情況下，此意味著勞動

的邊際生產收益也開始遞減。如果我們以勞動數量為橫軸，且不考慮邊際生產收益遞增的部分（為什麼不用考慮？），那麼在勞動數量可以細分的假設下，我們可以得出圖 7–1 中負斜率的勞動邊際生產收益曲線 MRP_L。此一曲線也就是廠商在其他要素雇用量以及技術水準不變下，其勞動需求曲線。何以如此呢？需求曲線所描繪的是價格與需求量之間的關係。如圖 7–1 所示，當市場工資率為 W_0 時，廠商根據 $MRP_L = W$ 所希望的雇用量為 L_0；當市場工資率降為 W_1 時，廠商所希望的勞動雇用量增加為 L_1，因此廠商會根據 MRP_L 決定在不同的市場工資率下，其願意且有能力雇用的勞動數量，所以廠商的勞動邊際生產收益曲線為其勞動需求曲線。我們將所有個別廠商負斜率的勞動需求曲線予以水平加總，即可得出負斜率的勞動市場需求曲線。

由於在市場工資率之下，個別廠商可以雇用到他想要雇用的勞動數量，所以在一個完全競爭的勞動市場裡，個別廠商所面對的勞動供給曲線為一條對應於市場工資率的水平線。

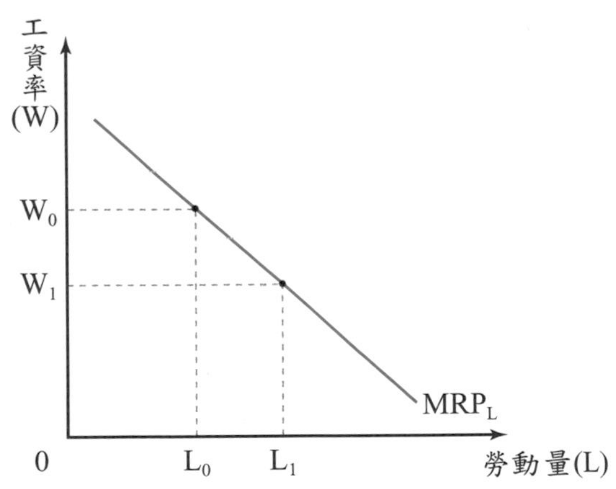

廠商根據 $MRP_L = W$ 決定其勞動雇用量，所以廠商的勞動邊際生產收益曲線 MRP_L 為廠商的勞動需求曲線。由於邊際報酬遞減的緣故，廠商的勞動需求曲線為負斜率。

圖 7–1　勞動需求曲線

◆ 7.1.2　勞動需求的變動

在其他條件不變下，當市場工資率變動時，廠商會沿著其勞動需求曲線決定新的勞動雇用量，因此，市場工資率的變動造成勞動需求量的變動，或勞動需求曲線線上的移動。當其他條件發生變動而造成任一勞動雇用量下的 MRP_L 增加時，如圖 7–2 所示，MRP_L 線會往上移（如從 MRP_L^0 上移至 MRP_L^1），從而在任一市場工資率下，廠商的勞動需求量都會增加，我們稱廠商的勞動需求增加；此時，廠商的勞動需求曲線會整條線往右移。相反地，如果其他條件發生變動而造成廠商勞動需求減少，那麼如圖 7–2 所示，廠商的勞動需求曲線會整條線往左移。所以，工資率以外的其他條件發生變動會造成勞動需求的變動，或勞動需求曲線整條線的移動。

哪些其他條件的變動會造成廠商勞動需求的變動？由於廠商是根據 $W = MRP_L$ 決定勞動需求量，且 $MRP_L = MR \cdot MP_L$，所以任何會影響廠商邊際收益或勞動生產力的因素，都會影響廠商的勞動需求。

就邊際收益而言，在產品市場是完全競爭的情況下，其等於產品價格，所以當產品市場需求增加而造成產品市場價格上漲時，廠商的邊際收益也會增加，從而廠商的勞動需求也會跟著增加。若產品市場為非完全競爭市場，則在市場需求增加後，產品價格會上漲且銷售量會增加。由於廠商根據 $MR = MC$ 決定產量，且 MC 隨產量遞增，所以 MR 也會增加，進而使廠商的勞動需求增加。例如，當人們看好未來的經濟前景而使住宅的市場需求增加時，建築業者會因房價的上漲而增加推案量，進而使建築工人與房屋仲介人員的需求增加；反之，則會減少。

就勞動的生產力而言，當資本數量增加或技術進步而造成勞動的邊際產量增加時，廠商會願意支付更高的工資來雇用勞工，所以廠商的勞動需求也會增加。不過，如果廠商進行自動化的投資或技術進步後（如半導體廠商有更先進的製程）所需的勞動技能 (skill) 水準也跟著提升，那麼廠商可能會減少技能水準較低的勞動的需求。另外，當勞工的專業知識與技能提升時，意味著其生產力提升，而能對廠商有更多的貢獻，亦即廠商的勞動邊際收益會增加，從而廠商願意支付更高的工資，此意味著當勞工的專業知識與技能提升時，廠商的勞動需求會增加。

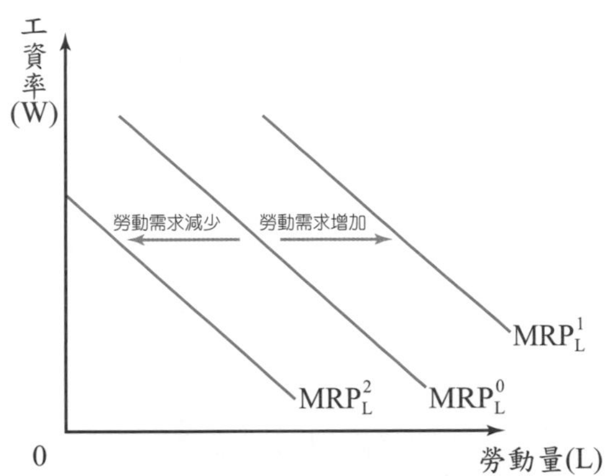

當產品價格上漲，資本雇用量增加或技術進步時，廠商的勞動邊際收益會增加，從而其勞動需求線會往右移。相反地，當產品價格下跌或資本雇用量減少時，廠商的勞動需求曲線會往左移。

圖 7–2　勞動需求的變動

◆ 7.1.3　利潤極大的要素雇用量

以上的分析由於假設廠商資本雇用量 (K) 固定在某一水準，所以是屬於短期的分析。在長期，廠商可以變動資本雇用量；為簡化分析，我們仍假設廠商租用資本財，且租用價格為 R。這樣的假設可以避掉廠商購買資本財每期需攤提多少成本的問題。通常資本財租用價格會與利率呈同向變動；當利率上漲時，租賃業者為反映高利率下的高機會成本，會調高資本財的租用價格。在長期，一個追求利潤極大的廠商仍會依 MR = MC 決定產量，因而，廠商依然會根據 $W = MRP_L$ 決定勞動雇用量，以及 $R = MRP_K$ $(= MR \cdot MP_K)$ 決定資本財的雇用量。由於在利潤極大下的產量，廠商不管多雇用勞動還是資本財而使產量增加 1 單位，其邊際收益是相同的，所以我們可以得到：

$$\frac{W}{R} = \frac{MR \cdot MP_L}{MR \cdot MP_K} = \frac{MP_L}{MP_K} 。 \tag{3}$$

因此在長期，廠商的勞動與資本財的雇用量組合不單要可以生產利潤極大下的產量，且要使它們的相對生產力 $(\frac{MP_L}{MP_K})$ 等於它們的相對價格。

為何式(3)為廠商利潤極大的必要條件？這是因為式(3)代表廠商成本極小 (cost minimization) 的條件。如果廠商的勞動與資本財的雇用量組合沒有滿足式(3)的成本極小條件，那就表示廠商可以透過改變要素雇用量組合使成本降低，從而使利潤增加。為瞭解這一點，我們可以把式(3)改寫成：

$$\frac{MP_L}{W} = \frac{MP_K}{R} 。 \tag{4}$$

上式表示廠商每多花 1 塊錢雇用勞工或資本財，其增加的產量是一樣的。如果：

$$\frac{MP_L}{W} < \frac{MP_K}{R} , \tag{5}$$

那就表示廠商多花 1 塊錢雇用勞工所增加的產量小於多花 1 塊錢雇用資本財所增加的產量，此意味著勞動相對於資本財「太貴」了，所以廠商會減少勞動的雇用量並增加資本財的雇用量， 而使相同產量下的生產成本得以降低。比方說，假設 W 為 \$30，R 為 \$50，且 MP_L 等於 3，MP_K 等於 10。此時，廠商每多花 1 塊錢雇用資本財可使產量增加 0.2 $(= \frac{10}{50})$，且每少花 1 塊錢雇用勞動，其產量僅減少 0.1 $(= \frac{3}{30})$。在此情況下，廠商增加 1 單位資本財的雇用且同時減少 $3\frac{1}{3}$ 單位勞動的雇用，可使廠商的產量維持不變，但廠商的成本可節省 \$50 $(= \$30 \times \frac{10}{3} - \$50 \times 1)$。因此，廠商會持續增加資本財的雇用量並減少勞動的雇用量，直到式(4)成立為止。比方說，此時的 MP_L 等於 5 且 MP_K 等於 $\frac{50}{6}$；MP_L 與 MP_K 數字的變動是因為邊際報酬遞減的緣故。

另外，如果勞動相對於資本財變貴，亦即 $\frac{W}{R}$ 上升，那麼廠商會減少勞動並同時增加資本財的雇用量。由於邊際報酬遞減，所以當廠商這樣做時，勞動相對於資本財的生產力 $(\frac{MP_L}{MP_K})$ 會提升。廠商會持續這樣的調整，直到式(3)重新成立為止。

7.2　勞動供給

以上的分析都是以市場工資率在某一水準為前提。市場均衡工資率是由勞動市場的供需所共同決定的；我們在本節說明勞動供給的決定因素。

◆ 7.2.1　勞動供給曲線

一般而言，工廠加班時間的時薪高出正常上班時間的時薪三成左右，這是因為勞工除了重視所得以外，也重視休閒 (leisure)。由於每個人的時間是有限的，除了睡覺之外，其餘的時間就是用在工作與休閒。當勞工在上了一天班已經很累的情況下，廠商要勞工加班，就必須付出(同時勞工也會要求)更高的工資率，作為勞工犧牲休閒時間的補償。因此，我們通常可以看到，工資率與勞工的工作時間（即勞動供給量）呈同向關係。

但這樣的結果並非一體適用的。在現實生活中，我們偶爾也可以聽到有人在事業的高峰選擇提早退休，即使老闆再調高工資也無法留人的報導。這就表示對他而言，休閒的價值已大於所得增加所帶給他的滿足水準的提升。因此，工資率提高對休閒的影響可區分為兩種效果：一種是替代效果：當工資率愈高時，就表示休閒的代價或機會成本愈高，所以人們會選擇增加勞動供給量來替代休閒；另一種是所得效果：當工資率愈高時，人們的所得就愈高，由於休閒是正常財，因此當工資率愈高使所得愈高時，人們會愈重視休閒，而使勞動供給量減少。

勇敢向「過勞」說不！

現代人為了事業打拼，常常是傾盡全力，到頭來卻失去最寶貴的家庭與健康，甚至發生「過勞死」的悲劇。

圖片來源：shutterstock 網站。

所以，工資率提高對勞動供給量的淨效果端看這兩種效果大小而定。通常在工資率較低時，由於所得有限，所以替代效果會大於所得效果，亦即此時若工資率提高，勞動供給量會增加，此對應於圖 7–3 中正斜率的勞動供給曲線部分。當工資率上漲至某一水準後，如圖 7–3 中的 W_0，若工資率再提高，則所得效果會大於替代效果，從而圖 7–3 中的勞動供給曲線 (S_L) 會有負斜率或後彎的部分。

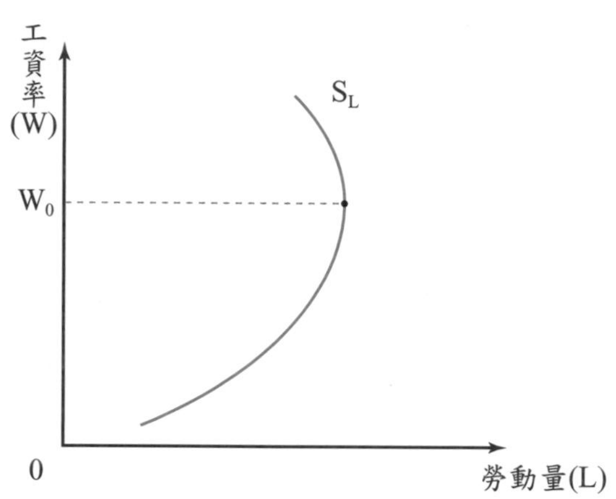

當工資率小於 W_0 時，由於替代效果大於所得效果，所以勞動供給曲線為正斜率。當工資率大於 W_0 時，由於所得效果大於替代效果，所以勞動供給曲線為負斜率或後彎的。

圖 7–3　個別勞動供給曲線

我們把個別的勞動供給曲線予以水平加總，即可得到勞動的市場供給曲線。不過，就整體社會而言，勞動供給曲線出現後彎的可能性並不大。這是因為當工資率持續上升時， 會持續吸引原先沒有工作意願的人加入勞動市場，且增加的勞動量往往會超過因所得效果大於替代效果所減少的勞動量，從而使整個社會的勞動供給量持續增加。所以，勞動的市場供給曲線為正斜率曲線。

◆ 7.2.2　勞動供給的變動

除了工資率會影響人們的勞動供給意願之外，人們對未來經濟前景的看法也是勞動供給的重要決定因素。當人們對未來經濟或所處產業的前景看法比較悲觀時，會預期自己未來會失業的可能性提高；為未雨綢繆，現在的工作會更賣力以求能有多一點的儲蓄可以作為未來失業時生活支用。在此情況下，即使加班時間的時薪沒有比正常上班時間來得高也願意加班，或下班後從事第二份工作。此意味著勞動的市場供給增加，從而使勞動的市場供給曲線往右移，如從圖 7–4 中的 S_L^0 右移至 S_L^1。

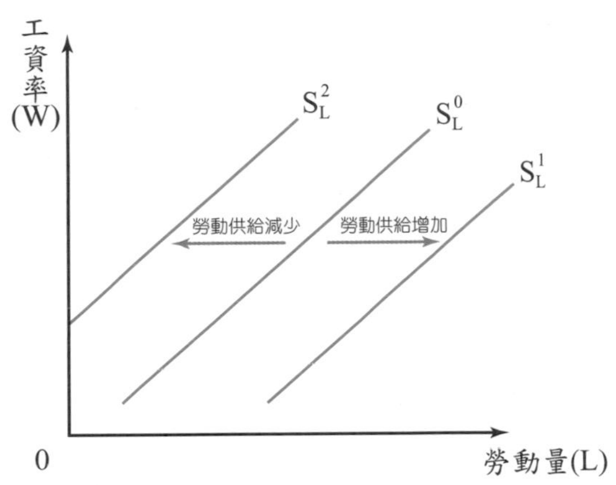

當人們對未來經濟前景的看法變得比較悲觀時，勞動供給會增加，從而使勞動的市場供給曲線由原先的 S_L^0 右移至 S_L^1。當社會的財富水準大到某一水準以後，財富若再增加，勞動的市場供給會減少，而使勞動的市場供給曲線由原先的 S_L^0 左移至 S_L^2。當一般物價上漲時，勞動供給者會要求調高工資，這意味著勞動供給減少。

圖 7–4　勞動供給的變動

另外，人們在乎的是工資的購買力，亦即實質工資水準。若以 P 代表一般物價水準，W 為名目工資率，則實質工資率為 $\frac{W}{P}$。如果物價漲了一倍，而薪水只漲了一成，你還會努力工作嗎？因此，當一般物價上漲時，人們會要求更高的名目工資率。此意味著人們對任一勞動供給量所要求的名目工資水準會提高，從而造成勞動供給曲線往上移或往左移（如從圖 7–4 中的 S_L^0 左移至 S_L^2），亦即當一般物價上漲時，勞動的市場供給會減少。

最後，有一點比較特別的是，在 1980 年代下半期臺灣股票價格飆漲時，往往一天從股票賺到的錢可以超過一個月的薪水，所以有些上班族就辭去工作專心當「股票族」，此意味著當時勞動市場供給減少。不過，當 1990 年臺灣股市崩盤時，這些人可能付出相當大的代價。

7.3 勞動市場的均衡分析

我們在前兩節分別介紹了造成勞動需求與供給變動的因素，接下來我們就可以分析這些因素對市場均衡工資率與勞動雇用量的影響。

1.物　價

當大部分的產品價格上漲時(其中一個可能的原因為外國對本國產品的需求增加)，由於勞動的邊際生產收益增加，所以勞動的市場需求會增加，從而造成勞動的市場需求曲線往右移，如從圖 7–5 中的 D_L^0 右移至 D_L^1。當一般物價水準上漲時，勞動供給者會要求調高工資，故勞動供給會減少，如從圖 7–5 中的 S_L^0 左移至 S_L^1。如圖 7–5 所示，市場的均衡工資率會從原先的 W_0 上漲至 W_1，勞動雇用量會從原先的 L_0 增加至 L_1。當然，理論上勞動市場供給減少的幅度可能大於市場需求的增加幅度，而使勞動雇用量減少。不管勞動雇用量最終會如何變化，在勞動需求增加且勞動供給減少的情況下，均衡工資率一定會上漲。

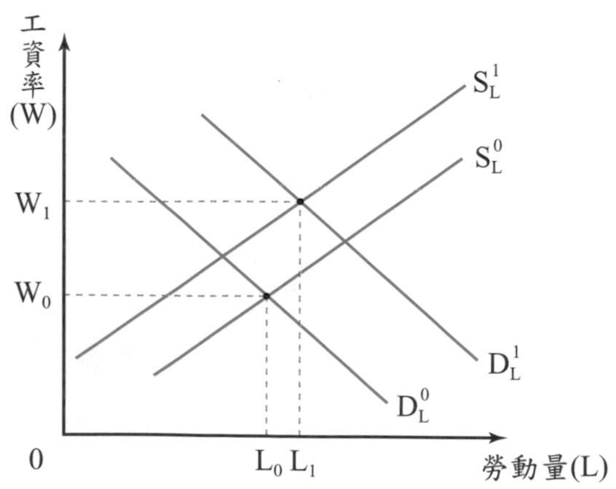

假設原先的勞動市場需求曲線與供給曲線分別為 D_L^0 與 S_L^0，且均衡工資為 W_0，均衡勞動雇用量為 L_0。當一般物價上漲時，勞動市場需求曲線會因為勞動的邊際生產收益增加而從 D_L^0 右移至 D_L^1，且勞動市場供給曲線會因勞動供給者要求調高工資水準而從 S_L^0 左移至 S_L^1。如圖所示，均衡工資率會由原先的 W_0 上漲至 W_1，且在一般情況下，勞動雇用量會增加，如從 L_0 增加為 L_1。

圖 7–5　一般物價上漲對勞動市場的影響

雖然產品價格發生全面性下跌的可能性不高，但個別產業的產品其價格可能會有較大的下跌幅度。例如，全世界成衣的價格在中國大陸廉價產品的出口大幅增加後大幅下跌，因而我國成衣廠對成衣工人的需求大幅減少，甚至有不少成衣廠關廠。即使成衣工人願意大幅調降工資以保住飯碗，但由於成衣價格的下跌幅度太大了，所以我國成衣工人的雇用量還是大幅減少。此一結果如以圖形表示，就是成衣勞工的市場需求左移的幅度遠大於市場供給右移的幅度（讀者可嘗試畫出此一結果）。

2. 資本存量與技術水準

當不少廠商進行投資而使其資本存量增加，或廠商普遍發生技術進步時，至少就技能水準比較高的勞工而言，其生產力會提升，而使廠商願意支付比較高的工資；此意味著廠商的勞動需求會增加，從而如圖 7–6 所示，均衡工資率會上漲且勞動雇用量會增加。

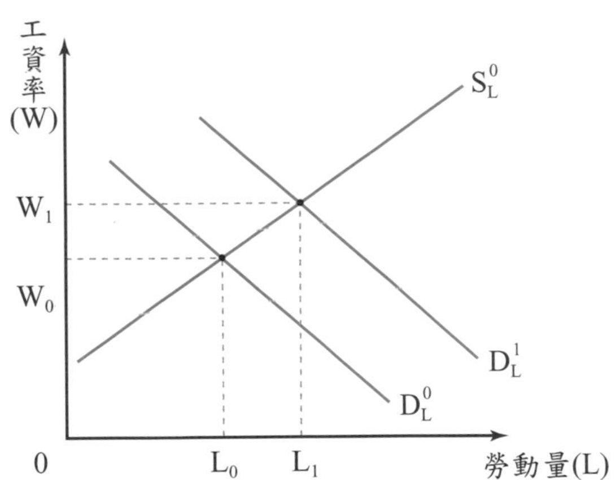

當廠商進行投資而使資本存量增加或發生技術進步時，廠商對技能水準較高的勞動的需求增加，而使勞動市場需求曲線由 D_L^0 右移至 D_L^1。在市場供給不變下，均衡工資率會由 W_0 上漲為 W_1，且勞動雇用量會由 L_0 增加為 L_1。

圖 7–6　資本存量增加與技術進步對勞動市場的影響

動腦筋時間 7–1

如果廠商進行自動化的投資或技術進步後所需的勞動技能水準也跟著提升，那麼技能水準較低的勞工其工資率與就業水準會如何變動？

3. 對未來經濟前景的看法

當人們對未來經濟前景的看法變得比較悲觀時，如前所述，勞動的市場供給會增加。部分產業，如建築業及其上游產業與相關產業（如房屋仲介業），其產量會減少。另外，廠商的投資會減少，從而機器設備業及其上游產業的產量會減少，進而使勞動的市場需求減少。在此情況下，如圖 7–7 所示，均衡工資率會下跌；勞動雇用量的變動方向則不一定。

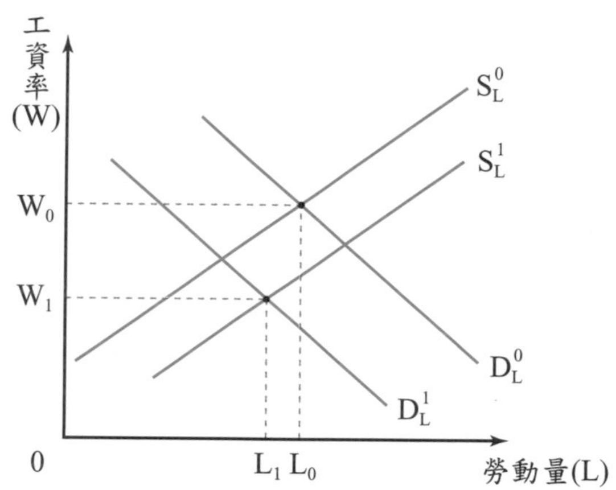

當人們對未來經濟前景的看法變得比較悲觀時，勞動供給會增加，如從 S_L^0 增加為 S_L^1，同時，部分產業的產量會減少而使勞動需求減少，如從 D_L^0 減少為 D_L^1。在此情況下，均衡工資率確定下跌；勞動雇用量的變動方向則不一定，通常是就業人數會減少，但工作時數會增加。

圖 7–7　人們對未來經濟前景看法改變對勞動市場的影響

7.4　地租與利潤

◆ 7.4.1　地　租

在短期，各式各樣用途的土地，如農地、住宅用地與商業用地，其面積是固定的，從而土地供給曲線如圖 7–8 (a)所示，是一條垂直線。在長期，不同用途的土地其供給量是有可能變動的，如國有財產局通常會在房地產市場景氣比較好的時候標售臺北市東區精華地段的土地，從而其供給曲線會如圖 7–8 (b)所示，是一條正斜率曲線。

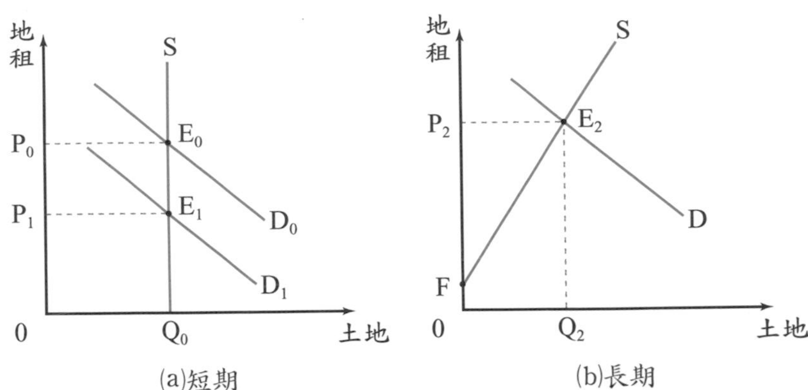

在短期，土地的供給曲線如圖(a)所示為一垂直線；在長期則如圖(b)所示為一正斜率曲線。短期的均衡地租水準單由市場需求所決定，長期的均衡水準則由市場供需所共同決定。

圖 7–8　長短期地租的決定

就國泰人壽之類的壽險公司而言，它們願意出多少價格標購國有財產局釋出的臺北市東區土地，然後興建商業大樓作為辦公室或店面出租之用，決定於有意願承租的公司願意出多少租金來承租。而這些公司所願意付的租金又決定於租下辦公室或店面之後能帶來多少「錢流」，亦即能帶來多少的邊際生產效益。所以廠商對土地（包括辦公室或店面）的需求，如同廠商對勞動的需求一樣，都反映其邊際生產收益。

如圖 7–8 (a)與 7–8 (b)所示，D 代表市場對某類用途土地的需求曲線。在短期，由於土地的供給量固定不變，所以地租就單由市場需求決定。如果市場需求為 D_0，則均衡地租水準為 P_0，且土地所有者其地租總收入為 $0P_0E_0Q_0$；如果市場需求為 D_1，則均衡地租水準為 P_1，且地租總收入為 $0P_1E_1Q_0$。因此，如果土地的市場需求為 D_0 且政府對每單位土地課以 E_0E_1 的稅額，那麼根據我們在第 3 章的分析結果，由於短期內土地的供給彈性等於零，所以稅負完全由地主負擔，且土地使用面積不會因稅額高低而有所不同。

如圖 7–8 (b)所示，在長期，均衡地租與均衡土地數量是由市場供需所共同決定。當政府對土地課稅時，稅額就不再全部由地主負擔，且均衡土地數量會隨著稅額的提高而減少。比方說，如果政府對辦公大樓的租金課以重稅，那麼臺北市東區就不會像現在這樣辦公大樓林立。

由於每一市場供給量所對應的市場供給曲線的高度，代表該單位數量的供給者其所要求的最低代價，或代表該供給者的機會成本，所以就所有的土地供給者而言，其地租總收入（圖 7–8 (b)中的 $0P_2E_2Q_2$）會大於其機會成本的總和 ($0FE_2Q_2$)。超過的部分 (FP_2E_2) 我們稱為準地租（quasi rent，或稱準租）或是經濟租 (economic rent)。

因此，只要供給曲線不為水平線，供給者的收益中就會有準地租的部分。不單土地供給者的收益如此，我們在第 3 章所提的生產者剩餘就是一種準地租。另外，像一些球星與明星，由於像他（她）們具有那樣特殊球技或魅力的人不多，所以其高所得有相當大的比例是屬於準地租。以林書豪 (Jeremy Lin) 為例，如果他不打 NBA，則他很有可能去當牧師。這意味著他打 NBA 的機會成本不高，從而其高所得有相當大的比例是屬於準地租。當他（她）們的魅力不再，而導致市場對他（她）們的「需求」大減時，他（她）們的所得就會大幅減少。

◆ 7.4.2 利 潤

我們在第 5 章與第 6 章曾提到，在廠商可以自由進出市場的長期均衡下，完全競爭市場與獨占性競爭市場的邊際廠商其經濟利潤等於零，而其他廠商則享有超額利潤。之所以會有這樣的差異是因為企業才能不同，所以超額利潤是廠商企業才能的報酬。經濟學家熊彼德 (Joseph A. Schumpeter, 1883–1950) 認為，企業才能的具體展現就是創新 (innovation)，其所定義的創新包括生產新的產品，使用新的生產方法與原料，開發新的市場，以及創立新的生產組織型態。如我們第 1 章所提的 EmailCash，或是像 YouTube、Yahoo! 奇摩、Google、抖音以及 Facebook 等網站，都是創新的例子，也因此創辦人都享有巨額的超額利潤。

試舉出創新的其他例子。

經濟學家奈特 (Frank Knight, 1885–1972) 則認為經濟利潤是企業家承擔風險的報酬。廠商在進行生產活動時一定會遭遇各式各樣的風險 (risk)，有些風險是廠商可以透過保險（如火險）或期貨來加以規避，有些風險則是無法規避的，如消費者偏好的改變，政府政策大轉彎，或競爭對手更早推出新產品等等。當這些無法規避的風險出現時，廠商會發生虧損；如果沒有「承平」時期的超額利潤，以備將來可以彌補不可預知的虧損，則沒有人願意當企業家。至於自然獨占或政府法令所形成的獨占其經濟利潤則與企業才能較無關係。

摘　要

1. 經濟學所稱的生產要素包括勞動、資本、土地（為天然資源的簡稱）與企業才能。廠商雇用生產要素構成要素市場的需求，而家戶提供生產要素則構成要素市場的供給。在市場經濟之下，生產要素價格是由要素市場供需所共同決定。
2. 消費者為滿足其欲望所產生的商品需求為最終需求，而生產要素的需求為引申需求。
3. 廠商的勞動邊際生產收益曲線為其勞動需求曲線。在一個完全競爭的勞動市場裡，個別廠商所面對的勞動供給曲線為一條對應於市場工資率的水平線。
4. 當產品市場價格上漲、資本財數量增加或技術進步時，廠商的勞動需求會增加。
5. 在長期，廠商會根據 $W = MRP_L$ 決定勞動雇用量，$R = MRP_K$ 決定資本財的雇用量。
6. 工資率提高對休閒的影響可區分為兩種效果：一種是替代效果：當工資率愈高時，人們會選擇增加勞動供給量來替代休閒；另一種是所得效果：當工資率愈高時，人們的所得就愈高，人們會愈重視休閒，而使勞動供給量減少。
7. 當人們對未來經濟或所處產業的前景看法比較悲觀時，會預期自己未來會失業的可能性提高，從而現在的勞動供給增加。當一般物價上漲時，人們會要求更高的名目工資率，從而勞動的供給減少。
8. 當一般物價上漲時，勞動市場需求增加且供給減少，從而造成均衡工資率上漲，且在一般情況下，勞動雇用量會增加。
9. 當廠商進行投資而使資本存量增加或發生技術進步時，勞動市場需求會增加，在市場供給不變下，均衡工資率會上漲，且勞動雇用量會增加。
10. 當人們對未來經濟前景的看法變得比較悲觀時，勞動供給會增加，同時，部分產業的產量會減少而使勞動需求減少。均衡工資率確定下跌，勞動雇用量的變動方向則不一定。
11. 在短期，土地市場供給曲線是一條垂直線；在長期，土地市場供給曲線是一條正斜率曲線。廠商對土地的需求，如同廠商對勞動的需求一樣，都反映其邊際生產收益。

12. 地主地租總收入大於其機會成本的部分稱為準地租或是經濟租。只要供給曲線不為水平線，供給者的收益中就會有準地租的部分，生產者剩餘就是一種準地租。

13. 經濟學家熊彼德認為，企業才能的具體展現就是創新，超額利潤是廠商企業才能的報酬。經濟學家奈特則認為經濟利潤是企業家承擔風險的報酬。

習題

1. 「當市場工資率上漲時，勞動所得會增加。」你是否同意？為什麼？
2. 外籍勞工與技能水準相近的本國勞工具近似替代關係。試繪圖說明，政府大幅開放外籍勞工的雇用，對技能水準相近的本國勞工其工資率與就業量的影響。
3. 如果政府宣布明年起廠商不得雇用外籍勞工，則此一政策對技能水準相近的本國勞工與本國資本財市場未來的影響各為何？對本國其他勞工未來的影響又為何？試繪圖說明之。
4. 假設其他條件不變。若在表 7–1 中產品單價由 \$5 上漲為 \$6，則廠商的勞動邊際收益 (MRP_L) 曲線以及勞動雇用量會如何變動？
5. 承上題，
   (a)若產品單價不變，但工資率由 \$30 上漲為 \$40，則廠商的 MRP_L 曲線與勞動雇用量會如何變動？
   (b)如果廠商每一勞動雇用量下的勞動邊際產量均倍增，且工資率為 \$30，則勞動雇用量會如何變動？
6. 假設某一廠商的生產函數為 $Q = L + 2K$，
   (a)若要素相對價格 W/R 等於 1，則該廠商會不會同時雇用勞動與資本財？為什麼？
   (b)如果 W/R 等於 1/3，則該廠商的要素雇用行為會不會改變？為什麼？
7. 據報載（《聯合晚報》，2007 年 5 月 26 日），在環保觀念和油價上漲的帶動下，生質燃料成為新寵，許多國家推動以玉米等農產品提煉乙醇，混合汽油後做為汽車燃料，再加上玉米生產大國墨西哥在 2006 年旱災歉收，遂導致玉米價格大幅飆漲。
   (a)繪圖說明上述報載內容。
   (b)玉米價格飆漲也帶動牛奶價格與美國中西部玉米產區的土地價格上漲。請繪圖說明這些價格變動現象。
   (c)玉米價格上漲可能會對小麥等其他作物的價格產生什麼樣的影響？請繪圖說明。
   (d)生質燃料取代部分燃油雖可緩和溫室效應問題，但若是生質燃料產量大幅增加，根據你上述問題的答案，你認為會有哪些負面影響？
8. 如果廠商對未來的市場前景感到樂觀，在其他條件不變下，當前資本財與土地的市場價格會如何變動？

第 8 章
外部性、公共財與政府

1. 何謂外部性？
2. 為何當外部性存在時，讓市場自由運作，社會福利水準無法達到最大？
3. 當外部性存在時，政府可以採取什麼措施來矯正市場失靈問題？
4. 為何「可交易的污染排放權」交易制度可以比管制更有效率地降低污染？
5. 何謂寇斯定理？
6. 為何私人解決外部性問題的方法不一定行得通？
7. 何謂公共財？公共財的最適數量如何決定？
8. 政府應如何作決策？

Economics

我們在第 6 章曾說明，獨占市場由於產品價格大於邊際成本，所以會有無謂損失。政府固然可以要求獨占廠商根據邊際成本訂價法訂定產品價格而消弭此一無謂損失，但就自然獨占而言，這樣的訂價方式會招致虧損，因而政府必須透過補貼彌補其虧損。如果政府此一補貼經費的來源為增稅，那又會造成無謂損失；如果來源為減少其他支出（如教育支出），那麼原本這些支出的受益者其福利水準會下降。因此，政府為了要解決市場壟斷力所造成的市場失靈現象，勢必要付出其他代價，而且得失一方面很難評估，另一方面也很難比較。所以，針對這部分的市場失靈問題，基本上政府並無法有太大的作為。

市場失靈的成因除了市場壟斷力之外，還包括外部性 (externality) 與公共財 (public goods)。關於這兩部分，政府就可以扮演相當積極的角色。本章首先說明政府如何解決外部性所造成的市場失靈問題，接著再說明何謂公共財，單一公共財的最適供給量，以及在預算限制下，政府對眾多公共財如何取捨。

8.1 外部性

本節首先說明何謂外部性，以及它所造成的市場失靈問題與政府的解決之道，接著再說明為何「可交易的污染排放權」(tradable pollution permits) 交易制度可以比管制更有效率地降低污染。

◆ 8.1.1 外部性存在下的市場失靈問題與解決之道

所謂外部性是指人們行為造成不相干的人損失或受益，且受損者並未獲得補償，而受益者並未付出代價；這些損失稱為外部成本或外部不經濟 **(external costs or external diseconomies)**，這些利益則稱為外部收益或外部經濟 **(external benefits or external economies)**。

外部性的重點在於不相干的人。比方說，你想要買房子，可是現在一大堆人也跟你一樣要買房子，結果造成房價的上漲，而使你必須花更多錢來買房子。這一部分增加的購屋支出不能算是外部成本，因為你自己本身是房地產市場的參與者之一，不算是不相干的人❶。又比方說，你在路邊攤挑到便宜貨，你所節省下來的支出不能算是外部效益，因為你自己本身是購買者，不算是不相干的人。但對那些只是經過的路人而言，路邊攤造成他們行的不便，這些不便就是外部成本。

美女！真美女！

「賞心悅目」也是一種外部性！

圖片來源：shutterstock 網站。

最典型的外部成本例子就是各式各樣的環境污染與破壞對社會所造成的傷害。這些例子屢見不鮮 ： 工廠趁黑排放廢氣與廢水；交通工具、施工與選舉期間的高分貝噪音；濫墾濫伐造成土石流；超抽地下水造成地層下陷，導致大雨來時易釀成水災等等。

外部效益的例子除了未享有專利權利益的知識創造外❷，令人賞心悅目或有振奮人心效果卻又無法收費的人事物都屬之，如帥哥與美女，國人在國際重要賽事中締造佳績，或映出藍天白雲的玻璃帷幕大樓。經濟學另外一個常舉的例子是，養蜂人家不必付費給鄰近果園的主人，其蜜蜂就可以採到花蜜。另外，像教育的普及有助於知識的創造與傳遞，且受教者可以比較知書達禮而有助於社會的和諧（當然，如果品德教育沒做好，知識水準愈高的人對社會的危害也會愈大）。

當外部性存在時，讓市場自由運作就會產生產量太多或太少的市場失靈現象，因而價格機能無法引導社會資源做最有效率的配置，從而讓政府有介

---

❶ 如果房價飆漲造成財富分配大幅惡化，而引發社會動盪，則房價飆漲製造了外部成本；只是這部分的外部成本很難估算。

❷ 很多東西的發明都以微積分為基礎 ， 可是從來沒有人付費給牛頓或萊布尼茲 (Leibniz) 的後代。

入市場的正當性。關於這一點，我們可以用下面的圖 8–1 與圖 8–2 來說明。

圖 8–1 顯示完全競爭市場的供給與需求，均衡價格為 P_0，均衡數量為 Q_0。由於完全競爭廠商的供給曲線即其邊際成本曲線，所以生產 Q_0 這一單位產量的完全競爭廠商其邊際成本（圖中的 Q_0e）等於 P_0。由於產品價格代表產品帶給買者的效益，所以需求曲線亦為買者的邊際效益曲線。因此，在均衡時，且在沒有外部性的情況下，社會生產 Q_0 這一單位產量的成本等於它帶給社會的效益。此時，消費者總剩餘為三角形 P_0ae，生產者總剩餘為 P_0be，二者合計的社會總剩餘 abe 達到最大。之所以會有這個結果是因為在產量為 Q_0 時，社會的邊際成本等於社會的邊際效益。若產量不為 Q_0，則由於社會的邊際成本不等於社會的邊際效益，社會會有無謂損失。如果產量為 Q_1，那麼由於 Q_1 與 Q_0 之間的每一單位產量其社會的邊際效益大於社會的邊際成本，所以如果這些單位沒有被生產，則社會總剩餘就會少了 dce，或社會有 dce 這麼多的無謂損失。若產量為 Q_2，則由於 Q_0 與 Q_2 之間每一單位產量其社會的邊際成本大於社會的邊際效益，所以社會會有 efg 的無謂損失。

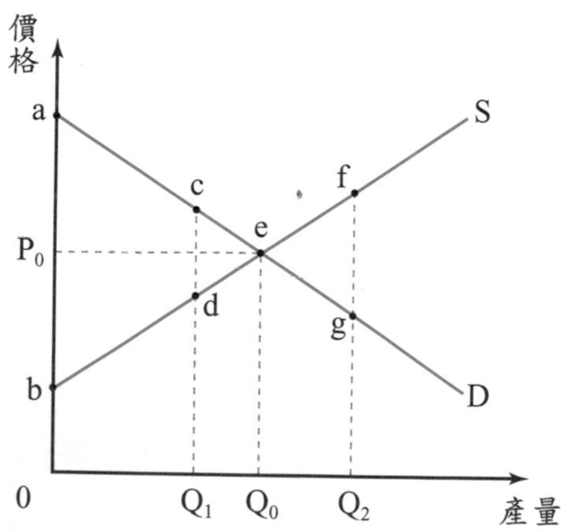

在沒有外部性的情況下，完全競爭市場達成均衡時，消費者總剩餘為三角形 P_0ae，生產者總剩餘為 P_0be，二者合計的社會總剩餘達到最大。若產量為 Q_1，則社會會有 dce 的無謂損失；若產量為 Q_2，則社會會有 efg 的無謂損失。

圖 8–1　完全競爭市場與社會福利

因此，在沒有外部性的情況下，若市場為完全競爭且讓市場自由運作，那麼社會福利水準可以達到最大，亦即社會資源的配置是最有效率的；不過，如果外部性存在，則此一結論就不成立。這是因為當外部性存在時，邊際社會效益 (marginal social benefits, MSB) 不再等於圖 8–1 中 D 線所代表的邊際私人效益 (marginal private benefits, MPB)，或邊際社會成本 (marginal social costs, MSC) 不再等於圖 8–1 中 S 線所代表的邊際私人成本 (marginal private costs, MPC)，因此在均衡數量下，邊際社會效益不等於邊際社會成本，從而社會福利水準不是最大。我們用圖 8–2 (a)與(b)分別探討在外部成本與外部效益存在下的情況。

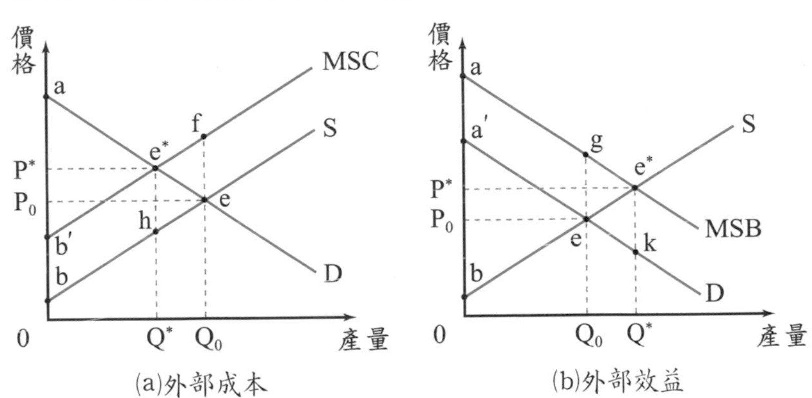

當生產有外部成本時，圖(a)中的邊際社會成本曲線 MSC 會高於邊際私人成本曲線 S；此時，市場自由決定的產量為 Q_0，大於社會福利最大的產量 Q^*，社會因而有 ee^*f 的無謂損失。當消費有外部效益時，圖(b)中的邊際社會效益曲線 MSB 會高於邊際私人效益曲線 D，從而市場自由決定的產量 Q_0 小於社會福利最大的產量 Q^*，社會因而有 ee^*g 的無謂損失。

圖 8–2　外部效果

當外部性存在時，生產的社會成本除了私人成本以外，還包括外部成本；消費的社會效益除了私人效益外，還包括外部效益。因此，

> 邊際社會成本 = 邊際私人成本 + 邊際外部成本，
> 邊際社會效益 = 邊際私人效益 + 邊際外部效益。

如圖 8–2 (a)所示，當外部成本存在時，由於邊際社會成本大於邊際私人

成本，所以邊際社會成本曲線 MSC 高於邊際私人成本曲線 S，兩線之間的垂直差距就代表邊際外部成本。像空氣污染之類的污染，雖然不管廠商生產數量多大，其每一單位產量所排放的廢氣可能相同，但當產量很大而造成空氣污染嚴重時，會有更多人有呼吸器官的問題，而使社會的醫療支出增加。因此，隨著產量增加，邊際外部成本（如醫療支出增加）會愈大，從而圖 8–2 (a)中的 MSC 與 S 這兩條線的差距會擴大。不過，圖 8–2 (a)並沒有考慮這種情況。

如圖 8–2 (a)所示，MSC 線與市場需求曲線 D 交於 e^* 點，其所對應的產量為 Q^*。由於此時沒有外部效益，所以邊際私人效益即為邊際社會效益，從而在 Q^* 下，邊際社會效益等於邊際社會成本，亦即：

MSB = MSC。

此時社會總剩餘 $ab'e^*$ 達到最大（讀者可參考圖 8–1 的說明來理解此一結論）。若讓市場自由運作，則產量為 Q_0，社會總剩餘除了 abe 的消費者剩餘與生產者剩餘之和外，還需扣掉 bb′fe 的外部總成本，因而比 Q^* 下的社會總剩餘少了 ee^*f，此一部分即為外部成本存在且讓市場自由運作下的無謂損失。

如果消費會產生外部效益（如受教育），那麼如圖 8–2 (b)所示，邊際社會效益曲線 MSB 會高於邊際私人效益曲線 D，兩線之間的垂直差距代表邊際外部效益。由於此時沒有外部成本，所以在 Q^* 下，邊際社會效益等於邊際社會成本，因而此時的社會福利水準 abe^* 是最大的。如果產量為自由市場下的 Q_0，那麼社會福利水準會少了 ee^*g，或社會會有這一部分的無謂損失。

因此，在外部性存在的情況下，相較於社會福利最大的產量，讓市場自由運作，會有產量過多（有外部成本的情況）或過少（有外部效益的情況）的問題，也就是會有市場失靈的現象，也因此，政府有介入市場的正當性。

政府要如何做才能使產量達到使社會福利最大的水準？由於外部成本存在時，自由市場下的產量過多，所以政府應採課稅的方式使產量減少，且如果邊際外部成本固定為 t（即任一產量下，圖 8–2 (a)中 MSC 與 S 兩線的垂直距離為 t），那麼政府可以課徵單位稅額為 t 的從量稅。在此情況下，廠商每單位產量的邊際成本均會增加 t，從而圖 8–2 (a)中的邊際私人成本曲線 S 就會上移至 MSC，市場的成交量也會因此從原先的 Q_0 減少為 Q^*，消費者支付的價格則由原先的 P_0 上升為 P^*。此時的消費者剩餘為 P^*ae^*，生產者剩餘為 $P^*b'e^*$，且政府稅收為 $bb'e^*h$，外部總成本亦為 $bb'e^*h$；換言之，政府透過課稅可以讓廠商負擔其所製造的外部成本，或是說，政府透過課稅可以讓廠商將外部成本內部化 **(internalizing the external costs)**。由於此時廠商須負擔其所製造的外部成本，所以這部分成本變成廠商在作產量決策時需考慮的成本，因而其產量會減少。經濟學稱此一矯正外部成本的稅為皮古稅 (Pigouvian tax，經濟學家 Arthur Pigou (1877–1959) 最早倡議此稅，故以其名命之)。在政府課徵上述的從量稅之後，由於政府稅收可用於其他支出使某些人獲益（其獲益總和以稅收總額代表），且由於政府稅收等於外部總成本，所以社會總剩餘在政府稅收與外部總成本相互抵銷之後，等於圖 8–2 (a)中的 $ab'e^*$。在此情況下，如前所述，此時的社會總剩餘達到最大。因此，政府可以透過課徵從量稅來矯正外部成本所引發的市場失靈問題。

加越多，徵越多

燃料費的開徵，是處理外部成本的一種方式，但更深切的希望，是人們可以正視環境惡化的現象，共同為地球的永續發展盡一分心力。

圖片來源：shutterstock 網站。

不過在實務上，由於各產業的污染情況不同，且同一產業的不同廠商其污染情況也不同，同時污染情況很難準確衡量，再加上邊際外部成本不一定如圖 8–2 (a)那樣是固定的，所以政府無法訂定出像剛才所提的最適皮古稅。因此，以空氣污染為例，政府在 2020 年的實際作法是隨車徵收燃料費（汽缸 cc 數愈大，燃料費愈高），並制定《空氣污染防制法》，明訂各項空氣污染物的排放標準與罰款金額。不過，這些作法仍有問題。例如，有些大車開車的里程數少，其製造的空氣污染外部成本也比較低，但繳的稅卻比一些開車里程數較高的小車要來得多。又例如，全國的工廠那麼多家，而環保稽查人員又相對有限得多，因而外部成本內部化的程度也就可能有限。

另外，政府除了在《產業創新條例》將太陽能、風力等再生能源以及二氧化碳排放減量都列入補助或輔導企業推動事項範圍，並於 2006 年提出《能源稅條例草案》，希望透過開徵從量能源稅，以提升能源使用效率和達成溫室氣體減量目標；不過，由於開徵能源稅可能會造成油電等能源價格的上漲，進而造成一般物價的上漲，所以直到 2020 年都尚未開徵。

相反地，當外部效益存在時，自由市場下的產量會比社會福利最大的產量來得小，所以政府應採補貼的方式使產量增加，且如果邊際外部效益固定為 v，那麼政府可以進行單位補貼額為 v 的從量補貼。在此情況下，圖 8–2 (b)中的邊際私人效益曲線 D 會往上移至 MSB，市場的成交量也會因此從原先的 Q_0 增加為 Q^*，生產者收到的價格也從原先的 P_0 上升為 P^*。此時的消費者剩餘為 P^*ae^*，生產者剩餘為 P^*be^*，外部總效益為 $aa'ke^*$，政府的補貼金額也是 $aa'ke^*$。由於政府補貼經費可能來自於增稅或減少其他支出，因此，政府進行補貼時會有等額的社會福利損失，從而社會總剩餘在政府補貼與外部總效益互相抵銷後，等於 abe^*，達到最大。所以，在外部效益存在時，政府可以透過補貼矯正市場失靈。以我們所舉的教育會產生外部效益為例，政府在 108 學年度補貼約 45 萬名申辦就學貸款的大專院校與高中生共約 20.7 億元的利息❸。

政府也可以透過對生產者補貼，使圖 8–2 (b)中的供給線 S 往下移且通過 k 點，而使產量增加為 Q^*，從而使社會福利水準達到最大。比方說，教育部對大專院校的經費補貼使大專院校的學費得以降低，而使更多的學生能夠就學。

---

❸ 教育部網站：首頁 > 教育資料 > 教育統計 > 主要教育統計圖表 > 重要教育統計資訊 > 教育經費 > 就學貸款統計。

◆ 8.1.2 可交易的污染排放權

當污染這樣的外部成本存在時，政府的污染減量辦法除了課皮古稅之外，還可以施行「可交易的污染排放權」交易制度。在此制度下，廠商如要排放 1 單位（如 1 公噸）的某類污染物，則必須先取得 1 單位的排放權，且廠商之間可以交易排放權，就如同有一個排放權交易市場一樣。排放權數量的多寡由主管機關訂定。此一交易制度的好處之一是，主管機關（如行政院環保署）可以藉由減少排放權數量來降低污染。另一項好處是，就相同的污染排放量而言，社會可以用比較有效率的方式，亦即成本較低的方式，達成目標。何以如此？讓我們用圖 8–3 來說明。

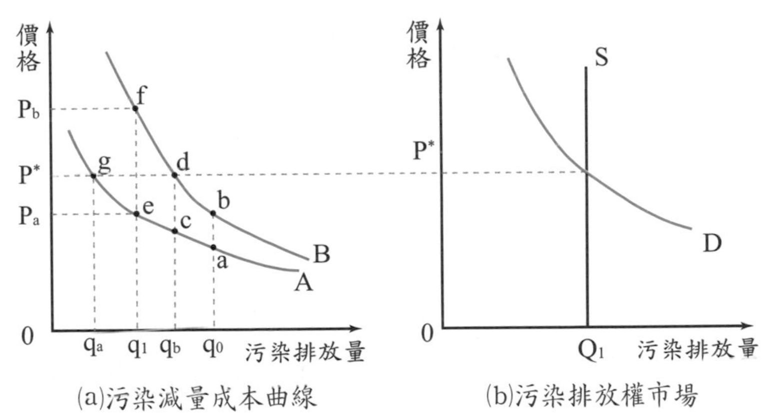

(a)污染減量成本曲線　　(b)污染排放權市場

圖(a)的兩條曲線分別為 A 與 B 兩家廠商的污染減量邊際成本曲線。假設兩家廠商原先的排放量均為 q_0，現在政府要將污染總排放量降為圖(b)中的 Q_1 ($< 2q_0$)。若規定這兩家廠商的排放量均為圖(a)中的 q_1 ($= Q_1/2$)，則這兩家廠商的污染減量成本之和為 $q_0aeq_1 + q_0bfq_1$。若各發給這兩家廠商 $0q_1$ 這麼多數量的污染排放權，且允許他們進行交易，則 A 廠商總共賣了 q_aq_1 ($= q_1q_b$) 的排放權給 B 廠商；此時，這兩家廠商的污染減量成本之和為 $q_0agq_a + q_0bdq_b$。排放權的交易價格為 P^*，其為圖(b)中的排放權需求曲線 D 與垂直的排放權供給曲線之交點所對應的價格。管制下的污染減量總成本要比排放權下的高出 $q_bdfq_1 - q_1egq_a$。

圖 8–3　污染排放權

為簡化分析，假設只有 A 與 B 兩家廠商排放某一污染物 Y（如二氧化硫）。圖 8–3 (a)的兩條曲線分別為 A 與 B 兩家廠商的污染減量邊際成本曲線。任一污染排放量下所對應的曲線高度，代表廠商在此排放量下如要減少

1 單位的排放量所需花費的污染減量成本。例如，如果兩家廠商原先的排放量均為 q_0，則它們要減少 1 單位的排放量所需花費的污染減量成本分別為 q_0a 與 q_0b。由這兩條曲線可以看出，A 廠商的污染減量成本要低於 B 廠商的（可能是因為 A 廠商的污染減量設備或技術比較好），而且這兩家廠商的污染減量成本都是遞增的，亦即隨著排放量的減少（即污染減量的增加），污染減量的邊際成本愈來愈高（你可以想像，要達成零污染，最後那一單位的污染減量的成本會是相當高的）。

假設現在政府要將污染物 Y 的總排放量降為圖(b)中的 Q_1 $(< 2q_0)$。其中一種作法是管制，亦即規定這兩家廠商的排放量均為圖(a)中的 q_1 $(= Q_1/2)$。在此情況下，這兩家廠商的污染減量成本之和為 $q_0aeq_1 + q_0bfq_1$。另一種作法是各發給這兩家廠商 $0q_1$ 這麼多數量的污染排放權，且允許他們進行交易。由圖(a)可知，只要交易價格介在 P_a 與 P_b 之間，則對雙方都是有利的，這是因為在 $0q_1$ 的排放量下，這兩家廠商的污染減量邊際成本分別為 q_1e $(= P_a)$ 與 q_1f $(= P_b)$，從而污染減量邊際成本較低的 A 廠商會賣排放權給污染減量邊際成本較高的 B 廠商。

舉例來說，假設在 $0q_1$ 的排放量下，A 廠商減少 1 單位的排放量需花費 50 萬元，而 B 廠商需花費 100 萬元。如果 A 廠商以 60 萬元賣 1 單位的排放權給 B 廠商，亦即 A 廠商需減排 1 單位，而 B 廠商可以增排 1 單位的污染，則 A 廠商會有 10 萬元（60 萬 − 50 萬）的利得，且 B 廠商會有 40 萬元（100 萬 − 60 萬）的利得。

此一交易過程會一直持續下去，直到交易價格為 P^* 為止。此時，A 廠商總共賣了 q_aq_1 $(= q_1q_b)$ 的排放權給 B 廠商。與一開始的排放量 q_0 相較，A 廠商總共減排 q_0q_a 這麼多的污染量，而 B 廠商減排 q_0q_b 這麼多的污染量。在此情況下，這兩家廠商的污染減量成本之和為 $q_0agq_a + q_0bdq_b$。

為何最後的交易價格會是 P^*？廠商的污染減量邊際成本曲線即是他們對污染排放權的需求曲線。圖(b)中的 D 曲線由這兩家廠商的污染減量邊際成本曲線水平加總而來，因此構成了排放權的市場需求曲線。它與垂直的排放權供給曲線的交點即排放權市場的均衡點，所對應的價格即排放權的市場均衡價格，也是這兩家廠商最後的交易價格。

由以上的分析可以得知，管制下的這兩家廠商的污染減量總成本要比排放權下的高出 $q_b dfq_1 - q_1 egq_a$。因此，就相同的污染減量目標而言，排放權要比管制來得有效率，這是因為污染減量主要是由污染減量成本較低的廠商（A 廠商）在進行。

實務上，污染排放權交易制度的一個著名成功實例就是美國在 1990 年《空氣清淨法》的修正案，要求發電廠大量降低二氧化硫（其為酸雨的主要成因）的排放量，同時，修正案建立起一個讓發電廠可以交易二氧化硫排放權的制度。雖然一開始產業代表與環境保護者都對這個計畫深感懷疑，但經過一段時間之後，這個制度證明它可以有效降低污染。可以想像的，要施行污染排放權交易制度，牽涉到污染物的種類、應參與的廠商，以及龐大的稽查成本，所以我國尚未施行。

◆ 8.1.3　私人解決外部性問題的方法

雖然外部性的存在會造成市場無效率的結果，但並不是每一次都需要政府介入來解決問題。在某些情況下，人們會有私人的解決方法，且這些方法可以有效地解決外部性問題。經濟學一個依著名經濟學家羅納德・寇斯 (Ronald Coase) 命名的定理——寇斯定理，說明此一結果。寇斯定理主張，如果交易成本夠低，則私人可以自行解決外部性問題，從而可以使資源有效率地配置。接下來，我們以下面的例子來說明寇斯定理。

假設你的室友喜歡在房間內抽菸，但你討厭吸二手菸，所以你室友抽菸對你來說具負外部性。你的室友是否該在房間內禁菸？還是你必須忍受吸二手菸？

首先，我們要考慮什麼樣的結果對社會而言是有效率的。如果你室友抽菸對他的效益大於你忍受吸二手菸的成本，那麼你室友抽菸就是有效率的；反之，若成本大於效益，則你室友就應該在房間內禁菸。

根據寇斯定理，私人可以自行達成有效率的結果。如何達成？假設你室友有在房間內抽菸的合法權利。你可以開價請你室友禁菸；如果開出的金額比你室友抽菸的效益還來得大，則你室友將會接受這提議。

在討價還價當中，你室友跟你通常可以達成一個有效率的結果。例如，假設你室友抽一包菸的效益值 300 元，且你忍受吸二手菸的成本是 600 元。在此情況下，你可以開價 400 元給你室友請他禁菸，你室友會欣然接受，從而對雙方都有利，且結果是有效率的。

也有可能你不願意付任何你室友願意接受的金額。假設你室友抽一包菸的效益是 1,000 元，而你的忍受成本是 800 元。在此情況下，你室友不會接受比 1,000 元還低的金額，而你不會開比 800 元還高的金額，雙方也就無法達成協議，你室友還會繼續抽菸。給定上述的成本與效益，這個結果也是有效率的，因為你室友抽菸的效益大於你的忍受成本。

如果你有法定權利可以不吸二手菸，則結果會不會不同？

根據寇斯定理，最初權利如何分配與雙方能否達成有效率的結果無關。例如，假設你可以要求你室友禁菸，雖然擁有這個權利可以讓你占上風，但不至於影響到結果。在此情況下，你室友可以開價給你，希望你同意讓他繼續抽菸；如果你室友抽菸的效益大於你的忍受成本，那麼雙方會達成讓你室友繼續抽菸的協議。

雖然無論一開始權利是如何分配的，你室友跟你都能夠自行達成有效率的結果，但權利的分配會決定經濟福祉的分配。到底是你室友有抽菸的權利還是你有不吸二手菸的權利，會影響最後是誰要付錢給另一方；但無論如何，雙方可以透過協商來解決這個外部性問題。你室友只有在抽菸的效益大於你的忍受成本的情況下才能繼續抽菸。

總結來說：寇斯定理說明了人們可能可以自行解決外部性問題。不管一開始的權利是如何分配的，涉及外部性問題的當事人永遠可以達成一個對他們都有利，且結果是有效率的協議。

在現實生活中，就算是對雙方都有利，協議仍不一定會成立。有時候私人無法解決外部性問題是因為協議磋商與執行過程中產生的交易成本。以我們的例子來說，想像你室友跟你講不同的語言，所以如要達成協議，你們必須要請一個翻譯。如果解決二手菸問題的淨效益低於請一個翻譯的成本，則你室友跟你或許會選擇不去解決這個問題。以更實際一點的例子來說，交易成本不是請翻譯的錢，而是請律師的費用。

有些時候，協商就是會失敗。由戰爭與勞工罷工可以看得出來達成協議有時是很困難的。問題通常在於各方堅持一個對自己更有利的交易。舉例來說，假設你室友抽菸的效益為 500 元，且你的忍受成本為 800 元。但你室友可能要求 750 元，而你只願意開價 550 元。只要你們繼續討價還價，問題還是會持續存在。

在當事人很多時，要達成一個有效率的結果會更困難。一個實際的例子是，在 2010 年 4 月 20 日，英國石油公司 (BP) 在墨西哥灣的一個深海鑽油平臺發生爆炸，導致嚴重漏油事故，不單嚴重影響當地的生態環境，也嚴重影響美國附近數州的漁業和旅遊業。

可以想像的，受害人數相當多。在 2015 年 10 月 6 日，美國司法部宣布英國石油公司將以 208 億美元代價與美國政府和解，徹底解決此次漏油事故的所有求償。該款項包括總共幾百個地方政府的求償、美國政府罰款，以及天然資源損害賠償在內的所有政府相關求償內容。而 208 億美元的和解代價刷新了美國司法當局有史以來最大的單一個案和解金額❹。

8.2　公共財

◆ 8.2.1　私有財、公共財與其他財貨

社會上的財貨可以依是否具互斥 (rival) 與排他 (exclusive) 的特性來加以分類。互斥指的是財貨被一個人消費之後，其他人就無法消費或其消費的效用會減損；與互斥相對的是共享 (**nonrival**)，亦即一個人其消費的效用並不會因其他人加入而減少。排他指的是財貨被一個人消費之後，其他人必須付出某種程度的代價才能加入消費；與排他相對的是非排他 (**nonexclusive**)，亦即每個人都有消費的權利。以下我們以是否擁擠的售票花

❹　《維基百科》。

園與公園，以及其他例子來說明以上的特性。

任何的公園由於誰都可以進入，所以是非排他的，而任何售票的花園因為需要購買門票才能進入，所以是排他的。在一個空空蕩蕩的花園，不管有無售票，你可以盡情地去享受鳥語花香，縱然偶爾有其他人經過，也不會影響你的興致，所以這樣的花園是大家可以共享的。相反地，在一個擁擠的花園，你聽不到鳥語，只聽到吵雜的嬉鬧聲，你聞不到花香，只聞到體臭，你的遊興會因而大減，所以這樣的花園具有互斥的性質。我們在表 8–1 將這些不同種類的花園，依是否是互斥或排他的，歸在不同的位置。

陽光普照下的公園

只有不擁擠的公園才能讓使用者身心放鬆。

圖片來源：shutterstock 網站。

表 8–1　依是否具互斥或排他特性分類的財貨例子

	互斥	共享
排他	・食物、衣服 ・擁擠的售票花園	・有線電視 ・空蕩的售票花園
非排他	・公共草原 ・擁擠的公園	・國防、未申請專利的知識 ・空蕩的公園

我們在日常生活中消費的商品與服務，通常都具有互斥且排他的特性，如衣服穿在你身上，別人就沒辦法穿，所以具有互斥的性質；而且你若不讓別人穿，則別人也不能穿，所以也具有排他的性質。我們稱同時具有互斥和排他性質的商品與服務為私有財 (private goods)。

與私有財相對的，就是具有共享與非排他性質的公共財，例如國防。像愛國者飛彈保護有效射程內的每一個人，所以具有共享的性質；而且也不會因一個人逃漏稅或作奸犯科就不保護他，所以也具有非排他的性質。另外，像未申請專利的知識，也是公共財。例如微積分，你的微積分學習成果不會因與其他人一起上課而減損，所以具有共享的性質；而且任何人只要願意，

政府施政的難題——國防

國防軍備的支出，不但占了政府預算的極大比重，也常形成複雜的公共選擇難題。因為國防支出帶給人民的效用不大，但為了國家安全卻又無法捨棄。
圖片來源：shutterstock 網站。

通常都可以不付學分費就能旁聽，或上一些免費的線上課程，所以也具有非排他的性質。

除了上述的私有財與公共財之外，還有具排他性但可共享的財貨，如有線電視。有線電視由於必須付費才能收看，所以具有排他的性質；但有線電視的收視品質不會因裝有線電視的家戶增加而減損，所以具有共享的性質。

動腦筋時間 8–1

試舉出類似有線電視這類財貨的其他例子。

最後一類的財貨具有互斥性但不具排他性，如公共草原 。 在公共草原上，大家都可以趕著牛羊來吃草，所以不具排他性；但牛羊數愈多，你家的牛羊就愈不容易吃飽。所以在村落的牛羊數目大到某一程度之後，公共草原就具有互斥的性質。由於大家都趕著牛羊來吃草，所以大部分的草還沒長大就被吃掉，久而久之屬於村落的公有資源 (common resources) 的草原就荒蕪了，大家的牛羊也就沒草吃了。經濟學上稱此為草原的悲劇 (the tragedy of the commons)。

動腦筋時間

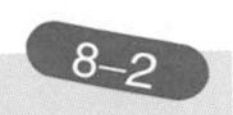
8–2

試舉出其他「草原的悲劇」的例子。

◆ 8.2.2　公共財的供給

公共財由於具有非排他的特性，亦即每個人都可以在不用付費的情況下消費，因此，國防之類的公共財其供給就成為政府的任務之一。政府又應該為各式各樣的公共財提供多少數量呢？從資源使用效率的角度來看，政府公共財的供給數量應滿足邊際社會成本等於邊際社會效益的條件。由於公共財具有共享的特性，所以任何一單位的公共財其所能創造的社會總效益，為所有國民享受該單位公共財的效益的總和。以圖形表示的話，公共財的需求曲線是由個別的需求曲線「垂直」加總而來，這是因為公共財可以為全體人民所共享。

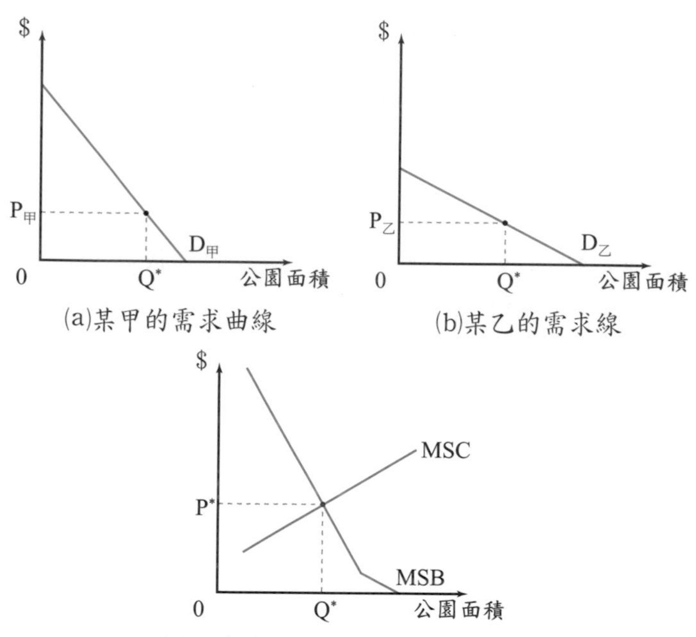

由於公共財具有共享的特性，故其社會的需求曲線（圖(c)中的 MSB 線）為個別需求曲線的垂直加總。此一需求曲線與公共財供給的社會邊際成本曲線 MSC 交點所對應的數量 Q^*，為公共財的最適產量。

圖 8–4　公共財的需求與最適產量

假設政府正在規劃一處新的國家公園，且圖 8–4 (a)與圖 8–4 (b)分別表示某甲和某乙的需求曲線，橫軸為國家公園的面積。將這兩條需求曲線垂直加總，即可得到圖 8–4 (c)中的需求曲線或邊際社會效益曲線 (MSB)。圖 8–4 (c)中的 MSC 線為政府設立此一國家公園的邊際社會成本曲線；除了公路之類的興建成本外，還包括生態被破壞的外部成本。MSB 與 MSC 兩條線交點

所對應的數量 Q^* 即為使社會福利水準最大的公共財數量。當然，圖 8–4 (c) 中的 MSB 線與 MSC 線所代表的邊際社會效益與邊際社會成本水準不像我們所畫那麼簡單就可以求得。

8.3　政府應如何作決策

即使政府能正確衡量出公共財的邊際社會效益與成本，圖 8–4 (c)中的最適產量也不一定能夠達成，這是因為政府有預算限制的緣故。

假設有 A 與 B 兩種公共財，且政府的邊際社會成本均固定為 \$10，且沒有外部成本，同時，其邊際社會效益分別為 $MSB_A = 110 - Q_A$ 與 $MSB_B = 70 - 2Q_B$。這兩種公共財讓社會福利最大的數量分別為 $Q_A^* = 100$ 與 $Q_B^* = 30$，因而總成本分別為 \$1,000 與 \$300。如果政府的公共財預算只有 \$1,000，那麼 Q_A^* 與 Q_B^* 無法同時達成。此時政府必須在預算限制下，決定這兩種公共財實際提供數量（令其為 Q_A^a 與 Q_B^a）。如果政府的目標為追求社會效益極大，那麼 Q_A^a 與 Q_B^a 必須滿足下列兩個條件：

$$\$10(Q_A^a + Q_B^a) = \$1,000，$$
$$110 - Q_A^a = MSB_A = MSB_B = 70 - 2Q_B^a。$$

第一個式子為政府的預算限制式，第二個式子為這兩種公共財在邊際社會成本固定且相同下的社會效益極大條件。由於這兩個式子可以解得 $Q_A^a = 80$ 且 $Q_B^a = 20$。

當然，實際的情況不會是這麼簡單。上面的例子只是讓讀者對於政府預算限制下的最適公共財數量有一個初步的概念。這個概念與消費者在預算限制下如何決定使其滿足水準達到最大的消費組合的概念是相同的。雖然這是一個簡單的概念，但實際公共財數量的提供通常並不合乎這個簡單的概念，亦即存在公共財的供給並未使社會效益達到最大的政府失靈 (government failure) 現象。政府失靈最常見的成因是各利益團體遊說政府官員或民意代表，以爭取對他們有利的法案通過，以及決策者所作的決策，只對個人或政黨有利。對政府行為有興趣的讀者，可考慮修習「財政學」或「公共經濟學」課程。

摘 要

1. 市場失靈的成因除了市場壟斷力之外，還包括外部性與公共財。
2. 外部性是指人們行為造成不相干的人損失或受益，這些損失稱為外部成本或外部不經濟，這些利益則稱為外部效益或外部經濟。外部性的重點在於不相干的人。
3. 當外部性存在時，邊際社會成本 = 邊際私人成本 + 邊際外部成本，
邊際社會效益 = 邊際私人效益 + 邊際外部效益。
4. 當外部性存在時，由於邊際社會效益不等於邊際私人效益，或邊際社會成本不等於邊際私人成本，因此在市場均衡數量下，邊際社會效益不等於邊際社會成本。所以，在外部性存在的情況下，讓市場自由運作，會有產量過多（外部成本）或過少（外部效益）的問題，也就是會有市場失靈的現象。
5. 當外部成本存在時，政府透過課稅可以讓廠商將外部成本內部化，而使其產量減少；當外部效益存在時，政府可以透過補貼讓產量增加。
6. 「可交易的污染排放權」交易制度可以比管制更有效率地降低污染，這是因為污染減量主要是由污染減量成本較低的廠商在進行。
7. 受外部性影響的個人或團體，有時可以自行解決問題。根據寇斯定理，如果交易成本夠低，則涉及外部性問題的雙方永遠可以達成一個結果是有效率的協議。但在很多情況下，會因為交易成本過高或當事人過多，而無法達成協議。
8. 社會上的財貨可以依是否具互斥與排他的特性來加以分類。互斥指的是財貨被一個人消費之後，其他人就無法消費或其消費的效用會減損；與互斥相對的是共享。排他指的是財貨被一個人消費之後，其他人必須付出某種程度的代價才能加入消費；與排他相對的是非排他，亦即每個人都有消費的權利。
9. 同時具有互斥和排他性質的商品與服務為私有財；同時具有共享與非排他性質的財貨為公共財。
10. 因為公共財可以為全體人民所共享，所以公共財的需求曲線是由個別的需求曲線「垂直」加總而來。使社會福利水準最大的公共財數量，須滿足邊際社會效益等於邊際社會成本。
11. 實際的公共財供給通常存在公共財的數量並未使社會效益達到最大的政府失靈問題。

習　題

1. 吸食海洛因與抽煙都會產生外部成本。為何政府對販賣海洛因與吸食者處以重刑，但對香煙僅課徵健康捐？試繪圖說明之。
2. 假設有 A 與 B 兩家廠商，且其清除污染的邊際成本函數分別為 $MC_P^A = 2Q_P^A$，$MC_P^B = 4Q_P^B$，其中 Q_P^A 與 Q_P^B 分別為 A 與 B 兩家廠商的污染清除量。如果政府要這兩家廠商總共清除 12 單位的污染，那麼這兩家廠商各清除 6 單位是不是最有效率的作法？為什麼？如果不是，那麼最有效率的作法是什麼？
3. 承上題，
   (a) 如果政府對每單位的污染課徵稅額為 t 的從量稅，那麼 t 等於多少時，兩家廠商合起來的污染總清除量為 12 單位。
   (b) 如果政府要讓污染總清除量提高為 24 單位，則 t 應為多少？
4. 假設某一完全競爭市場的需求曲線為 $P = 12 - Q$，且市場的供給曲線為 $P = 2Q$；同時，邊際外部成本函數為 $EMC = Q$，例如，第 1 單位的市場供給量產生 1 單位的社會成本，第 5 單位的市場供給量產生 5 單位的社會成本。
   (a) 市場均衡數量為何？社會最適的產量 (Q^*) 為何？此時的無謂損失為何？
   (b) 如果政府要透過對產品課徵從量稅使市場交易量為 Q^*，則單位稅額為何？
5. 試利用圖 8–3 說明，當政府減少污染排放權的發放時，排放權交易價格的範圍與污染減量總成本會如何變動？
6. 如果一國的總產出水準可以代表一國的物質生活水準，那麼一國的物質生活水準與環境品質水準是「取捨」關係還是「雙贏」關係？亦即這兩種水準無法同時改善還是可以同時改善？
7. 你主張「大有為」的政府，還是「小而美」的政府？如果有人與你有不同的主張，你認為他們所持的主要理由為何？

Note

第9章
國際貿易

學習重點

1. 何謂亞當・史密斯的絕對利益說？
2. 何謂李嘉圖的比較利益說？
3. 何謂補償原則？
4. 何謂產品循環理論？
5. 政府課徵進口關稅的影響為何？
6. 為什麼政府如要保護國內進口競爭產業，生產補貼優於進口關稅？
7. 政府實施出口補貼的影響為何？
8. 為什麼政府如要壯大本國的出口產業，生產補貼優於出口補貼？

Economics

臺灣可說是一個天然資源相當貧瘠的經濟體；如果我們沒有從事國際貿易，而維持在自足自給 (autarky) 的狀態，那麼我們就不會有今天的生活水準。比方說，如果我們沒有進口石油，那麼我們所有需用燃油的交通工具都動不了，因為我們沒有油田；我們也吃不到饅頭，因為我們不生產小麥；我們也不會有「台積電」這樣世界級的企業，因為它的機器大都是進口來的。因此我們可以說，我們能有今天的生活水準都是拜國際貿易之賜。

國際貿易理論又稱為國際個體經濟學 (international microeconomics)，它利用個體經濟學的分析方法，探討一國的貿易型態 (pattern of trade)，亦即一國會出口哪些產品並進口哪些產品，以及貿易對一國福利水準的影響等議題。

我們首先介紹亞當・史密斯的絕對利益 (absolute advantage) 說與李嘉圖 (David Ricardo, 1772–1823) 的比較利益 (comparative advantage) 說，來說明一國靜態的貿易型態。一國的貿易型態會隨著時間改變，如我國早期主要的出口品為糖與稻米，後來變成紡織品，1990 年代起變成資訊電子產品。在本章，我們會介紹產品循環理論 (product cycle theory) 來說明一國貿易型態的動態演變。最後，我們會介紹關稅等貿易政策的效果。雖然我們所探討的是政府設下像進口關稅之類的貿易障礙 (trade barriers) 的影響，與世界貿易組織 (World Trade Organization, WTO) 所推動的降低貿易障礙的努力方向正好相反，不過如果我們能理解設下貿易障礙的影響，自然也能理解降低貿易障礙的政策效果。

9.1 靜態的貿易型態

我們在第 1 章曾說明，亞當・史密斯認為讓價格機能充分發揮，可以促進專業與分工，從而價格機能猶如一隻看不見的手，可以引導社會資源做最有效率的配置，而提升每個人的福利水準。所以他主張政府應採取自由放任 (laissez faire) 的政策，讓市場自由運作。亞當・史密斯進一步將他的理念應用在國際貿易上：既然自由交易可以促進專業與分工而使每個人獲利，那麼國與國之間的自由貿易同樣也可以促進專業與分工，而使每個國家都能從貿易中獲利。他認為在自由貿易下，每個國家會專業化生產並出口其具有絕對利益的產品，亦即其絕對生產力較高的產品。這樣分工的結果，可以使全世界每項產品的生產效率提升，從而每項產品的產量與消費量得以增加，因此，每個國家的福利水準得以提升。

李嘉圖進一步將亞當・史密斯的自由貿易理念加以發揚光大；他主張即使一國不擁有具絕對利益的產品，仍然會有具比較利益的產品，亦即一國一定會有相對生產力比較高的產品。在開放貿易後，一國會專業化生產並出口其具有比較利益的產品，從而全世界每項產品的生產效率，進而每個國家的福利水準，會因分工而提升。這道理就如同一個總經理各方面的能力都優於其秘書，亦即他（她）的秘書不具有任何的絕對利益，但秘書可以幫總經理做一些瑣碎費時的工作，讓總經理可以將節省下來的時間用在公司的管理與思考公司未來的發展，而提升公司的利潤，秘書也因此可以領到更多的年終獎金。我們稱總經理對管理具有比較利益，而秘書則對秘書工作具有比較利益；雙方「交易」之後（總經理雇用秘書），雙方會專業化於其具有比較利益的工作，從而生產效率、公司利潤與雙方福利水準都會提升。

比較利益與分工

秘書幫頂頭上司處理日常瑣碎的事務，好讓他們能夠將時間用在價值較高的工作上。
圖片來源：shutterstock 網站。

接下來我們就以非常簡單的例子來說明絕對利益說與比較利益說。

◆ 9.1.1 絕對利益說

我們假設只有 A 與 B 兩個國家，且只有 X（如成衣）與 Y（如紅酒）兩種商品，同時，我們假設

⑴勞動是唯一的生產要素，且一國的勞動可以在境內各個產業間自由移動，但無法跨國移動；

⑵生產具有固定規模報酬 (constant returns to scale) 的特性；

⑶所有的市場均為完全競爭市場；

⑷沒有任何的貿易障礙且不考慮運輸成本。

在假設⑴與⑵之下，生產函數可以寫成

$$Q = hL, \tag{1}$$

其中 Q 為產量，L 為勞動雇用量，h 為一固定數。

由式⑴可以得到勞動的邊際產量為

$$MP_L = \frac{\Delta Q}{\Delta L} = h。$$

所以，在式⑴的生產函數下，勞動的邊際產量是固定的。另外，從式⑴也可以得到單位勞動投入 (unit labor input)，亦即每單位產量所需的勞動雇用量，為

$$\frac{L}{Q} = \frac{1}{h}。$$

所以，單位勞動投入也是固定的。由於單位勞動投入是勞動邊際產量的倒數，因此，勞動生產力愈高（h 愈大），單位勞動投入就愈少。

令 a_X, a_Y, b_X 與 b_Y 分別代表 A 國與 B 國其生產 X 與 Y 所需的單位勞動投入。表 9–1 列出這幾個單位勞動投入的假設值。

表 9–1　X、Y 產品的單位勞動投入

	X	Y
A	$a_X=1$	$a_Y=3$
B	$b_X=6$	$b_Y=2$

由於單位勞動投入愈小表示生產力愈高，所以根據表 9–1，A 國生產 X 的生產力高於 B 國，且 B 國生產 Y 的生產力高於 A 國。我們稱 A 國對 X 的生產具有絕對利益，且 B 國對 Y 的生產具有絕對利益。

要瞭解國際貿易（以下簡稱貿易）對一國福利水準的影響，我們要先瞭解一國在貿易前自給自足狀態下的情形。假設 A 國與 B 國各有 5 單位與 10 單位的勞動稟賦 (labor endowment)，我們表示成 $L^A = 5$ 且 $L^B = 10$。因為 A 國生產 1 單位 X，需要投入 1 單位的勞動（因為 $a_X = 1$），所以，如果 A 國將所有的勞動通通用來生產 X，她總共可以生產 5 單位的 X；如果她少生產 1 單位的 X 而將 1 單位的勞動從 X 產業釋放出來，而用來生產 Y，則她可以生產 $\frac{1}{3}$ 單位的 Y（因為 $a_Y = 3$，亦即生產 1 單位的 Y 需投入 3 單位的勞動）。以此類推，當 A 國將所有的勞動全部用來生產 Y，她總共可以生產 $\frac{5}{3}$ 單位 ($\frac{L^A}{a_Y} = \frac{5}{3}$)。由於 X 產業每釋放出 1 單位的勞動，其產量會固定減少 1 單位，且 Y 產業的產量會固定增加 $\frac{1}{3}$ 單位，所以我們可以得到圖 9–1 中代表 A 國生產可能曲線 (production possibility frontier, PPF) 的 CD 線段。生產可能曲線線上的任何一點都是生產在最有效率下的產量組合，因為線內的任何一點都意味著產量還可以再增加，所以是無效率的；而線外的任何一點都是目前技術水準或生產力水準所達不到的產量組合。由於 C 點所對應的 X 產量為 $\frac{L^A}{a_X}$，且 D 點所對應的 Y 產量為 $\frac{L^A}{a_Y}$，所以 CD 線段的斜率為 $\frac{a_X}{a_Y}$。同理可證，B 國生產可能曲線（圖 9–1 中的 EF 線段）其斜率為 $\frac{b_X}{b_Y}$。

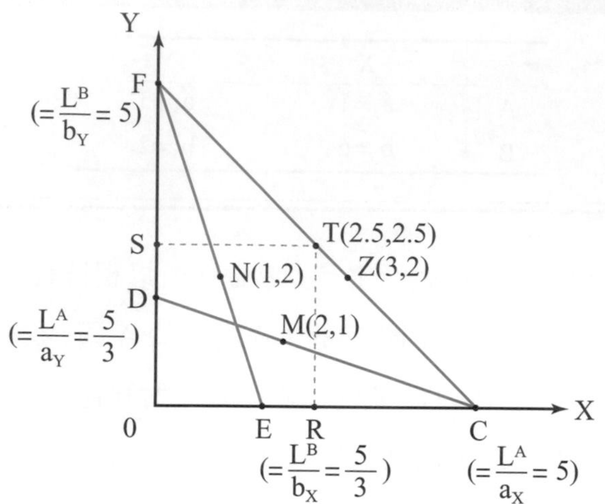

CD 與 EF 分別為 A 國與 B 國的生產可能曲線，且 M 點與 N 點分別為 A 國與 B 國在自給自足下的生產點與消費點。假設在貿易後兩國面對相同的消費可能曲線 CF，且 T 點為兩國共同的消費點。由於 A 國與 B 國分別對 X 與 Y 具有絕對利益，所以 A 國與 B 國在貿易後會分別專業化生產並出口 X 與 Y。在均衡時，兩國的貿易三角形分別為 CRT 與 TSF。

圖 9–1　絕對利益說

我們在第 4 章曾得到以下的結果：

$$MC=\frac{W}{MP_L}。$$

所以就 A 國的 X 產業而言，在 A 國的市場工資率為 W^A 的情況下，其邊際成本為：

$$MC_X^A=\frac{W^A}{MP_{LX}^A}=\frac{W^A}{\frac{1}{a_X}}=a_X\cdot W^A。\qquad (2)$$

同理，

$$MC_Y^A=a_Y\cdot W^A。$$

由於我們假設所有的市場均為完全競爭市場，所以

$$MC_X^A = P_X^A \text{ 且 } MC_Y^A = P_Y^A \text{。}$$

因此，在自給自足下，A 國 X 產品之於 Y 產品的相對價格為

$$\frac{P_X^A}{P_Y^A} = \frac{MC_X^A}{MC_Y^A} = \frac{a_X \cdot W^A}{a_Y \cdot W^A} = \frac{a_X}{a_Y} \text{。}$$

所以，A 國生產可能曲線的斜率 ($\frac{a_X}{a_Y}$) 也是 A 國在自給自足下的相對價格。

同理，B 國在自給自足下的相對價格與生產可能曲線的斜率為

$$\frac{P_X^B}{P_Y^B} = \frac{b_X}{b_Y} \text{。}$$

以表 9–1 中的數字為例，A 國在自給自足下，其 X 之於 Y 的相對價格等於 $\frac{1}{3}$，表示 1 單位 X 可以換 $\frac{1}{3}$ 單位的 Y。比方說，W^A 等於 100，那麼 P_X^A 等於 $a_X \cdot W^A$，也就等於 100；而 P_Y^A 等於 $a_Y \cdot W^A$，也就等於 300。所以 1 單位 X 可以換 $\frac{1}{3}$ 單位的 Y。

就 B 國而言，在自給自足下，其 X 之於 Y 的相對價格等於 3 ($\frac{b_X}{b_Y} = \frac{6}{2}$)，表示 1 單位的 X 可以換 3 單位的 Y，或 1 單位的 Y 可以換 $\frac{1}{3}$ 單位的 X。

在自給自足下，一國能消費多少完全決定於她能生產多少，因此，一國的生產點也是她的消費點，也因此一國的生產可能曲線也是她的消費可能曲線 (consumption possibility frontier, CPF)。以圖 9–1 為例，我們假設 A 國與

B 國在自給自足下的消費點（與生產點）分別為 M 點與 N 點，亦即我們假設 A 國在自給自足下，生產並消費 2 單位的 X 與 1 單位的 Y，B 國則為 1 單位的 X 與 2 單位的 Y。

假設兩國現在同意自由貿易，她們各會出口哪一項產品呢？假設開放貿易後的貿易條件 (terms of trade) 為 1 單位 X 換 1 單位 Y，那麼由於 A 國原先在自給自足下，生產 X 的廠商其 1 單位 X 只能換 $\frac{1}{3}$ 單位的 Y，所以她會接受這樣的貿易條件。同樣地，B 國生產 Y 的廠商原先在自給自足下，其 1 單位的 Y 只能換 $\frac{1}{3}$ 單位的 X，所以她也會接受這樣的貿易條件。因此，A 國會出口 X 且進口 Y，同時在這樣的貿易條件下，沒有人願意購買 A 國 Y 產業廠商的產品且沒有人願意購買 B 國 X 產業廠商的產品，所以 A 國的勞動會由 Y 產業流向 X 產業，且 B 國的勞動會由 X 產業流向 Y 產業。最後，A 國會完全專業化生產並出口她具有絕對利益的產品 X，且 B 國也會完全專業化生產並出口她具有絕對利益的產品 Y。在生產完全專業化的情況下，A 國與 B 國的生產點會分別落在圖 9–1 中的 C 點與 F 點。

由於貿易條件為 1 單位 X 換 1 單位的 Y，所以，A 國貿易後的消費可能曲線為由 C 點開始往左上方延伸且斜率為 -1 的 CF 線。例如，Z 點就位在這條線上，Z 點表示 A 國可以出口 2 單位的 X 換取從 B 國進口的 2 單位的 Y。由於 A 國完全專業化生產 X 共可生產 5 單位，在出口 2 單位後，還剩 3 單位可以消費，所以 Z(3, 2) 這一點位在 A 國貿易後的消費可能曲線上。

同樣地，B 國貿易後的消費可能曲線為由其完全專業化生產點 F 往右下方延伸且斜率等於 -1 的 FC 線上。在圖 9–1 中，兩國貿易後的消費可能曲線剛好相同，這是極端簡化下的情形，只是為了讓圖形更簡單。在圖 9–1 中，只要貿易條件不為 1 單位 X 換 1 單位 Y，兩國貿易後的消費可能曲線就不會相同。

兩國達成貿易均衡的條件為，在某一貿易條件下，A 國 X 的出口供給量等於 B 國 X 的進口需求量，且 A 國 Y 的進口需求量等於 B 國 Y 的出口供給量；我們稱此一貿易條件為均衡貿易條件。假設均衡貿易條件為 1 單位 X 換 1 單位 Y，且兩國有相同的貿易後消費點 T。我們稱一國生產點與消費點所構成的直角三角形為一國的貿易三角形 (trade triangle)。A 國的貿易三角形為 CRT，她出口 CR 數量的 X 並進口 RT 數量的 Y；B 國的貿易三角形為 TSF，她出口 SF 數量的 Y 並進口 ST 數量的 X。在貿易達成均衡時，兩國的貿易三角形全等。當兩國的貿易三角形不全等時，表示兩國的出口供給量不同時等於對手國的進口需求量，所以 X 或 Y 的國際市場價格會變動（或同時變動)，亦即貿易條件會變動，直到均衡貿易條件達成為止。

比較兩國貿易後的共同消費點 T（這是極端簡化下的結果）與原先各自的消費點 M 與 N 可以知道，兩國在貿易後，X 與 Y 的消費量都比原先要來得多。因此，兩國都有所謂的貿易利得 (gains from trade)，亦即貿易使兩國的福利水準都同時提升。

為什麼可以有這樣的有利結果呢？這是因為在貿易後，兩國都專業化生產各自具有絕對利益的產品，因此兩種產品的產量，與兩國的消費量，都可以因生產效率的提升而增加。在原先自給自足下，兩國兩種商品合起來的總產量均為 3 單位 (M + N)，但貿易後，A 國與 B 國進行完全專業化生產後，X 與 Y 的總產量同樣增加為 5 單位 (C + F)。因此，兩國的消費量可以同時增加，從而兩國的福利水準可以同時提升。此點結論也可以由兩國貿易後的消費可能曲線均位於原先的消費可能曲線之外來理解。

由於在自給自足且要素稟賦不變之下，一國的生產與消費可能曲線要往外擴張必須靠技術進步，因此，自由貿易的效果就如同一國發生技術進步。臺灣利用出口晶片到美國所賺取的外匯來進口美國的飛機，不就如同臺灣可以自己生產飛機一樣嗎？如果臺灣不開放貿易，那麼，我們要能自行生產飛機要等到何年何月？臺灣與美國這樣的貿易結果，就如同臺灣「創造」了以晶片為投入就可以生產出飛機的技術一樣。

另外，從圖 9–1 可以看出貿易後的消費可能曲線比 A 國的生產可能曲線來得陡，且比 B 國的來得平坦。由於貿易後的消費可能曲線其斜率等於 X

之於 Y 的貿易條件，亦即 X 之於 Y 的國際相對價格（如果 X 之於 Y 的貿易條件為 1 單位 X 換 2 單位的 Y，那就表示 X 的國際價格是 Y 的二倍），且由於兩國生產可能曲線的斜率等於各自在自給自足下的相對價格，因此，兩國發生貿易的必要條件為，國際的相對價格（表示成 $(\frac{P_X}{P_Y})^t$）介於兩國自給自足下的相對價格之間。根據我們上面所用的符號與所舉的例子，A 與 B 兩國發生貿易的必要條件為：

$$\frac{P_X^A}{P_Y^A} < (\frac{P_X}{P_Y})^t < \frac{P_X^B}{P_Y^B}。$$

以上面的數值為例，此式為 $\frac{1}{3} < 1 < 3$。如果此一條件不成立，那就表示在 $(\frac{P_X}{P_Y})^t$ 之下，其中一國貿易後的消費可能曲線會位於原先的生產可能線之內。在此情況下，這個國家不會願意貿易（如果 $(\frac{P_X}{P_Y})^t$ 等於 4，那麼哪一國不會願意貿易？）。

動腦筋時間 9–1

假設 A 國 X 產業發生技術進步，亦即 a_X 下降，而使圖 9–1 中的 C 點往右移。在其他條件不變下，在新的貿易均衡達成時，圖 9–1 中兩國的貿易三角形會如何變動？

因此，絕對利益說告訴我們，在自由貿易下，如果國際的相對價格介於兩國自給自足下的相對價格之間，那麼，一國會完全專業化生產並出口其具有絕對利益的產品，同時兩國都可以從貿易中獲利。

◆ 9.1.2 比較利益說

絕對利益說的問題在於，在現實世界中，落後國家由於生產力低，可能不具有任何的絕對利益，但先進國家還是有跟落後國家貿易。

如式(2)所示，一項產品的邊際成本不單決定於單位勞動投入（亦即生產力），也決定於工資水準。因此，落後國家只要其工資低廉的優勢能蓋過生產力低的劣勢，她還是會有產品出口的。李嘉圖就提出比較利益說來說明一國即使不具有任何的絕對利益，在自由貿易下，該國及其貿易對手國還是都可以從貿易獲利。以下我們就利用表 9–2 與圖 9–2 來說明比較利益說。

我們將表 9–1 中 a_Y 與 b_Y 的數字對調就可以得到表 9–2。

表 9–2　X、Y 產品新的單位勞動投入

	X	Y
A	a_X=1	a_Y=2
B	b_X=6	b_Y=3

由表 9–2 可以知道，B 國現在對 X 與 Y 均不具有絕對利益。那麼，根據絕對利益說，兩國不會發生貿易。但實際上，兩國還是有可能會發生貿易且均能從貿易中獲利。

在開放貿易後，兩國會各自出口哪一項產品呢？要回答這個問題，我們首先要知道兩國各自對哪一項產品具有比較利益。

就 A 國而言，如果她從 Y 產業移出 1 單位勞動到 X 產業，那麼 X 的產量會增加 1 單位且 Y 的產量會減少 $\frac{1}{2}$ 單位，因此 A 國生產 1 單位 X 的機會成本為 $\frac{1}{2}$ 單位的 Y。就 B 國而言，如果她從 Y 產業移出 6 單位勞動到 X 產業，其 X 的產量會增加 1 單位且 Y 的產量會減少 2 單位，因此 B 國生產 1 單位 X 的機會成本為 2 單位的 Y。所以，**A 國生產 X 的機會成本（$\frac{1}{2}$ 單位 Y）小於 B 國（2 單位 Y），我們稱 A 國對生產 X 具有比較利益。**相反地，

B 國生產 1 單位 Y 的機會成本是 $\frac{1}{2}$ 單位的 X，且 A 國生產 1 單位的 Y 的機會成本是 2 單位的 X，因此，**B 國生產 Y 的機會成本小於 A 國，我們稱 B 國對生產 Y 具有比較利益。所以，比較利益是由兩國生產同一項產品的機會成本大小來決定。**

我們也可以從相對生產力的角度來決定比較利益。由於 A 國生產 1 單位 X 只需 1 單位勞動，而 B 國需要 6 單位勞動，所以 A 國生產 X 的生產力是 B 國的 6 倍；而 A 國生產 Y 的生產力只有 B 國的 $\frac{3}{2}$ 倍。因此，A 國生產 X 的相對生產力要高於生產 Y，我們稱 A 國對 X 的生產具有比較利益。相反地，B 國雖然生產 Y 的生產力只有 A 國的 $\frac{2}{3}$，但比生產 X 的 $\frac{1}{6}$ 要來得高，所以 B 國對生產 Y 具有比較利益。因此，在只有兩個國家及兩種產品的情況下，一國若生產某一項產品的相對生產力比另一項產品高，則該國對該產品具有比較利益，且另一國對另一項產品具有比較利益。

為讓圖形更為簡單，我們假設兩國的勞動稟賦現在分別為 $L^A = 4$ 與 $L^B = 12$。如圖 9–2 所示，CD 與 EF 線段分別為 AB 兩國的生產可能曲線，

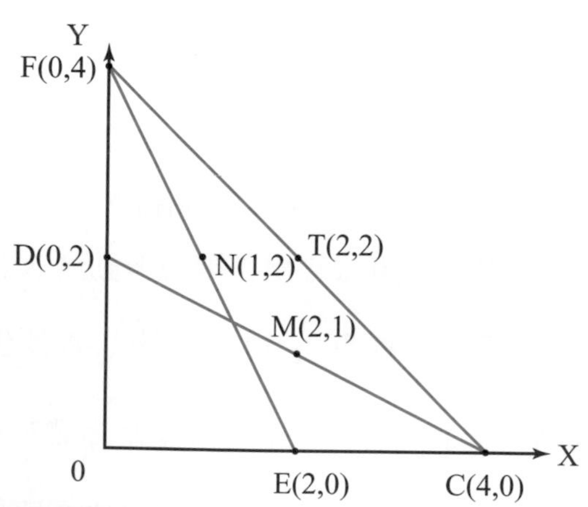

CD 與 EF 分別為 A 國與 B 國的生產可能曲線，且 M 點與 N 點各為 A 國與 B 國在自給自足下的消費點。在貿易後，A 國與 B 國會完全專業化生產並出口其具有比較利益的產品，分別為 X 與 Y。假設在貿易後 CF 為兩國共同的消費可能曲線且消費點同為 T 點。在均衡時，兩國的貿易三角形分別為 CET 與 TDF。

圖 9–2　比較利益說

且其斜率分別為 $\frac{a_X}{a_Y}=\frac{1}{2}$ 與 $\frac{b_X}{b_Y}=2$。假設在自給自足下，兩國原先的消費點分別為 M(2, 1) 與 N(1, 2)。

假設在開放貿易後，貿易條件為 1 單位 X 換 1 單位 Y。同樣地，由於 A 國原先 1 單位 X 只能換 $\frac{1}{2}$ 單位的 Y，且 B 國原先 1 單位 Y 只能換 $\frac{1}{2}$ 單位的 X，所以在上述的貿易條件下兩國會進行貿易，且 A 國出口 X, B 國出口 Y；同時，兩國最後會進行完全專業化生產。因此，在開放貿易後，兩國會完全專業化生產並出口其具有比較利益的產品。

假設兩國在貿易達成均衡時，CF 為共同的消費可能曲線，且 T 點為共同的消費點，因此 AB 兩國的貿易三角形分別為 CET 與 TDF。由於 T 點消費組合的福利水準均優於 M 點與 N 點，所以兩國都可以從貿易中獲利。之所以會有這樣的結果，是因為貿易後兩國各自專業化生產其具有比較利益的產品，亦即其相對生產力較高的產品，因此，貿易後兩國合起來的生產效率提升。此點可由原先兩國合起來 (X, Y) 的總產量為 (3, 3)，在貿易後提高為 (4, 4) 來理解。因此，透過生產效率的提升，兩國可以消費比原先多的數量，從而兩國都可以從貿易中獲利。

同樣地，兩國發生貿易的必要條件為：

$$\frac{P_X^A}{P_Y^A}<\left(\frac{P_X}{P_Y}\right)^t<\frac{P_X^B}{P_Y^B}\text{。}$$

由於在貿易發生後，X 與 Y 分別只由 A 與 B 國生產，且產品的價格等於邊際成本，而邊際成本又等於單位勞動投入乘以工資率，所以上式可改寫成：

$$\frac{a_X W^A}{a_Y W^A}<\frac{a_X W^A}{b_Y W^B}<\frac{b_X W^B}{b_Y W^B}$$

$$\frac{a_X}{a_Y}<\frac{a_X W^A}{b_Y W^B}<\frac{b_X}{b_Y}$$

$$\frac{b_Y}{a_Y} < \frac{W^A}{W^B} < \frac{b_X}{a_X}$$

或

$$\frac{a_Y}{b_Y} > \frac{W^B}{W^A} > \frac{a_X}{b_X}。$$

所以，兩國發生貿易的條件要求兩國的相對工資介在這兩項商品的兩國相對生產力之間。以上面的例子為例，上式為：

$$\frac{2}{3} > \frac{W^B}{W^A} > \frac{1}{6}$$

因此，B 國的工資率只要不超過 A 國的 $\frac{2}{3}$ 倍，B 國 Y 產品的生產成本就會小於 A 國，從而在開放貿易後，B 國會出口 Y。比方說，如果 $W^A = 300$ 且 $W^B = 150$，那麼 B 國 Y 產品的生產成本為 450，小於 A 國的 600。

雖然我們得到不管一國是否對某些產品具有絕對利益，在自由貿易下，一國都可以從貿易中獲利的結果，但此一結果背後一個重要的假設為勞動可以在產業間自由移動。以 A 國為例，在開放貿易後她進口 Y 產品，最後完全專業化生產 X 產品，這表示 Y 產業原先的勞動可以順利地移往 X 產業。但實際上每個產業有它要求的特定技能 (specific skill)，部分勞工可能需要一段期間的職業訓練才能在其他產業找到工作，也因此開放貿易後，部分進口競爭產業（如 A 國的 Y 產業）的勞工可能會有失業的問題。在此情況下，就這些失業勞工而言，起碼在他的失業期間，他是自由貿易下的受害者。

既然有人受害，那麼我們如何能說一國會有貿易利得？國際貿易理論提出補償原則 (compensation principle) 來回答這個問題。如果那些因貿易而獲利者（如生產要素用於出口產業的要素所有者）對那些因貿易而損失者其損失進行全額補償後，仍然能夠獲利，那麼就沒有人會因貿易而遭受損失，且會有一部分的人獲利。在此情況下，我們就可以說一國有真實的 (actual) 貿易利得，否則，在補償不足的情況下，我們只能說一國有潛在的 (potential) 貿易利得。我們可以利用圖 9–3 來說明補償原則；圖 9–3 是圖 9–2 的延伸。

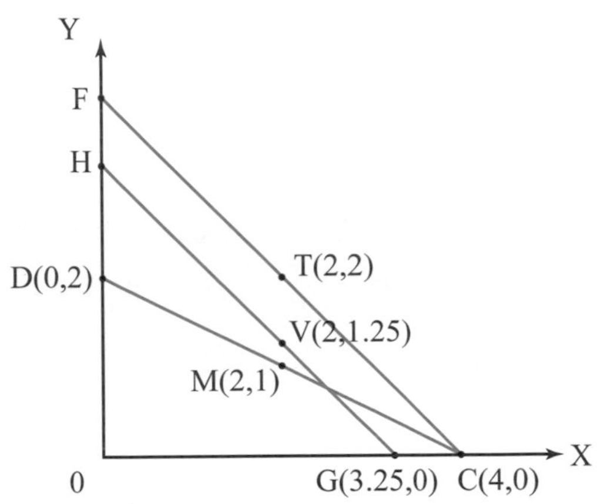

A 國原先在自給自足下的消費點為 M，在貿易發生後其生產點為 G，消費可能曲線為 GH 且消費點為 V。如果因貿易而遭受損失者其損失能夠獲得全額補償，那麼 A 國會有真實的貿易利得。

圖 9–3　補償原則

假設 A 國原先在自給自足下的生產點與消費點位於圖 9–3 中的 M(2, 1) 點，且生產因素用於 X 產業與 Y 產業的要素所有者（分別以甲跟乙代表）其消費組合 (X, Y) 均為 (1, 0.5)。再假設開放貿易後有部分 Y 產業的勞工失業了；在有失業的情況下，生產點就不會位在生產可能曲線 CD 上，而會在其下方，如 G(3.25, 0) 點。又假設貿易條件仍然是 1 單位 X 換 1 單位的 Y，則此時 A 國的消費可能曲線為 GH，且假設 A 國貿易後的消費點為 V (2, 1.25) 點，同時甲的消費組合變成 (1, 1.25)，乙則變成 (1, 0)。此時如果政府對甲課 0.5Y 的稅，且將 0.5Y 全數移轉給乙，那麼甲跟乙的消費組合就變成 (1, 0.75) 與 (1, 0.5)。在此情況下，乙並沒有因貿易而變差，但甲變得較好，所以 A 國有真實的貿易利得。

我國為因應加入世界貿易組織 (WTO) 後，大幅開放農產品進口對我國農業部門的衝擊，在 1998 年訂定《農產品受進口損害救助辦法》，並成立「農產品受進口損害救助基金」，基金主要的經費來源為政府撥款，金額估計為 1 仟億元。

這樣的救助辦法與基金合乎補償原則的概念，不過進口競爭產業不單只有農業，因此，會因為貿易自由程度提高而遭受損失的也不單只有農民。但政府因為預算有限，所以也無法一一補償。因此我們很難說我國加入世界貿易組織後，我國會有真實的貿易利得。不過，如本章一開始所提的，我們能有今天的生活水準可以說主要是拜國際貿易之賜，所以我們因國際貿易而享有潛在的貿易利得應是無庸置疑的。

另外，根據以上的分析，一國的貿易型態決定於一國與他國的勞動相對生產力與相對工資水準。根據我們在第 7 章的說明，勞動生產力決定於技術水準與資本存量，其實也決定於勞動本身的素質；而工資水準也會受到勞動供給的影響。以我國為例，我國之所以能出口像半導體與手機鏡頭之類的產品，主要是我國這些產業的技術水準和勞動素質與先進國家差距有限，但工資比先進國家來得低，所以我們可以出口這些產品到先進國家。而且，由於我國這些產業的技術水準仍遙遙領先中國等企圖迎頭趕上的國家，所以雖然這些國家的工資比我國低廉，但仍不足以撼動我國這些產業在國際市場的地位。另外，像蓮霧等高價水果以及蝴蝶蘭等花卉，也主要是因為技術水準高，所以能成為出口產品。

嬌豔欲滴的蝴蝶蘭

只有與眾不同的商品，才能抓住世界各國的眼光，並出口賺進外匯，厚植臺灣的經濟成長實力。

圖片來源：shutterstock 網站。

就進口產品而言，像成衣或中低階資訊電子產品，由於技術水準不高，所以我國會從中國等低工資國家進口。至於飛機、高級轎車、部分藥品（如威而鋼與愛滋病用藥）、核磁共振等醫療機器與半導體機器等產品，則由於外國技術水準是我們所望塵莫及的(可以理解成我們如要生產這些產品，我們的單位勞動投入會遠高於生產國)，所以我們進口這些產品。

9.2　比較利益的動態演變

在 1990 年代中期以前，全世界筆記型電腦主要的生產國為日本，之後我國成為全世界筆記型電腦的主要生產基地與出口國；不過，在 2005 年我國最後一條一般筆記型電腦的生產線移至中國大陸，所以我們現在買的一般筆記型電腦都是進口貨。從這個例子可以知道，一國的貿易型態或比較利益是會隨時間變動的。我們在本節介紹產品循環理論，來說明此一動態現象。產品循環理論也可以用來說明產業內貿易 (intra-industry trade) 現象，亦即一國同時出口並進口同一產業產品的現象（我們在上一節所分析的是產業間貿易 (inter-industry trade) 現象）。

根據產品循環理論，一項新的產品通常是由美日等先進國家發明，且通常是針對高所得市場（如手機與液晶電視機）。一開始，為測試市場的反應並根據這些反應進行修改，且由於生產所需的技術水準較高，所以一開始只會在發明國家進行生產與銷售。如圖 9–4 (a)所示，在 t_0t_1 期間，發明國這項新產品的產量等於消費量，所以沒有國際貿易。這項產品經不斷修改而可以為市場所普遍接受後，便開始出口且會發展出大規模的生產方式；此時生產所需的技術水準降低，因而廠商會將生產基地外移至其他工資水準較低且有足夠技術水準進行生產的國家，如臺灣與南韓。由於生產基地外移，所以發明國家的產量會持續減少，且由於消費持續增加，發明國會由原先的出口國變成進口國（如在圖 9–4 (a)的時點 t_2 之後）；其他生產這項產品的國家，如圖 9–4 (b)所示，則由進口國變成出口國。因此，我們可以觀察到一項產品其發明國與其他生產國比較利益的轉變。當產品完全標準化後，因為生產所需的技術水準更低，所以生產基地會再移至生產成本更低的國家，如中國。

這樣一個產品循環現象會不斷重複出現。發明國家也會不斷地發明新的產品，如更高階的產品在圖 9–4 (a)中的 t_1t_2 之間出現，而開始其生命循環，且會有類似圖 9–4 (a)中的生產與消費曲線。這項更高階的產品如在時點 t_2 之後開始出口，那麼，我們就可以觀察到先進國家進口低階產品並出口同一

產業高階產品的產業內貿易現象，像日本不斷推出更高階的液晶電視機，較低階的液晶電視機則從臺灣、南韓、甚至中國大陸進口。

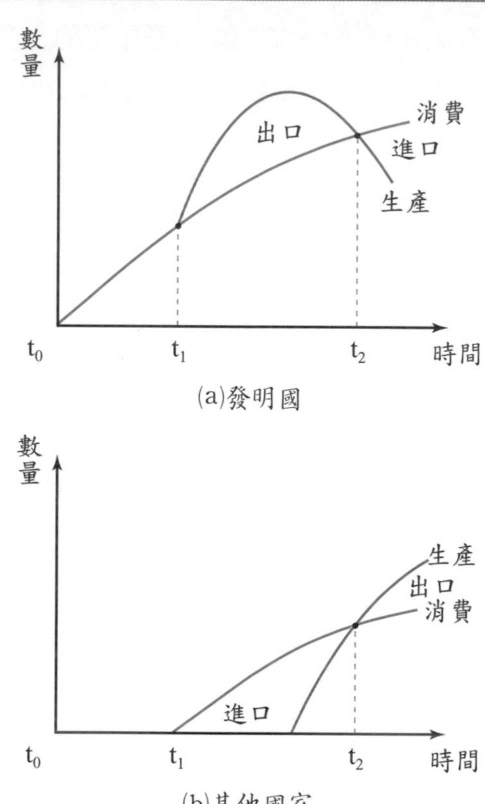

在 t_0t_1 期間，新產品只在發明國生產與消費。隨著產品的市場接受度提高，這項產品開始出口，且生產基地會外移至生產成本較低的國家，從而在時點 t_2 之後，發明國會由出口國轉成進口國。

圖 9–4　產品循環現象

試舉出其他的產業內貿易現象。

9.3 貿易政策

一國可能為了保護其進口競爭產業或壯大其出口產業，而採取課徵進口關稅或對其出口進行補貼等貿易政策。本節分成進口與出口，探討不同的貿易政策對國內產量、消費量、市場價格與福利水準的影響。為簡化分析，我們假設本國是小國，亦即本國的進口量與出口量的變動都不會影響國際價格，亦即本國是貿易財的價格接受者。

◆ 9.3.1 進　口

最常見的進口貿易政策工具是進口關稅 (import tariff)。假設進口品的國內供需曲線分別為圖 9–5 中的 S 與 D。在沒有關稅的情況下，如果國際價格為 P^*，則由於本國是小國，所以本國會面對一條對應 P^* 的水平國際供給線 S^*，表示本國可以依 P^* 進口任何的數量，也因此本國的國內市場價格也是 P^*。

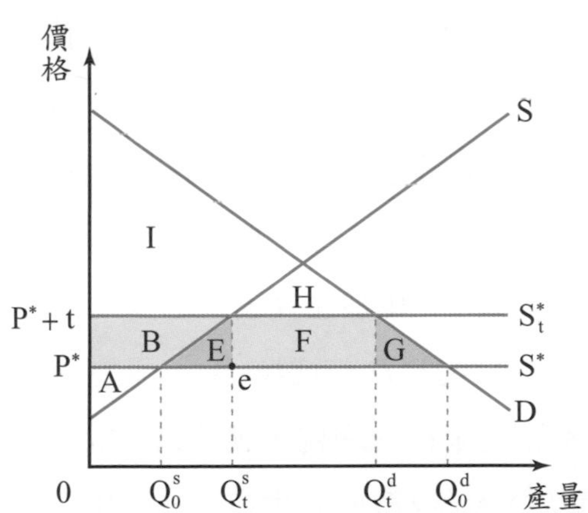

假設本國是小國且國內的供需曲線分別為 S 與 D，同時國際價格為 P^*。由於本國是小國，所以本國面對水平的國際供給線 S^*。若本國課徵稅額為 t 的從量關稅，那麼國內市場價格會上升至 P^*+t，國內的消費量會由原先的 Q^d_0 減為 Q^d_t，產量則由 Q^s_0 增加為 Q^s_t。消費者剩餘減少 (B+E+F+G)，生產者剩餘增加 B，關稅收入增加 F，無謂損失為 E+G。

圖 9–5　進口關稅

如圖 9–5 所示，此時本國的消費量為 Q^d_0，產量為 Q^s_0，兩者之間的差距

即為進口量 $Q_0^sQ_0^d$。如果現在政府課徵稅額為 t 的從量關稅，則進口品的國內銷售價格上漲為 P^*+t，這也是課徵關稅後的國內價格。由於國內價格上漲，所以消費量減為 Q_t^d，產量增加為 Q_t^s，因此課徵進口關稅具有保護或扶植國內進口競爭產業的效果。此時進口量減為 $Q_t^sQ_t^d$，關稅收入則為圖中的 F 面積。

由於國內消費量減少，所以消費者剩餘由原先的 B + E + F + G + H + I 減少為 I + H，故消費者剩餘減少 (B + E + F + G)，因此，課徵進口關稅對消費者不利。生產者剩餘則從原先的 A 增加為 A + B，故增加 B❶。

雖然生產者剩餘增加 B 且政府關稅收入增加 F，但不足以完全彌補 (B + E + F + G) 的消費者剩餘減少。因此，社會福利會有 E 與 G 的淨損失，此即課徵進口關稅所造成的無謂損失。為什麼會有這樣的結果？這是因為消費量減少 $Q_t^dQ_0^d$，從而原先消費者消費這些數量所享有的消費者剩餘 (G) 就消失了。另外，由於供給曲線 S 的高度代表生產者的機會成本，因此，$Q_0^sQ_t^s$ 這一部分因為課徵關稅而增加的國內產量其生產成本高於進口成本，總共多出了 E，這是一種無效率的結果。我們稱 E 與 G 分別為課徵關稅所造成的生產扭曲 (production distortion) 與消費扭曲 (consumption distortion)。

如果政府要保護國內進口競爭產業，讓其產量由原先的 Q_0^s 增為 Q_t^s，那麼政府也可以對國內廠商進行從量補貼，單位補貼金額為 t。在此情況下，補貼後的國內供給曲線會由原先的 S 平行下移且通過圖 9–5 中的 e 點。由於此時的國內價格在政府沒有課徵關稅的情況下仍是 P^*，所以消費者剩餘沒有減少；而在產量 Q_t^s 之下，由於生產者所收到的補貼後價格為 P^*+t，所以生產者剩餘為 A + B，比補貼前增加 B。不過由於政府的補貼金額為 B + E，這部分的金額不是來自於增稅，就是來自於政府其他支出的減少，所以是社會福利的減項。因此，政府對生產者補貼仍會有 E 這個部分的無謂損失，不過比課徵關稅少了 G；換言之，政府的生產補貼只會造成生產扭曲，而不會造成消費扭曲。所以，政府如要保護國內進口競爭產業，生產補貼優於進口關稅。

❶ 相反地，如果原先有課徵進口關稅，但後來調降了，則會造成生產者剩餘的減少與消費者剩餘的增加。

◆ 9.3.2　出　口

我國曾於 1960 年代實施出口退稅與外銷低利貸款等政策以獎勵出口。所謂出口退稅是出口廠商在出口後所領回的先前進口原料所付的關稅等稅捐。這政策如同政府對出口的補貼，我們以圖 9–6 說明出口補貼 (export subsidy) 的效果。

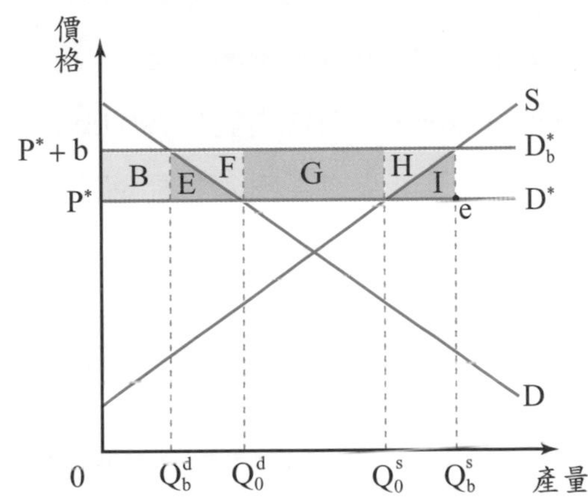

假設國內的供需曲線為 S 與 D，國際價格為 P^*。如果政府實施出口從量補貼，每單位補貼金額為 b，那麼國內價格由 P^* 上升為 P^*+b，國內產量會由 Q_0^s 增為 Q_b^s，消費量由 Q_0^d 減為 Q_b^d，出口量則由 $Q_0^dQ_0^s$ 增為 $Q_b^dQ_b^s$。同時，消費者剩餘減少 (B+E)，生產者剩餘增加 B+E+F+G+H，政府補貼金額為 E+F+G+H+I，社會的無謂損失為 (E+I)。

圖 9–6　出口補貼

假設國內的供需曲線為 S 與 D，國際價格為 P^*，原先的國內產量為 Q_0^s，消費量為 Q_0^d，且出口量為 $Q_0^dQ_0^s$。如果政府實施出口從量補貼，每單位補貼金額為 b，那麼，國內出口廠商每單位出口所收到的價格除了 P^* 之外，還包括 b。由於國內出口廠商其產品不管是銷到國內還是國外，都會要求同樣的價格，所以現在的國內價格上漲為 P^*+b。在此情況下，國內的產量增為 Q_b^s，消費量減為 Q_b^d，出口量增加為 $Q_b^dQ_b^s$；同時，生產者剩餘增加 B+E+F+G+H，消費者剩餘減少 (B+E)，政府補貼金額為 E+F+G+H+I，因此，社會的無謂損失為 (E+I)。其中 E 為國內消費量減少所造成的消費扭曲；I 為國內廠商生產 $Q_0^sQ_b^s$ 這部分產量其成本比國際價格高所造成的生產扭曲。

同樣地，如果政府採取生產補貼，那麼補貼後的國內供給曲線會通過圖 9–6 中的 e 點。讀者可自行畫圖得出此時的社會無謂損失只有 I，而得到政府如要壯大國內出口產業，生產補貼優於出口補貼的結果。

另外，一國政府也可能為了增加稅收或降低國內價格，而對出口品課徵出口關稅❷。此一政策會有什麼效果，我們出在本章習題供讀者練習。

最後，國際貿易理論也探討生產要素跨國移動（如對外直接投資，foreign direct investment）對來源國與接受國其產量與要素價格的影響（比方說臺商對中國大陸直接投資增加對兩地工資水準的影響）。國際貿易理論也會探討經濟整合 (economic integration)，如自由貿易區 (free-trade area) 的經濟效果。對這些議題有興趣的讀者可修習「國際貿易理論」課程。

摘　要

1. 國際貿易理論又稱為國際個體經濟學，它利用個體經濟學的分析方法，探討一國的貿易型態以及貿易對一國福利水準的影響等議題。
2. 亞當・史密斯的絕對利益說主張，在自由貿易下，每個國家會專業化生產並出口其具有絕對利益的產品，亦即其絕對生產力較高的產品。這樣分工的結果，可以使全世界每項產品的生產效率提升，從而每項產品的產量與消費量得以增加，因此，每個國家的福利水準得以提升。
3. 李嘉圖進一步將亞當・史密斯的自由貿易理念加以發揚光大，其比較利益說主張，即使一國不具有絕對利益的產品，仍然會有具比較利益的產品，亦即一國一定會有相對生產力比較高的產品。在開放貿易後，一國會專業化生產並出口其具有比較利益的產品，從而全世界每項產品的生產效率，進而每個國家的福利水準，會因分工而提升。
4. 在只有兩個國家及兩種產品的情況下，一國若生產某一項產品的相對生產力比另一項產品高，則該國對該產品具有比較利益，且另一國對另一項產品具有比較利益。
5. 一國生產點與消費點所構成的直角三角形為一國的貿易三角形；在貿易達成均衡時，兩國的貿易三角形全等。由於兩國貿易後的消費可能曲線均位於原先的消費可能曲線之外，所以兩國都會有貿易利得。

---

❷ 印度曾在 2010 年 4 月 19 日宣佈，為平抑國內高漲的棉價，即日起暫停棉花出口登記。這就如同對棉花的出口課徵相當高的關稅，讓出口業者無法從出口獲利，而停止出口，且只能轉銷國內市場，因此具有平抑國內價格的效果。

6. 兩國發生貿易的條件為兩國的相對工資介在這兩項商品的兩國相對生產力之間。如果此一條件不成立，那就表示其中一國貿易後的消費可能曲線會位於原先的生產可能線之內，從而這個國家不會願意貿易。
7. 如果那些因貿易而獲利者對那些因貿易而損失者其損失進行全額補償後，仍然能夠獲利，那麼就沒有人會因貿易而遭受損失，且會有一部分的人獲利。在此情況下，一國會有真實的貿易利得，否則一國只有潛在的貿易利得。
8. 產品循環理論主張，一項新的產品通常是由美日等先進國家發明，且通常是針對高所得市場。一開始為測試市場的反應並根據這些反應進行修改，且由於生產所需的技術水準較高，所以一開始只會在發明國家進行生產與銷售，所以沒有國際貿易。這項產品經不斷修改而可以為市場所普遍接受後，便開始出口且會發展出大規模的生產方式，此時生產所需的技術水準降低，因而廠商會將生產基地外移至其他工資水準較低且有足夠技術水準進行生產的國家。由於生產基地外移，所以發明國會由原先的出口國變成進口國。因此，我們可以觀察到一項產品其發明國與其他生產國比較利益的轉變。當產品完全標準化後，因為生產所需的技術水準更低，所以生產基地會再移至生產成本更低的國家，如中國。
9. 由於發明國家會不斷地發明新的更高階產品，所以我們可以觀察到先進國家進口低階產品並出口同一產業高階產品的產業內貿易現象。
10. 當政府課徵進口關稅時，國內市場的價格會上漲，從而消費量減少，且產量增加，因此課徵進口關稅對國內消費者不利，但具有保護或扶植國內進口競爭產業的效果。
11. 政府課徵進口關稅會同時造成生產扭曲與消費扭曲，對國內進口競爭產業進行生產補貼則只會造成生產扭曲，而不會造成消費扭曲，所以，政府如要保護國內進口競爭產業，生產補貼優於進口關稅。
12. 當政府進行出口補貼時，國內市場的價格會上漲，從而消費量減少，且產量增加，因此出口補貼也會對國內消費者不利，但具有壯大國內出口產業的效果。政府進行出口補貼也會同時造成生產扭曲與消費扭曲，對國內出口產業進行生產補貼則只會造成生產扭曲，所以，政府如要壯大國內出口產業，生產補貼優於出口補貼。

習　題

1. 假設 A 與 B 兩國其產品 X 與 Y 的單位勞動投入如下表所示。

	X	Y
A	4	6
B	2	1

另外，假設兩國的勞動稟賦分別為 $L^A = 20$ 及 $L^B = 5$。

(a)畫出兩國的生產可能曲線。

(b)如果兩國發生貿易，則國際的相對價格 $(\frac{P_X}{P_Y})^t$ 以及兩國的相對工資 $\frac{w^A}{w^B}$ 之範圍為何？

(c)根據李嘉圖模型，B 國貿易後的產量組合為何？

(d)假設 B 國貿易前的消費組合為 (X , Y) = (2 , 1)。如果 $(\frac{P_X}{P_Y})^t = 1$，且 B 國貿易後的消費組合為 (3 , 2)，則 B 國的進出口量各是多少？B 國的貿易利得又會是多少？

2. 假設單位勞動投入數字如表 9–2，且兩國的勞動稟賦均為 10 單位 ($L^A = L^B = 10$)，同時，兩國均花 3/4 的所得購買 X，且均花 1/4 的所得購買 Y。當一國的出口值等於進口值時，一國的貿易達成平衡，且在只有兩國的情況下，一國的出口值等於另一國的進口值。

(a)寫下 A 國的貿易平衡式。當 A 國貿易達成平衡時，均衡的兩國相對工資（表示成 $(\frac{w^A}{w^B})^*$）為何？均衡的國際相對價格 $((\frac{P_X}{P_Y})^*)$ 又為何？

(b)兩國的進口量會各是多少？

3. 根據圖 9–5，當從量關稅 t 的水準為多少時，本國不會有任何的進口？此時本國的無謂損失又為何？試繪圖說明之。

4. 試利用圖 9–6 畫出本國對出口產業進行每單位補貼金額為 b 的生產補貼下的情形（此時沒有出口補貼）。

(a)說明與自由貿易相較，消費者剩餘、生產者剩餘、出口量、政府補貼總支出會如何變動？

(b)此時的無謂損失為何？

(c)就相同的補貼後產量而言，生產補貼還是出口補貼較優？為什麼？

(d)如果政府不進行生產補貼，而是對國內消費進行同幅度的補貼，則結果是否會與生產補貼相同？

(e)如果不相同，那麼我們在第 3 章所得到的，不管政府是對買者還是賣者進行補貼其結果相同之結論，是不是不適用在國際貿易下的情況？為什麼會有這樣的結果？試說明之。

5. 假設本國是小國，且出口 X 產品。如果政府對 X 課徵出口從量稅，則國內價格、消費量、產量與出口量會如何變動？為什麼？此時的無謂損失又為何？試繪圖說明之。

6. 中國自 2007 年 1 月 1 日起對生鐵、不銹鋼錠等鐵與非鐵金屬產品，開徵 10% 至 15% 的出口關稅。試繪圖說明此一政策的影響。

第 *10* 章
總體經濟變數的衡量

1. 何謂國內生產毛額 (GDP)？
2. 如何從支出面與所得面計算 GDP？
3. 何謂實質國內生產毛額？
4. 以國民所得作為生活水準的指標會有哪些問題？
5. 物價指數如何計算？
6. 何謂實質利率與實質薪資？
7. 為何臺灣的實質薪資會停滯？
8. 失業與勞動參與率如何計算？
9. 失業的成因為何？
10. 所得不均度的指標有哪些？如何計算？

Economics

到目前為止，我們介紹的內容主要包括個人、家戶與廠商如何作決策，以及他們的決策與行為合起來如何影響商品、服務與生產要素市場的供給與需求，進而說明市場的均衡價格與均衡數量如何決定；同時，我們也說明政府如何解決市場失靈問題以及國際貿易現象。這些都屬於個體經濟學的範圍。

從本章開始，一直到最後，我們將介紹總體經濟學 (macroeconomics)。總體經濟學主要在探討一國總體經濟變數，如國民所得、一般物價、失業率、利率與匯率，其水準的決定因素，以及政府的經濟政策對這些變數的影響。簡單地說，總體經濟學旨在探討一國經濟表現好壞的原因以及政府的總體經濟政策效果。為了判斷一國經濟表現的好壞，並作為政府施行經濟政策的依據，我們首先必須要能衡量出一國總體經濟變數的水準。這就如同醫生要有各式各樣的檢查數據，如白血球、血糖、尿酸、血脂肪、肝功能、腫瘤等數據，才能判斷一個人的身體狀況；如有問題，才能根據相關數據對症下藥並決定藥量的輕重。

所以在本章，我們會先介紹如何衡量一些重要的總體經濟變數或指標，分別為國民所得、物價指數、失業率與所得分配。在以後的章節，再介紹相關的總體經濟理論。

10.1 由生產面計算國民所得

國民所得為一國整體的所得水準。就如同我們要判斷一個人過去一年經濟方面表現的好壞時，我們通常會看他的年所得一樣，我們如要判斷一國過去一年經濟表現的好壞時，我們也希望知道該國過去一年整體的所得水準。也如同個人的所得來自於將他所擁有的生產要素，如勞動、資本或土地，投入生產一樣，一國的國民所得水準要能反映一國的產出水準，因此，我們通常以國內生產毛額 (gross domestic product, GDP) 來代表一國整體的所得水準。

國內生產毛額是指一國在一段期間內（通常是一年或一季），其境內所生產出來的最終商品與服務 (**final goods and services**) 的市場總價值。以下就根據這個定義，進一步說明國內生產毛額的內涵。

1. 國內生產毛額是一個流量 (flow) 概念

流量為一段期間的量，如你今天打了 660 秒的手機，你上禮拜工作了 50 小時，某一家廠商去年生產了 100 萬臺液晶電視機等等。相對於流量的概念是存量 (stock)；存量為某一時點的量，如上個月底你的郵局存款餘額為 2 萬元，某一家營造商去年年底有 100 輛挖土機等等。二個不同時點的存量的差反映出這兩個時點之間的流量。比方說，你上個月月底的存款餘額為 2 萬元，這個月一共存了 8,000 元，但領了 5,000 元，那麼你這個月月底的存款餘額為 23,000 元。又比方說，某一家營造商去年年底有 100 輛挖土機，若年折舊率為 10%，則這 100 輛挖土機在今年年底實質上只剩 90 輛；如果該廠商今年共再買進 20 輛新的挖土機，那麼，其在今年年底的挖土機存量為 110 輛 $(100-100\times 10\%+20)$。由於國內生產毛額只計算過去一段期間內的國內整體產值，所以是一個流量概念。

2. 國內生產毛額考量的是一國境內的產值

不管生產者或要素所有者的國籍為何，其在一國境內所貢獻的產值，都計入該國的 GDP。例如，外勞在臺灣所提供的勞務價值與外商公司在臺灣的產值，都是臺灣 GDP 的一部分。同理，臺商在大陸工廠的產值則計入中國的 GDP。

3. 國內生產毛額考量的是市場價值 (market valuc)

由於一國生產的商品與服務有成千上萬種，因此，我們要有一個共同的衡量標準才能將許許多多種的商品與服務的價值轉換成單一的國內生產毛額水準。我們所用的衡量標準就是市場價格，這是因為絕大多數的商品與服務都有它的市場價格，且市場價格反映買者的支付意願，亦即商品與服務對買者的價

自用住宅租金設算

自用住宅所提供之服務雖然沒有直接的市場價格，但是因為容易設算，所以自用住宅之服務仍然計入 GDP。

圖片來源：shutterstock 網站。

值，因此，如果一包有機米是 100 元，而一包普通米是 50 元，那麼，一包有機米對 GDP 的貢獻應為一包普通米的兩倍。有些商品或服務並沒有直接的市場價格，例如，自用住宅所提供的住的服務。就此項服務而言，在計算 GDP 的時候，會根據同地段出租房屋的租金，設算出自用住宅的「租金」。但有一些重要的商品或服務，如家務或志工服務，因設算困難所以就沒有納入 GDP。

4.國內生產毛額僅考量最終商品與服務的價值

所謂的最終商品與服務是指那些不在一國境內作為中間財 **(intermediate goods)** 的商品與服務。廠商在生產過程中會使用各式各樣的生產要素，其中，人力、機器設備、建築物與土地以外的投入就稱為中間財。如臺灣境內生產的液晶面板如組裝成液晶電視機，那麼這一部分的面板就是中間財或中間投入；我們在計算 GDP 時，為避免重複計算，只會計算液晶電視機這項最終商品的價值，而不會將面板的市場價值也計入。但如果臺灣的面板廠商直接出口面板，那麼由於這些面板不在臺灣作為液晶電視機的中間投入，此時它們是最終商品，所以其出口值就計入臺灣的 GDP。因此，一國的所有出口品，不管它在製造過程中是屬於原物料、中間產品或成品，都計入一國的 **GDP**。換個角度來想，如果沙烏地阿拉伯的原油出口值都不計入其 GDP，你認為合理嗎？另外，如果面板廠商今年所生產出來的面板沒有銷售出去而變成存貨，那麼由於這一部分的面板並未作為液晶電視機的中間投入且因為它們是今年生產出來的，所以，它們是最終商品且其價值也會計入今年的 GDP。因此，一國存貨價值的增加列為一國 **GDP** 的加項，而一國存貨價值的減少則列為一國 **GDP** 的減項。我們可以用下面的例子來瞭解 GDP 關於存貨的處理。

假設臺灣去年只生產兩塊面板，其單價為 15,000 元；其中一塊組裝成電視機，其售價為 40,000 元，另一塊並未組裝成電視機，而成為存貨。在此情況下，臺灣這部分的 GDP 為 55,000 元，包括 40,000 元的電視機與 15,000元的存貨增加。再假設臺灣今年沒有生產面板，但利用去年那一塊存貨組裝成一部電視機，售價仍為 40,000 元。在此情況下，臺灣今年這部分的 GDP 為 25,000 元，等於 40,000 元減 15,000 元（存貨減少）。雖然臺灣這兩年各賣出一臺液晶電視機，但並不是各生產一塊面板，所以上述的 GDP 計算方式可以正確反映出實際的生產情況。

5. 國內生產毛額僅考量當期生產

交易成功的商品可能是以前生產的且已計入以前的 GDP，此時的交易值不應再計入當期的 GDP，不然就會重複計算。比方說，你以 10 萬元把你的中古車賣給你的朋友，這 10 萬元就不應計入今年的 GDP，因為你的這部車在以前出廠時已計入以前的 GDP。即使你的車子是今年生產出來的，但由於你當初的買車金額已計入今年的 GDP，所以這 10 萬元也不應計入今年的 GDP。

動腦筋時間 10–1

假設今年你以 10 萬元把車子賣給中古車車行，中古車車行在今年再以 15 萬元將車賣出。那麼，是否由於交易的是中古車，所以這些交易對 GDP 沒有影響？

每一項最終商品或服務，可能會經歷很多階段的生產過程。每一階段都會產生附加價值 (value-added)，其為廠商的收益減去中間投入的成本。一國生產一項最終商品或服務的價值就是該國各個生產階段的廠商其所創造的附加價值的總和。比方說，假設液晶電視機在本國的生產包括兩個階段：面板與組裝，且假設面板的唯一中間投入為進口的玻璃基板，單價為 5,000 元；組裝的唯一中間投入為面板，單價為 15,000 元，且電視機的單價為 40,000 元。根據這些假設，面板這一生產階段的附加價值為 10,000 元（15,000 元 − 5,000 元），組裝這一生產階段的附加價值為 25,000 元 (40,000 元 − 15,000 元)。所以本國生產一臺液晶電視機所創造的總價值為 35,000 元，其為兩個生產階段的附加價值的和（10,000 元 + 25,000 元）。雖然一臺液晶電視機的售價為 40,000 元，但由於 5,000 元的玻璃基板不是本國所生產的，因此不應計入本國的 GDP，也因此本國生產一臺液晶電視機所創造的 GDP 只有 35,000元。

以上所說明的是一國整體的 GDP 如何計算。一國的 GDP 為各產業 GDP 的加總；一國的產業分為農業、工業與服務業等三級產業。工業主要包括製造業、營造業與水電燃氣業；服務業則主要包括批發及零售業、政府服務、不動產及租賃業、金融及保險業、與運輸、倉儲及通信業。圖 10–1 顯示臺灣農業、工業與服務業等三級產業歷年的產值占 GDP 的比重。從圖可以看出，農業的比重逐漸下滑，在 2020 年只剩不到 2%；工業的比重則自 1961 年的 25.34% 上升至 1986 年的 46.03%，然後再逐漸下滑，2020 年的比重為 36.84%；服務業的比重基本上呈上升趨勢，特別是 1980 年代末期以後，2001 年的比重高達 69.36%，2020 年的比重為 61.51%。

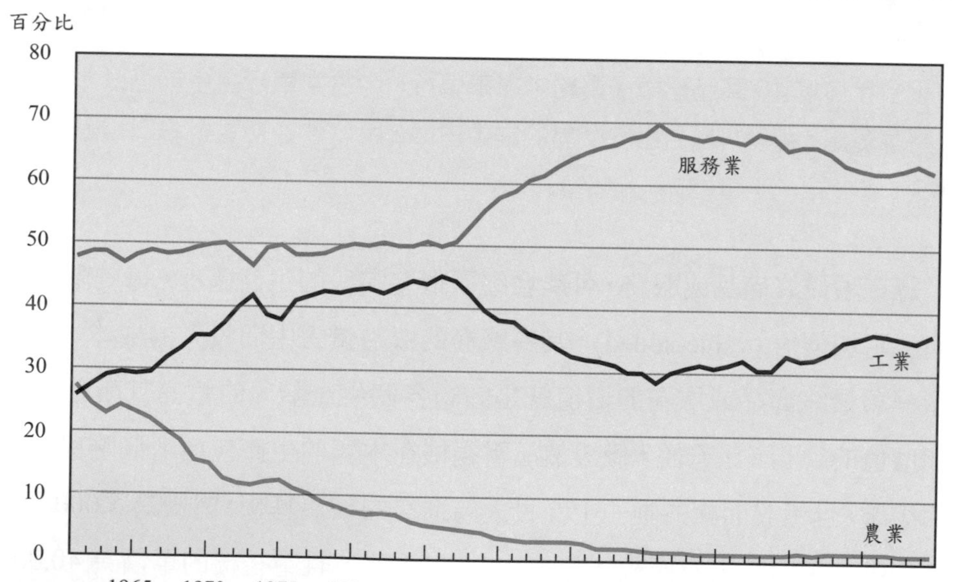

資料來源：行政院主計總處網站：首頁 > 政府統計 > 主計總處統計專區 > 國民所得及經濟成長 > 統計表。

圖 10–1　1961–2020 年臺灣三級產業之產值占 GDP 之比重

10.2　由支出面與所得面計算國內生產毛額

◆ 10.2.1　由支出面計算 GDP

由第 1 章循環流程圖中的商品市場可以看出，廠商從銷售中獲取收益，其金額也等於家戶的支出，所以我們也可以從支出面來計算一國的 GDP。對一國所生產的最終商品與服務的支出不單來自於其家戶部門，也來自於其政府部門與國外部門；另外，我們也可以將支出區分為消費支出與投資支出。因此，從支出面計算 GDP 包括四大項：民間消費（**private consumption**，簡稱 **C**）、投資（**investment**，簡稱 **I**）、政府消費（**government consumption**，簡稱 **G**）與出口淨額（**net exports**，簡稱 **NX**）。其中出口淨額為出口（exports，簡稱 EX）減進口（imports，簡稱 IM）。亦即：

$$\begin{aligned} GDP &= C + I + G + NX \\ &= C + I + G + EX - IM。\end{aligned}$$

如前所述，一國的所有出口都計入 GDP，而一國的民間消費、投資與政府消費都包括對進口品的支出，且出口品的生產可能使用國外進口的中間投入；由於進口品非本國生產，故所有的進口須從一國的 GDP 中扣掉，因此由支出面計算 GDP 有包括 IM 這一減項。這四大項目分別介紹如下：

1. 民間消費

民間消費 (C) 為一國家戶對商品與服務的支出，但不包括新建家庭自用住宅的支出（這項計入「投資」項下）。商品的支出分為對汽車、電器等耐久性消費財的支出，與對衣食水電燃料等非耐久性消費財的支出。服務的支出則包括醫療、娛樂、教育與租金等項目的支出，自用住宅的設算租金也包括在裡面。

2.投　資

投資（I，正確的名稱應為投資毛額，gross investment）包括固定資本形成毛額 (gross fixed capital formation) 與存貨變動。固定資本形成毛額依資本財型態包括營建工程（住宅、非住宅用房屋與其他營建工程）、機器設備、運輸工具與智慧資產（如研究發展支出）。以 2020 年為例，這幾項支出占固定資本形成毛額的比率分別為 37.98%、34.48%、5.25% 與 22.29%。固定資本形成毛額若依購買主體來區分，則可分為民間、公營企業與政府。以 2020 年為例，這幾個主體的支出占固定資本形成毛額的比率分別為81.13%、5.90%與 12.97%。民間投資支出占 **GDP** 比率的波動程度通常較大，因而通常是一國經濟波動的主要成因。以 2009 年為例，民間投資支出金額為 19,331 億元，占 GDP 的比率為 14.96%，而 2008 年的這兩項數字分別為 22,840 億元與 17.42%。2009 年民間投資支出大幅減少，為當年臺灣經濟衰退的主要原因。

投資還包括存貨變動（如為負值，則計為 GDP 的減項）。如前所述，存貨價值的變動應計入 GDP，而存貨因可在下一期使用，與資本財的性質較為接近，故存貨增加列在投資這一項。另外，投資毛額減去折舊 (depreciation) 即為投資淨額 (net investment)。以我們之前所舉的挖土機為例，投資毛額為廠商對 20 輛新的挖土機的支出，此一支出扣掉折舊費用後，即為投資淨額。

3.政府消費

政府消費 (G) 包括政府用於購買消費性商品的支出與雇用軍公教人員的人事費用。比較有趣的一點是，根據行政院主計處所說明的「國民所得編算方法」中，把軍隊的食品消費支出（以政府所撥的主副食費計算）列在民間消費項下。政府利用它所購買的商品與所雇用的軍公教人員，提供國防、治安、教育、司法等公共服務。由於這些服務沒有所謂的市場價格，故依「自產自買」的假設，以實際支出計算其價值，納入 GDP 中。

4. 出口淨額

本國出口值為外國對本國所生產的最終商品與服務的支出。如前所述，本國的進口支出必須從本國的 GDP 中扣掉，故只有出口與進口的差額，即出口淨額，才是國外部門對本國 GDP 的貢獻。出口淨額又稱為商品與服務的貿易餘額 (trade balance)；如為正值，則本國有貿易順差 (trade surplus)，如為負值，則本國有貿易逆差 (trade deficit)。臺灣在 1950 年代，每年都有貿易逆差；在 1960 年代，只有在 1964 與 1966 兩年有小幅貿易順差；在 1970 年代，在 2 次石油危機期間，都還會有貿易逆差；但自 1981 年起，每年就都有貿易順差。在 1986 年，貿易順差占 GDP 的比率還曾高達 18.45%；貿易順差絕對金額最高是 2020 年的 27,046 億元，但占 GDP 的比重為 13.67%。

動腦筋時間 10–2

假設在 2024 年，臺灣的進出口值都為 6,000 億美元，亦即貿易是平衡的或出口淨額等於零。如果在 2025 年，臺灣突然宣布禁止國際貿易，亦即進出口金額均為零（出口淨額也就等於零），那麼，這項措施對臺灣 2025 年的 GDP 可能會有什麼樣的影響？

圖 10–2 顯示臺灣歷年各項支出占 GDP 的比率，其中以民間消費所占比率最大。在 1950 年代初期，民間消費比重均在七成以上，這是由於當時所得水準低，因此所得用在一些必要消費之後所剩不多。臺灣經濟自 1950 年代末期開始起飛；所得快速增加後，民間消費的比重就開始明顯下降，取而代之的是投資與出口淨額。自 1980 年代末期起，民間消費的比重開始回升，被取代的主要是出口淨額；這或許一方面與 1980 年代下半期臺灣的金錢遊戲盛行，國人變得比較重視享樂，另一方面與自 1980 年代下半期起，臺灣部分出口產業將生產基地外移至東南亞與中國有關。

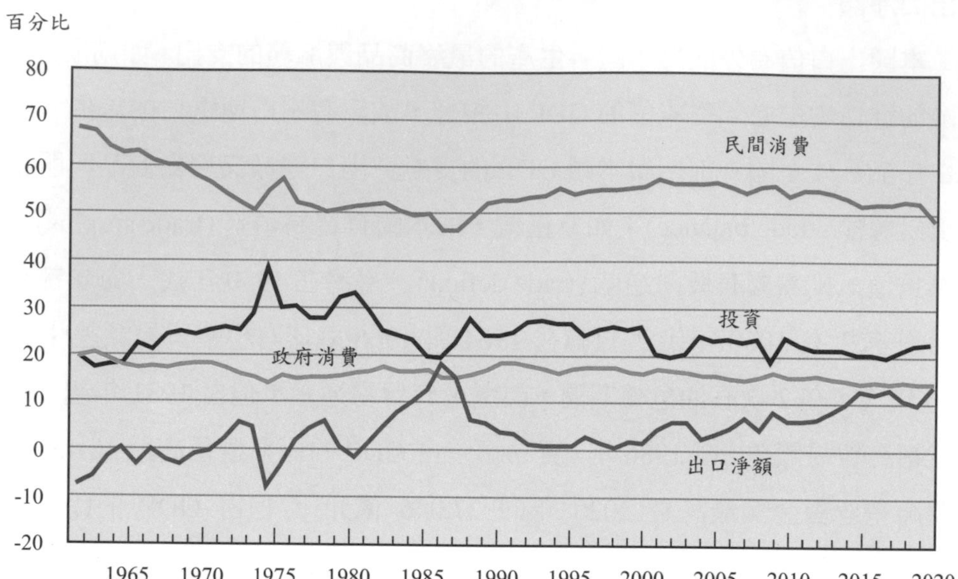

資料來源：行政院主計總處網站：首頁 > 政府統計 > 主計總處統計專區 > 國民所得及經濟成長 > 統計表。

圖 10-2 1961–2020 年臺灣各項最終需求支出占 GDP 之比重

◆ 10.2.2 由所得面計算 GDP

由第 1 章循環流程圖中的要素市場也可以看出，廠商用銷售收益來支付生產要素成本；這些支付就變成生產要素擁有者的所得。所以，我們也可以從所得面來計算一國的 GDP。

在上一節我們曾提到，國內生產毛額考量的是一國境內的產值；如果我們關心的是本國國民創造所得的能力，則我們一方面要從本國 GDP 中扣掉外國生產要素參與本國生產所賺取的所得，另一方面還要加上本國生產要素參與外國生產所賺取的所得。這樣計算後的結果為本國國民在某一段期間內，不管其生產要素用在哪一國的生產，所創造的所得的總和，我們稱為國民所得毛額 (gross national income, GNI)。因此，GDP 與 GNI 之間的關係為：

> GNI = GDP ＋ 本國生產要素參與外國生產所賺取的所得 － 外國生產要素參與本國生產所賺取的所得
> = GDP + 國外要素所得淨額。

在 2020 年，臺灣的 GDP 為新臺幣 19 兆 7,744 億元（初值），GNI 則為新臺幣 20 兆 3,653 億元，亦即國外要素所得淨額約為新臺幣 5,909 億元。臺灣自 1983 年起，國外要素所得收入淨額即一直保持正值且呈現日益擴大的趨勢。在各國對生產要素的跨國移動日益放寬之際，大部分國家都已從過去強調 GNI 轉為重視 GDP。在相當程度上，如果一國的 GDP 持續小於 GNI 且差距日益擴大，則表示該國生產環境在國際上的相對吸引力愈來愈差。

在實務上，所有本國國民的要素所得之和並不等於 GNI，這是因為廠商須付給政府營業稅、貨物稅、關稅等間接稅。之所以稱這些稅為「間接」稅，是因為在某種程度上，廠商可以把這些稅轉嫁給消費者，而不是「直接」由廠商負擔。相反地，政府也可能對廠商進行補貼；間接稅減去政府補貼稱為間接稅淨額。另外，廠商也會提列折舊成本，因此，GNI 減去折舊，再減去間接稅淨額與統計差異 (statistical discrepancy) 之後，才等於要素所得，或稱（按要素成本計算之）國民所得 (NI)。所以，國民所得與國民所得毛額的關係為：

國民所得 (NI) = 國民所得毛額 − 折舊 − 間接稅淨額 − 統計差異
= 國民所得淨額 − 間接稅淨額 − 統計差異
= 受僱人員報酬 + 營業盈餘 + 國外要素所得淨額
= 國內要素所得 + 國外要素所得淨額
= 薪資 + 租金 + 利息 + 利潤 + 國外要素所得淨額

其中，國民所得淨額 (net national income, NNI) 等於國民所得毛額減去折舊。臺灣的受僱人員報酬占國民所得的比例自 1998 年跌至六成以下後，就再也沒回到六成以上。在 2019 年，要素所得、受僱人員報酬與營業盈餘分別為 15 兆 2,755 億元、8 兆 6,931 億元 (54.94%) 與 6 兆 1,058 億元 (39.97%)❶。

❶ 《國民所得統計年報》，民國 108 年。

是不是所有的國民所得都會成為家戶所得或個人所得？並不是。因為（公民營）企業須繳納營利所得稅，且繳稅後的淨利可能會保留一部分，即所謂的未分配盈餘 (retained earnings)，供企業未來投資之用，而未分配給股東。另外，政府也會有財產所得（如國有地的租金）。此外，企業及勞工也須繳納勞保和健保等社會保險費。以上這些都是統計個人所得時從國民所得中扣除的所謂「勞而不獲」的項目。不過，相對的，也會有一些「不勞而獲」的項目成為個人所得，包括公債利息以及來自政府（如老農津貼及政府對個人的紓困金）、企業及國外的移轉性收入。因此，個人所得 (personal income, PI) 與國民所得之間的關係為：

> 個人所得 (PI) = 國民所得 − 營利所得稅 − 未分配盈餘
> − 政府財產所得 − 社會保險費 + 公債利息
> + 來自政府、企業及國外的移轉性收入

最後，我們必須從個人所得中扣除個人所得稅與其他直接稅負（如罰款及牌照稅等），以及家戶對政府、企業及國外的移轉性支付（如家戶的賑災捐款）後，剩下的才是個人可支配所得 (disposable personal income, DPI)：

> 個人可支配所得 (DPI) = 個人所得 − 個人直接稅負
> − 對政府、企業及國外的移轉性支付

個人可支配所得用於消費之後，剩下的就是個人儲蓄。個人儲蓄與企業的保留盈餘（即企業儲蓄）合稱民間儲蓄；民間儲蓄加上政府儲蓄❷等於國民儲蓄，為一國的總儲蓄。

綜上所述，我們把各個所得統計量之間的關係列於表 10–1：

由於一國的 GDP 水準會受到人口數的影響，為使國際間的比較有意義，各國都會有平均每人 GDP 的資料，且換算成美元。將一國某一年的 GDP 除

❷ 政府儲蓄如同民間儲蓄，等於政府淨收入減去政府消費；而政府淨收入等於政府總收入減去利息支出再減去移轉性支付淨額。

以該年的期中人口數，即得到以該國貨幣表示的平均每人 GDP；此一數值再除以那一年美元對該國貨幣的平均匯率，即得到該國以美元表示的平均每人 GDP 水準。在 2019 年，臺灣的 GDP 為新臺幣 18 兆 9,325 億元，期中人口數約為 2,359 萬人，這兩數相除可得平均每人 GDP 為新臺幣 802,361 元；當年美元兌新臺幣的平均匯率為 30.93 元 / 美元，因此，臺灣 2019 年平均每人 GDP 以美元表示為 25,941 美元❸，遠高於 1961 年的 154 美元（當年的匯率為 1 美元兌換 40 元新臺幣）。

在 2019 年，美國、新加坡、香港、日本、南韓與中國大陸的平均每人 GDP 分別為 65,281、65,233、48,756、40,247、31,762 與 10,262 美元❹。

表 10–1　各個所得統計量之間的關係式

GDP
加：國外要素所得淨額
=GNI
減：折舊
=NNI
減：間接稅淨額
統計差異
=NI
減：營利所得稅
未分配盈餘
政府財產所得
社會保險費
加：公債利息
來自政府、企業及國外的移轉性收入
=PI
減：個人直接稅負
對政府、企業及國外的移轉性支付
=DPI

❸ 行政院主計總處網站：首頁 > 政府統計 > 主計總處統計專區 > 國民所得與經濟成長 > 統計表 > 國民所得統計常用資料。臺灣 2019 年的平均每人 GNI 為新臺幣 822,553 元或 26,594 美元。

❹ List of countries by GDP (nominal) per capita, Wikipedia, the free encyclopedia.

Economics 部落格

在 2019 年，臺灣的平均每人 GDP 為新臺幣 802,361 元，此一數值在 1960 年只有約 5,874 元，因此在 60 年間(1960–2019 年)，臺灣的平均每人 GDP 成長了約 135 倍 (802,361 ÷ 5,874 – 1)。這是否意味著，平均而言，臺灣的民眾在上述的 50 年期間，所能購買的商品數量(或生活水準)提升了 135 倍呢？答案是否定的，因為在這段期間，臺灣的物價也大幅上漲。如果你今年的所得比 10 年前增加了 1 倍，但每項商品與服務的價格也都上漲了 1 倍，那麼，你所能購買的商品數量並沒有改變。由於人們的生活水準主要決定於所能購買的商品與服務的數量，因此，一國的 GDP 如要能真正反映出一國民眾生活水準的變化，則它的變動應要能反映出一國最終商品與服務其數量的變動，此即為實質國內生產毛額 (real gross domestic product) 的概念。

10.3 實質國內生產毛額

我們在 10.1 小節所介紹的一國某一年的 GDP 金額，是由該年所有的最終商品與服務的銷售金額相加而來的；而每一項最終商品或服務在該年的銷售金額是其市場價格與數量的乘積。此一 GDP 金額稱為名目 GDP (nominal GDP, NGDP)，又稱為以當年價格計算之 GDP (GDP at current price)。可以用下式表示：

$$NGDP_t = \sum_i P_{ti} Q_{ti}$$

其中，P_{ti} 與 Q_{ti} 分別代表第 i 種最終商品或服務其第 t 期的價格與產量。因此，不同期間的名目 GDP 之所以會不同，可能是因為市場價格、產量變動，或兩者同時發生變動。

名目 GDP 是否是衡量一國生活水準的良好指標？辛巴威曾在 2009 年發行面額高達百兆辛巴威幣的鈔票。可以想見的，其名目 GDP 是天文般的金額，但其失業率卻超過九成。因此，在惡性物價膨脹 (hyperinflation) 期間，名目 GDP 不是衡量一國生活水準的良好指標。為避免此一問題，且由於人們的生活水準主要決定於所能購買的商品與服務的數量，因此，一國的 GDP 如要能真正反映出一國民眾生活水準的變化，則它的變動應要能反映出一國最終商品與服務其數量的變動，此即為實質國內生產毛額的概念。

我們如要算出只反映數量變動的實質 GDP (real gross domestic product, RGDP)，需要能剔除物價的變動。一個直覺且簡單的作法，就是將最終商品與服務的價格固定在某一年的水準，此年我們稱為基期年 (base year)。這樣計算出來的不同期間的 GDP 水準如有不同，那就純粹是因為這兩個期間的最終商品與服務的數量不同所造成的。依這種方式得出的 GDP 稱為以基期年價格計算之 GDP (GDP at base year price)，或簡稱為實質 GDP。實質 GDP 可以用下式表示：

$$RGDP_t = \sum_i P_{bi} Q_{ti}$$

其中，P_{bi} 代表第 i 種最終商品或服務其基期年的價格❺。

我們常聽到或看到的一國經濟成長率 (economic growth rate)，就是根據實質 GDP 計算出來的，其公式為：

$$\text{經濟成長率} = \frac{RGDP_t - RGDP_{t-1}}{RGDP_{t-1}} \times 100\%$$

換言之，**一國的經濟成長率為一國實質 GDP 的變動比率**，因此，一國經濟成長率愈高，代表其最終商品與服務產量的增加率愈高。我們會在下一

❺ 以上關於實質 GDP 的計算方式是根據所謂的定基法 (fixed-based)，主計總處於 2014 年 11 月將實質 GDP 的計算方式改成連鎖法 (chain-linked)。不管是連鎖法還是定基法，其所計算出來的實質 GDP 都能剔除物價的變動。依定基法所計算之實質 GDP 具可加性（亦即 $Y = C + I + G + NX$），但連鎖值並不具可加性，亦即 $Y \neq C + I + G + NX$（有興趣瞭解詳情的讀者可參閱主計總處 2014 年 11 月 28 日新聞稿之附件 2）。

章說明一國長期經濟成長率的決定因素。

表 10–2 列出臺灣自 1961 至 2020 年的一些重要經濟指標，包括名目 GDP、實質 GDP 與經濟成長率等。

表 10–2　1961–2020 年臺灣的重要經濟指標

單位：新臺幣百萬元，%

年	名目 GDP	實質 GDP	年經濟成長率	GDP 平減指數	CPI	GDP 平減指數年增率	CPI 年增率	失業率
1961	71,122	349,761	7.05	20.33	14.10	4.79	7.88	–
1962	78,405	380,985	8.93	20.58	14.43	1.23	2.34	–
1963	88,732	421,901	10.74	21.03	14.74	2.19	2.15	–
1964	103,665	475,186	12.63	21.82	14.72	3.76	–0.14	–
1965	114,762	531,668	11.89	21.59	14.71	–1.05	–0.07	–
1966	128,272	582,865	9.63	22.01	15.00	1.95	1.97	–
1967	148,348	647,873	11.15	22.90	15.51	4.04	3.40	–
1968	173,008	710,795	9.71	24.34	16.73	6.29	7.87	–
1969	200,688	778,966	9.59	25.76	17.58	5.83	5.08	–
1970	231,397	868,614	11.51	26.64	18.21	3.42	3.58	–
1971	269,084	985,232	13.43	27.31	18.72	2.52	2.80	–
1972	322,504	1,121,911	13.87	28.75	19.28	5.27	2.99	–
1973	418,460	1,265,873	12.83	33.06	20.86	14.99	8.20	–
1974	560,085	1,299,622	2.67	43.10	30.75	30.37	47.41	–
1975	601,778	1,380,025	6.19	43.61	32.36	1.18	5.24	–
1976	721,529	1,577,126	14.28	45.75	33.17	4.91	2.50	–
1977	845,592	1,757,037	11.41	48.13	35.50	5.20	7.02	–
1978	1,011,422	1,995,218	13.56	50.69	37.56	5.32	5.80	1.67
1979	1,219,496	2,171,468	8.83	56.16	41.22	10.79	9.74	1.27
1980	1,522,495	2,346,027	8.04	64.90	49.05	15.56	19.00	1.23
1981	1,804,431	2,512,595	7.10	71.82	57.07	10.66	16.35	1.36
1982	1,938,023	2,633,455	4.81	73.59	58.75	2.46	2.94	2.14
1983	2,169,446	2,871,079	9.02	75.56	59.55	2.68	1.36	2.71
1984	2,418,240	3,159,591	10.05	76.54	59.54	1.30	–0.02	2.45
1985	2,535,056	3,311,483	4.81	76.55	59.44	0.01	–0.17	2.91
1986	2,965,448	3,692,701	11.51	80.31	59.85	4.91	0.69	2.66
1987	3,344,935	4,163,551	12.75	80.34	60.16	0.04	0.52	1.97

年	名目 GDP	實質 GDP	年經濟成長率	GDP 平減指數	CPI	GDP 平減指數年增率	CPI 年增率	失業率
1988	3,615,662	4,497,627	8.02	80.39	60.94	0.06	1.30	1.69
1989	4,032,464	4,889,907	8.72	82.47	63.63	2.59	4.41	1.57
1990	4,474,288	5,160,859	5.54	86.70	66.25	5.13	4.12	1.67
1991	5,018,019	5,592,915	8.37	89.72	68.65	3.48	3.62	1.51
1992	5,609,357	6,057,698	8.31	92.60	71.72	3.21	4.47	1.51
1993	6,200,154	6,470,467	6.81	95.82	73.83	3.48	2.94	1.45
1994	6,779,396	6,955,940	7.50	97.46	76.86	1.71	4.10	1.56
1995	7,391,062	7,407,974	6.50	99.77	79.67	2.37	3.66	1.79
1996	8,031,305	7,865,538	6.18	102.11	82.12	2.35	3.08	2.60
1997	8,705,149	8,341,508	6.05	104.36	82.87	2.20	0.91	2.72
1998	9,366,337	8,692,254	4.20	107.75	84.26	3.25	1.68	2.69
1999	9,804,503	9,277,419	6.73	105.68	84.41	−1.92	0.18	2.92
2000	10,328,549	9,863,229	6.31	104.72	85.47	−0.91	1.26	2.99
2001	10,119,429	9,724,993	−1.40	104.06	85.46	−0.63	−0.01	4.57
2002	10,630,911	10,258,057	5.48	103.63	85.29	−0.41	−0.20	5.17
2003	10,924,029	10,691,422	4.22	102.18	85.05	−1.40	−0.28	4.99
2004	11,596,241	11,434,651	6.95	101.41	86.42	−0.75	1.61	4.44
2005	12,036,675	12,050,225	5.38	99.89	88.42	−1.50	2.31	4.13
2006	12,572,587	12,745,595	5.77	98.64	88.95	−1.25	0.60	3.91
2007	13,363,917	13,618,739	6.85	98.13	90.55	−0.52	1.80	3.91
2008	13,115,096	13,727,568	0.80	95.54	93.74	−2.64	3.52	4.14
2009	12,919,445	13,506,148	−1.61	95.66	92.92	0.13	−0.87	5.85
2010	14,060,345	14,889,912	10.25	94.43	93.82	−1.29	0.97	5.21
2011	14,262,201	15,436,975	3.67	92.39	95.15	−2.16	1.42	4.39
2012	14,677,765	15,779,909	2.22	93.02	96.99	0.68	1.93	4.24
2013	15,270,728	16,171,821	2.48	94.43	97.76	1.52	0.79	4.18
2014	16,258,047	16,935,007	4.72	96.00	98.93	1.66	1.20	3.96
2015	17,055,080	17,183,235	1.47	99.25	98.63	3.39	−0.30	3.78
2016	17,555,268	17,555,268	2.17	100.00	100.00	0.76	1.39	3.92
2017	17,983,347	18,136,589	3.31	99.16	100.62	−0.84	0.62	3.76
2018	18,375,022	18,642,014	2.79	98.57	101.98	−0.59	1.35	3.71
2019	18,932,525	19,194,635	2.96	98.63	102.55	0.06	0.56	3.73
2020	19,774,477	19,791,301	3.11	99.91	102.31	1.30	−0.23	3.85

說明：實質 GDP 以 2016 年為參考年；CPI 以 2016 年為基期年。
資料來源：中華民國統計資訊網；行政院主計總處網站：首頁 > 主計總處統計專區。

10.4 國民所得作為生活水準指標的問題

人類從事生產和消費活動是為了要提升生活水準，因此，一國的平均每人實質國民所得水準愈高，通常表示她的人民所能消費的商品與服務的數量愈多，因而其生活水準愈高。不過，要以平均每人實質國民所得作為經濟福祉的指標仍存在不少問題。以下逐一說明。

1.未考慮污染

污染是生產與消費活動不可避免的副產品，如工廠與汽機車排放廢氣，因此，在污染防治技術未改善下，平均每人實質國民所得水準愈高，就表示污染愈嚴重。但污染對人們生活水準的負面影響並未反映在國民所得中，甚至還會發生像在 2000 年高屏溪被傾倒有毒廢溶劑，政府消費支出 (G) 因清除污染而增加，但飲用水品質卻下降的例子。經濟學家對此一問題的反省就是提出綠色 GDP (green GDP) 的衡量，將自然資源折耗與環境品質質損列為綠色 GDP 的減項，並把大自然（如森林）所提供的生態價值 (ecological value) 或環境服務 (environmental services) 估算後列為加項。行政院主計總處自 2000 年起推動綠色國民所得帳之研編，其所估算的 2019 年自然資源折耗與環境品質質損的金額分別為新臺幣 146.8 與 439.3 億元❻，合起來占國內生產毛額的比率為 0.31%。如果高所得國家其污染嚴重，環境品質差，那麼其國民所得就有高估生活水準之虞。

向環境污染說不！

生活水準的提高，若是必須以環境的嚴重污染為代價，相信沒有人會願意，包括近來全球暖化所造成的後遺症，也給人們極大的警惕。
圖片來源：shutterstock 網站。

❻ 行政院主計總處網站：首頁 > 政府統計 > 主計總處統計專區 > 綠色國民所得 > 電子書 > 108 年綠色國民所得帳編製報告。

2.未考慮休閒價值

當人們的工作時間愈長時，其所得水準也愈高，但其休閒時間也會變得愈少，健康狀況也可能變得愈差，甚至發生「過勞死」的情況。當人們健康狀況出問題時，醫療支出（包括在民間消費 C 中）也會隨著增加。另外，休閒時間變少，也意味著花在與家人相聚及親子教育的時間變少。所以，當一個社會其平均工時增加時，雖然平均每人實質國民所得水準會提高，但工作者的健康狀況可能會變差，而使醫療支出增加，從而排擠其他的消費支出；同時因休閒時間變少，透過休閒活動所創造的滿足水準也會降低。這些都是國民所得統計所無法反映的。如果高所得的國家其平均工時高，那麼其國民所得也有高估生活水準之虞。

3.未考慮沒有市場價格的生產活動

根據 GDP 的定義，只有那些有市場價格或容易設算的產出其產值才納入 GDP；但有很多產出是沒有市場價格或設算困難的，如老人與小孩由自家人照護、家務與自行組裝或製造家具等 DIY 活動。經濟發展程度較低的國家，這些「生產」活動的比率要比發展程度較高的國家來得大，但這些活動的「產值」並未計入她們的國民所得中。上述這些活動以及像志工服務，都可以提升個人或整個社會的福利水準，但都未反映在國民所得統計中。比較有趣的一點是，如果一位母親決定去工作，然後雇一位保姆看顧她的小孩，則國民所得會因計入她們兩人的薪水而增加，但小孩的照護品質很有可能是變差的。如果低所得的國家其市場以外的生產規模較大，那麼其國民所得就有低估生活水準之虞。

有趣的 DIY

家居裝潢的 DIY 活動，近年來蔚為風潮，除了省錢的好處之外，還能夠促進家庭氣氛的和諧與趣味，何樂而不為呢？
圖片來源：shutterstock 網站。

4. 無法有效掌握「地下經濟」的產值

國民所得統計除了上述可能無法正確反映生活水準的問題外，它通常也無法有效掌握「地下經濟」(underground economy) 的產值。地下經濟包括「非法經濟」與「隱藏經濟」。非法經濟指法律所不允許的經濟行為，如走私、盜採砂石；隱藏經濟指所得申報或統計調查未能包含之經濟行為，如地下工廠、逃漏稅。依聯合國國民經濟會計帳 (SNA) 之規範，有生產行為即須計算其產出價值，即使非為法律或社會風俗所允許。所以地下經濟在內之所有生產行為均應計算其產出價值，並納計於 GDP。惟在統計實務上，大部分非法經濟如毒品、性服務等因流向及資料掌握不易，世界主要先進國家（美、德、法、加、澳等）均未加以估算，我國亦同；惟部分地下經濟因產品流向等特性（如地下工廠生產之產品，透過下游合法廠商轉售出口至國外，該地下工廠產值即含括於海關出口總值統計之內），最終仍可納計於 GDP❼。因此，實際上，GDP 只納入部分地下經濟的產值。

5. 無法反映所得分配的狀況

國民所得統計的另外一個問題是無法反映所得分配 (income distribution) 的狀況。想像有兩個經濟體，她們有相同的平均每人實質國民所得；其中一個經濟體其人民的所得水準非常接近，另一個經濟體其整體國民所得集中在非常少數的人的手上，絕大多數的人民都非常貧窮，也就是所得分配極不平均。雖然這兩個經濟體的平均每人實質國民所得水準是一樣的，但就一般人而言，如果當不成那幾個有錢人，應該都會希望活在第一個經濟體。由於所得分配是政府施政的重要參考指標，因此，各國政府通常都會編製所得分配指標。我們會在本章最後一節介紹相關的指標。

---

❼ 行政院主計總處網站：首頁 > 政府統計 > 主計總處統計專區 > 國民所得與經濟成長 > 答客問 > 國民所得統計。

由以上的說明可以得知，要以國民所得作為衡量生活水準的指標存在一些問題。不過，一國若有比較高的平均每人實質國民所得水準，通常該國的醫療、衛生、水電交通等公共建設，以及教育等方面的水準會比較高，因而其人民的生活水準也會比較高。

聯合國 (UN) 公布「2020 年全球幸福報告」(World Happiness Report 2020)，在調查的 153 個國家和地區中，臺灣排名第 25，蟬聯東亞及東南亞各國之首。芬蘭連續 3 年穩坐全球第一，最不幸福的國家則是阿富汗。

這份報告指出，全球最幸福國家前 10 名依序為芬蘭、丹麥、瑞士、冰島、挪威、荷蘭、瑞典、紐西蘭、奧地利、盧森堡。臺灣排名第 25 與去年相同，在東亞與東南亞區域中最佳，優於新加坡 (31)、菲律賓 (52)、泰國 (54)、南韓 (61)、日本 (62)、香港 (78)、蒙古 (81)、馬來西亞 (82)、越南 (83)、印尼 (84)、中國 (94)、寮國 (104)、柬埔寨 (106)、緬甸 (133)。

全球最不幸福國家前 10 名依序為阿富汗、南蘇丹、辛巴威、盧安達、中非共和國、坦尚尼亞、波札那、葉門、馬拉威、印度。

聯合國從 2012 年開始公布全球幸福報告，之後每一年都會公布，各國排名是依據人均 GDP、社會保障、健康預期壽命、社會自由、慷慨度和遏制腐敗程度等因素來衡量。

（資料來源：中央社，2020 年 3 月 22 日。）

10.5　物價指數

◆ 10.5.1　國內生產毛額平減指數

如上所述，一國名目 GDP 的變動可能同時反映出價格與數量的變動，而實質 GDP 的變動只純粹反映出數量的變動，因此，名目 GDP 除以實質 GDP 的商可以用來衡量物價的變動。我們稱名目 GDP 除以實質 GDP 的商為 GDP 平減指數 (GDP deflator)，其公式為：

$$\text{GDP 平減指數} = \frac{\text{名目 GDP}}{\text{實際 GDP}} \times 100$$

表 10–3 的例子說明如何計算名目 GDP、實質 GDP 與 GDP 平減指數。假設一國只生產蘋果與橘子兩種商品，其 2018, 2019 與 2020 年的單價與數量如表 10–3 所示，且我們以 2018 年為基期年。要計算 2018 年的名目 GDP，就將這兩項商品的 2018 年單價乘以 2018 年數量，然後再相加；以同樣的方法也可以算出 2019 與 2020 年的名目 GDP。由於我們以 2018 年為基期年，所以 2018 年的實質 GDP 等於其名目 GDP。至於 2019 年的實質 GDP，我們就以這兩項商品的 2019 年單價乘以 2019 年的數量，然後再相加。我們可以用同樣的方法算出 2020 年的實質 GDP。

算出每一年的名目 GDP 與實質 GDP 之後，將名目 GDP 除以實質 GDP，即可得出各年的 GDP 平減指數。如表 10–3 所示，2019 年的 GDP 平減指數為 109.1，表示平均而言，蘋果與橘子的單價較 2018 年上漲了 9.1%，雖然橘子的單價是下跌的。

表 10–3　名目 GDP，實質 GDP 與 GDP 平減指數

年	蘋果		橘子		名目 GDP	實質 GDP	GDP 平減指數
	單價	數量	單價	數量			
2018	20 元	10 顆	20 元	8 斤	360 元	360 元	100
2019	25 元	12 顆	18 元	10 斤	480 元	440 元	109.1
2020	30 元	14 顆	16 元	15 斤	660 元	580 元	113.8

說明：2018 年為基期年。

我們可以把名目 GDP 的變動分解成物價的變動與數量的變動。以表 10–3 為例，我們可以得到以下的數字：

$$\frac{NGDP_{2012}}{NGDP_{2011}}=\frac{RGDP_{2019}}{RGDP_{2018}}\times\frac{GDP\ deflator_{2019}}{GDP\ deflator_{2018}}$$

$$\frac{480}{360}=\frac{440}{360}\times\frac{109.1}{100}$$

$$1.333=1.222\times 1.091\text{。}$$

由上式可以知道，2019 年的名目 GDP 較 2018 年增加了 33.3%，其中有 22.2% 純粹來自於產量增加的貢獻，有 9.1% 純粹來自於物價上漲的貢獻，另外有 2% 來自於產量與物價的交叉貢獻。在一般情況下，亦即名目 GDP 的變動率不大的情況下，最後一項貢獻是可以忽略的，所以一國名目 GDP 的變動率可以分解成產量的變動率與物價的變動率。

為何稱為「平減」指數？我們可以把 GDP 平減指數的定義式改寫成：

$$RGDP=\frac{NGDP}{GDP\ deflator}\text{。}$$

如果每項最終商品與服務的數量都不變，亦即實質 GDP 不變，且每項最終商品與服務的價格均上漲一倍，那麼 GDP 平減指數與名目 GDP 都會上漲一倍。用名目 GDP 除以 GDP 平減指數就可把物價的上漲給「平減」或剔除掉。以我們現在所舉的這個例子而言，GDP 平減指數與名目 GDP 都上漲一倍，上式等式右邊維持不變，所以透過除以 GDP 平減指數，我們就可以把物價的變動給平減掉，而得到實質 GDP 維持不變的結果。

從表 10–2 可以看出，由於 1960 年代初期的物價水準大約只有參考年 2016 年的七分之一，因此，以 1960 年代的當時價格所計算的名目 GDP 水準遠低於以 2016 年價格所計算的實質 GDP 水準。就 GDP 平減指數的年增率而言，在 1973–1974 年以及 1979–1981 年兩次石油危機期間，由於國際石油價格大漲，也使我國的平減指數 GDP 有兩位數的年增率。另外，在 1999–2011 年期間，我國有輕微的物價緊縮 (deflation) 現象，亦即一般物價持續下跌的現象。

◆ 10.5.2 消費者物價指數

GDP 平減指數反映最終商品與服務的價格；不過，消費者並不會關心每一項最終商品與服務（如機器設備）的價格，他們會比較關心在日常生活中會消費到的商品與服務的價格。因此，各國政府都會編製消費者物價指數 (consumer price index, CPI)，以反映一般家庭的生活成本 (cost of living)。

我們之前曾提到，在計算實質 GDP 時，為能純粹反映數量的變動，故透過固定的基期年的物價，來剔除物價的變動。相反地，在編製 CPI 時，為能純粹反映物價的變動，所以會選定基期年的一籃子商品與服務 (a basket of goods and services)，包括商品與服務的種類與數量，來剔除數量的變動。CPI 目前的基期年為 2016 年，一籃子商品與服務共分為食物、衣著、居住、交通資訊、醫藥保健、教養娛樂暨什項等七大類，共 368 項。一般家庭愈常消費的商品與服務，其被選定的數量就愈多，以反映其重要性。

我們可以再利用表 10–3 的例子來說明如何計算 CPI。假設 CPI 的基期年為 2018 年，那麼一籃子商品裡放的是 10 顆蘋果與 8 顆橘子。在 2018 年，這一籃子商品的費用為 360 元 (20 元 × 10 + 20 元 × 8)；在 2019 年，這一籃子商品的費用為 394 元 (25 元 × 10 + 18 元 × 8)；在 2020 年則為 428 元 (30 元 × 10 + 16 元 × 8)。在以上的計算過程中，蘋果與橘子的數量均固定為 10 顆與 8 斤，但每一年的蘋果與橘子價格都不同。將以上每一年的費用都除以基期年 2018 年的費用，再乘以 100，即可得出這三年的 CPI 水準分別為 100，109.44 (394 ÷ 360 × 100) 與 118.89 (428 ÷ 360 × 100)。

物價與購買力

物價膨脹會使得貨幣的「購買力」減低，就好像拿起鈔票東看西看，質疑著「怎麼變薄了？」
圖片來源：shutterstock 網站。

我們可以用 CPI 來計算物價膨脹率（inflation rate，或稱為通貨膨脹率，簡寫成 π），公式如下：

$$\pi_t = \frac{CPI_t - CPI_{t-1}}{CPI_{t-1}} \times 100\% 。$$

因此，以 CPI 計算的物價膨脹率反映出一般家庭所消費的商品與服務其價格的平均變動率。以上例而言，2019 年與 2020 年的物價膨脹率分別為 9.44% ((109.44 − 100)/100) 與 8.63% ((118.89 − 109.44)/109.44)。

由表 10–2 可以看出，GDP 平減指數與 CPI 雖然都是物價指數，但其年增率有時呈現一正一負的結果，且即使同為正值，也不一定某一個年增率一定大於另一個。不過，由表 10–2 可以看出，這兩個物價指數的長期走勢相當密合。表 10–2 另外比較有趣的一點是，在 1974 年第一次石油危機期間，CPI 的年增率高達 47.5%❽；在當時，國際原油價格由一桶約 3 美元，大幅飆升至超過 10 美元。臺灣的 CPI 除了在 1973–1974 年與 1979–1981 年兩次石油危機期間，其年增率較高外，自 1982 年起，年增率均未超過 5%。

◆ 10.5.3　消費者物價指數的應用

消費者物價指數反映生活成本，它除了可以做為租金等合約價格的調整依據外，它也可以應用在實質利率 (real interest rate) 的計算，以及比較不同時期金額的購買力這兩個重要的經濟議題上❾。

1. 實質利率與名目利率

假設你今天在銀行存了 10,000 元的一年期定期存款，年利率為 10%。一年後，你可以領到 11,000 元的本利和。在此情況下，多出的這 1,000 元，是否讓你比一年前「更富有」呢？

---

❽ 這主要是因為政府在 1973 年採取多項限制物價措施，但在國際石油與糧食價格不斷上漲下，人們加深對物價膨脹的預期，而造成當時的經濟情勢更加惡化，迫使政府於 1974 年放棄這些措施，而造成物價飆漲。

❾ 其他的應用還包括綜合所得稅之課稅級距金額、免稅額、標準扣除額、薪資所得特別扣除額、身心障礙特別扣除額等，以及遺產稅、贈與稅之免稅額，以及勞保年金給付金額的調整，它們都是以消費者物價指數的一定漲幅為調整依據。

答案決定於我們如何定義「更富有」。就絕對金額來看，你當然比一年前更富有；但如果以金錢的購買力（亦即金錢所能購買的商品與服務的數量）的角度來看，答案就取決於物價膨脹率（通常以消費者物價指數的變動率來衡量）了。

當物價膨脹率愈高，則你的購買力的增加幅度愈低；如果物價膨脹率超過利率，則你的購買力實際上是下跌的。如果發生物價緊縮（亦即物價膨脹率為負值），則你的購買力的上升比率超過利率。

舉例來說，假設你的錢通通用來購買音樂 CD，且現在一張 CD 單價 100 元，從而你那 10,000 元可以買 100 張 CD。如果一年後 CD 單價漲為 112 元（亦即漲了 12%），則你那 11,000 元的本利和大約可以買 98 張 CD，亦即比現在的購買張數少了 2%。相反地，如果一年後 CD 單價跌至 95 元（亦即跌了 5%），則你那 11,000 元的本利和大約可以買 115 張 CD，亦即比現在的購買張數多了 15%。

因此，如要瞭解一個人實質上從他的存款賺到多少，我們需要同時知道利率與物價膨脹率。衡量金額變化的利率稱為名目利率 (nominal interest rate)，而經物價膨脹調整後的利率稱為實質利率 (real interest rate)。名目利率、實質利率與物價膨脹率之間的關係大約如下：

實質利率 = 名目利率 − 物價膨脹率

名目利率告訴你，你的銀行存款金額增加的速度；而實質利率告訴你，你的銀行存款其購買力的增加速度。當物價膨脹率大過名目利率時，實質利率為負值。

以 2017 年 2 月為例，當時國內銀行一年期定期儲蓄存款的固定利率約為 1.10%；經過一年之後，國內的消費者物價指數約上漲 2.20%。根據這兩個數字，如果你在 2017 年 2 月存一年期定期儲蓄存款，則你的存款的實質利率約 −1.10%，亦即你的存款在一年後的本利和其購買力還不如一開始的水準。所以，實質利率有可能是負值。

就上例而言，為何會有人在實質利率為負的情況下去存定期存款？

2. 實質薪資

如上所述，名目利率告訴你，你的銀行存款金額增加的速度；而實質利率告訴你，你的銀行存款其購買力的增加速度。但一般的受薪階級可能會更關心他領到的薪資（稱為名目薪資）其購買力的增加（或減少）速度。我們用實質薪資的變化來衡量名目薪資其購買力的變化。

某一年的實質薪資 (real wage) 為當年的名目薪資除以當年的 CPI 之後再乘上 100，亦即：

$$\text{實質薪資} = \frac{\text{名目薪資}}{\text{CPI}} \times 100$$

根據上面的公式，實質薪資的變動率約等於名目薪資的變動率減去 CPI 的變動率，亦即減去物價膨脹率，因此，實質薪資的變動率所衡量的就是名目薪資其購買力的變動率。舉例來說，如果你今年的薪資比去年多了 3%，且今年的物價膨脹率為 2%，則你的實質薪資，亦即你的薪資的購買力，約增加 1%。不過，如果今年的物價膨脹率為 5%，則你的薪資的購買力，約下降了 2%。所以，薪水被調高後的物質生活水準有沒有跟著提高，還要看物價膨脹率。

在 2010 年代，時常可以看到臺灣的實質薪資倒退回到十幾年前水準的報導。為什麼會有這樣的結果？

表 10–4 列出我國 1980 至 2019 年每一年的工業及服務業平均（月）薪資和 CPI (基期年為 2016 年)。這兩欄的數字相除再乘上 100 即可得到每一年的（平均月）實質薪資的數列。為方便比較，我們將實質薪資指數化，亦即將每一年的實質薪資的數字除以基期年的數字（49,266 元）再乘上 100。我們將指數化後的實質薪資繪成圖 10–3。

表 10–4　臺灣的名目薪資、CPI 與實質薪資：1980–2019 年

單位：新臺幣元

年	工業及服務業平均總薪資	CPI	實質薪資	指數化後的實質薪資
1980	8,843	49.05	18,029	36.59
1981	10,677	57.07	18,709	37.97
1982	11,472	58.75	19,527	39.64
1983	12,122	59.55	20,356	41.32
1984	13,409	59.54	22,521	45.71
1985	13,980	59.44	23,520	47.74
1986	15,118	59.85	25,260	51.27
1987	16,496	60.16	27,420	55.66
1988	18,399	60.94	30,192	61.28
1989	21,247	63.63	33,391	67.78
1990	24,317	66.25	36,705	74.50
1991	26,881	68.65	39,157	79.48
1992	29,449	71.72	41,061	83.35
1993	31,708	73.83	42,947	87.17
1994	33,661	76.86	43,795	88.90
1995	35,389	79.67	44,419	90.16
1996	36,699	82.12	44,689	90.71
1997	38,489	82.87	46,445	94.27
1998	39,673	84.26	47,084	95.57
1999	40,781	84.41	48,313	98.07
2000	41,831	85.47	48,942	99.34
2001	41,952	85.46	49,090	99.64
2002	41,533	85.29	48,696	98.84
2003	42,068	85.05	49,463	100.40
2004	42,684	86.42	49,391	100.25
2005	43,162	88.42	48,815	99.08
2006	43,492	88.95	48,895	99.25
2007	44,411	90.55	49,046	99.55
2008	44,418	93.74	47,384	96.18
2009	42,299	92.92	45,522	92.40
2010	44,646	93.82	47,587	96.59
2011	45,961	95.15	48,304	98.05
2012	46,109	96.99	47,540	96.50

年	工業及服務業平均總薪資	CPI	實質薪資	指數化後的實質薪資
2013	46,174	97.76	47,232	95.87
2014	47,832	98.93	48,349	98.14
2015	49,024	98.63	49,705	100.89
2016	49,266	100.00	49,266	100.00
2017	50,480	100.62	50,169	101.83
2018	52,407	101.98	51,389	104.31
2019	53,657	102.55	52,322	106.20

資料來源：行政院主計總處網站：首頁 > 政府統計 > 主計總處統計專區 > 薪資及生產力統計 > 電子書 > 薪資與生產力統計年報 > 108 年薪資與生產力統計年報表十八：歷年各月受僱員工每年每月總薪資。

平均薪資包括經常性薪資⑩、加班費及其他非經常性薪資⑪。平均薪資的水準主要受到經濟景氣的影響。當經濟擴張時，不單廠商會調高經常性薪資，加班費及其他非經常性薪資也會增加；相反地，當經濟衰退時，不單廠商可能調降經常性薪資（如放無薪假），加班費及其他非經常性薪資也會減少。

我國在 1980 至 2000 年這段期間的平均年經濟成長率為 7.44%，平均薪資的平均年增率也高達 8.08%。這段期間 CPI 的平均年增率為 2.81%，所以這段期間實質薪資的平均年增率也高達 5.27%。但我國在 2000 至 2019 年這段期間的平均年經濟成長率只有 3.56%，平均薪資的平均年增率更只有 1.32%。這段期間 CPI 的平均年增率為 0.96%，所以這段期間實質薪資的平均年變動率僅為 0.35%；從表 10–4 及圖 10–3 也可以看出，這段期間的實質薪資沒什麼變動，且我國 2019 年的實質薪資僅較 2000 年微幅成長，這意味著一般勞工的物質生活水準停滯了 16 年，因而引發不小的民怨。

⑩ 指每月給付受僱員工之工作報酬，包括本薪與按月給付之固定津貼及獎金；如房租津貼、交通費、膳食費、水電費、按月發放之工作（生產、績效、業績）獎金及全勤獎金等。

⑪ 指非按月發放之工作（生產、績效、業績）獎金、年終獎金、員工紅利（含股票紅利及現金紅利）、端午、中秋或其他節慶獎金、差旅費、誤餐費、補發調薪差額等。

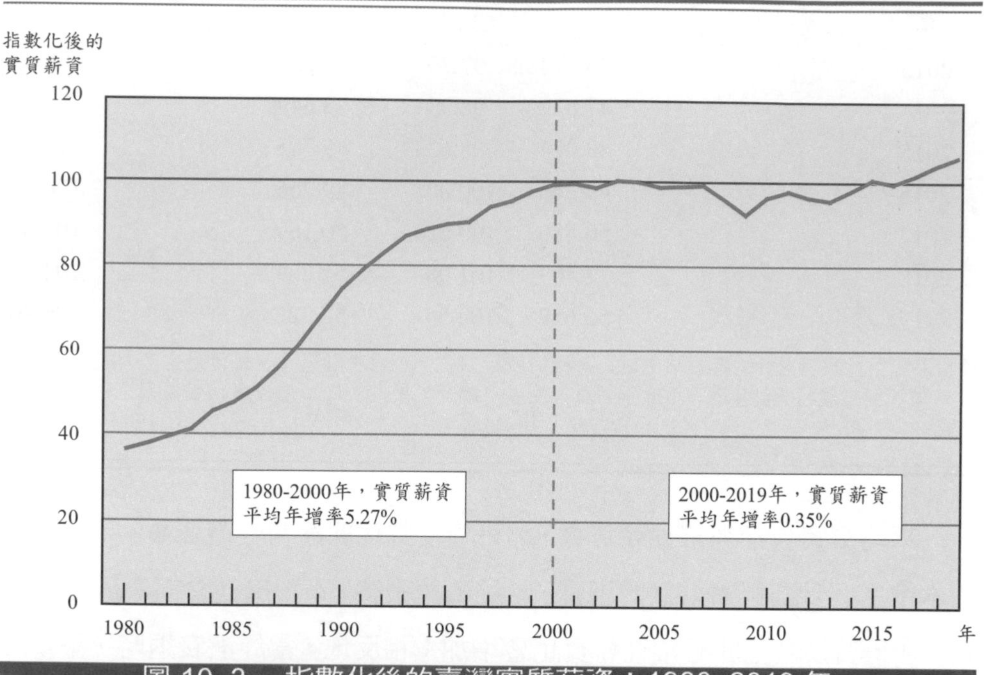

圖 10–3　指數化後的臺灣實質薪資：1980–2019 年

除了經濟表現不佳外，行政院國發會也提出下列說明⓬：

「近年來我國實質薪資水準未見起色，除受金融危機衝擊外，亦受下述制度面結構性因素影響：

1. 2001 年 1 月 1 日縮減法定工時（每週減少 6 小時），但月薪不變，企業薪資成本上升減緩雇主加薪意願。
2. 2005 年 7 月 1 日實施勞退新制，實施後全體雇主每月需提撥 6% 的工資做為勞工退休金，抑制雇主加薪意願。
3. 2008 年和 2011 年提高勞保費率，2002 和 2010 年提高健保費率，雇主實際負擔增加，亦不利於勞工加薪。」

國發會的說明只點出部分原因。其實，一個更主要的原因應是中國與印度等薪資低廉的人口大國自 1990 年代起，積極地融入全球經濟體系；這意味著全球中低階勞動的供給大幅增加，而拖緩了很多國家的中低階勞動其薪資的上漲幅度。同時，中國的崛起，也讓臺灣對它的投資大增⓭，而抑制了

⓬ 行政院國發會新聞稿，2013 年 9 月 25 日。

⓭ 在 1991–2020 年這段期間，經濟部投審會核准的對中國大陸的投資總金額約為

國內投資及薪資的成長，再加上國內大學生畢業人數大增，遂讓臺灣的勞動市場轉為買方市場。

不管你認不認同上述的原因，就個人而言，你的實質薪資主要決定於你的生產力，亦即你的專業知識與技能（包括軟實力）水準。在人工智慧與生產自動化技術會蓬勃發展的未來，你的專業知識與技能水準足以應付未來的挑戰了嗎？

10.6　失業率

如果你即將踏出校園，你應該會很關心就業市場。根據行政院主計總處的統計，2020 年臺灣地區的平均失業率為 3.85%。看到這個數字你也許會想：「一百個找工作的人裡面，大約只有四個找不到工作，那麼工作應該不會不好找。」不過，3.85% 這個數字是全臺灣的平均值，你應該看的是 20–24 歲這個年齡群組的失業率，其 2020 年的數值為 12.16%。

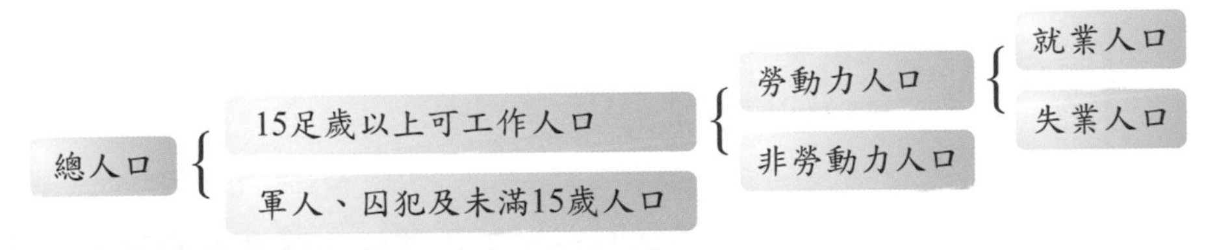

圖 10–4　一國人口與勞動力的結構

失業率是如何統計出來的？這要從一國的人口與勞動力結構談起。如圖 10–4 所示，一國的總人口分為 15 足歲以上可工作人口，與軍人、囚犯及未滿 15 歲人口兩大類。15 足歲以上可工作人口區分為勞動力 (labor force) 人口與非勞動力 (not in the labor force) 人口。勞動力人口再區分為就業者與失業者；15 足歲以上可工作人口扣除就業者與失業者人口，剩下的就是非勞

1,924 億美元（經濟部投審會網站：首頁 > 出版品資訊 > 統計月報（表 3））。雖然因美中貿易戰爭與新冠肺炎疫情而讓適用「歡迎臺商回臺投資行動方案」的投資金額，截至 2020 年 12 月 24 日止，高達新臺幣 7,925 億元，但 2020 年投審會核准的對中國大陸的投資金額仍有 59 億美元。

動力人口，包括學生、家庭主婦或主夫、因身心障礙或衰老而無法工作者，以及想工作但未找工作者。

主計總處於各月資料標準週（各月含 15 日之一週）內進行抽樣調查，樣本數約 6 萬人。就業者指的是在資料標準週內年滿 15 歲從事有酬工作者，或幫家屬從事營利工作 15 小時以上而不支領薪資者。失業者指的是在資料標準週內年滿 15 歲且無工作、且隨時可以工作、且正在尋找工作者。因此，如果一個人沒有工作，但並沒有在找工作，那麼他不算失業人口，而是算非勞動力人口。有了以上的定義後，我們就可以計算一國人力運用 (manpower utilization) 的兩個重要指標：失業率 (unemployment rate) 與勞動參與率 (labor-force participation rate)。失業率為失業人口占勞動力的比率，亦即：

$$\text{失業率} = \frac{\text{失業人口}}{\text{勞動力人口}};$$

而勞動參與率為勞動力人口占 15 歲以上可工作人口的比率，亦即：

$$\text{勞動參與率} = \frac{\text{勞動力人口}}{\text{15 歲以上可工作人口}}。$$

一國的失業率愈高，表示該國隨時可以工作者的閒置狀況愈嚴重；而一國的勞動參與率愈高，表示該國人民的工作意願愈高。

以 2020 年為例，臺灣該年 (期中) 的總人口數為 2,358 萬人，其中 15 足歲以上可工作人口的平均數為 2,023 萬人。這 2,023 萬人中，1,196 萬屬於勞動力人口，剩下的 827 萬屬於非勞動力人口；而 1,196 萬的勞動力人口中，就業的有 1,150 萬人，失業的有 46.0 萬人。因此，臺灣 2020 年的失業率為 3.85% (46.0/1,196)，勞動參與率為 59.14% (1,196/2,023)。

失業率與勞動參與率都可以依性別再作區分，如圖 10–5 與圖 10–6 所示。從圖 10–5 可以看出，在 2000 年以前，臺灣地區的年平均失業率都未超過 3%，且男女失業率的差均未超過 1%；但自 2001 年起，臺灣地區的年平均失業率就突然竄高到超過 4% 的水準，且男女失業率的差還曾超過 1%。

從圖 10–6 可以看出，臺灣地區的勞動參與率相當穩定，但男性勞動參與率基本上呈現逐年下降趨勢，而女性勞動參與率則呈現上升趨勢。

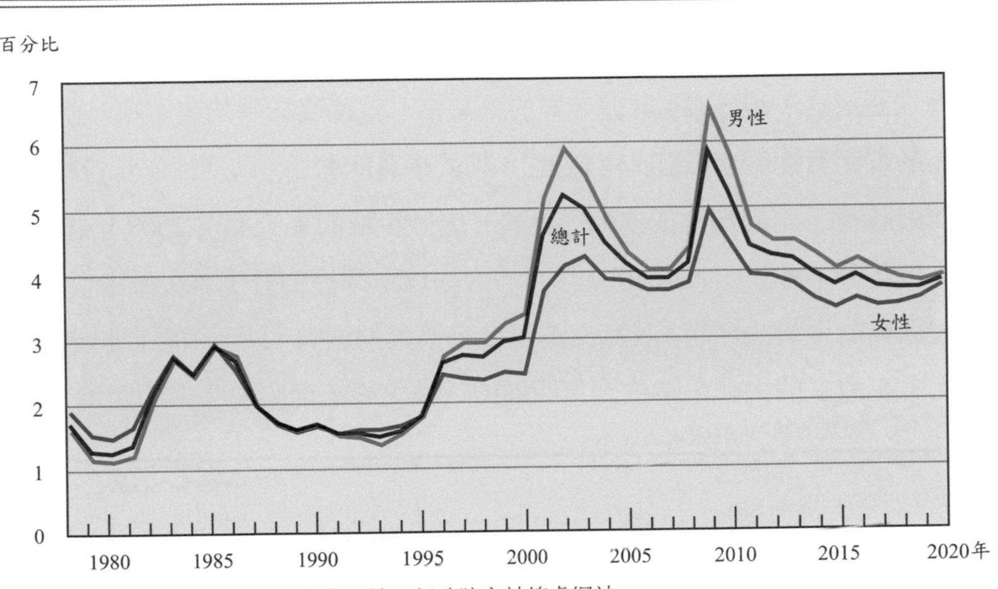

資料來源：政府統計，就業、失業統計，行政院主計總處網站。

圖 10–5　臺灣地區失業率按總計與男女分：1978–2020 年

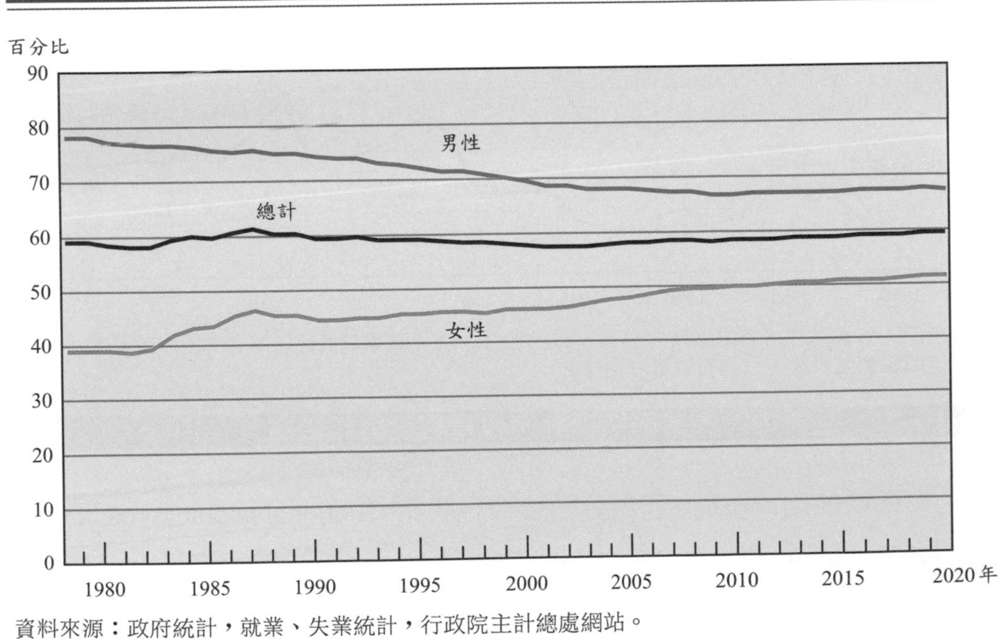

資料來源：政府統計，就業、失業統計，行政院主計總處網站。

圖 10–6　臺灣地區勞動參與率按總計與男女分：1978–2020 年

動腦筋時間 10–4

你認為男性與女性勞動參與率呈現上述趨勢的原因為何？

另外，失業率也可以依年齡及教育程度進行區分。如圖 10–7 所示，就臺灣地區而言，20 ～ 24 歲這年群的失業率一直都高於平均失業率。這跟這個年齡群組有比較多「初次尋職者」，其就業資訊較少，以及工作年資較短，因而辭職找工作的機會成本較低有關。這個年群的失業率自 2008 年起即高於其他年群。另外，如圖 10–7 所示，大學以上學歷的勞工其失業率自 2005 年起即高於平均失業率，且高出的幅度有擴大的趨勢。以上兩點合起來意味著，愈來愈多的大學畢業生因無明顯的一技之長，而陷於失業的困境。

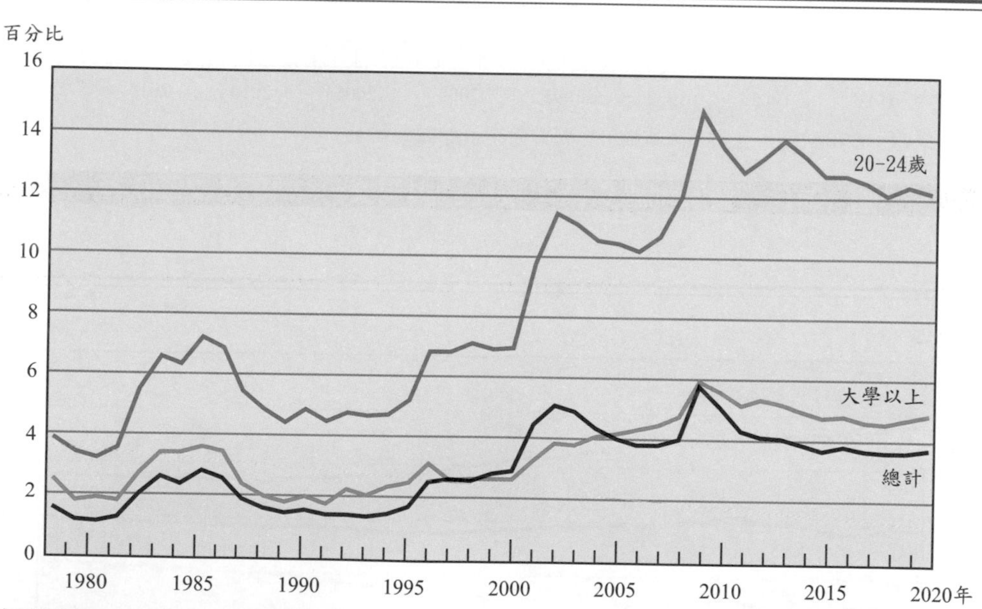

資料來源：行政院主計總處網站：首頁 > 政府統計 > 主計總處統計專區 > 就業、失業統計 > 統計表 > 時間數列統計表 > 人力資源重要指標。

圖 10–7　臺灣地區失業率按總計、教育程度與年齡層分：1978–2020 年

失業依成因的不同，可區分為摩擦性失業 (frictional unemployment)，結構性失業 (structural unemployment)，與循環性失業 (cyclical unemployment)。

1. 摩擦性失業

摩擦性失業指的是因求職者與廠商欠缺充分的職缺與求職者資訊而產生的失業，種類包括不滿意工作環境而主動辭職，或因工作績效不佳而被辭退，或是初次尋職，或是離開職場一段時間再度重返職場。這些求職者若有充分的職缺資訊馬上就可以找到工作；不過，因為蒐集相關資訊需花費時間，所以這些人沒有辦法立即找到工作，而處於失業狀態。一般而言，因上述原因而產生的失業其持續期間不會太長，且像人力銀行這樣的工作中介機構愈發達，勞動市場中求職求才資訊的流通就會愈有效率，從而可以減少摩擦性失業。

2. 結構性失業

結構性失業指的是因勞方所具有的技能與資方所要求的不符而產生的失業。有些技能其產業特定性較高（如製鞋技能），比較無法用在其他產業，因而一些技能特定性較高的產業若逐漸沒落而減少勞工的雇用量，那麼，這些失業的勞工無法在短期間在其他產業找到工作，必須接受新的職業訓練，培養新的技能，才能再找到工作。因此，結構性失業的持續期間通常會比較長。

從圖 10–1 可以看出，臺灣在 1960 和 1970 年代產業結構快速轉變，農業產值占 GDP 的比重快速下降，且工業產值占 GDP 的比重快速上升。但從表 10–2 也可以看出，1970 年代的失業率基本上維持在相當低的水準，顯示這段期間工業中的大多數產業的技能特定性並不高（如紡織業與食品業），所以可以吸納不少從農村流出的勞動人口。從圖 10–1 也可以看出，臺灣在 1990 年代和 2000 年代也經歷一次產業結構的快速調整，這次主要是由工業轉向服務業。從表 10–2 也可以看出，

職業訓練

職業訓練有助於解決「結構性失業」的問題，但臺灣現實社會卻還存在著「中高齡失業」的難題，恐怕不是職業訓練就可以幫得上忙。

圖片來源：shutterstock 網站。

臺灣的失業率從 1990 年代上半期開始上升，且自 2001 年起，攀升至 4% 以上。此一期間的失業率上升現象，可能與不少臺商將生產基地外移至中國大陸，以及資訊電子業變成臺灣工業中的主要產業，其技能的特定性較高有關，亦即這段期間的失業可能有相當的比例是屬於結構性失業。

簡單地說，結構性失業的解決之道為加強教育與職業訓練，使求職者所擁有的技能能跟得上時代。至於 2001 年起的高失業現象，除了結構性失業外，還包括經濟表現不佳所造成的循環性失業。

3. 循環性失業

循環性失業為經濟衰退所引起的失業。從表 10–2 可以看出，臺灣在 2000 年代的經濟成長率都不高，甚至在 2001 年與 2009 年發生臺灣自 1951 年有國民所得統計以來，唯二的年經濟負成長。經濟負成長表示最終商品與服務的產量減少，這不單意味著生產最終商品與服務的廠商會減少勞動的雇用量，也會減少國內所生產的中間投入的使用量，進而造成國內生產中間投入的廠商減少勞動的雇用量。當一國經濟衰退時，雖然一開始只有部分產業的產值會減少，但由於這些產業的生產要素擁有者會因所得減少而減少支出，使得其他產業在後來也可能受到影響，而使不少產業的就業人口減少。以臺灣 2009 年為例，與 2008 年相較起來，製造業、營造業、礦業、批發及零售業、運輸及倉儲業與不動產業等產業的就業人數是減少的。另外，就失業原因來看，因工作場所歇業或業務緊縮而失業的，由 2007 年的 12.6 萬人增為 2008 年的 15.2 萬人，再增為 2009 年的 33.7 萬人。這部分的失業增加可以確定是循環性失業，因為臺灣的經濟成長率由 2007 年的 6.85% 驟降為 2008 年的 0.80% 與 2009 年的 –1.61%。

就循環性失業的解決之道而言，有些經濟學家主張政府應採取擴張性的政策（如增加政府消費與投資支出），來增加整個社會的支出水準，進而提升就業水準；不過，也有不少經濟學家持不同意見。關於這部分的爭議，我們會在第 16 章再詳細說明。(關於我國就業與失業的各項統計，有興趣的讀者可以進入行政院主計處網站→政府統計→主計處統計專區→就業、失業統計→統計表→時間數列資料，找到相關的資料。)

就上述三項失業而言，摩擦性失業與結構性失業很難完全消除，這是因為即使景氣再好，總還是會有人想要轉換工作，或是初次或再度進入勞動市場，而產業結構也還是會進行調整。至於循環性失業則有可能因景氣好轉而大幅改善。如果一個社會只存在摩擦性失業與結構性失業，而無循環性失業，我們稱此時勞動市場處在充分就業 (full employment) 狀態，而此時的失業率就稱為自然失業率 (natural rate of unemployment)。一國的自然失業率並非固定不變的；如果一國勞動市場的求職求才資訊的流通更有效率，或教育與職業訓練所「生產」出來的各式各樣技能，可以更符合一國產業的未來需求，那麼一國的自然失業率水準是會下降的。

10.7　所得分配

我們之前曾提到，GDP 並無法反映一國的所得分配情況。一般衡量所得分配的指標，是反映家戶可支配所得 (disposable income) 的「不均」(inequality) 程度。家戶的可支配所得為家戶實際獲得的所得扣掉家戶所繳納給政府的稅(如綜合所得稅與房屋稅)，所剩下的家戶可自行支配的所得。常見的衡量家戶間所得不均程度的不均度指標包括吉尼係數 (Gini coefficient，或稱為吉尼集中係數，Gini's concentration coefficient) 與最高最低級距所得倍數等。

◆ 10.7.1　吉尼係數

我們先將家戶所得由小到大排列，再依戶數平分為五等分 (如果一個社會總共有 100 萬戶，則每一等分有 20 萬戶。我們也可以作十等分或二十等分的分法)。表 10–5 為臺灣歷年來各等分可支配所得的資料。就每一年而言，我們可以累計各等分的可支配所得占總可支配所得的比率；這些累計的比率再配上其所對應的家戶累計的比率，就可以得到圖 10–8 中的 a, b, c, d 與 e 五點。以表 10–5 中的 2019 年為例，a 至 e 這五點的座標分別為 (20, 6.61), (40, 18.79), (60, 35.99), (80, 59.65) 與 (100, 100)。原點與 a 至 e 五點

所連成的曲線，我們稱為洛侖士曲線 (Lorenz curve)。如圖 10–8 所示，洛侖士曲線將圖 10–8 的右下半邊分為兩塊區域，其面積分別為 A 與 B。吉尼係數的計算公式為：

$$吉尼係數 = \frac{A}{A+B}。$$

表 10–5　戶數五等分位組之所得分配比與所得差距

年別 Year	可支配所得按戶數五等分位組之所得分配比 (%) Percent distribution of disposable income by percentile of households					第五分位組為第一分位組之倍數（倍） Ratio of income share of highest 20% to that of lowest 20%	吉尼係數 Gini's concentration coefficient
	1 最低所得組 lowest 20 percent	2 Second 20 percent	3 Third 20 percent	4 Fourth 20 percent	5 最高所得組 Highest 20 percent		
53 年　1964	7.71	12.57	16.62	22.03	41.07	5.33	0.321
57 年　1968	7.84	12.22	16.25	22.32	41.37	5.28	0.326
61 年　1972	8.60	13.25	17.06	22.48	38.61	4.49	0.291
63 年　1974	8.84	13.49	16.99	22.05	38.63	4.37	0.287
65 年　1976	8.91	13.64	17.48	22.71	37.26	4.18	0.280
66 年　1977	8.96	13.48	17.31	22.57	37.68	4.21	0.284
67 年　1978	8.89	13.71	17.53	22.70	37.17	4.18	0.287
68 年　1979	8.64	13.68	17.48	22.68	37.52	4.34	0.285
69 年　1980	8.82	13.90	17.70	22.78	36.80	4.17	0.277
70 年　1981	8.80	13.76	17.62	22.78	37.04	4.21	0.281
71 年　1982	8.69	13.80	17.56	22.68	37.27	4.29	0.283
72 年　1983	8.61	13.64	17.47	22.73	37.55	4.36	0.287
73 年　1984	8.49	13.69	17.62	22.84	37.36	4.40	0.287
74 年　1985	8.37	13.59	17.52	22.88	37.64	4.50	0.290
75 年　1986	8.30	13.51	17.38	22.65	38.16	4.60	0.296
76 年　1987	8.11	13.50	17.53	22.82	38.04	4.69	0.299
77 年　1988	7.89	13.43	17.55	22.88	38.25	4.85	0.303
78 年　1989	7.70	13.50	17.72	23.07	38.01	4.94	0.303
79 年　1990	7.45	13.22	17.51	23.22	38.60	5.18	0.312
80 年　1991	7.76	13.25	17.42	22.97	38.60	4.97	0.308
81 年　1992	7.37	13.24	17.52	23.21	38.66	5.24	0.312
82 年　1993	7.13	13.12	17.65	23.44	38.66	5.42	0.316
83 年　1994	7.28	12.97	17.41	23.18	39.16	5.38	0.318
84 年　1995	7.30	12.96	17.37	23.38	38.99	5.34	0.317
85 年　1996	7.23	13.00	17.50	23.38	38.89	5.38	0.317
86 年　1997	7.24	12.91	17.46	23.25	39.14	5.41	0.320
87 年　1998	7.12	12.84	17.53	23.24	39.26	5.51	0.324

年別 Year	可支配所得按戶數五等分位組之所得分配比 (%) Percent distribution of disposable income by percentile of households					第五分位組為第一分位組之倍數（倍） Ratio of income share of highest 20% to that of lowest 20%	吉尼係數 Gini's concentration coefficient
	1 最低所得組 lowest 20 percent	2 Second 20 percent	3 Third 20 percent	4 Fourth 20 percent	5 最高所得組 Highest 20 percent		
88 年　1999	7.13	12.91	17.51	23.21	39.24	5.50	0.325
89 年　2000	7.07	12.82	17.47	23.41	39.23	5.55	0.326
90 年　2001	6.43	12.08	17.04	23.33	41.11	6.39	0.350
91 年　2002	6.67	12.30	16.99	22.95	41.09	6.16	0.345
92 年　2003	6.72	12.37	16.91	23.17	40.83	6.07	0.343
93 年　2004	6.67	12.46	17.41	23.25	40.21	6.03	0.338
94 年　2005	6.66	12.43	17.42	23.32	40.17	6.04	0.340
95 年　2006	6.66	12.37	17.42	23.51	40.03	6.01	0.339
96 年　2007	6.76	12.36	17.31	23.16	40.41	5.98	0.340
97 年　2008	6.64	12.37	17.43	23.40	40.17	6.05	0.341
98 年　2009	6.36	12.27	17.39	23.64	40.34	6.34	0.345
99 年　2010	6.49	12.21	17.39	23.72	40.19	6.19	0.342
100 年　2011	6.53	12.05	17.32	23.86	40.25	6.17	0.342
101 年　2012	6.53	12.27	17.54	23.68	39.98	6.13	0.338
102 年　2013	6.57	12.38	17.49	23.60	39.96	6.08	0.336
103 年　2014	6.63	12.28	17.36	23.59	40.13	6.05	0.336
104 年　2015	6.64	12.18	17.35	23.63	40.21	6.06	0.338
105 年　2016	6.63	12.42	17.35	23.24	40.36	6.08	0.336
106 年　2017	6.64	12.32	17.35	23.39	40.29	6.07	0.337
107 年　2018	6.66	12.31	17.15	23.38	40.51	6.09	0.338
108 年　2019	6.61	12.18	17.20	23.66	40.35	6.10	0.339

資料來源：行政院主計總處網站：首頁 > 政府統計 > 主計總處統計專區 > 家庭收支調查 > 統計表 > 調查報告 > 108 年調查報告表。

如果一個經濟社會其每一家戶的可支配所得都是一樣的，亦即所得絕對均等，那麼圖 10–8 中的 a 至 d 點都會位在對角線上；此時，洛倫士曲線就是對角線，且 A 等於零，從而吉尼係數等於零。相反地，如果一個經濟社會的所得完全為一個家戶所有，其他家戶的所得都等於零，亦即所得絕對不均，那麼洛倫士曲線就成為右下角的直角線，且 B 等於零，從而吉尼係數等於 1。由於所得絕對均等或所得絕對不均從未在任何一個經濟社會出現過，所以吉尼係數的值介於 **0** 與 **1** 之間，且吉尼係數愈大，代表所得分配愈不平均，所以吉尼係數是一個所得不均度的指標。表 10–5 顯示臺灣歷年來的吉尼係數，由這些數字可以看出，臺灣自 1960 年代到 1970 年代，吉尼係數呈現下降趨勢，亦即所得分配呈現改善趨勢；1980 年代中期以後，所得分配則呈現惡化趨勢，特別是在 2000 年代。如前所述，臺灣在 2000 年代失業率攀升；當一國失業率上升時，遭殃的通常是技能水準較低的低收入勞工，臺灣 2000 年的吉尼係數在相當程度上反映了這個現象。

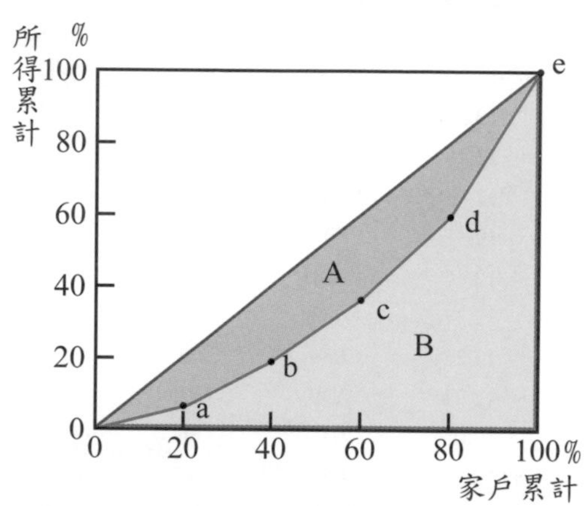

洛倫士曲線為家戶累計與所得累計組合的軌跡；愈接近 45° 線，表示所得分配愈平均。吉尼係數為圖中 $\frac{A}{A+B}$ 之值。

圖 10–8　洛倫士曲線與吉尼係數

◆ 10.7.2　最高最低級距所得倍數

另一個常見的所得不均度指標為最高最低級距所得倍數，其為五等分所得組中，最高所得組的所得相對於最低所得組的倍數。倍數上升，代表所得分配惡化。以 2019 年為例，此一倍數為 6.10，其為最高所得組其 (可支配) 所得占總所得的比率除以最低所得組其所得占總所得的比率 (40.35 ÷ 6.61)。由於是用最高與最低所得組的所得來計算，所以一國最高最低級距所得倍數通常也反映了一國貧富差距。由表 10–5 可以看出，最高最低級距所得倍數的趨勢基本上與吉尼係數一樣。

表 10–6 顯示我國與一些國家在 2018 年左右的所得分配狀況。與南韓、香港和新加坡這另外三個「亞洲四小龍」經濟體相較起來，我國的所得分配要比她們來得平均，且與挪威、芬蘭及瑞典等北歐國家相近。

表 10–6　世界各國家地區所得分配狀況

國名 Countries		年別 Year	所得按戶數五等分位組之所得分配比 (%) Percentage share of house-hold income, by percentile groups of households (%)		最高所得組為最低所得組之倍數（倍）Ratio of income share of highest 20% to that of lowest 20% households	吉尼係數 Gini's concentration coefficient
			最低所得組 (20%) Lowest 20%	最高所得組 (20%) Highest 20%		
一、每戶	Per household					
香港	Hong Kong	2016	–	–	21.20	0.524
日本 (a)	Japan (a)	2018	6.5	41.7	6.42	–
中華民國	Republic of China	2019	6.6	40.3	6.10	0.339
美國 (a)	U.S.A (a)	2009	4.6	44.4	9.59	0.388
美國 (b)	U.S.A (b)	2018	3.1	52.0	16.98	0.486
二、每人	Per capita					
巴西	Brazil	2018	3.1	58.4	18.84	0.539
加拿大	Canada	2013	6.7	40.6	6.06	0.338
中國大陸	China	2016	6.5	45.3	6.97	0.385
哥倫比亞	Colombia	2018	4.0	55.4	13.85	0.504
芬蘭	Finland	2017	9.4	36.9	3.93	0.274
法國	France	2017	8.1	40.0	4.94	0.316
德國	Germany	2016	7.6	39.6	5.21	0.319
義大利	Italy	2017	6.0	42.1	7.02	0.359
日本 (b)	Japan (b)	2014	7.9	39.2	4.99	0.310
南韓	Korea , Rep.	2018	6.0	40.7	6.54	0.345
盧森堡	Luxembourg	2017	6.5	41.4	6.37	0.349
馬來西亞	Malaysia	2015	5.8	47.3	8.16	0.410
墨西哥	Mexico	2018	5.4	51.7	9.57	0.454
荷蘭	Netherlands	2017	8.8	37.6	4.27	0.285
紐西蘭	New Zealand	1997	6.4	43.8	6.84	0.362
挪威	Norway	2017	8.9	36.0	4.04	0.270
中華民國	Republic of China	2019*	9.5	37.2	3.90	0.276
		2019**	9.3	36.2	3.90	0.269
新加坡 (a)	Singapore (a)	2019	4.3	50.0	11.59	0.452
新加坡 (b)	Singapore (b)	2019	–	–	–	0.398
瑞典	Sweden	2017	8.3	37.1	4.47	0.288
英國	United Kingdom	2017	5.0	45.0	8.50	0.390
美國 (b)	U.S.A (b)	2018	3.5	50.3	14.37	0.464

說明：我國為全體家庭可支配所得，戶內人均可支配所得（*，採除以戶內人數法計算之吉尼係數為 0.276，若採 OECD 國家除以戶內人數開根號方法計算之吉尼係數為 ** 之 0.269）。

資料來源：世界銀行 WORLD DEVELOPMENT INDICATORS 及各國官方公布之資料：日本 (a) 為家計調查之家庭年間收入，(b) 全國消費實態調查報告，為家庭戶內人均可支配所得。南韓為全體家庭（不含農家）之每人可支配所得。美國 (a) 為全體家庭稅後所得，含政府現金給付，但不含資本利得，(b) 為稅前所得，含政府現金支付，但不含資本利得及非現金給付。新加坡 2019 年數據來自 Labour Force Survey，為就業家庭，(a) 不含社福移轉收入及繳稅支出，因此倍數及係數較高，(b) 則含社福移轉收入及繳稅支出。英國為 Family Resources Survey 中 Households Below Average Income (HBAI) 1994/95 – 2018/19 年報，並以每人等值可支配所得（依修正後 OECD 等值規模計算）衡量。香港為 2016 年人口普查主題性報告：香港的住戶收入分布。

摘要

1. 我們通常用一國的國內生產毛額 (GDP) 來衡量一國整體的所得水準。GDP 是一個流量概念，且為避免重複計算，GDP 只考量一國境內當期所生產的最終商品與服務的市場價值或設算價值。
2. 從生產面來看，GDP 為一國各項商品與服務其各個生產階段的附加價值的總合。從支出面來計算，GDP 為民間消費、投資、政府消費與出口淨額等四項支出的總和；其中，投資包括固定資本形成與存貨增加。從所得面來看，GDP 為投入一國境內生產的各項要素其所得（包括薪資、租金、利息與利潤）的總和，加上間接稅淨額與折舊。GDP 加上要素在國外所得淨額等於 GNP（國民生產毛額）。
3. 實質國內生產毛額為一國按基期價格所計算的一國整體的所得水準，其變化反映一國產量的變動；一國的經濟成長率為一國實質 GDP 的變動比率。
4. 實質 GDP 作為生活水準指標的問題包括：(1)未考慮污染，如果高所得國家其污染嚴重，環境品質差，那麼其國民所得就有高估生活水準之虞。(2)未考慮休閒價值，如果高所得的國家其平均工時高，那麼其國民所得也有高估生活水準之虞。(3)未考慮沒有市場價格的生產活動，如果低所得的國家其市場以外的生產活動（如老人的照護、家務）規模較大，那麼其國民所得就有低估生活水準之虞。國民所得統計除了上述可能無法正確反映生活水準的問題外，它通常也無法有效掌握地下經濟的產值，且無法反映所得分配的狀況。
5. 常見的一國物價指數包括 GDP 平減指數與消費者物價指數 (CPI)。GDP 平減指數為名目 GDP 除以實質 GDP 的商再乘以 100，其反映一國所生產的最終商品與服務的市場價格水準。一國 CPI 的計算，是先選定一般家庭會消費的一籃子商品與服務，再用當期價格所計算出來的這一籃子商品與服務的支出除以這一籃子商品與服務按基期價格所計算出來的支出，再乘以 100。我們通常用 CPI 的年增率或 GDP 平減指數的年增率來代表一國的物價膨脹率。
6. 消費者物價指數反映生活成本，它除了可以做為租金等合約價格的調整依據外，它也可以應用在實質利率的計算，以及比較不同時期薪資的購買力。
7. 一國的總人口數包括 15 足歲以上的可工作人口，以及軍人、囚犯與未滿 15 足歲的人口。15 足歲以上的可工作人口再區分成勞動力人口與非勞動力人口（如學生、家庭主婦或主夫、衰老或身心障礙者）；勞動力人口再區分為就業者人口與失業者人口。失業者人口除以勞動力人口的商，即為一國的失業率；勞動力人口除以 15 足歲以上可工作人口的商，即為一國的勞動參與率。
8. 失業依成因可分為摩擦性失業、結構性失業與循環性失業。摩擦性失業指的是因求職者欠缺充分的職缺資訊而產生的失業；改善勞動市場中求職求才資訊的流通效率，可以減少摩擦性失業。結構性失業指的是因勞方所具有的技能與資方所要求的不符而產生的失業；解決之道為加強教育與職業訓練，使求職者所擁有的技能，能符合一國產業的未來需求。循環性失業為景氣衰退所引起的失業；可能的解決之道為政府採取擴張性的政策（如增加政府消費與投資支出），來增加整個社會的支出水準。

9. 如果一個社會只存在摩擦性失業與結構性失業，而無循環性失業，我們稱此時勞動市場處在充分就業狀態，而此時的失業率就稱為自然失業率；一國的自然失業率並非固定不變的。
10. 常見的一國所得不均度的指標包括吉尼係數與最高最低級距所得倍數。此兩項指標的值愈大，代表一國所得分配不均或貧富差距情況愈嚴重。

習　題

1. 如果政府採購外國武器的金額增加新臺幣 1 億元，則此一變動對我國的名目 GDP 會如何影響？如果採購金額增加新臺幣 1 兆元，則你現在的結論與剛剛的結論會不會有所不同，為什麼？
2. 假設只有 X 與 Y 兩種最終商品。如果我國今年 X 產業的產量較去年增加 10%，但 Y 產業的產量較去年減少 5%，則我國今年的經濟成長率是正值、負值、還是無法確定？為什麼？
3. 甲與乙兩個人走在路上，同時看到一坨狗屎。甲向乙提議，如果乙吃下那一坨狗屎，甲會付給他 1 佰萬元。後來，乙真的吃下了那一坨狗屎。兩人走著走著，又看到了另一坨狗屎。這時候乙向甲提出了相同的提議，結果甲也真的吃下了那一坨狗屎。請問，甲與乙的上述行為是否使他們國家的 GDP 增加了 2 佰萬元？為什麼？
4. 如果全球景氣變好了，則我國的實質 GDP 會如何變動？為什麼？
5. 「如果我國今年的實質投資較去年增加，則在其他條件不變下，我國今年的經濟成長率高於去年。」你是否同意？為什麼？
6. 「如果今年的 CPI 等於 105，則今年以 CPI 所衡量的物價膨脹率為 5%。」你是否同意？為什麼？
7. 如果 CPI 的基期改變了，例如從表 10–3 中的 2018 年變成 2019 年。那麼以 CPI 所衡量的物價膨脹率是否也會跟著變動？為什麼？
8. 如果實質 GDP 的基期年改變了，那麼，每一年的經濟成長率是否會跟著變動？為什麼？
9. 從表 10–2 可以看出，我國的 GDP 平減指數與 CPI 並沒有呈現亦步亦趨的變動，你認為主要的原因為何？試說明之。
10. 假設 15 歲以上可工作人口數不變。那麼，當勞動參與率提高時，失業率會如何變動？為什麼？

11.假設所有的勞動都是同質的，且失業來自於最低工資率（我國稱為「基本工資率」）的實施。下圖中的 $\overline{W}$，L^D 與 L^S 分別代表最低工資率，勞動市場需求曲線與勞動市場供給曲線。

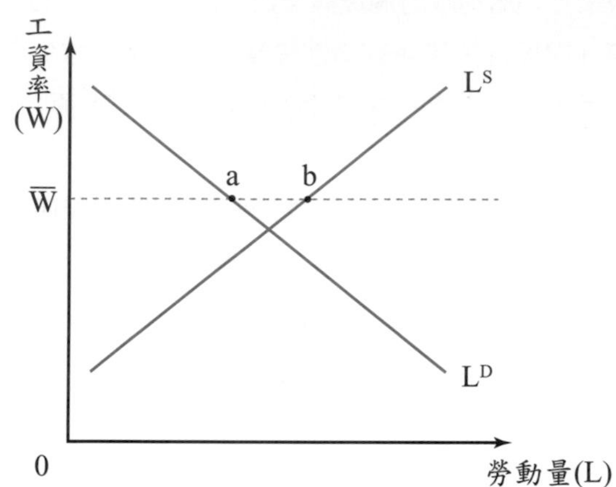

(a)根據上圖，勞動力人口數為何？失業率又為何？

(b)如果勞動供給減少，則在其他條件不變下，失業率會如何變動？為什麼？

12.假設你是低所得者。當主計處發布的去年所得分配指標顯示所得分配惡化時，是否意味著你的福利水準下降了？為什麼？

第 *11* 章
長期經濟成長

1. 如何透過總合生產函數描述一國的長期經濟率與長期生產力水準之間的關係？
2. 一國的生產力決定於哪幾項變數？
3. 臺灣「經濟奇蹟」的成因為何？
4. 臺灣經濟未來的潛在威脅為何？

Economics

總體經濟理論又稱為所得理論 (income theory)，這是因為一般總體經濟理論最關注的是一國長短期的實質所得水準。就長期而言，為何一開始平均每人實質國民所得水準非常接近的兩個國家（如 1950 年的臺灣與大多數非洲國家），幾十年後卻有很大的差異？亦即為何這兩個國家的長期平均年經濟成長率會有很大的差異？以臺灣為例，根據貝羅與薩拉伊馬汀所著的《經濟成長》一書❶，臺灣在 1960–2000 年期間，平均每人實質 GDP 的平均年成長率為 6.4%（其次分別為新加坡、南韓與香港的 6.2%、5.9% 與 5.4%，日本為 4.2%，美國為 2.5%）；就那些有相關統計資料的 112 國而言，這段期間全體的平均數值僅有 1.8%，其中還有 16 國是負成長的。如果一個國家的平均每人實質 GDP 的年成長率是 6.4%，那麼 40 年後，其平均每人實質 GDP 的水準會是一開始那一年的近 12 倍；如果年成長率只有 1.8%，那麼 40 年後只有近 2 倍。

由這個例子可以看出，一開始平均每人實質 GDP 水準相近的兩個國家，她們的長期平均年經濟成長率即使相差只有幾個百分點，幾十年下來，她們人民的生活水準會有很大的差異。本章的主要目的就在於介紹一國長期經濟成長率的決定因素，並據以說明臺灣的「經濟奇蹟」。（至於影響一國短期所得水準的因素，我們留待第 16 章再詳細介紹）不過，臺灣經濟在進入 21 世紀後僅是溫和成長，我們會在最後一節說明臺灣經濟在未來可能面臨的一些潛在威脅。

11.1 總合生產函數

一國的總合生產函數 (aggregate production function) 描述一國的產出水準與生產技術水準及生產要素數量之間的關係。總合生產函數可以表示成：

$$Y = F(L, K, H, N, A),$$

❶ Barro, R. J. and X. Sala-i-Martin (2004), *Economic Growth*, 2nd ed., Cambridge, Massachusetts: MIT Press.

其中 Y 為一國的產出水準；L 為一國的勞動數量，其為一國勞動的總工時，我們假設每位勞工的工作時數不變，並標準化為 1，且不考慮失業，那麼，L 就代表一國的勞動力人口；K 為一國機器設備之類的實體資本財 (physical capital) 存量；H 為一國的人力資本 (human capital) 水準，其為一國的勞工透過教育、在職訓練 (on-the-job training) 與邊做邊學 (learning by doing) 所累積的專業知識與技能水準；N 為一國的天然資源 (natural resources) 水準，天然資源包括土地、礦藏、森林、河川、氣候等等；A 為一國的生產技術或生產知識水準；函數 F 則描述各類生產要素數量與生產技術水準合起來跟產出之間的關係。

如果函數 F 具有各類生產要素數量變成原先的 λ 倍，產出也跟著變成原先的 λ 倍的性質，則我們稱函數 F 具有固定規模報酬 (constant returns to scale) 的特性。在此情況下，上式可以改寫成

$$\lambda Y = F(\lambda L, \lambda K, \lambda H, \lambda N, A),\ \lambda > 0。$$

如果 λ 等於 2，那就表示當所有的生產要素其數量均增加 1 倍時，產量也會增加 1 倍。我們可以想像，如果有另一個一模一樣的臺灣，那麼這兩個臺灣合起來的產出水準就會是現在臺灣的 2 倍。

如果 λ 等於 $\frac{1}{L}$，那麼上式可再改寫成

$$\frac{Y}{L} = F(1, \frac{K}{L}, \frac{H}{L}, \frac{N}{L}, A)。$$

等式左邊為勞動的平均產出水準，通常用來衡量一國的生產力。如果一國的勞動力人口與總人口之間呈固定的比例關係，那麼一國的生產力也代表一國的平均每人實質 GDP 水準，也因此，一國的長期經濟成長率決定於一國的長期生產力水準的變動幅度。

上式告訴我們，一國的生產力不單決定於一國的技術水準 (A)，同時也決定於實體資本一勞動比率 ($\frac{K}{L}$)，勞工的平均技能水準 ($\frac{H}{L}$)，以及天然資

源一勞動比率 ($\frac{N}{L}$)。就科威特之類的產油國家而言，其平均每人國民所得水準高，主要是因為有豐富的石油蘊藏量，亦即其 $\frac{N}{L}$ 高。臺灣是一個天然資源相當貧瘠的經濟體，因此，我們以下不會討論 $\frac{N}{L}$ 這一項。與天然資源豐富的國家相比，臺灣的經濟成就更顯得難能可貴。

11.2 一國生產力的決定因素

令 $y = \frac{Y}{L}, k = \frac{K}{L}, h = \frac{H}{L}$，並忽略 $\frac{N}{L}$ 這一項，那麼上式可改寫成：

$$y = F(1, k, h, A)。 \tag{1}$$

由以上的說明可以得知，一個天然資源貧瘠的國家，其勞動的平均產出水準 (y)，亦即一國的生產力，主要決定於實體資本一勞動比率 (k)，勞工的平均人力資本水準 (h) 或平均技能水準，與技術水準 (A)。以下分別介紹這三項變數的決定因素。由這些決定因素，我們就可以瞭解為何不同的國家會有不同的長期經濟成長率，也可以瞭解為何一個國家在不同的時期其經濟成長率會有所不同。

◆ 11.2.1 實體資本一勞動比率

如果你是一個織布工人，當別人都已經用自動化的機器設備在織布時，你還在那裡「唧唧復唧唧」；或者你是一個農夫，當別人都已經用耕耘機在犁田時，你還在用水牛，不用想就可以知道，你的產出會差人家多少。由這些例子可以知道，如果每個勞工可以使用的實體資本數量愈多，亦即實體資本一勞動比率 (k) 愈高，那麼勞工的生產力就愈高。

為簡化分析，我們假設一國的人口成長率為零，且 L 與總人口之間的比例固定。在這些假設下，L 為一定數。如上所述，一國的生產力要能提升，

k 必須要增加。在 L 固定的情況下，k 的增加來自於 K 的累積。一國的 K（亦即一國的實體資本的存量）要累積，必須靠投資 (I)。假設實體資本的折舊率固定為 δ，且我們以 ΔX 代表變數 X 的變動量，那麼一國實體資本存量的淨增加量為：

$$\Delta K = I - \delta K。\tag{2}$$

舉例來說，如果一國去年底的機器數量為 100 臺，折舊率為 5%，且今年投資 20 臺，那麼該國今年底的機器數量為 115 臺，比去年底淨增加 15 臺（20 臺 $-5\% \times 100$ 臺）。

當一國的實體資本數量增加 ΔK 時，她的勞動平均產出 (y) 會增加多少呢？為凸顯實體資本累積對 y 的影響，我們先假設一國的人力資本存量 (H) 固定為 H_0，從而勞動的平均人力資本水準固定為 $h_0 (= \frac{H_0}{L})$，同時，我們也假設技術水準固定為 A_0。在這些假設下，式(1)可改寫成：

$$\begin{aligned} y &= F(1, k, h_0, A_0) \\ &= f(k; A_0, h_0)。\end{aligned} \tag{3}$$

上式的意義為，給定 A_0 與 h_0，y 會隨 k 的增加而增加。由式(3)可以得到：

$$\begin{aligned} \Delta y &= \frac{\Delta f(k; A_0, h_0)}{\Delta k} \cdot \Delta k = \frac{\Delta y}{\Delta k} \cdot \Delta k \\ &= MP_K(k; A_0, h_0) \cdot \Delta k。\end{aligned} \tag{4}$$

其中 $MP_K(k; A_0, h_0)$ 為實體資本的邊際產量 (marginal product of physical capital)，其為 K 增加 1 單位時，Y 的增量❷。在報酬遞減 (diminishing returns) 的假設下，k 與 y 及 MP_K 的關係會如圖 11-1 所示，亦即隨著 k 的增加，MP_K 會愈來愈小，從而圖中的曲線變得愈來愈平坦。

❷ 在 L 固定的情況下，$MP_K = \Delta Y/\Delta K = \Delta y/\Delta k$。

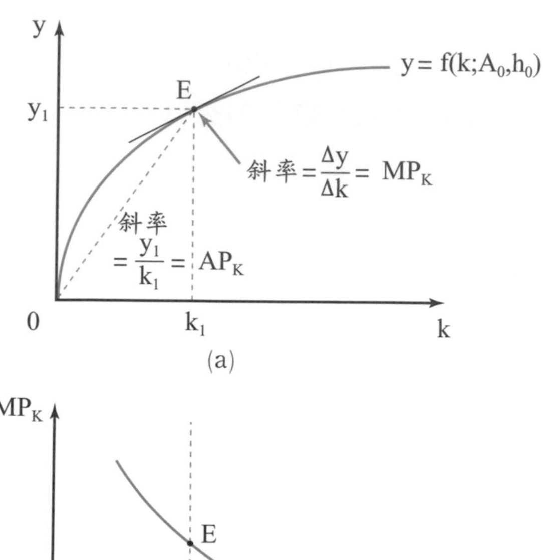

圖(a)為生產函數，圖(b)為實體資本邊際產量。給定 A_0 與 h_0，當 $k = k_1$ 時，實體資本邊際產量等於圖(a)中 E 點的斜率。在報酬遞減的情況下，如圖(b)所示，MP_K 會隨 k 的增加而下降。另外，圖(a)中 E 點與原點連線的斜率等於 $\frac{y_1}{k_1}$，亦即在 k 等於 k_1 下的實體資本平均產量 AP_K。

圖 11–1　生產函數與實體資本邊際產量

式(4)兩邊同除以 y 之後可以得到：

$$\frac{\Delta y}{y} = \frac{MP_K \cdot k}{y} \cdot \frac{\Delta k}{k} = \frac{MP_K \cdot K}{Y} \cdot \frac{\Delta k}{k} = \frac{\frac{\Delta Y}{Y}}{\frac{\Delta K}{K}} \cdot \frac{\Delta k}{k} 。 \tag{5}$$

等式右邊第一項為實體資本的產出彈性 (output elasticity of physical capital)。如果此一產出彈性固定的話，則勞動平均產量的成長率 ($\frac{\Delta y}{y} \equiv g_y$) 與實體資本一勞動比率的成長率 ($\frac{\Delta k}{k} \equiv g_k$) 之間會有一對一的關係。在此情況下，一國的實體資本一勞動比率的成長率在相當程度上可以代表一國平均每人實質 GDP 的成長率；換言之，g_k 的變動在相當程度上可以代表 g_y 的變動。本章以下的討論就專注在 g_k 的影響因素，這些因素對 g_y 也會有相同的影響方向。

式(4)的意義為當 k 增加 1 單位時，y 會增加 $MP_K(A_0, h_0)$ 這麼多單位。在報酬遞減的情況下，如果 A 與 h 維持不變，則 k 同樣增加 1 單位所能增加的 y 的數量，會隨 k 的增加而變小；換言之，當 k 已經很大時，k 再增加 1 單位所能增加的 y 的數量，會少於 k 較小時的水準。

由式(2)可知，一國 K 的增加來自於 I。一國 I 的水準又是如何決定的呢？上一章提到，從支出面來看，一國的 GDP 等於民間消費、投資、政府消費加上出口淨額。為簡化分析，我們只探討封閉經濟 (closed economy) 下的情況，亦即出口淨額等於零。在此假設下，一國的實質 GDP (Y) 等於實質民間消費 (C)、實質投資 (I) 與實質政府消費 (G) 之和：

$$Y = C + I + G。$$

上式可改寫成

$$I = Y - C - G。\tag{6}$$

因此，一國的投資水準決定於一國的產出水準 (Y) 與總消費水準 (C + G)。

另外，Y 也代表一國的實質所得。家戶收到 Y 這麼多所得後，扣掉繳給政府的稅 (T) 之後，剩下的可支配所得可用於消費 (C) 與儲蓄 (S_P)。所以，

$$Y = C + S_P + T。\tag{7}$$

將式(7)代入式(6)可得：

$$
\begin{aligned}
I &= S_P + T - G \\
&= S_P + S_G \\
&= S \text{，}
\end{aligned}
\tag{8}
$$

其中，S_G 為政府儲蓄，其為政府的稅收減消費支出 $(T-G)$，S 為國民儲蓄 (national saving)，其為民間儲蓄 (S_P) 加政府儲蓄 (S_G)。因此，在封閉體系下，一國的實質投資等於實質總儲蓄，或稱一國的國內投資 **(domestic investment)** 等於國民儲蓄。所以，在封閉體系下，一國的投資水準決定於一國的儲蓄水準。這道理就跟一般家庭如果要買房子，就必須要有儲蓄，亦即不能把所得全部消費掉的道理是一樣的。

一國的儲蓄率，令其為 s，為國民儲蓄占 GDP 的比率，即 $s=\frac{S}{Y}$。因此，式(8)可改寫成：

$$
I = sY \text{。} \tag{9}
$$

將式(9)代入式(2)可得：

$$
\Delta K = sY - \delta K \text{。}
$$

上式兩邊再同除以 L，可得：

$$
\begin{aligned}
\Delta k = \frac{\Delta K}{L} &= s\cdot\frac{Y}{L} - \delta\cdot\frac{K}{L} = s\cdot\frac{Y}{K}\cdot\frac{K}{L} - \delta\cdot\frac{K}{L} \\
&= s\cdot\frac{Y}{K}\cdot k - \delta k = s\cdot\frac{\frac{Y}{L}}{\frac{K}{L}}\cdot k - \delta k \\
&= s\cdot\frac{y}{k}\cdot k - \delta k \text{，}
\end{aligned}
$$

其中 $\frac{Y}{K}$ 為實體資本的平均產量 (AP_K, average product of physical capital)，也等於 $\frac{y}{k}$。將上式兩邊除以 k，我們可以得到：

$$\begin{aligned} g_k &= \frac{\Delta k}{k} = s \cdot \frac{y}{k} - \delta \\ &= \frac{s \cdot f(k; A_0, h_0)}{k} - \delta \\ &= s \cdot AP_K(k; A_0, h_0) - \delta \text{。} \end{aligned} \tag{10}$$

因此，當一國的儲蓄率 (s) 愈高時，就會有更多的產出被節省下來，而可用於投資，從而實體資本的成長率或累積率 (g_k) 就可以更高。另外，一國實體資本的生產力愈高，即 AP_K 愈大，則該國的實質產出也會愈高，從而投資水準也可以愈大，進而實體資本的成長率愈高。一國的 AP_K 水準決定於技術水準 (A) 與勞動的平均人力資本水準 (h)。當一國技術進步時，可以使 AP_K 增加，如裝配線的生產方式，就是一種技術進步，因為這樣的生產方式，可以使勞動的分工程度提高，從而使生產效率提升，進而使同樣數量的機器可以有更多的產出，亦即 AP_K 增加。另外，當勞工的人力資本水準增加時，也可使實體資本的生產力提升，例如，勞工的電腦知識愈豐富，電腦可以發揮的效能就愈大。

當技術水準或平均人力資本水準不變時，由於報酬遞減的關係，AP_K 會隨 k 的增加而下降 (讀者可利用圖 11–1 (a)畫出 k 大於 k_1 時的 AP_K，然後與 k_1 下的 AP_K 比較，就可以得到這樣的結果)。我們將式(10)繪於圖 11–2。

由圖 11–2 可以看出，實體資本一勞動比率的成長率 g_k 等於 $s \cdot AP_K(k; A_0, h_0)$ 這條下降的線與 δ 這條水平線之間的垂直距離。當 k 等於 k^* 時，這兩條線相交，因此，g_k 等於零。換言之，如果一國的儲蓄率、技術水準與平均人力資本水準維持不變，且一國實體資本持續累積下去的話，那麼，由於報酬遞減，一國的實體資本一勞動比率在達到 k^* 的水準後，就不會再增加 (因為此時的 g_k 等於零)。在 L 固定的假設下，此意味著一國的實體資本數量 K (= k·L) 也不會再增加，從而由式(2)可以知道，此時的投資僅能替換實體資本的折舊部分而已。

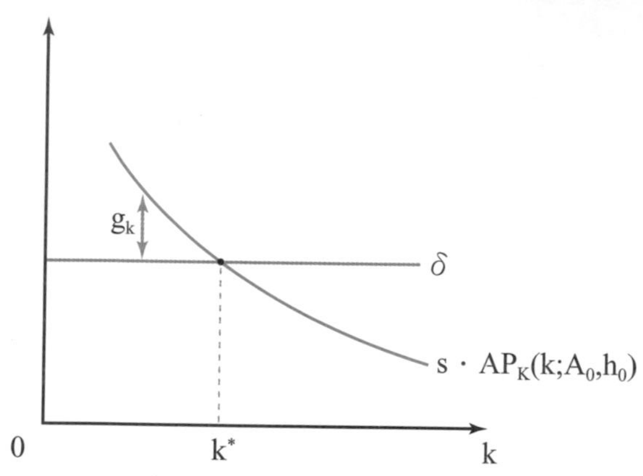

實體資本一勞動比率的成長率為 $s \cdot AP_K$ 與 δ 之差。

圖 11–2　實體資本一勞動比率的成長率

當 k 等於 k^* 時，g_k 等於零，亦即 Δk 等於零。在此情況下，由式(4)可以知道，Δy 等於零，亦即勞動的平均產出不再增加。換言之，當一國的 k 等於 k^* 時，其平均每人實質 GDP 的成長率為零。此意味著，如果一國的儲蓄率、技術水準與平均人力資本水準無法提升（亦即圖 **11–2** 中的 $\mathbf{s \cdot AP_K}$ 這條線無法往上移），那麼由於報酬遞減的關係，一國的經濟終將不會成長。換個角度來看，如果一國的經濟要能持續成長下去，則必須要在實體資本不斷累積的過程中，不斷地提升儲蓄率或提升實體資本的生產力。如前所述，實體資本生產力的提升，來自於平均人力資本與技術水準的提升，關於此點我們會在下兩小節進一步說明。

當一國的儲蓄率上升時，如圖 11–3 所示，$s \cdot AP_K$ 這條線會往上移。假設原先 $k = k_1^*$，亦即原先的 g_k 等於零。現在，儲蓄率由 s_1 上升至 s_2，其立即的效果為 g_k 由原先等於零變成正值。不過，隨著實體資本再度不斷地累積，$s_2 \cdot AP_K$ 這條線終究還是會與 δ 這條水平線相交；屆時，g_k 以及平均每人實質 GDP 成長率又會等於零。

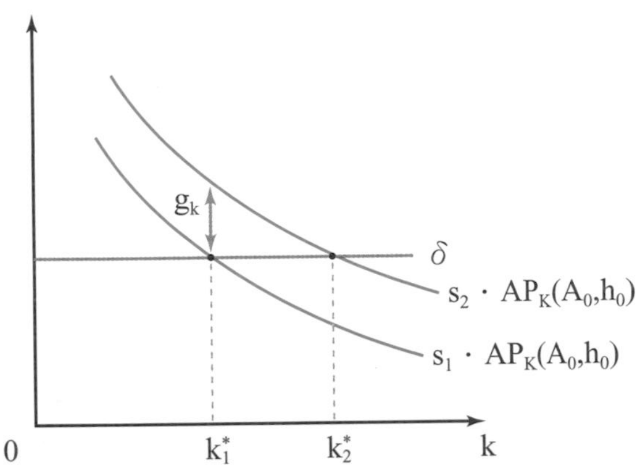

假設原先的 k 等於 k_1^*。當儲蓄率由 s_1 上升至 s_2 時，$s \cdot AP_K$ 這條線會往上移，從而 g_k 由原先等於零變成正值。不過，隨著實體資本不斷累積，k 終究會到達 k_2^* 的水準，從而 g_k 又等於零。

圖 11-3　儲蓄率上升的影響

由於一國儲蓄率最高只能到 1，且實際上，像臺灣這樣高儲蓄率的經濟體，國民儲蓄毛額占名目 GDP 的比率最高也只有 38.64%（1986 年），因此，在報酬遞減下，一國無法只透過儲蓄率的不斷上升，就可以維持其經濟的不斷成長。換言之，一國經濟若要不斷成長（g_k 維持正值），則其技術與平均人力資本必須要能不斷地提升。

由於臺灣在 1980 年代中期之前的技術與平均人力資本水準的提升幅度相對有限，所以，臺灣在 1951–1980 年代中期這段期間的高經濟成長主要源自於國民儲蓄率提升所促成的高實體資本累積率。從表 10–2 可以看出，自 1980 年代中期之後，臺灣經濟已不再高度成長，這除了跟 1990 與 2000 年代的國民儲蓄率降低有關之外，也可能受到 2001 與 2009 年兩次經濟負成長以及實體資本報酬遞減的負面影響。

吸金大國

全世界都想搭上中國大陸經濟起飛的這班列車，於是在中國大陸的 FDI 紛沓而至，吸金的強度可謂是前所未有。圖為中國大陸的財經中心——上海市。
圖片來源：shutterstock 網站。

一國的國內投資除來自於其自身儲蓄的挹注外，也來自於外人直接投資 (foreign direct investment, FDI)。外人直接投資指的是跨國取得一家公司 10% 或以上的普通股股權的投資。外人直接投資不單為接受國帶來資金，通常也會為接受國帶來更先進的生產、管理、行銷等技術，而有助於接受國生產力的提升，中國就是一個很好的例子。中國於 2002 年所吸收的外人直接投資金額高達 527.43 億美元，首次超越美國成為全世界最主要的外人直接投資接受國；該項金額占其 GDP 的比率約為 4.25%。臺灣的這項金額在 2007 年曾高達 77.69 億美元 (占 GDP 的比率為 1.91%)，然後持續減少直到 2016 年才又高達 96.92 億美元❸ (占 GDP 的比率為 1.78%)。

◆ 11.2.2　人力資本

如前所述，一國經濟若要不斷成長 (亦即 g_y 維持正值，由式(5)可以知道 g_k 要維持正值)，不能單靠儲蓄率不斷上升，而必須要靠平均人力資本 (h) 與技術水準 (A) 不斷提升。當 h 或 A 上升時，任一 k 之下的 AP_K 都會增加 (如勞工電腦知識的提升，不管電腦數量為何，都會使電腦的平均產量增加)，從而 h 或 A 上升時，會如同儲蓄率 (s) 上升時一樣，使圖 11–3 中的 $s \cdot AP_K$ 線往上移，進而使任一 k 下的 g_k 提高。不過，若一國 h 或 A 上升到某一水準後就不再提升，亦即 $s \cdot AP_K$ 這條線不再往上移，那麼該國的 g_k 就會因 k 不斷地增加而不斷地下降，最終到等於零的水準。因此，一國經濟要不斷成長，其前提就是 h 或 A 要能不斷地提升。由於人力資本與技術水準的提升不像儲蓄率的上升有一個極限，所以，一個經濟體其經濟是有可能長期維持正成長的。如本章一開始提到的美國，在歷經十九世紀與二十世紀上半期的長期經濟成長之後，其 1960–2020 年期間的平均每人實質 GDP 的平均年成長率仍可維持 2% 的水準，主要原因就在於人力資本與技術水準不斷地提升。

在 1978–2019 年期間，臺灣就業者的教育程度顯著提升。在 1978 年，74.78% 的就業者其教育程度為國中及以下，大專及以上的僅有 8.51%；但在

❸ 《中央銀行金融統計月報》，國際收支簡表。

2019 年，51.61% 的就業者其教育程度在大專及以上，國中及以下的僅有 16.10%❹。就業者教育程度的提升是臺灣平均每人實質 GDP 年平均成長率在 1980 年代和 1990 年代得以維持在 5% 以上，以及在 2000 年代面臨兩次經濟衰退之際得以維持在 3% 左右的重要因素。

我國 2016 年教育經費占 GDP 比率為 5.0%，與 OECD 國家平均相同；主要國家中以紐西蘭、英國及美國超過 6% 較高，南韓 5.4% 略優於我國，德國、日本及義大利僅約 4% 左右。依公、私部門區分，2016 年我國公部門教育經費占總教育經費 75%，低於 OECD 國家（不含幼兒園）平均之 82%；主要國家除德國及義大利公部門占逾 85% 外，其餘各國均介於 68% 至 74% 之間。

政府教育經費占政府歲出比率之高低，代表教育相對於其他公共事務之優先順序。2016 年我國政府教育經費占政府歲出比率為 21.5%，高於 OECD 國家平均之 10.8%，亦優於各主要國家，其中紐西蘭、南韓、英國及美國皆逾 1 成，分別為 13.6%、12.9%、12.2% 及 11.4%❺。不過，如果學生不唸書，一國投入再多的教育經費也是沒用。

Economics 部落格

根據行政院國科會委託國立臺灣師大講座教授彭森明一項針對全臺灣 4 萬多名大學生所做的調查顯示，約 57% 的大一男生和 48% 的大一女生每天唸書不到 1 小時，約有 49% 的大三男生和 34% 的大三女生每天只花 1 小時唸書。另外，超過 15% 的大三學生每天聊天超過 4 小時；超過八成的大學生每天上網超過 2 小時，上網目的依序為與舊朋友互動溝通訊息、娛樂休閒及無聊打發時間❻。

❹ 行政院主計總處網站：首頁 > 政府統計 > 主計總處統計專區 > 就業、失業統計 > 電子書 >108 年人力資源調查統計年報表。

❺ 《教育資源投入統計結果提要分析》，2020，行政院教育部。

❻ 《東森新聞報》，2006 年 3 月 9 日與 10 月 3 日。

在李采洪與費國禎所寫的〈大陸勤奮潮會不會淹沒富裕臺灣的下一代？〉[7]一文中提到：「1994 年，臺灣大學校長陳維昭到北京大學訪問，讓他印象很深刻的一幕是去參觀他們的圖書館。當時北大圖書館裡還沒有空調，十分悶熱，但每張桌子還是坐得水洩不通，而且有位子坐的學生還不太敢離開，因為一離開位子就被別人占去了。」該文也提到：「宏碁集團董事長施振榮乾脆直接指出，『現在大學生多很多，但是平均素質不高，很多企業根本不敢用。』」（建議讀者透過網際網路找出全文閱讀）

動腦筋時間  11–1

你是否像上面「Economics 部落格」所提的，是每天唸書不到 1 小時的學生呢？如果是，為什麼？

◆ 11.2.3　技術水準

如上所述，一國技術水準 (A) 的提升，和平均人力資本水準 (h) 的提升一樣，可以使式⑽中的 AP_K 增加，或圖 11–3 中的 $s \cdot AP_K$ 這條線往上移，從而可以提升該國的 g_k 與 g_y。

從 Y = F(L, K, H, N, A) 這個總合生產函數可以看出，當技術進步時 (A 提升)，同樣數量的生產要素可以有更多的產出，或同樣的產量所需的生產要素數量變少了。我們之前曾提到裝配線生產方式這個技術進步的例子，其他的例子還包括臺北 101 大樓使用新的建築工法在短短四年左右就建好，貨櫃運輸船的發明使運量大增，5G 的發明使傳輸速度

建築技術大躍進

隨著時代演進，所有的生產技術都得到大幅度的提升，而建築技術的進步，也為人類的生活居所提供了更安全的保障。
圖片來源：shutterstock 網站。

[7] 《商業周刊》，第 788 期，2002 年 12 月 30 日。

大幅提高，電腦加上影印機使上課講義的印製比五十年前「刻鋼板」時期來得更快也更漂亮，網際網路使資料蒐集的時間大為縮短（或使完成「學期報告」所需的時間與腦力大為減少）。

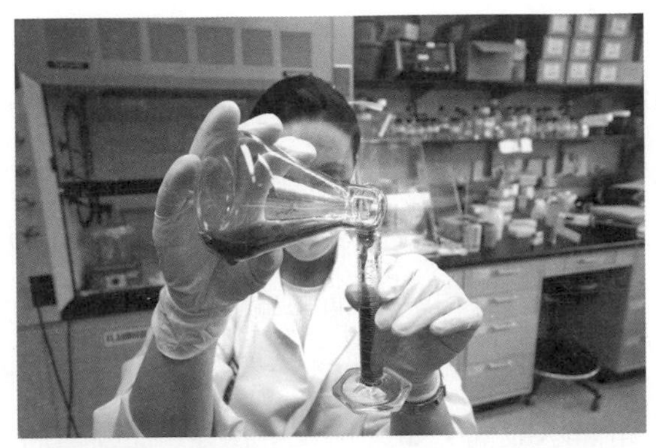

重視研發，才能出頭天

假設每個國家都像一列火車，那麼研發能力就是火車的引擎。有愈好的引擎，就愈有機會一馬當先衝到最前面，扮演領導者的角色。

圖片來源：shutterstock 網站。

有些新技術或新產品的發明是意外的發現（如牛仔褲，在十九世紀美國加州淘金熱時期，李維・史特勞斯批了一捲捲的帆布，打算賣給淘金客來搭建帳篷。不料這些帆布卻滯銷，李維只好試著把帆布裁剪、染色，縫製成藍色的褲子，然後把這些耐磨耐穿的褲子賣給重度勞動的礦工）❽，但絕大多數是發明人的心血結晶，是需要投入資源的。

一國的技術水準除了決定於其投入研發的人力資本水準外，也決定於其研發經費占 GDP 的比率。日本與南韓分別自 2002 年與 2009 年起研發經費占 GDP 比率突破 3%，南韓則自 2010 年超越日本成為行政院科技部比較國家（包括美國、中國、日本、德國、南韓、法國、英國、新加坡、芬蘭與我國）中占比次高的國家，之後在 2012 年研發經費以高於 GDP 成長率的 3.3 倍快速成長，使得其占比達 4% 以上，成為比較國家中唯一超過 4% 者，2018 年其占比更攀升至 4.53%。我國研發經費占 GDP 比率，由 2009 年 2.83% 持續增加至 2018 年的 3.35%，在比較國家中研發經費占 GDP 比率次於南韓；中國大陸地區歷年來研發經費占 GDP 比率雖一直落後其他國家，但是其研發經費的投入，在 2009–2018 年期間以 12.4% 的年平均成長速度增加，自 2010 年起研發經費占 GDP 比率超越英國，該年研發經費占 GDP 比率為 1.71%，至 2018 年為 2.14%，且其研發經費總額也自 2009 年起超越日本成為世界研發投入第二大國❾，對其經濟的高成長有一定的貢獻。

❽ 黃成宏譯 (2002)，《發明炫點子》，臺北：幼獅文化。

❾ 《科學技術統計要覽　提要分析》，2020，行政院科技部。

◆ 11.2.4 政府政策

如前所述，當技術進步時，生產同樣產量所需的生產要素數量會減少；在生產要素價格不變下，此意味著廠商的生產成本下降了。在生產成本降低方面，政府可以扮演相當的角色，如做好水、電、交通、通訊等各方面的基礎建設 (infrastructure)。如果廠商時常面臨缺水的問題，他必須要買水或多建儲水設備；如果供電不穩定，在斷電時，廠商生產的半成品 (如積體電路) 可能必須報廢；這些都會造成廠商生產成本的上升。

另外，如果廠商面對的生產誘因提高 (比方說，農夫有自己的田可以耕作，或是貨品出廠比較不會被搶)，則廠商會比較有意願提升其生產效率 (如農夫耕作自己的田會比較賣力)。在這方面，政府也可扮演相當的角色，如進行土地改革，保護好民眾的財產權 (property rights)，改善治安，改革司法等等。

以上這些政府施政可以降低廠商的生產成本或提升廠商的生產效率或意願，都可以視為廣義的技術進步。另外，像健全金融體系與健全股票上市公司的公司治理 (公司負責人不會掏空公司資產)，可以讓人民不用擔心把錢存到銀行或買股票會血本無歸，從而可以提高一國的儲蓄率與投資率 ($\frac{I}{GDP}$)，進而有助於一國經濟成長率的提升。

◆ 11.2.5 自由貿易

臺灣的飛機，不管是民航還是軍用，主要是從美國 (與法國) 進口，臺灣也出口手機晶片到美國。這樣的國際貿易結果，就好像把手機晶片丟到魔術箱後，變出飛機來；或是臺灣以手機晶片為生產「投入」，「生產」出飛機來；或是臺灣出口手機晶片後，就間接取得飛機的「生產技術」(經濟學教科書常舉的例子是，美國出口小麥換取鋼鐵的進口，就如同以小麥來「生產」鋼鐵)。因此，國際貿易也可視為一種廣義的技術進步 (我們可以想像，臺灣如果要自行生產波音 747 客機，其生產成本會有多高)。如第 9 章所提到的，在自由貿易下，一國會專業化生產其具有比較利益的產品，亦即其相對生產力比較高的產品，從而兩個國家合起來的產出水準會因生產力的提高而增加。所以，自由貿易就是一種技術進步，且貿易的自由程度愈高，技術進步率愈高。一個很好的反例就是北韓，她幾乎已到鎖國的地步，其經濟成長率與人民的物質生活水準都是相當低的。反觀臺灣，天然資源比北韓少，但人民的物質生活水準卻比北韓高很多；之所以會有這樣的差別，主要就是貿易的自由程度不同。中國與印度是另外兩個很好的例子，她們若沒有在 1990 年代進行大幅的開放並向市場經濟靠攏，她們是不可能有亮麗的經濟表現。另外，透過自由貿易的國際競爭壓力，也有助於一國出口廠商與進口競爭廠商其生產力的提升（不然就沒辦法存活）。

11.3　臺灣的經濟奇蹟

本章一開始提到，在 1960–2000 年期間，臺灣平均每人實質 GDP 的平均年成長率為世界各國之冠；我們也說明了，一國儲蓄率的上升，平均人力資本與技術水準的提升，政府正確的政策與作為，以及國際貿易自由程度的增加，都有助於一國生產力的提升，進而使一國的經濟成長率提高。

在經濟學各個領域的教科書中，“Taiwan” 一詞出現最多次的應是在「經濟發展」或「經濟成長」的教科書中；從臺灣在 1960–2000 年期間的優越經濟表現來看，這樣的結果是實至名歸的。

臺灣在 1949 年實行「375 減租」，在 1953 年實行「耕者有其田」政策，和平地完成土地改革，也提高了農民的生產動機，進而提高了農民的所得。農民的所得提高之後，就有能力進行儲蓄，並利用累積的儲蓄改善或購買生產工具（如水牛與之後的耕耘機），從而使生產力得以提升，進而使所得可以進一步增加，而形成所得↑→儲蓄↑→投資↑→生產力↑→所得↑的良性循環，或得以跳脫貧窮陷阱（poverty traps；讀者在上述良性循環中各個項目的↑改為「低」字，就可以理解何謂「貧窮陷阱」）。

農民的所得水準不斷提高後，就有多餘的儲蓄可以挹注工業投資所需的資金，而使臺灣得以開始工業化。臺灣 1960 年農業與製造業的名目 GDP 分別是 1951 年的 4.61 與 6.73 倍；不過，由於國內市場狹小，國內的農業與製造業要持續成長，必須開拓國外市場。政府自 1950 年代末期即採取一連串的財經措施來提升出口廠商的國際競爭力，包括新臺幣貶值（新臺幣兌美元的匯率，於 1958 年間由 15.55 比 1，貶為 24.5 比 1；1959 年貶為 36.4 比 1；1963 再貶為 40 比 1），外銷退稅，外銷低利貸款，設立加工出口區（1966 年，區內廠商從國外進口之機器設備、原物料、燃料與中間財免進口稅捐、貨物稅與營業稅，故區內廠商之成本得以降低），以及公布《獎勵投資條例》（1960 年，其目的為經由減稅、免稅、退稅等手段，獎勵國人儲蓄、投資與出口）。在這些措施之下，我國的出口由 1958 年的 117 佰萬美元增至 1972 年的 3,340 佰萬美元；主要的出口產業為紡織、食品與電子電機等勞動密集產業。

我國於 1950 與 1960 兩個年代所發展的產業為紡織等輕工業；為了產業升級，且我國在這兩個年代的經濟快速成長下已累積相當多的儲蓄與資金，故我國於 1970 年代開始發展石化、鋼鐵、機械、汽車等資本密集產業，並進行十大建設等重大基礎建設。十大建設包括中山高速公路與桃園機場等六項交通建設，以及核能發電、石化工業、中鋼與中船等四項建設。政府一直持續在進行重大基礎建設，如前所述，基礎建設可以視為廣義的技術進步。

上述資本密集產業的發展，加上十大建設支出（共約 3,300 億元）的擴張效果，使我國經濟在 1970 年代雖然面臨 2 次石油危機（國際經濟衰退），1970 年中日斷交，1971 年退出聯合國，1975 年蔣中正總統過世和 1978 年中美斷交等政治衝擊，仍維持高度成長（見表 10–2）。

基礎建設——公路

便捷的交通運輸網，是經濟發展不可或缺的要件，而身為重要基礎的公路建設，更是扮演著重要角色。
圖片來源：shutterstock 網站。

雖然資本密集產業是重要的產業，但與早就工業化的先進國家比較起來，我國的資本並不算相對豐富且技術也不突出，因此，我國資本密集產業的比較利益也不會特別顯著（如汽車產業）。由於受到「萬般皆下品，唯有讀書高」的傳統觀念影響，國內一般家庭都相當重視教育，且我國早在 1968 年就開始實施「九年國民義務教育」，所以我國屬於人力資本相對豐富的國家，因而人力資本密集或技術密集的產業才是我國比較利益顯著的產業（像 IC 設計業，如供應任天堂遊戲機 Wii 遙控器感測晶片的原相科技公司於 1998 年才成立；如果我國有一家汽車製造公司於 1998 才成立，你大概不會期待它會在十年內發展出獨步全球的生產技術）。

就在一般人還不知道什麼是「半導體」的時候，孫運璿與李國鼎兩位先生就於 1980 年推動了「新竹科學園區」與「聯電」的成立（「台積電」於 1986 年成立）。政府並於 1991 年推動的「國家建設六年計畫」中，選定資訊、通訊、半導體、消費性電子等十項高科技產業，作為重點發展產業。政府這些措施奠定了電子資訊業成為我國當前主要產業的基礎。

我國經濟在歷經 1951–1980 年，三十年的快速成長後，經濟規模已大到政府無法主導資源配置與產業發展的地步，再加上不斷累積的鉅額貿易出超所帶來的貿易摩擦加劇，政府遂於 1980 年代中期起推動「經濟自由化、國際化與制度化」，包括大幅降低進口關稅稅率，大幅放寬商品進出口管制與外匯進出管制，開放新銀行與證券商設立，推動利率自由化，修訂通過《公營事業移轉民營條例》等等。這些措施主要是要讓市場機能可以更有效發揮，而提升資源的配置效率。

如果你身處在動盪的 1940 年代的臺灣（1947 年發生「二二八事件」，1948 與 1949 年發生惡性物價膨脹），你大概很難想像，臺灣經濟在接下來的數十年期間會那麼快速地發展，且其成就被世人譽為「經濟奇蹟」。除了經濟成長率高之外，更難得的是臺灣 1960 與 1970 年代的所得分配是持續改善的（見上一章表 10–5）。這一切從 1950 年左右的和平土地改革（提高生產效率，跳脫貧窮陷阱）開始，加上隨後而來的高儲蓄率與高投資率，國人重視教育（平均人力資本水準提升，進而提升技術水準），政府不斷從事基礎建設與推出合宜的政策（廣義的技術進步），貿易的自由程度提高，以及國人勤奮工作，才能達成這樣的成就。

曾經流傳著這樣一個故事：高雄縣岡山鎮是臺灣螺絲產業的重鎮，不少工廠的老闆都是學徒出身，且是同門師兄弟。老闆夫婦通常會提著裝滿螺絲樣本的 007 手提箱見國外客戶，但他們只會說一個英文字 "yes"。不管外國客戶下的訂單的量有多大，他們都可以「吃」下來；自己無法生產的量再分給同門師兄弟。這樣的故事並非特例，秉持冒險犯難打拼精神的臺灣企業家，也是臺灣經濟奇蹟的重要貢獻者。

雖然臺灣企業家打拼的精神依舊，但如果大部分的大學生每天唸書不到 1 小時，如果我們未來沒有孫運璿與李國鼎這樣無私奉獻、高瞻遠矚的經濟建築師，臺灣的經濟是很難風華再現的⑩。

你認為臺灣社會有沒有為「經濟奇蹟」付出代價？如果有，代價是什麼？

11.4　臺灣經濟未來的潛在威脅

在 11.2 節，我們說明了一國生產力的決定因素，並據以說明臺灣經濟奇蹟的成因。在本節，我們從相反的角度出發，探討臺灣經濟未來可能面臨以下的潛在威脅：

◆ 11.4.1　少子化問題日趨嚴重

在 2010 年，臺灣地區的「總生育率」(平均每位育齡婦女一生所生嬰兒數) 為 0.895 人，是全世界最低的⑪。當年的新生兒只有約 15.7 萬人，而 1979 年的新生兒曾高達約 38.1 萬人。雖然政府從 1964 年開始逐步推廣降低人口成長率的家庭計畫，使實體資本——勞動比率 (k) 與平均人力資本水準 (h)

⑩ 在 2001–2020 年期間，臺灣經濟的平均年成長率只有 3.54%。

⑪ 臺灣 1951 年的總生育率曾高達 7.04，2019 年為 1.10。另外，臺灣 2070 年人口數預估將降為 1,449 ～ 1,716 萬人，約為 2020 年之 6 ～ 7 成。(資料來源：行政院國家發展委員會「中華民國人口推估 (2020 至 2070 年)」，2020 年 8 月)

上升，而有助於臺灣之後數十年生產力的提升；但如果人口成長率過低，則有可能對一國的國際競爭力產生不利的影響。

之所以如此，是因為一國的人口成長率過低意味著該國未來可能會有人才不足的問題。例如，我國的半導體與石化產業目前發展出上、中、下游的完整體系，而成為我國的重要產業，也雇用相當多的技術人才。如果未來我國有人才不足的問題，則不單外人來臺直接投資會減少，國內的本土企業也可能會外移。屆時，國內會有一些產業會萎縮；情況嚴重的話，連半導體與石化產業也無法維持目前的榮景。

簡單地說，如果我國未來沒有像現在這麼多的人才，則未來無法支撐像現在這麼多的產業，從而產業結構會有一番重大調整；而未來產業結構能否順利調整，讓臺灣能像新加坡一樣專致於某些產業（如金融、運輸與石化）的發展，則又決定於我國的教育政策是否具高度的前瞻性，足以培養出這些產業所需的人才。如果以「流浪博士」問題愈來愈嚴重的角度來看，這個問題的答案是比較令人悲觀的。

此外，少子化再加上平均壽命延長，意味著一國勞動力占全國人口的比例在未來會降低，從而未來世代的租稅負擔會加重。這有可能造成人才外移⓬；即使不外移，留在國內的人才，也可能因養不起小孩⓭，而不願生小孩，進而陷入少子化——人才不足的惡性循環⓮。

⓬ 事實上，從 21 世紀開始，臺灣已成為白領階級與技術人員的「淨輸出國」，每年從臺灣移出的 2 至 3 萬人口中，大多數都是白領階級；此一現象直到 2020 年因臺灣疫情控制得宜才逆轉。（2020 年 1–10 月，本國籍人士淨流入數達 25 萬人（《商業周刊》，1728 期，2020.12.28–2021.1.3））

⓭ 養不起小孩的原因包括薪水少，要撫養父母，要預備自己退休後的支用，或房貸的負擔過重等。（在 2020 年，全臺灣的房價所得比（成交住宅總價中位數之於家戶年可支配所得中位數的倍數）約為 10，臺北市約為 15）

⓮ 雖然政府充分體認到少子化問題的嚴重性，而採取生育補助等獎勵生育的措施；但由於各級政府財政困難，以致於獎勵金額相對於小孩的未來教養費用都相當有限，而起不了提高生育率的作用。以獎勵最大方的新竹市而言，在 2020 年，生育一胎補助新臺幣 1 萬 5 千元、第二胎以上每胎增加 5 千元，該胎次為雙胞胎補助新臺幣 5 萬元、三胞胎以上或第二次以上雙胞胎補助新臺幣 10 萬元。（新竹市政府網站）

◆ 11.4.2 政府債務餘額過高

在 2010 年，希臘等歐洲國家因政府債務餘額過高⓯，而爆發國債無法全額償付的主權債信危機。為何一國政府債務餘額過高會對該國的競爭力有不利的影響？想像你自己是個「卡奴」，你每個月薪水的三分之一為債權銀行所扣，剩下的薪水讓你只能勉強過活；你沒錢進修，也沒錢買電腦的軟硬體設備，來提升你的生產力。一國政府若是債務餘額過高，就會像「卡奴」一樣，其收入會有較大的比例須用來償付債務的本金與利息，剩下的收入在支付過社會福利等法定支出之後，只能勉強維持政府的運作，而無法從事有助於提升該國生產力的基礎建設，甚至須減少教育支出或讓社會穩定的治安支出，而造成國內投資的減少；而且公務人員可能也會減薪，而帶動民間薪資的下滑，最後造成人才外移。

當這些不利的情況出現時，該國人民會縮衣節食，而造成民間消費與國內投資的進一步減少，進而讓整個國家的產出與稅收減少，且不利於未來生產力的提升。當政府稅收減少時，政府須再減少支出，從而上述的不利情況會變得更嚴重，進而整個經濟會陷入惡性循環，而終至破產⓰。

我國的政府債務餘額有多高？根據主計總處統計，截至 2019 年底，各級政府潛藏負債⓱合計為新臺幣 18 兆 2,010 億元（中央政府 15 兆 3,289 億元、地方政府 2 兆 8,721 億元）。另外，截至 109 年 4 月止中央政府一年以上債務未償餘額實際數為 5 兆 3,378 億元，未滿一年債務未償餘額實際數為 2,246 億元，合計 5 兆 5,624 億元，除以人口數 23,596,493 人，平均每人負債 23.6 萬元；另若加計地方政府一年以上債務及未滿一年債務，則各級政府債務總計為 6 兆 4,741 億元，除以人口數 23,596,493 人，平均每人負債

⓯ 在 2011 年底，希臘的政府債務餘額占其 GDP 的比率超過 160%。

⓰ 希臘若沒有歐元區的其他國家與國際貨幣基金 (IMF) 的援救，應早已破產。

⓱ 潛藏負債屬於政府未來應負擔的法定給付義務或未來社會安全給付事項（如舊制軍公教人員退休金未來應負擔數、勞工保險未提存責任準備等），可以編列年度預算或藉由費率調整方式挹注。

27.4 萬元[18]。

未來臺灣會不會像希臘一樣發生主權債信危機？雖然我國的國際競爭力遠高於希臘，且我國有自主的貨幣政策與匯率政策，從而因應金融風暴的能力亦遠優於希臘；但如果未來政府預算赤字情況未能改善，則政府債務餘額過高問題會與少子化問題形成惡性循環，亦即政府因債務餘額過高而被迫加「稅」(如調高勞健保費率[19]、開徵資本利得稅、調高油電價格與學雜費等)；人們因「租稅」負擔加重更不敢生小孩，從而造成政府未來稅收因納稅人變少而減少，進而使政府債務餘額再增加。如果這樣的惡性循環真的出現，則不單政府的投資支出與教育支出會減少，民間的投資支出也會減少；屆時，臺灣恐步上希臘的後塵。

◆ 11.4.3　融入區域經濟整合的速度過慢

區域全面經濟夥伴關係協定 (Regional Comprehensive Economic Partnership, RCEP)，是由東南亞國家協會十國發起，由中國、日本、南韓、澳洲、紐西蘭這些和東協有自由貿易協定 (FTA) 的六國共同參加，共計 15 個國家所構成的自由貿易協定，已於 2020 年 11 月簽定；RCEP 成員國承諾，未來 10 年有 92% 的貨物貿易零關稅，且服務貿易與投資也將相互高度開放。

另外，跨太平洋夥伴全面進步協定 (Comprehensive and Progressive Agreement for Trans-Pacific Partnership, CPTPP)，也已於 2018 年 12 月 30 日由日本、加拿大、澳洲、紐西蘭、馬來西亞、新加坡、越南、汶萊、墨西哥、智利與秘魯 11 個國家共同簽署生效，旨在促進自由化進程，達成自由開放貿易之目的。

如果臺灣未來無法儘快簽署這些 FTA，則臺灣除了資訊科技產品以外的大部分出口品會被進口國課進口關稅，但南韓等我國的主要競爭對手國其出口品卻很有可能不會被課關稅，從而臺灣會陷入市場流失，甚至廠商將生

[18] 財政部新聞稿，2020 年 6 月 3 日。

[19] 在 2021 年，勞保費率為 11.5%，未來將逐步調高為 18%。

產基地外移的困境。屆時，臺灣經濟可能將如前行政院長陳冲所說的「北韓化」，亦即成為經濟孤島。如果成真，那麼你會想在經濟孤島進行投資嗎？

以上這些潛在威脅都屬於不易解決的結構性問題，讀者應趕快找到自己的熱情所在，亦即那些會讓你廢寢忘食而不覺得累的項目，然後持續精進，否則，你很有可能會當很長一段時間的「啃老族」。

摘要

1. 總體經濟理論又稱為所得理論，一般總體經濟理論最關注的是一國長短期的實質所得水準。
2. 一國的總合生產函數描述一國的產出水準與生產技術水準及生產要素數量之間的關係。一國的生產力（勞動的平均產出水準）不單決定於一國的技術水準，同時也決定於實體資本一勞動比率，勞動的平均技能水準，以及天然資源一勞動比率。
3. 如果一國實體資本的產出彈性固定的話，一國的實體資本一勞動比率的成長率在相當程度上可以代表一國平均每人實質 GDP 的成長率。一國實體資本的數量要累積，必須靠投資；在封閉體系下，一國的國內投資等於國民儲蓄。
4. 一國的投資除來自於其自身儲蓄的挹注外，也來自於外人直接投資。外人直接投資指的是跨國取得一家公司 10% 或以上的普通股股權的投資。外人直接投資不單為接受國帶來資金，通常也會為接受國帶來更先進的生產、管理、行銷等技術，而有助於接受國生產力的提升。
5. 當一國的儲蓄率與實體資本的生產力愈高時，實體資本的成長率就愈高。一國實體資本的生產力決定於技術水準與勞動的平均人力資本水準。當技術水準與平均人力資本水準不變時，由於報酬遞減的關係，實體資本的生產力會隨實體資本一勞動比率的增加而下降，從而如果一國的儲蓄率、技術水準與平均人力資本水準無法提升，那麼由於報酬遞減的關係，一國的經濟終將不會成長。由於一國的儲蓄率有其上限，因此一國經濟若要不斷成長，則其平均人力資本與技術水準必須要能不斷地提升。
6. 當技術進步時，同樣數量的生產要素可以有更多的產出，或同樣的產量所需的生產要素數量變少。一國技術的進步幅度或研究發展的成果決定於一國研究發展的支出與一國投入研發的人力資本。
7. 政府施政若能降低廠商的生產成本或提升廠商的生產效率或意願，可以視為廣義的技術進步。
8. 在自由貿易下，一國會專業化生產其具有比較利益的產品，亦即其相對生產力比較高的產品，從而兩個國家合起來的產出水準會因生產力的提高而增加。所以，自由貿易就是一種技術進步，且貿易的自由程度愈高，技術進步率愈高。另外，透過自由貿易的國際競爭壓力，也有助於一國出口廠商與進口競爭廠商其生產力的提升。

9. 臺灣「經濟奇蹟」的成因為 1950 年左右的和平土地改革，加上隨後而來的高儲蓄率與高投資率，國人重視教育，政府不斷從事基礎建設與推出合宜的政策，貿易的自由程度提高，國人勤奮工作，以及臺灣企業家的冒險犯難打拼精神。

10. 我國經濟未來的主要潛在威脅包括：1. 少子化問題日趨嚴重，2. 政府債務餘額過高，以及 3. 融入區域經濟整合的速度過慢。

習　題

1. 假設一國的總合生產函數具固定規模報酬性質。那麼，如果一國的實質資本財數量增加 1 倍，該國的總產出水準是否也會增加 1 倍？為什麼？
2. 假設報酬遞減且實質資本的產出彈性固定。一國的儲蓄率提高對一國的長短期經濟成長率會不會有相同的影響？試繪圖說明之。
3. 假設沒有報酬遞減現象，從而不管 k 值大小，$\frac{f(k)}{k}$ 是固定的。在此情況下，一國的儲蓄率提高對一國的長短期經濟成長率會不會有相同的影響？試繪圖說明之。
4. 假設報酬遞減，且某一國經濟今年是正成長的。試利用圖 11–2 說明，該國要如何做才能使該國的經濟成長率持續維持在今年的水準。
5. 請說明自由貿易為何可以促進一國的經濟成長。
6. 何謂「貧窮陷阱」？試說明之。
7. 如果照本章所講的，一國只要不斷提升人力資本與技術水準就可以使其經濟不斷成長，那麼全世界為什麼還會有那麼多窮國？試說明之。
8. 請說明少子化問題日趨嚴重與政府債務餘額過高為何會不利於一國經濟的長期表現。

Note

第 12 章
儲蓄、投資與金融體系

1. 何謂金融中介機構？何謂金融市場？
2. 債券次級市場價格與市場利率的關係為何？
3. 不同的債券有不同的特徵，而這些特徵與發行利率的關係為何？
4. 何謂簡單消費函數？何謂簡單儲蓄函數？
5. 民間儲蓄的決定因素為何？
6. 民間投資的決定因素為何？
7. 如何透過可貸資金模型決定均衡利率水準？此一水準的影響因素為何？如何影響？

Economics

假設你想要買一間總價 500 萬元的新成屋，到目前為止，你總共儲蓄了 100 萬元，所以還差 400 萬元。這 400 萬元一個可能的籌措方式是找十個朋友，然後各借 40 萬元。不過，你可能會發現，你的朋友愈來愈少。這時候，你會慶幸有「銀行」這樣一種金融機構可以讓你借到這 400 萬元。同樣地，如果你是一家公司的老闆，計畫投資 1 億元蓋一座新廠，你也有可能從銀行借到所需的資金。銀行貸出的資金來自於存戶的存款，所以銀行扮演的是撮合資金需求與資金供給的中間人的角色。就一個社會而言，銀行的功能就如同一個人的心臟，心臟將從靜脈流進的血液打入動脈，銀行則將自存戶吸收到的資金，貸給家戶、廠商，乃至政府等資金需求者。當一個人的心臟不好時，他的身體也不可能有多好；當一個社會的銀行體系不健全或貸放能力變差時，它就欠缺經濟成長所需的動能——投資。日本自 1990 年泡沫經濟破滅後，其經濟在很長的一段期間持續低迷不振，其原因之一就是銀行體系有鉅額呆帳。

在上一章我們曾提到，一國經濟成長率的決定因素為儲蓄率與各式各樣的投資，包括實體資本、人力資本與研究發展的投資。在本章，我們會介紹儲蓄函數與投資函數，以說明一國儲蓄與投資的決定因素。在封閉體系下，一國的儲蓄與投資分別構成一國的資金供給與需求。在本章，我們會先介紹撮合資金供給與需求的金融體系 (financial system)，包括金融中介機構（financial intermediary，如銀行）與金融市場（financial market，如股票市場）。最後，我們將一國的金融體系視為一個單一的可貸資金市場 (loanable funds market)，來說明一國利率水準如何決定。

12.1 金融體系

金融體系包括金融中介機構與金融市場，二者的區分在於資金提供者知不知道資金的流向。像你不會知道你存在銀行的錢，銀行把它貸給誰；銀行本身也不會知道它所貸給某一客戶的錢，是來自於哪些存戶。不過，你若是參加某一上市公司的現金增資案或購買某一家公司所發行的公司債，你就會知道你的錢被誰所用。根據這樣的區分，我們稱金融中介機構所進行的是間接金融 (indirect finance)，而金融市場所進行的是直接金融 (direct finance)。

◆ 12.1.1　金融中介機構

如前所述，銀行扮演的是撮合資金供給與需求的中間人的角色；另外，共同基金 (mutual fund) 也具有相同的功能。分別介紹如下：

㈠銀　行

當你到銀行存款時，走進營業大廳，你就可以看到各類存款的牌告利率。你可以參考這些利率，決定你的存款種類及金額。在 2020 年年底，本國銀行的企業及個人存款的總餘額超過 37 兆元，其中以定期儲蓄存款最多，約 7.8 兆元（儲蓄存款限自然人及非營利法人）；另外，政府存款約 9,364 億元。

存款是銀行的主要負債項目，銀行利用它所吸收的存款進行放款與證券投資。在 2020 年年底，本國銀行的放款餘額約新臺幣 28 兆元，超過其資產總額約 50 兆元的半數。銀行的放款利率高於其存款利率，銀行透過放款與存款利率的差（簡稱利差）來獲利。銀行另一個主要的獲利來源為其證券投資（包括政府債券以及公民營事業與金融機構的股份與債券）的報酬。在 2020 年年底，本國銀行的證券投資餘額約 5 兆元。

就存款市場而言，存戶是資金的供給者，而銀行是資金的需求者，所以存款利率會受到存戶與銀行行為的影響。比方說，如果存戶對銀行喪失信心而不願把錢存到銀行，從而存款市場資金供給減少，那麼，在其他條件不變下，銀行存款利率會上升。

就放款市場而言，銀行是資金的供給者，而借款戶是資金的需求者，所以放款利率會受到銀行與借款戶行為的影響。比方說，如果人們看好未來的景氣，那麼不單企業會積極進行投資，家戶借款買房子的意願也會提高，從而放款市場的需求增加，進而造成銀行放款利率的上升。

㈡共同基金

所謂「共同基金」，簡單地說，就是由基金發行公司集合大眾的資金，

琳瑯滿目的基金

共同基金的種類相當多，投資人必須仔細衡量自己的財務狀況以及理財目標，選擇最適合的投資標的。
圖片來源：shutterstock 網站。

由專業的基金經理人建立投資組合 (portfolio)；其投資利潤由該基金的購買人共同分享，其投資風險也由該基金的購買人共同分擔。所以，共同基金的購買人，等於是出錢讓基金經理人為他進行理財；不過，不管基金獲利與否，購買人都須支付固定百分比的手續費與管理費。

共同基金依投資標的主要分為債券基金、股票基金與平衡式基金 (包括債券與股票)。

為何共同基金具有金融中介的功能？當共同基金購買新發行的債券時，本質上跟銀行購買新發行的債券並沒有什麼不同，差別只在於共同基金的資金來自於基金購買人，而銀行的資金來自於存戶。當共同基金參與某一家上市公司為進行擴廠投資所發起的現金增資時，本質上也跟銀行對這家公司放款沒有什麼不同。因此，共同基金的這些行為等於是讓共同基金購買人的資金間接地提供給資金需求者，所以共同基金也扮演了金融中介的角色。

共同基金的購買人等於購買該基金所建立的投資組合，所以即使是小額的投資人，也可以有相當多樣化的投資。比方說，你有 1 萬元可以購買股票，你很看好台積電、國泰金控、鴻海精密、中國鋼鐵等公司的股票，但即使只各買一張這四家公司的股票，依 2020 年底的收盤價，合起來就超過 66 萬元。可是你若是買某一檔股票型共同基金，你這 1 萬元買到的股票不單有這四家公司，也還包括大立光、聯發科等股價超過百元的股票。

由於共同基金進行多樣化的投資，所以購買人也可以分散風險。比方說，如果你在 2006 年年底用 1 萬元自行購買股票，買的是在 2007 年年初爆發擠兌的中華商業銀行的股票，那麼你那 1 萬元就血本無歸了。

動腦筋時間 12–1

共同基金可以分散風險，是不是就表示購買共同基金不會有虧損的風險？

◆ 12.1.2　金融市場

主要的金融市場包括債券市場 (bond market) 與股票市場 (stock market)；在這些市場，資金供給者可以將資金直接提供給資金需求者。

㈠債券市場

債券就如同借據，上面記載著金額、利率與到期日 (**maturity**)；發行單位同意按時支付利息，到期日一到，償還本金。到期日在一年以下者，稱為短期債券 (short-term bond)；在一年以上十年以下者，稱為中期債券 (intermediate-term bond)；而在十年以上者，稱為長期債券 (long-term bond)。英國政府就曾發行過一種永不到期的債券，稱為永久債券 (perpetuity)。這種債券的持有人每年都可以領到利息，但英國政府不償還本金，因為永久債券永不到期。

假設我國政府過去曾發行過永久債券，面額為 100 萬元，年利率為 6%，也就是說，持有人當初在這張債券新發行時花了 100 萬元購買之後，每年都可以領到 6 萬元利息(假設政府不會倒，也不會因政黨輪替而使得這張債券不被新政府承認)。再假設政府現在又要發行新的永久債券，面額依然是 100 萬元，但其年利率依現行的市場利率只有 3%。如果你有一張過去發行的永久債券，現在有人要跟你買，多少錢你才願意賣？

債券

債券相對於股票而言，算是風險較小的投資工具，當然，它的報酬率也不會太高，適合保守型投資人持有。
圖片來源：shutterstock 網站。

一個簡單的思考方式是，你用你賣了原先年利率為 6% 的那一張永久債券所得的款項，改買新的年利率為 3% 的永久債券，每年要一樣能獲得 6 萬元的利息。因此，你原先那一張起碼要賣 200 萬元，這 200 萬元可以讓你買 2 張新的永久債券，且讓你每年一樣能獲得 6 萬元的利息。

這 200 萬元我們也可以由以下簡單的計算得到：你所持有的那一張年利率為 6% 的永久債券，每年都可以領到 6 萬元的利息，所有這些「6 萬元」其依現行 3% 年利率❶所計算的現值 (present value) 的總和為：

$$
\begin{aligned}
&\frac{6\text{萬}}{1+0.03}+\frac{6\text{萬}}{(1+0.03)^2}+\frac{6\text{萬}}{(1+0.03)^3}+\cdots \\
&=\frac{6\text{萬}}{1.03}\left(1+\frac{1}{1.03}+\frac{1}{(1.03)^2}+\cdots\right) \\
&=\frac{6\text{萬}}{1.03}\times\frac{1}{1-\frac{1}{1.03}} \qquad \text{（無窮等比級數，公比為 }\frac{1}{1.03}\text{）} \\
&=\frac{6\text{萬}}{0.03} \\
&=200\text{ 萬。}
\end{aligned}
$$

債券持有人每年可以領到的利息為債券面額乘以債券上所載明的利率，其金額固定。如果我們以 R 代表永久債券每年可以領到的利息，i 代表現行的利率，且以 P_b 代表此一永久債券的價格，那麼根據上面的計算過程我們可以得出：

$$
\begin{aligned}
P_b &= \frac{R}{1+i}+\frac{R}{(1+i)^2}+\frac{R}{(1+i)^3}+\cdots \\
&= \frac{R}{i}\text{。} \qquad (1)
\end{aligned}
$$

根據此一公式，當現行市場利率下降（上升）時，已發行的債券的價格（稱為次級市場價格，**secondary market price**），會上漲（下跌），或是債券

❶ 為簡化分析，我們並未考慮不同期間的利率有所不同的實際情況。

次級市場價格與市場利率呈反向關係。雖然我們是以永久債券為例來說明此一結果，但此一反向關係也適用於所有期限的債券。這一點可以從上式第一個等式右邊看出；當 i 上升時，每一期利息以及到期時本金的現值都會下降，所以不管債券的期限為何，債券次級市場價格與市場利率呈反向變動關係。

不同的債券有不同的信用風險 (credit risk)，其為發行單位無法按時支付利息或本金的可能性；信用風險又稱為倒帳風險 (default risk)。可以想像的，信用風險愈高的債券，要吸引人們持有，必須支付更高的利率作為持有人承擔更高風險的補償。所以，在其他條件相同下，信用風險愈高的債券，其發行利率也愈高。由於通常政府倒帳的機率很小，所以政府公債的利率要比同期限的其他債券要來得低。

不同的債券也有不同的流動性 (liquidity)，流動性為資產轉換成現金的難易程度。流動性愈高的債券 (通常其次級市場的交易金額占其發行金額的比例愈大)，因為變現愈容易，所以其需求愈大，從而發行者可以用較有利的條件，亦即較低的利率來發行；這也意味著，在其他條件相同下，流動性愈高的債券，其發行利率也愈低。

同一發行單位可能發行不同期限的債券，像財政部會發行甲種國庫券 (期限在一年以下)，來調節國庫收支；另外，政府也會發行長期的建設公債，來籌集建設資金。就同一單位在同一時點所發行的不同期限的債券而言，期限較長的債券通常利率較高；這是因為期限愈長，到期前的不確定性愈高，所以持有人要求較高的利率作為補償。

㈡股票市場

一家股票上市的公司，除了可以透過發行公司債的方式來籌措所需資金之外，也可以透過辦理現金增資的方式取得所需資金。前者為公司向公司債購買人借錢，屬債務融通 (debt finance)，且不管公司盈虧，發行公司都必須按時支付利息與本金；後者使公司股本增加，屬股權融通 (equity finance)，且公司股東通常在公司有盈餘時才能領取股利。

如果有一家公司未來每年每張股票 (1 仟股) 都會配發金額 D 的股利，

且市場利率固定為 i，那麼，你願意用什麼樣的價格購買一張這家公司的股票，或你已持有該公司的股票，你會希望以什麼樣的價格賣出一張這家公司的股票。令此一價格為 P_s，那麼根據式(1)，我們可以得到：

$$P_s = \frac{D}{1+i} + \frac{D}{(1+i)^2} + \frac{D}{(1+i)^3} + \cdots$$
$$= \frac{D}{i}。 \tag{2}$$

換言之，股票的價格反映未來每年股利的現值的總和。當實際的股票市場價格小於 P_s 時，就部分買者而言，他會認為股票的價值被低估而買進，從而此一股票的市場需求增加；就部分賣者而言，他同樣也會認為股票的價值被低估而不願賣出，從而此一股票的市場供給減少。在此情況下，此一股票的價格會上漲，直到接近 P_s 為止。

式(2)告訴我們，如果公司未來的獲利提升而可能配發更多的股利（D 增加），那麼在市場利率 (i) 不變的情況下，股價會上漲。如果 D 不變，但 i 下跌，那麼股價也會上漲；這是因為此時購買股票的機會成本下降，從而部分資金會從銀行存款或債市轉到股市，而導致股票需求增加的緣故。所以，當公司未來的獲利不變時，股價與利率呈反向關係。不過，並不是利率下跌，股價就會上漲；如果 D 也下跌，且下跌的比率大過 i 下跌的比率，那麼即使利率是下跌的，股價依然也會下跌的。我國 2001 年的經濟成長率由 2000 年的 6.31% 降為 –1.40%，主要原因為民間的實質投資的金額由 2000 年的 2 兆 3,148 億元驟降為 2001 年的 1 兆 7,948 億元。民間投資大幅減少意味著民間對資金的需求也大幅減少，且由於失業率由 2000 年的 2.99% 上升至 2001 年的 4.57%（見第 10 章表 10–2），人們擔心未來會失業而增加銀行的存款。銀行放款金額減少且存款金額增加，意味著銀行體系當時的資金相當寬鬆，從而國內銀行一年期定期存款的利率由 2000 年的 5.0% 降為 2001 年的2.4%。雖然利率下降了，但國內股價加權指數卻由 2000 年 2 月的 10,393 點跌到 2001 年 9 月的 3,411 點。會有這樣的結果是因為 2000 年美國科技泡沫破滅，造成全球景氣衰退，且臺灣在 2000–2001 年期間又出現「核四停工又復工」事件，打擊部分企業主的投資信心，再加上 2001 年的「911 恐怖攻擊事件」，致使市場對臺灣上市公司的獲利前景感到悲觀。上述的這些結果，以式(2)來說明的話，就是人們預期的企業未來獲利 (D) 下跌的比率超過市場利率下跌的比率，致使人們所評估的未來每年股利的現值的總和下降，股價因而下跌。在 2008 年下半年，美國次級房貸風暴引發全球經濟衰退之後，以及在 2020 年 3 月，當新冠肺炎疫情剛爆發時，國內的股價與利率也是呈現雙雙下滑的走勢，其原因也是人們預期的企業未來獲利 (D) 下跌的比率超過市場利率下跌的比率。自 2020 年 4 月起（起碼至 2021 年元月底），雖然全球的疫情日益嚴重，但我國與不少國家的股價卻持續上漲，這主要是因為利率維持在相當低的水準，且宅經濟的昌盛讓很多高科技公司的獲利增加❷，同時，很多國家的政府採取強力的擴張性財政政策，不少公司成功研發出疫苗，而讓人們樂觀預期景氣可以較快復甦，從而讓人們對企業的未來獲利的預期變得較為樂觀所致。

當然，式(2)是極端簡化的結果，我們也可以考慮企業未來每年不同的獲利預估水準與未來每年不同的利率預期水準；不過，不管式(2)變得多複雜，企業未來獲利與利率是股價的兩大決定因素；前者為購買股票的效益，後者反映購買股票的機會成本。

我們時常可以聽到「投資股票」這樣的通俗說法；不過，在經濟學，投資指的是對機器設備、廠房與新建住宅的支出。

12.2　儲蓄函數與投資函數

不管是個人儲蓄還是企業儲蓄（企業保留盈餘），如果用於購買金融商品，則主要的項目就是前面所提的銀行存款、共同基金、債券與股票。當個人要購買新建住宅（為 GDP 中的投資項目之一）時，即使他累積了不少儲

❷ 以台積電為例，其 2020 年的稅後淨利為新臺幣 5,178.85 億元，年增 50%。（中央社，2021 年 1 月 14 日）

蓄，但通常還是要跟銀行借房屋貸款。同樣地，即使企業累積了不少保留盈餘，但當它要進行金額較大的投資時，通常也會跟銀行貸款或從金融市場籌措所需資金。本節藉由介紹儲蓄函數與投資函數來說明儲蓄與投資的決定因素。

◆ 12.2.1　儲蓄函數

當個人所得扣掉繳給政府的稅收（簡稱為 T）之後，剩下的就是可支配所得（disposable income，簡稱 Y_d）。可支配所得不是用於消費（簡稱 C）就是用於儲蓄（簡稱 S_P），所以：

$$Y_d = C + S_P 。 \quad (3)$$

可以想像的，當可支配所得愈多時，消費與儲蓄水準都會愈高。

消費有一個重要的性質是，即使沒有所得，人們為了存活還是會有一個最起碼的消費水準。我們稱此一消費水準為自發性消費（autonomous consumption，以 a 表示）。當個人的可支配所得增加時，個人的消費也會隨著增加，不過，增加的幅度通常小於可支配所得的增加幅度；這是因為人們會把一部分增加的可支配所得作為儲蓄，以備未來不時之需，或作為自己或子女未來的教育費用、購屋費用，或退休生活的費用。如果增加的可支配所得用於消費的比例為 b，那麼，根據以上的說明，我們可以得到以下的簡單消費函數 (simple consumption function)：

裝滿未來希望的「金豬」

儲蓄的目的有很多：教育（學費）、購屋、醫療、退休金等等，但最重要的是能按部就班養成規律的儲蓄習慣。
圖片來源：shutterstock 網站。

$$C = a + bY_d,\ a > 0,\ 0 < b < 1。 \tag{4}$$

由上式可以知道 $b = \dfrac{\Delta C}{\Delta Y_d}$，我們稱 b 為邊際消費傾向 (marginal propensity to consume, MPC)，其意為可支配所得增加 1 單位，民間消費會增加 b 單位。因此，民間消費除了自發性消費 a 的部分外，還包括決定於可支配所得水準的誘發性消費 (induced consumption) 部分，即上式中的 bY_d 部分。

我們可以把上式畫成圖 12–1 中的消費線 B。從圖可以看出，此線的截距即為自發性消費 a (為什麼？)，且此線比 45° 線來得平坦，此反映邊際消費傾向 b 為正數但小於 1 的性質。

從圖 12–1 也可以看出，當可支配所得水準為 Y_{d2} 時，消費線 B 交 45° 線於 f 點，表示此時的民間消費水準 C_2 等於可支配所得，所以此時的儲蓄為零。這點也可從圖 12–1 中的儲蓄線 B′ 與橫軸交於 Y_{d2} 看出。儲蓄線的導出是將式(4)代入式(3)，而得到下面的簡單儲蓄函數：

$$S_P = -a + (1 - b)Y_d, \tag{5}$$

其中 $-a$ 為 Y_d 等於零時之負儲蓄水準；$1 - b$ 為邊際儲蓄傾向 (marginal propensity to save, MPS)，其為 $\dfrac{\Delta S_P}{\Delta Y_d}$ 之值，反映增加的可支配所得作為儲蓄的比例。由於可支配所得不是用於消費就是作為儲蓄，所以邊際消費傾向 b 與邊際儲蓄傾向 $1 - b$ 之和等於 1。(其實，民間儲蓄除了家戶的儲蓄外，還包括企業保留盈餘的企業儲蓄，這部分本章予以忽略。)

由於從式(3)可以得出 $S_P = Y_d - C$，所以圖 12–1 中的儲蓄線 B′ 是由 45° 線的垂直距離減去消費線 B 的垂直距離而來。從另一個角度來看，B 線與 B′ 線垂直相加後即為 45° 線。

當可支配所得水準為圖 12–1 中的 Y_{d3} 時 (大於 Y_{d2})，由於邊際消費傾向小於 1，所以此時會有正儲蓄，其值為 gh。這點也可從當 Y_d 大於 Y_{d2} 時，所對應的儲蓄線 B′ 的儲蓄額為正值 ($Y_{d3}h'$) 看出。相反地，當 Y_d 小於 Y_{d2} 時，儲蓄額為負值。

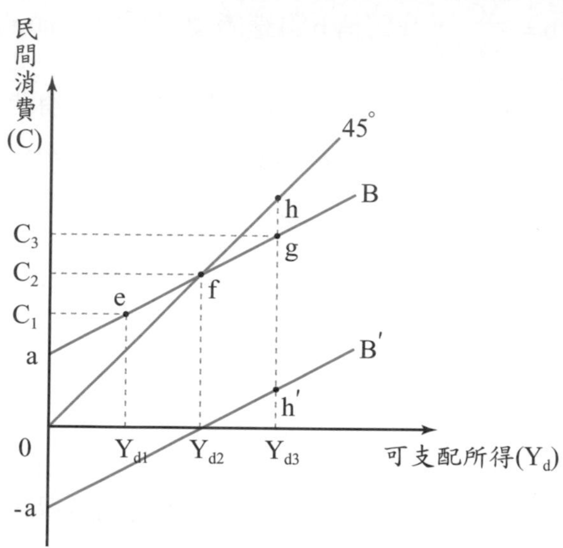

消費線 B 所描繪的是民間消費與可支配所得之間的關係。當可支配所得為零時，民間消費等於自發性消費 a，此時的民間儲蓄為儲蓄線 B′ 的截距 −a。當可支配所得為 Y_{d2} 時，民間消費為 C_2，此時儲蓄為零；當可支配所得為 Y_{d1} 時，民間消費為 C_1，此時有負儲蓄；當所得為 Y_{d3} 時，消費為 C_3，此時儲蓄為正值。

圖 12–1　消費線與儲蓄線

除了上述的邊際消費與邊際儲蓄傾向等概念外，我們也可以從式(4)與式(5)得出平均消費傾向 (average propensity to consume, APC) 與平均儲蓄傾向 (average propensity to save, APS)，它們分別為：

$$APC = \frac{C}{Y_d} = \frac{a}{Y_d} + b, \qquad (6)$$

$$APS = \frac{S_P}{Y_d} = \frac{-a}{Y_d} + (1-b)。 \qquad (7)$$

APC 與 APS 分別為民間消費與儲蓄占可支配所得的比例，所以它們為「平均」的概念 (如果要利用圖 12–1 中的消費線 B 與儲蓄線 B′ 來表示 APC 與 APS，該如何表示？)。從式(6)與式(7)可以得知，當邊際消費傾向 b 固定時，APC 與 APS 會分別隨 Y_d 的增加而出現下降與上升的結果。

由式(6)與式(7)相加可以得到，APC + APS = 1，這是因為可支配所得不是用於消費就是作為儲蓄。從式(6)與式(7)也可以得到，平均消費傾向恆大於邊際消費傾向 b，且平均儲蓄傾向恆小於邊際儲蓄傾向，這是因為有自發性消費 a 的緣故。

我們上面所提的消費與儲蓄函數均只簡單地考慮可支配所得這項影響因素，接下來我們介紹其他的影響因素。由於消費加儲蓄等於可支配所得，因此，消費與儲蓄是一體的兩面，也由於一國投資所需的資金主要來自於一國的儲蓄，所以以下我們僅考慮儲蓄函數。

影響儲蓄的另一個重要因素為利率。我們可以直接觀察到的利率，如銀行牌告利率，稱為名目利率（nominal interest rate，以 i 表示）；而名目利率減去物價膨脹率（以 π 表示）之後，稱為實質利率（real interest rate，以 r 表示），亦即：

$$r = i - \pi。 \tag{8}$$

為何名目利率減去物價膨脹率會稱為「實質」利率？讓我們看下面這個例子。假設你今天儲蓄了 1 萬元，且把這 1 萬元存一年期銀行定期儲蓄存款，年利率為 6%，一年後的本利和為 10,600 元。再假設今年音樂 CD 每片為 100 元，一年後漲 5%，變成 105 元。你今年的 1 萬元儲蓄如果不存銀行而全部去買 CD，可以買 100 片；如果你存起來，一年後的本利和 10,600 元可以買 105 元的 CD 約 101 片，換言之，以音樂 CD 數量所衡量的「購買力」增加了 1%，這 1% 就是名目利率 6% 減去音樂 CD 價格的上漲率 5%。因此，式(8)中的 r 稱為實質利率。我們通常以 CPI 年增率來代表物價膨脹率。根據式(8)，實質利率反映的是存銀行存款或購買債券的實質報酬率，其為一般商品與服務購買數量的增加率。

所以，當你存銀行定期存款或購買債券時，你不只要看名目利率，而且還要考慮未來物價的上漲率；換言之，你還要考慮你的預期物價膨脹率（expected inflation rate，以 π^e 表示）。這部分你可以參考各個經濟研究機構與政府相關單位（如主計總處與中央銀行）所發表的 CPI 年增率的預估值。我們稱名目利率減去 π^e 為預期的實質利率（expected real interest rate，以 r^e 表示），亦即：

$$r^e = i - \pi^e 。 \tag{9}$$

由於人們將現在的可支配所得的一部分儲蓄起來，而不用在現在的消費，主要是著眼於未來可以消費的數量，亦即未來的實質消費水準，所以人們考慮的是儲蓄之預期的實質利率水準；換言之，預期的實質利率是儲蓄的一項重要決定因素。

當 r^e 上升時，人們的儲蓄額會增加還是減少。假設 r^e 的上升是源自於名目利率的上升。當名目利率上升時，表示相同的儲蓄額其本利和會增加，這也表示在 π^e 不變下，若現在消費多增加 1 單位，則未來消費會減少較多的單位；換言之，當名目利率上升時，現在消費以未來消費數量所表示的機會成本增加了，人們因而會減少現在的消費，從而現在的儲蓄以及未來的消費會增加，或簡稱人們以未來消費替代現在消費。此一結果亦適用於名目利率不變，而 π^e 下降的情況。因此，當 r^e 上升時，現在的消費會減少或現在的儲蓄會增加，此為 r^e 上升的替代效果 **(substitution effect)**。

r^e 變動對現在消費或儲蓄還有另一種效果。假設你儲蓄的目的是為了要存錢，作為將來買房子的頭期款，那麼，當名目利率上升時，你可以用比較少的儲蓄就可以存到同樣金額的錢；或你預期未來的物價膨脹率會下降，房價也因而比你原先預期的水準來得低，所以你所需的頭期款也會減少。當不管是名目利率上升還是預期的物價膨脹率下降造成 r^e 上升時，為達成相同的儲蓄目標，你現在的儲蓄會減少或現在的消費會增加，此為 r^e 上升的所得效果 **(income effect)**❸。

---

❸ 從另一個角度來看，當名目利率上升時，同樣的現在儲蓄金額，其未來的本利和會更高，從而人們可以增加現在與未來的消費。此一結果就如同所得增加一樣，故稱為所得效果。

所以，r^e 變動對現在儲蓄的影響會有方向相反的兩種效果。一般而言，r^e 變動的替代效果大於所得效果；換言之，當 r^e 上升時，民間儲蓄會增加，而 r^e 下降時，民間儲蓄會減少。

除了可支配所得與預期的實質利率會影響民間儲蓄之外，人們對未來景氣的預期與一國的所得分配情況也會影響一國的儲蓄水準。當人們對未來景氣感到悲觀時，會覺得自己未來會失業或所得會減少的機率會上升，所以會減少現在的消費來增加儲蓄，以備未來失業或所得減少時之需。至於一國所得分配情況對儲蓄的影響，如前所述，平均儲蓄傾向會隨可支配所得的增加而增加，亦即所得較高者其平均儲蓄傾向較高，所以當一國所得分配的不均度提高時，該國的平均儲蓄傾向也會提高；若該國的可支配所得水準不變，則該國的儲蓄水準也會較高。

綜上所述，我們可以得到下列的民間儲蓄函數：

$$S_P = f(Y_d, r^e, O_S)\text{，} \tag{10}$$

其中 O_S 代表 Y_d 與 r^e 之外的其他影響因素，如剛剛所提到的人們對未來景氣的預期與一國的所得分配情況。如果我們以預期的實質利率為縱軸，民間儲蓄為橫軸，且 r^e 變動對 S_P 的替代效果大於所得效果，那麼我們可以得到圖 12–2 中的正斜率民間儲蓄曲線 S_P。如圖所示，當 Y_d 固定為 Y_d^0 時，若 r^e 由原先的 r_0^e 上升至 r_1^e，則 S_P 會由原先的 S_{P_0} 增加至 S_{P_1}，此為儲蓄曲線的線上移動。當 Y_d 增加時，由於任一 r^e 水準下的 S_P 均會增加，故整條民間儲蓄曲線會往右移（由圖中的 $S_P(Y_d^0)$ 右移至 $S_P'(Y_d')$）；相反地，若 Y_d 減少，則整條民間儲蓄曲線會往左移（由圖中的 $S_P(Y_d^0)$ 左移至 $S_P''(Y_d'')$）。此為儲蓄曲線整條線的移動。

除了 Y_d 的變動會造成整條儲蓄曲線的移動外，人們對未來感到悲觀或一國所得分配不均度提高，也會造成一國民間儲蓄的增加，故儲蓄曲線會往右移。

整個國家的國民儲蓄（national saving，以 S 代表）水準，除了民間儲蓄外，還包括政府儲蓄（government saving，以 S_G 代表），其為政府收入減去政府消費 (T − G)。其實，國民儲蓄除了民間儲蓄與政府儲蓄外，還包括公營事業儲蓄，不過，本章予以忽略。當經濟不景氣時，政府收入會減少，且通常政府會增加消費支出（以及投資支出）來刺激景氣，因此，政府的儲蓄會減少。不過，相對於民間部門，政府的收入與支出決策比較不會考慮預期的實質利率水準，甚至與民間部門有相反的考量。比方說，當整個社會悲觀氣氛瀰漫而調降 π^e 的水準，從而使 r^e 上升時，民間儲蓄會增加；但政府為刺激景氣，可能採取降稅或增加消費支出措施，從而政府儲蓄會減少。為簡化分析，我們假設政府儲蓄不受 r^e 的影響，因此，國民儲蓄曲線的形狀與圖 12–2 中的民間儲蓄曲線 S_P 相同，只是位置不同；位置的差異反映政府儲蓄的水準。

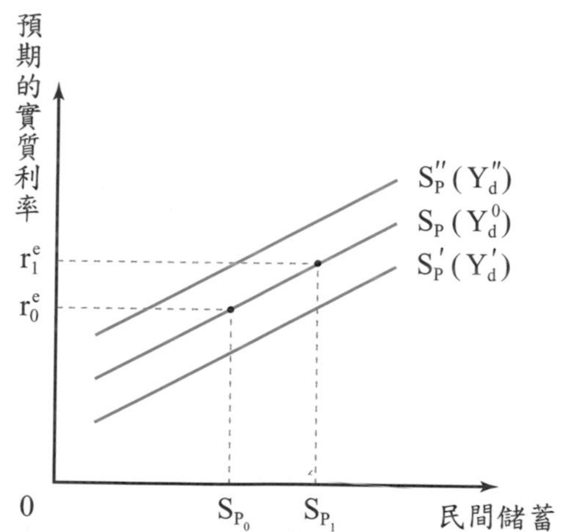

給定可支配所得 (Y_d) 與影響民間儲蓄的其他因素 (O_S) 的水準，民間儲蓄 (S_P) 與預期的實質利率 (r^e) 呈正向關係，亦即當 r^e 上升時，S_P 會跟著增加；如圖所示，當 $Y_d = Y^0_d$，若 r^e 由原先的 r^e_0 上升至 r^e_1，S_P 會由原先的 S_{P_0} 增加至 S_{P_1}。若 Y_d 增加為 Y'_d，則任一 r^e 水準下的 S_P 都會增加，從而整條民間儲蓄曲線會往右移；相反的，如果 Y_d 減少為 Y''_d，則整條民間儲蓄曲線會往左移。

圖 12–2　預期的實質利率與民間儲蓄以及儲蓄曲線的移動

◆ 12.2.2　投資函數

當廠商進行安裝新的機器設備或蓋新廠房的投資時，他會比較投資所帶來的未來利潤的增加（即投資的效益）與投資的成本。假設廠商今年安裝一臺新的機器，自明年起每一年可增加的利潤分別為 E_1，E_2……。為簡化分析，假設增加的利潤會一直存在且廠商預期每年新增的利潤其增加率與物價膨脹率相同；換言之，廠商預期的新增利潤為 $E_n = E_1(1+\pi^e)^{n-1}$。再假設廠商跟銀行貸款或發行公司債來購買機器（單價為 P_K），利率固定為 i。在這些假設下，廠商因現在新購一臺機器所增加的未來利潤的現值總和為：

$$
\begin{aligned}
&\frac{E_1}{1+i}+\frac{E_2}{(1+i)^2}+\frac{E_3}{(1+i)^3}+\cdots \\
&=\frac{E_1}{1+i}+\frac{E_1(1+\pi^e)}{(1+i)^2}+\frac{E_1(1+\pi^e)^2}{(1+i)^3}+\cdots \\
&=\frac{E_1}{1+i}\left(1+\frac{1+\pi^e}{1+i}+\left(\frac{1+\pi^e}{1+i}\right)^2+\cdots\right) \\
&=\frac{E_1}{1+i}\left(\frac{1}{1-\frac{1+\pi^e}{1+i}}\right) \\
&=\frac{E_1}{i-\pi^e}。
\end{aligned}
$$

當 $\frac{E_1}{i-\pi^e}$ 大於 P_K 時，亦即廠商的投資效益大於投資成本時，廠商就會進行投資。E_1 代表廠商對其產品市場未來景氣的預期；當 E_1 上升時，廠商購買的機器數量就會愈多。由於資本財具有報酬遞減的現象，所以廠商會購買機器直到最後一臺合乎 $P_K=\frac{E_1}{i-\pi^e}$ 的條件為止。另外，當 $i-\pi^e$ 愈小時，亦即當廠商的預期的實質利率 r^e 愈小時，其未來收益的現值總和愈大，廠商也會增加投資。所以，當 π^e 不變時，若名目利率 i 愈低，則廠商的投資數量會愈大。從另一角度來看，當名目利率愈低時，廠商每期所需支付的利息就愈低，亦即每期的實質投資成本 $(P_K(i-\pi^e))$ 就愈小，因此，廠商所願意投資的機器數量就愈多。同樣地，當 π^e 愈大時，廠商每期的實質投資成本也愈小，從而廠商所願意進行的投資水準也愈高。所以，廠商在進行投資時，其所考慮的，跟儲蓄者一樣，也是預期的實質利率水準。另外，當資本財的

房市榮景，居高思危！

2006 年臺灣的房地產市場交易熱絡，有部分原因在於「低利率」的誘因，吸引了許多投資客大膽搶進。
圖片來源：shutterstock 網站。

價格愈低時，顯而易見的，在其他條件不變下，廠商的投資需求量會愈大。

就家戶購買新建住宅而言，其所考慮的因素也跟廠商一樣：當預期的實質利率愈低，房屋價格愈便宜（對應 P_K），或對未來景氣的看法愈樂觀（對應 E_1）時，其購屋的意願會提高，從而整個社會對新建住宅的需求量會增加。

綜上所述，我們可以得到以下的民間投資函數：

$$I_P = g(r^e, P_K, E_1)。$$

如果我們以預期的實質利率為縱軸，民間投資為橫軸，那麼，我們可以得到圖 12–3 中的負斜率民間投資（需求）曲線 I_P。當預期的實質利率上升時，在其他條件不變下，投資量會沿著固定的投資曲線進行線上的移動。當人們對未來景氣的樂觀程度提升，或資本財價格下跌時，任一 r^e 水準下的 I_P 均會增加，故整條民間投資曲線會往右移，如從 I_P 右移至 I_P'；反之，則會往左移，如從 I_P 左移至 I_P''。

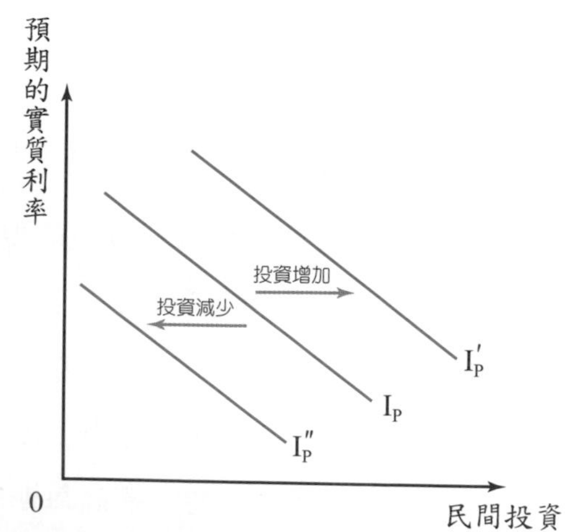

給定人們對未來景氣的預期水準與資本財價格，民間投資與預期的實質利率呈反向關係。當人們對未來景氣的樂觀程度提升，或資本財價格下跌時，整條民間投資曲線會往右移，如從 I_P 右移至 I_P'；反之，則會往左移，如從 I_P 左移至 I_P''。

圖 12–3　預期的實質利率與民間投資以及投資曲線的移動

整個國家的國內投資（domestic investment，以 I 表示）水準，除了民間投資外，還包括政府投資（與公營事業投資）。當整個社會對未來瀰漫著悲觀氣氛時，民間投資會減少，但政府為刺激景氣或提升生產力，往往會增加投資，只是增加的幅度決定於政府債務餘額的多寡；當政府負債比較龐大時，政府採行擴張支出措施的能力就比較有限。我們在下一節的分析中，也假設政府投資不受預期的實質利率的影響，所以國內投資曲線與民間投資曲線有相同的形狀，但位置不同；位置的差異反映出政府投資水準。

12.3　可貸資金市場

我們在本章第一節介紹了撮合資金供給與需求的金融體系，包括金融中介機構與金融市場；在第二節介紹了構成資金供給的儲蓄與資金需求的投資，並分別說明其影響因素。在本節，我們把一國的金融體系視為一個單一的資金市場，我們稱為可貸資金市場，並分析一國的利率水準會受到哪些因素影響。

在第 10 章，我們曾提到，就支出面而言，實質國內生產毛額（以 Y 表示）包括實質民間消費 (C)、實質投資 (I)、實質政府消費 (G) 與實質出口淨額 (NX)：

$$Y = C + I + G + NX。$$

在本章，為簡化分析，我們假設本國經濟是一個封閉體系，亦即本國並未進行商品、服務與資產的國際交易。在開放體系下，一國的國民儲蓄、國內投資與國際交易之間的關係，我們留待第 15 章「國際金融」再討論。

在封閉體系下，一國的進出口均為零，所以出口淨額也是零，從而上式變成：

$$Y = C + I + G。$$

如上一章所述，在封閉體系下，一國的國民儲蓄等於國內投資：

$$S = I。$$

之所以會有這樣的結果，是因為國民儲蓄構成一國金融體系（在本節稱為可貸資金市場）的資金供給；透過金融體系，不管是直接金融還是間接金融，這些資金會流向欲進行投資的資金需求者。

國民儲蓄包括民間儲蓄 (S_P) 與政府儲蓄 ($T - G$)。根據我們在上一節的分析，民間儲蓄決定於預期的實質利率 (r^e)、可支配所得 (Y_d) 與其他因素（O_S，如對未來景氣的看法與所得分配情況），我們寫成 $S_P = f(r^e, Y_d, O_S)$。我們也在上一節假設 r^e 變動對 S_P 的替代效果大於所得效果且政府儲蓄不受 r^e 的影響，因此，國民儲蓄為 r^e 的正函數。

國內投資包括民間投資 (I_P) 與政府投資 (I_G)。民間投資決定於預期的實質利率、資本財價格 (P_K) 與民間對未來景氣的看法 (E_1)，我們寫成 $I_P = g(r^e, P_K, E_1)$。另外，我們假設政府投資不受 r^e 的影響，因此，國內投資為 r^e 的負函數。所以，上式可以改寫成：

$$f(r^e; Y_d, O_S) + T - G = g(r^e; P_K, E_1) + I_G。 \tag{11}$$

同時，國民儲蓄與國內投資繪如圖 12–4 中的正斜率與負斜率曲線。

圖 12–4 的橫軸為可貸資金數量。就國民儲蓄而言，其為可貸資金的市場供給量；就國內投資而言，其為可貸資金的市場需求量。縱軸為預期的實質利率，其為名目利率 (i) 減預期的物價膨脹率 (π^e)。

為簡化分析，我們假設資金供需雙方均對物價膨脹率作出正確預期，且物價膨脹率固定，從而預期的實質利率等於實際的實質利率，且名目利率與實質利率的變動完全一致，因此，在圖 12–5 與圖 12–6，我們以可觀察的名目利率取代圖 12–4 中的預期的實質利率，為縱軸變數。資金供需雙方均對物價膨脹率作出正確預期的假設，也意味著可貸資金模型偏向探討長期利率的變動。

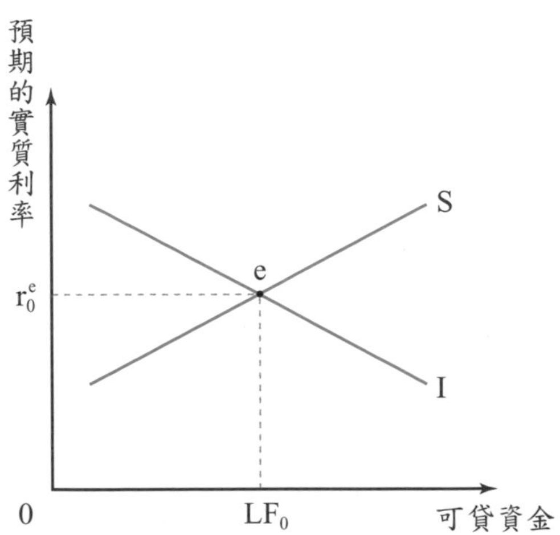

國民儲蓄 (S) 構成可貸資金市場的供給，其為 r^e 的正函數，而國內投資 (I) 構成可貸資金市場的需求，其為 r^e 的負函數。兩條線的交點 e 點，為可貸資金市場的均衡點，其所對應的預期的實質利率 r_0^e 為均衡的可貸資金價格水準，其所對應的可貸資金數量 LF_0，為一國均衡的國民儲蓄與國內投資水準。

圖 12–4　可貸資金市場與預期的實質利率

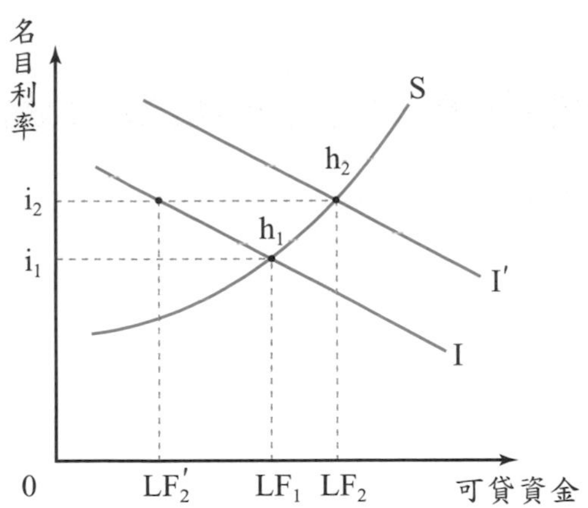

如果一國的投資需求增加，那麼該國的長期均衡名目利率會因資金需求增加而上升（如從 i_1 上升至 i_2），且投資水準也會增加（如從 LF_1 增加至 LF_2）。

圖 12–5　投資增加的長期效果

如果資金需求者對未來景氣的看法變得更為樂觀，即式(11)中的 E_1 增加，那麼，其投資與資金需求會增加。在此情況下，如圖 12–5 所示，長期的均衡名目利率會從原先的 i_1 上升至 i_2，且可貸資金數量以及長期的國內投資與儲蓄水準均會增加。此時，如果物價膨脹率的變動幅度小於名目利率的上升幅度，那麼，長期的均衡實質利率也會上升。

如果資金供給者對未來景氣的看法變得更樂觀，即式⑾中的 O_S 上升，那麼其儲蓄減少，進而資金供給會減少。如圖 12–6 所示，長期的均衡名目利率會從原先的 i_1 上升至 i_3，但國內投資水準會從原先的 LF_1 下降至 LF_3。

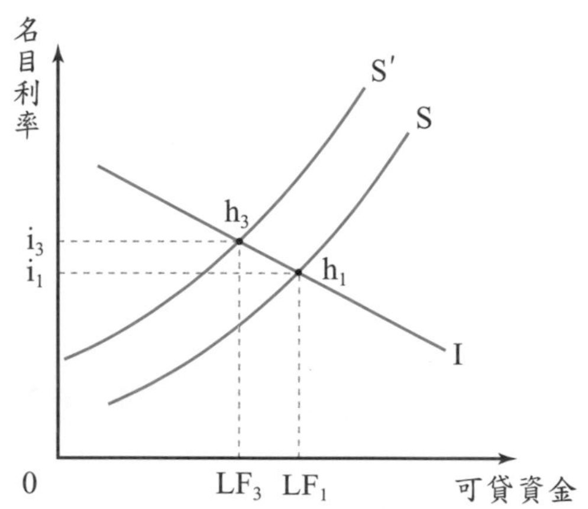

如果一國的儲蓄減少，那麼該國的長期均衡名目利率會因資金供給減少而上升（如從 i_1 上升至 i_3），投資水準則因利率上升而下降（如從 LF_1 下降至 LF_3）。

圖 12–6　儲蓄減少的長期效果

因此，如果一國的資金供需雙方對未來景氣的看法均變得更樂觀，那麼由於資金供給會減少且資金需求會增加，該國的長期名目利率會上升，但長期的投資水準會如何變動就不一定（讀者可自行結合圖 12–5 與圖 12–6，而得出此一不確定結果）。

如果一國的政府投資增加，那麼在其他條件不變下（特別是政府儲蓄 T – G 不變），其對該國長期名目利率與投資水準的影響，會跟民間因對未來景氣看法變得更樂觀而增加投資一樣。如圖 12–5 所示，長期名目利率會上升且國內投資水準會增加。不過，此時的民間投資水準會因名目利率上升而減少。我們可以想像原先的政府投資為零，所以圖 12–5 的 I 曲線即為民間投資需求曲線。現在名目利率因政府投資增加而上升至 i_2，民間投資水準會因而由原先的 LF_1 下降至 LF_2' 的水準；換言之，政府投資的增加對民間投資

產生了排擠效果 (crowding-out effect)。如果政府消費支出增加，那麼在政府收入不變的情況下，政府儲蓄，進而國民儲蓄會減少，從而如圖 12–6 所示，長期的名目利率會上升且民間投資也會減少。因此，在政府收入及其他條件不變下，政府支出的增加，不管是投資支出還是消費支出，都會造成長期名目利率的上升，從而對民間投資產生排擠效果。不過，如果政府投資（如交通、電力等基礎建設）的增加可以提升廠商的資本財的生產力（亦即使式(11)中的 E_1 上升），那麼，就長期而言，政府投資的增加不一定會造成民間投資的減少。

其他會影響一國長期投資水準的政府政策措施還包括利息所得部分免稅與投資獎勵，如我國有 27 萬元利息免稅的規定，在《產業創新條例》中也有多項投資獎勵的規定。前者透過儲蓄的稅後報酬率的提升來增加資金的供給，後者透過投資的稅後報酬率的提升來促進投資；二者均可在其他條件不變的情況下，使長期的投資水準增加。

動腦筋時間

上述利息所得部分免稅與投資獎勵等政策措施，在其他條件不變下，均可使長期的投資水準增加的結果，有沒有可能因其他條件發生變動而部分抵銷這些措施促進長期投資的效果？這些措施是不是也會造成一些社會成本？

綜合本章的分析可知，一國透過金融體系將儲蓄轉化成投資，因此，一個健全且有效率的金融體系可以促進長期的儲蓄與投資，進而提升一國的長期經濟成長率。

摘　要

1. 金融體系包括金融中介機構與金融市場；金融中介機構主要包括銀行與共同基金，金融市場則主要包括債券市場與股票市場。金融中介機構所進行的是間接金融，而金融市場所進行的是直接金融。
2. 存款是銀行的主要負債項目，銀行利用它所吸收的存款進行放款與證券投資。就存款市場而言，存戶是資金的供給者，而銀行是資金的需求者；就放款市場而言，銀行是資金的供給者，而借款戶是資金的需求者。銀行的放款利率高於其存款利率，銀行透過放款與存款利率的差來獲利。

3. 共同基金就是由基金發行公司集合大眾的資金，由專業的基金經理人建立投資組合，其投資利潤由該基金的購買人共同分享，其投資風險也由該基金的購買人共同分擔。當共同基金購買新發行的債券，或參與某一家上市公司為進行擴廠投資所發起的現金增資時，等於是讓共同基金購買人的資金間接地提供給資金需求者，所以共同基金也扮演了金融中介的角色。
4. 債券就如同借據，上面記載著金額、利率與到期日；發行單位同意按時支付利息，到期日一到，償還本金。不管債券的期限為何，債券次級市場價格與市場利率呈反向變動關係。
5. 不同的債券有不同的信用風險，其為發行單位無法按時支付利息或本金的可能性；在其他條件相同下，信用風險愈高的債券，其發行利率也愈高。不同的債券也有不同的流動性，其為轉換成現金的難易程度；在其他條件相同下，流動性愈高的債券，其發行利率也愈低。
6. 一家股票上市的公司，除了可以透過發行公司債，也可以透過辦理現金增資的方式取得所需資金。前者為公司向公司債購買人借錢，屬債務融通，且不管公司盈虧，發行公司都必須按時支付利息與本金；後者使公司股本增加，屬股權融通，且公司股東通常在公司有盈餘時才能領取股利。
7. 企業未來獲利與利率是股價的兩大決定因素；前者為購買股票的效益，後者反映購買股票的機會成本。當公司未來的獲利不變時，股價與利率呈反向關係。
8. 當個人所得扣掉繳給政府的稅收之後，剩下的就是可支配所得。可支配所得不是用於消費就是用於儲蓄；當可支配所得愈多時，消費與儲蓄水準都會愈高。當個人的可支配所得增加時，個人消費增加的幅度通常小於可支配所得的增加幅度，亦即邊際消費傾向小於 1。
9. 平均消費傾向與平均儲蓄傾向分別為民間消費與儲蓄占可支配所得的比例。當邊際消費傾向固定時，平均消費傾向與平均儲蓄傾向會分別隨可支配所得的增加而出現下降與上升的結果。
10. 我們可以直接觀察到的利率，稱為名目利率；名目利率減去物價膨脹率，稱為實質利率。而名目利率減去預期的物價膨脹率，稱為預期的實質利率，其亦為儲蓄的決定因素。當預期的實質利率上升時，由於現在消費的機會成本提高，所以現在的消費會減少或現在的儲蓄會增加，此為預期的實質利率上升的替代效果；當預期的實質利率上升時，為達成相同的儲蓄目標，現在的儲蓄會減少或現在的消費會增加，此為預期的實質利率上升的所得效果。

11. 當人們對未來景氣感到悲觀時，會覺得自己未來會失業或所得會減少的機率會上升，所以會減少現在的消費以增加儲蓄；當一國所得分配的不均度提高時，該國的平均儲蓄傾向會提高，若該國的可支配所得水準不變，則該國的儲蓄水準會較高。
12. 資金需求者在進行投資時，其所考慮的，跟儲蓄者一樣，也是預期的實質利率水準，其投資需求量與預期的實質利率水準呈反向關係。另外，在其他條件不變下，當資金需求者對未來景氣的看法變得更樂觀，或資本財的價格愈低時，民間的投資需求會愈大。
13. 在封閉體系下，一國的國民儲蓄等於國內投資；國民儲蓄包括民間儲蓄與政府儲蓄，其構成可貸資金的市場供給；國內投資包括民間投資與政府投資，其構成可貸資金的市場需求。透過市場利率的調整可以使可貸資金市場達成均衡；在長期均衡達成時，資金供需雙方均對未來的物價膨脹率作出正確預期，且此時的預期的實質利率水準等於實際的實質利率水準。
14. 如果一國的資金供需雙方對未來景氣的看法均變得更樂觀，那麼由於資金供給會減少且資金需求會增加，該國的長期名目利率會上升，但長期投資水準變動的方向無法確定。
15. 在政府收入及其他條件不變下，政府支出的增加，不管是投資支出還是消費支出增加，都會造成長期名目利率的上升，從而對民間投資產生排擠效果。其他會影響一國長期投資水準的政府政策措施還包括利息所得部分免稅與投資獎勵；前者透過儲蓄的稅後報酬率的提升來增加資金的供給，後者透過投資的稅後報酬率的提升來促進投資。二者均可在其他條件不變的情況下，使長期的投資水準增加。

習　題

1. 「就簡單消費函數而言，邊際消費傾向恆小於平均消費傾向；邊際儲蓄傾向則恆大於平均儲蓄傾向。」你是否同意？為什麼？
2. 在 1974 年第一次石油危機發生時，我國 CPI 年增率高達 47.50%，但當時各期別的存款利率均遠低於此一數字。這是不是意味著當時的存戶都是不理性的，亦即明知道存款的實質利率為嚴重負數，卻依然把錢存在銀行？試說明之。
3. 假設其他條件不變。一國人民的預期壽命延長，對該國的市場利率會有何影響？試繪圖說明之。
4. 當政府支出增加時，在其他條件不變下，債券次級市場價格會如何變動？為什麼？
5. 當政府支出增加時，國內投資水準會如何變動？你的答案是否決定於是哪一項政府支出（消費支出或投資支出）增加？民間投資水準又會如何變動？試繪圖說明之。
6. 「在其他條件不變下，一國均衡利率水準愈高，該國的國內投資水準愈高。」你是否同意？為什麼？

7. 在其他條件不變下，資本財價格上漲會如何影響均衡利率？試繪圖說明之。
8. 如果人們調高預期的物價膨脹率，則市場利率與國內投資水準會如何變動？試繪圖說明之。
9. 如果一國的所得分配惡化，則市場利率與國內投資水準會如何變動？試繪圖說明之。
10. 「市場利率與股價呈反向變動關係。」你是否同意？試舉例說明之。
11. 假設其他條件不變。一國生育率下降會如何影響該國的市場利率水準？試繪圖說明之。

第 13 章
貨幣體系

1. 經濟學所稱的貨幣所指為何？
2. 貨幣的意義與功能為何？
3. 我國常見的貨幣總計數包括哪些？其定義各為何？
4. 銀行體系如何創造貨幣？
5. 何謂貨幣乘數？其影響因素為何？
6. 何謂銀行的槓桿操作？其與 2008–2009 年的金融危機的關係為何？
7. 中央銀行主要的貨幣政策工具為何？中央銀行如何透過這些政策工具影響貨幣供給？

Economics

在第 11 章，我們曾說明一國長期經濟成長率的主要決定因素為各式各樣的投資，包括實體資本、人力資本與研究發展的投資。在第 12 章，我們也曾說明，透過金融體系，儲蓄可以有效率地轉化成投資。在這兩章，我們並沒有提到所謂的「貨幣」與物價，所以這兩章所介紹的是實質模型 (real model)，亦即不考慮貨幣的模型。我們在下一章會說明，一國長期的物價水準決定於貨幣的供給與需求。在本章，我們會先介紹貨幣的意義與功能，接著再說明銀行體系如何創造貨幣，以及銀行的槓桿操作，還有銀行的此項操作與 2008–2009 年的金融危機之間的關係；最後說明中央銀行有哪些政策工具可以影響整個社會的貨幣數量。

13.1 貨幣的意義與功能

什麼是貨幣 (money)？貨幣不就是「錢」嗎？就一般的通俗用法而言，錢的意義比經濟學所稱的貨幣要來得廣泛。例如，我們說「某某人很有錢」，意思是說某某人有很多的資產，如現金、銀行存款、股票、外幣、黃金、房地產等等；但經濟學所稱的貨幣，指的是那些為社會大眾所共同接受而可以用來購買商品與服務的資產。像紙鈔和鑄幣就屬於貨幣，但股票與房地產之類的資產就不算是貨幣。比方說，你若拿一張依今天收盤價計算值 60 萬元的台積電公司的股票去買一輛 50 萬元的國產車，而要求店家找你 10 萬元，你大概會遭白眼。

貨幣是人類最偉大的發明之一；如果沒有貨幣，那就表示我們還在用物物交換 (barter) 的方式在進行交易，我們也就不會有今天的生活水準。何以如此？在一個物物交換的社會裡，如果一項交易要成交，雙方的東西必須剛好是對方需要的，亦即雙方的東西「互為需要」(double coincidence of wants)。例如，一位農夫提著一斤的米到市集想要換一尺的布，但走過整個市集，沒有一個賣布的想要換米。這時候，他的鞋子磨破了，就想說那乾脆換布鞋算了。沒想到，賣鞋的卻要求兩斤米換一雙鞋；那位農夫跟賣鞋的都不可能接受用一斤米換一隻鞋。農夫就只好把那斤米再提回家，且一氣之下就自己種起苧麻來，等收成時再學習如何織麻布和做麻布鞋。

從以上的例子可以知道，在一個物物交換的社會裡，一項交易要成交可能需要耗費相當多的時間，而使得用於生產活動的時間減少，或是被迫從事一些自己並不擅長的生產活動，而無法進行專業分工。不管是哪一種情形，整個社會的每人產出水準，進而生活水準都難以提升。因此，貨幣的最大意義在於它使人類社會的交易順暢許多，因而提高專業分工的程度，從而提升生產力與生活水準。

一個社會之所以會用物物交換的方式進行交易，就是因為欠缺可以作為「交易媒介」(medium of exchange) 的貨幣。貨幣除了當作交易的媒介之外，還有另外兩項功能，計價單位 (unit of account) 與價值儲存 (store of value)。以下分別介紹。

1. 交易媒介

所謂交易媒介指的是交易雙方談妥交易條件時，買者交給賣者的東西。一項東西之所以可以成為交易媒介，是因為法律有明文規定，或是它本身有它的固有價值 (intrinsic value)，亦即如果不作為交易媒介，它本身還是有價值的。前者如世界各國的紙幣，像我國《中央銀行法》第 13 條規定：「本行發行之貨幣為國幣，對於中華民國境內之一切支付，具有法償效力。」所以任何人不得拒收新臺幣；後者如金幣、銀幣或戰俘營中的香菸。因為這兩項因素，所以賣者願意接受交易媒介，而使交易不需要在「互為需要」的情況下才能成立，從而交易成交的可能性大為提升。

2. 計價單位

當你走進便利商店時，會發現絕大多數的商品都貼有價格標籤，上面的數字就是以新臺幣為計價單位所表示的價格。此一貨幣的功能也有助於交易的順利進行。如果沒有貨幣作為計價單位，那麼每兩種物品之間就有一個相對價格，因此，若市場有一百種物品，就會有 $100 \times \frac{99}{2} = 4{,}950$ 這麼多個相對價格；單是記這些相對價格，可能就必須耗費很多時間，從而可能降低交易的意願與成交的可能性。若有貨幣作為計價單位，就可以立即比較商品的價格與你的主觀評價，從而是否成交很快就可以決定。

3.價值儲存

當你賣掉一項商品而收到紙鈔之類的交易媒介時，你不一定馬上要用它來買東西；這時候你會希望未來要用它時，到時候所能購買的商品數量，亦即其未來的購買力，不會比現在用它要少許多。換言之，你希望它有價值儲存的功能。

貨幣因具有價值儲存的功能，所以貨幣本身是一種資產。社會上還有其他種類的資產，如股票、房地產、甚至是藝術品。不過，這些資產並無法作為交易媒介與計價單位，所以它們不是貨幣。但如果物價持續上漲，貨幣的購買力會持續下降，其價值儲存的功能就不如房地產之類的保值性資產。不過，房地產和藝術品等資產其流動性較低，亦即需要花費比較多的時間與成本才能轉換成貨幣。當你委託房屋仲介公司賣房子時，通常要一個月以上才能拿到全部售屋款，且須支付佣金。

13.2 貨幣數量的衡量

紙鈔與鑄幣合稱為通貨 (currency)，它們具有完全的流動性。中央銀行所發行的通貨總額稱為通貨發行額 (currency issued)。通貨本身就是貨幣，不過，社會上還有一些資產其流動性非常高，我們也稱它們為貨幣。例如，你可以用你的提款卡在分布廣泛的自動櫃員機 (auto teller machine, ATM)，自你的活期儲蓄存款帳戶中提領現金；企業的活期存款也有同樣的功能。另外，企業及個人也可以透過開立支票的方式來進行交易；不過，支票本身並不是貨幣，因為它並不是資產（支票存款才是），而只是一種支付工具而已（你的資產不會因銀行給你一本新的支票簿而增加）。同樣地，信用卡本身也不是貨幣，它也是一種支付工具而已；當你申辦到一張新的信用卡或銀行提高你的循環信用額度時，你的資產並不會增加。

支票存款、活期存款與活期儲蓄存款合稱存款貨幣 (**deposit money**)，而那些可以吸收存款貨幣並利用其所吸收的存款貨幣來進行放款的金融機構稱為存款貨幣機構，包括本國一般銀行、外國銀行在臺分行、中小企業銀行、信用合作社與農漁會信用部。存款貨幣機構與中央銀行合稱貨幣機構。

中央銀行所發行的通貨，並不是全部在社會上流通，有些成為貨幣機構的庫存現金，有些則成為中華郵政公司儲匯處（以前通稱的郵匯局）的庫存現金。郵匯局由於不能從事放款，所以雖然它可以吸收存款，但不屬於存款貨幣機構，而屬於其他金融機構。其他金融機構還包括貨幣市場共同基金，信託投資公司與人壽保險公司；貨幣機構與其他金融機構合起來就構成整個金融機構部門。

支付工具——信用卡

信用卡普及的今日，一人兩、三張信用卡的現象可謂「稀鬆平常」。
圖片來源：shutterstock 網站。

中央銀行的通貨發行額減去全體貨幣機構與郵匯局的庫存現金，稱為通貨淨額 **(currency held by the public)**；這部分才是社會大眾所有且在社會上流通的通貨數量。

如上所述，存款貨幣由於其具高流動性，所以也是貨幣的一種。中央銀行除了統計通貨淨額外，也會統計存款貨幣的餘額，而且也會緊盯著它們的變動。這是因為，根據《中央銀行法》，中央銀行經營的目標之一是，「維護對內及對外幣值之穩定」；對內幣值的穩定就是國內一般物價水準的穩定，對外幣值的穩定就是新臺幣兌國外貨幣（如美元）的匯率的穩定（關於匯率的影響因素，我們會在第 15 章「國際金融」中介紹）。國內一般物價水準穩定就表示說沒有物價膨脹的現象；而一國之所以會有一般物價持續上漲的物價膨脹現象，通常是因為「太多的貨幣追逐太少的商品」**(too much money chases too few goods)**。因此，中央銀行不單會統計並緊盯通貨淨額，也會統計並緊盯各類的存款貨幣餘額。中央銀行根據這些餘額（中央銀行稱為貨幣總計數，monetary aggregates）以及國內物價水準，決定是否要採行貨幣政策工具 (monetary policy tools) 來改變貨幣總計數，以穩定國內的一般物價水準。關於中央銀行的貨幣政策工具以及它們如何改變貨幣總計數，我們會在本章最後一節中介紹。

貨幣總計數在經濟學中通常稱為貨幣存量 (money stock) 或貨幣供給 (money supply)。我國目前的貨幣總計數共分為 M1A、M1B 與 M2 三種，其中：

> M1A = 通貨淨額 + 企業及個人(含非營利團體)在貨幣機構之支票存款及活期存款；
> M1B = M1A + 個人（含非營利團體）在貨幣機構之活期儲蓄存款
> = 通貨淨額 + 存款貨幣。

因此，M1B 與 M1A 的差別在於個人在貨幣機構之活期儲蓄存款餘額。由於我國個人股票交易的款項交割是透過活期儲蓄存款帳戶，且我國個人以股票作為理財工具的情形又很普遍，因此，當股市熱絡時，通常可以看到 M1B 有較高的年增率。如表 13–1 所示，1986 年 M1B 的年增率高達 51.41%，高於 M1A 與 M2 的年增率；1980 年代下半期臺灣股價狂飆正是從 1986 年開始。

除了 M1A 與 M1B 之外，貨幣總計數還包括 M2，其為：

> M2 = M1B + 準貨幣。

所謂準貨幣 (quasi-money) 是指一些流動性略低的金融資產，包括企業及個人在貨幣機構之定期存款、定期儲蓄存款、外匯存款（包括外匯活期與定期存款）以及郵政儲金（含劃撥儲金、存簿儲金及定期儲金）；自 2004 年 10 月起還包括貨幣市場共同基金（其購買的金融商品為一年期以下之有價證券）。其中，定期存款與定期儲蓄存款在到期前若要解約，必須付出利息減讓的成本，所以其流動性比存款貨幣來得低。外匯存款必須先轉化為新臺幣才能在國內使用，故其流動性也比較低。至於郵政儲金，如前所述，郵匯局不算存款貨幣機構，所以其所吸收的儲金並未計入 M1B，而只計入準貨幣。

表 13-1　我國各類貨幣總計數之金額與年增率

單位：新臺幣億元，%

	M1A（期底）		M1B（期底）		M2（期底）	
年	金額	年增率	金額	年增率	金額	年增率
1961	77	–	77	–	174	–
1966	181	12.30	181	12.30	465	20.88
1971	399	24.85	457	30.63	1,205	28.15
1976	1,373	23.06	1,639	25.06	4,105	25.95
1981	3,320	8.93	4,505	13.71	11,191	19.05
1986	6,719	46.11	11,349	51.41	31,913	23.30
1991	12,474	6.59	21,584	12.09	74,030	19.37
1996	16,334	3.86	34,261	8.31	139,739	9.13
2001	19,187	0.84	50,259	11.88	197,369	4.44
2006	28,527	5.72	77,875	5.29	249,390	6.17
2011	45,291	13.40	118,302	9.77	324,519	8.29
2016	63,420	4.64	161,776	5.78	413,018	3.26
2020	88,342	18.25	222,803	16.89	501,874	9.36

資料來源：中華民國中央銀行全球資訊網網站：首頁 > 統計與出版品 > 統計 > 金融統計 > 金融統計月報

13.3　存款貨幣的創造過程

在 2007 年元月初，中華商業銀行爆發擠兌事件，前 3 天被提領的金額超過 400 億元。存款貨幣機構（以下簡稱銀行）為因應突然間的大規模提領情況，會保留存款的一部分作為存款準備金。中央銀行為維護金融的安定，規定銀行必須保有的準備金稱為應提準備，其占存款的比率稱為應提準備率 **(required reserve ratio)**。表 13–2 顯示各類存款的應提準備率。從該表可以看出，存款的流動性愈高，其應提準備率也愈高。這是因為如果發生大規模的提領情況，那麼，首當其衝的會是沒有利息的支票存款以及利息不會遭減讓的活期存款與活期儲蓄存款。

銀行所持有的庫存現金加上它在中央銀行準備金帳戶的存款稱為實際

準備，亦即上面所提到的存款準備金。銀行的實際準備減去應提準備，稱為超額準備 (**excess reserve**)。通常在不景氣時，由於銀行會比較擔心其放款會變成呆帳，所以其所吸收的存款用作放款的比例會減少，而寧願保有比較多的超額準備。

表 13–2　存款、其他各種負債及信託資金準備率

對存款額百分比

種類 Types of deposit	支票存款 Checking accounts	活期存款 Passbook deposits	儲蓄存款 Savings deposits		定期存款 Time deposits	其他各種負債 Other debts		信託資金 Trust funds
			活期 Passbook	定期 Time		外匯存款[2] F.C. deposits	其他項目 Other items	
一、法定準備率[1] Legal requirements （1999 年 7 月 7 日以後適用）								
最低 Minimum	–	–	–	–	–	–		15
最高 Maximum	25	25	15	15	15	25		20
二、應提準備率 Required reserve ratio 調整日期								
1999 年 7 月 7 日	15.000	13.000	5.500	5.000	7.000	0.000		15.125
2000 年 10 月 1 日	13.500	13.000	6.500	5.000	6.250	0.000		15.125
12 月 8 日	13.500	13.000	6.500	5.000	6.250	5.000	0.000	15.125
12 月 29 日	13.500	13.000	6.500	5.000	6.250	10.000	0.000	15.125
2001 年 10 月 4 日	10.750	9.775	5.500	4.000	5.000	5.000	0.000	15.125
11 月 8 日	10.750	9.775	5.500	4.000	5.000	2.500	0.000	15.125
2002 年 6 月 28 日	10.750	9.775	5.500	4.000	5.000	0.125	0.000	15.125
2007 年 6 月 22 日	10.750	9.775	5.500	4.000	5.000	5.000	0.000	15.125
2008 年 4 月 1 日	10.750	9.775	5.500	4.000	5.000	0.125	0.000	15.125
2008 年 7 月 1 日	12.000	11.025	6.750	4.750	5.750	0.125	0.000	15.125
2008 年 9 月 18 日	10.750	9.775	5.500	4.000	5.000	0.125	0.000	15.125

說明：1. 自《中央銀行法》修正條文實施之日（1999 年 7 月 7 日）起，不再訂定存款及其他各種負債準備率下限。
2. 2000 年 12 月 8 日起新增外匯存款應提準備金。
資料來源：金融統計月報，中央銀行網站。

有了以上銀行存款準備金的概念後，接下來我們就可以舉例說明，銀行如何透過放款（與證券投資）創造存款貨幣。為簡化分析，我們假設銀行不保有超額準備，且人們不持有通貨，亦即人們一拿到鈔票就存到銀行 。另外，假設在一開始並沒有任何存款且中央銀行發行了 $100 的通貨。某甲拿到這 $100 後，在上述人們不持有通貨的假設下，某甲將這 $100 存入 A 銀

行。假設應提準備率為 10%，在上述銀行不保有超額準備的假設下，A 銀行提了 $10 作準備金後，把剩下的 $90 全部貸給某乙。此時，A 銀行的資產負債表如下：

A 銀行

資產		負債	
準備金	$10	存款	$100
放款	$90		

某乙取得 $90 的貸款後全部用掉。假設某丙拿到這 $90，且全部存入 B 銀行。B 銀行在提了 $9 作準備金後，把剩下的 $81 全部貸給某丁。此時，B 銀行的資產負債表如下：

B 銀行

資產		負債	
準備金	$ 9	存款	$90
放款	$81		

假設此一過程一直持續下去，我們接著可以得到 C 銀行與 D 銀行的資產負債表如下：

C 銀行

資產		負債	
準備金	$ 8.1	存款	$81
放款	$72.9		

D 銀行

資產		負債	
準備金	$ 7.29	存款	$72.9
放款	$65.61		

到最後，整個銀行體系的存款總額（以 D 表示）會有多少？我們可以將每家銀行的存款予以加總，而得到：

$$
\begin{aligned}
D &= \$100 + \$90 + \$81 + \$72.9 + \cdots \\
&= \$100(1 + 0.9 + 0.81 + 0.729 + \cdots) \\
&= \$100\left(\frac{1}{1-0.9}\right) = \$100\left(\frac{1}{0.1}\right) \\
&= \$1,000。
\end{aligned} \tag{1}
$$

所以，在我們上述極端簡化的假設下，最後整個銀行體系的存款總額為 \$1,000。另外，整個銀行體系的準備金總額（以 R 表示）與放款總額（以 L 表示），分別為：

$$
\begin{aligned}
R &= \$10 + \$9 + \$8.1 + \$7.29 + \cdots \\
&= \$100\text{；} \\
L &= \$90 + \$81 + \$72.9 + \$65.61 + \cdots \\
&= \$900\text{。}
\end{aligned}
$$

因此，到最後整個銀行體系的合併資產負債表為：

整個銀行體系			
資產		負債	
準備金	\$100	存款	\$1,000
放款	\$900		

中央銀行一開始發行的 \$100 通貨，最後全變成銀行的準備金。由於通貨淨額等於通貨發行額減去銀行的庫存現金，所以，到最後，通貨淨額為零。不過，此時的存款貨幣總額為 \$1,000，所以貨幣供給（等於通貨淨額加存款貨幣餘額）亦為 \$1,000，比起一開始的 \$100（\$100 通貨淨額加零元存款），增加了 \$900。這 \$900 是如何增加的呢？就是透過放款。如果銀行不放款或應提準備率為 100%，那麼，一開始 A 銀行的資產負債表會變成為：

A 銀行			
資產		負債	
準備金	\$100	存款	\$100

換言之，整個社會的貨幣供給還是 \$100，只是從原先的通貨淨額 \$100 變成存款貨幣 \$100。因此，在部分準備制 (**fractional-reserve system**) 下，銀行可以透過放款創造存款貨幣。

以上面的例子而言，最後的貨幣供給額 (\$1,000) 為原先 (\$100) 的 10

倍。此一倍數其實就是應提準備率 10% 的倒數（見式(1)）。所以，在上述極端的簡化假設下，整個社會的貨幣供給為：

$$貨幣供給=\frac{通貨發行額}{應提準備率}。\qquad (2)$$

由此式可以知道，當應提準備率愈高時，貨幣供給愈少；這是因為銀行的放款金額因銀行的應提準備增加而減少，從而後續的銀行存款愈少。如果銀行保有超額準備，那麼上式等式右邊的分母變成銀行的實際準備率，因而銀行保有超額準備對貨幣供給的影響，就如同應提準備率上升一樣。

動腦筋時間 13–1

如果應提準備率為 10%，但銀行體系的實際準備率為 20%，試根據以上例子的推演過程，算出在此情況下，整個社會貨幣供給的最大可能金額。

如果人們持有通貨，那麼，人們的銀行存款會減少，從而銀行的放款金額，進而整個社會的貨幣供給會減少。換言之，如果人們的通貨－存款比率愈高，那麼，貨幣供給會愈少。

從上面的例子也可以知道，人們一開始存入銀行的錢就是中央銀行發行的通貨，所以在其他條件不變下，中央銀行的通貨發行額愈高，貨幣供給也會愈多。中央銀行所發行的通貨進入銀行體系之後，不管銀行把它存在中央銀行的準備金帳戶，或留作庫存現金，都可以作為準備金；不過，銀行的準備金不全然來自於通貨。例如，當中央銀行向外匯指定銀行購買 100 萬美元的外匯時，若美元兌新臺幣的匯率為 1 比 30，那麼，中央銀行就直接將 3,000 萬元新臺幣存入該銀行在中央銀行的準備金帳戶。如果該銀行原先沒有準備金不足的問題，那麼這 3,000 萬元新臺幣都屬於超額準備，而全部可以用來放款。所以，銀行不單可以透過存戶將通貨存入銀行而取得放款資金來創造存款貨幣，也可以透過將資產賣給中央銀行而取得放款資金來創造存款貨幣。存款貨幣機構與中華郵政公司儲匯處之準備金，以及社會大眾持有的通貨，合起來稱為準備貨幣 (**reserve money**)。當準備貨幣的數量愈多時，不管是來自於通貨，還是來自於銀行賣資產給中央銀行，銀行可用於放款的資金就愈多，從而貨幣供給就會愈大。因此，式(2)可以改寫成：

$$貨幣供給 = \frac{準備貨幣}{應提準備率}, \tag{3}$$

其中 ($\frac{1}{應提準備率}$) 為大於 1 的倍數，我們稱之為貨幣乘數 (money multiplier)。上式可再改寫成：

$$貨幣乘數 = \frac{1}{應提準備率} = \frac{貨幣供給}{準備貨幣}。 \tag{4}$$

所以，貨幣乘數為貨幣供給相對於準備貨幣之倍數，同時，貨幣供給等於貨幣乘數乘以準備貨幣。式(4)中的貨幣乘數為最大的可能倍數，因為它是在銀行不保有超額準備與人們不持有通貨這兩個可以使放款達到最大的假設下所得出來的。所以，實際的貨幣乘數會小於應提準備率的倒數。以 2020 年年底為例，M2 為 50,187,415 百萬元，而準備貨幣為 4,836,231 百萬元，因此，貨幣乘數為 10.37。由表 13–2 可以看出，應提準備率較高的存款為支票存款與活期存款；在 2020 年年底，這兩類存款之和占 M2 的比率僅有 12.9%，也就是說，M2 大約有 90% 的存款其應提準備率約為 5%，所以，以 M2 為基礎所計算的貨幣乘數，其最大可能值會接近 18 (假設支票與活期存款占 M2 的比率為 10%，且其適用的應提準備率為 10%，其他存款的應提準備率為 5%，那麼 M2 (忽略通貨淨額) 的平均應提準備率為 5.5% ($0.1 \times 10\% + 0.9 \times 5\%$)，其倒數約為 18)。如上所述，實際的貨幣乘數為 10.37，小於 18。

13.4 銀行的槓桿操作與 2008–2009 年的金融危機

我們在上一節以相當簡單的例子說明了銀行如何運作。然而，就現代銀行體系而言，其實際運作要複雜許多，且此一複雜性在 2008–2009 年的金融危機中扮演了關鍵角色。接下來，我們進一步說明銀行實際上是如何運作的。

在前面的銀行資產負債表中我們看到，銀行吸收存款，並將存款用來放款或作為準備金。但在實際上，銀行不只透過吸收存款來取得放款與投資所需資金，也像其他公司一樣，透過發行股票以及對其他金融機構負債來取得放款與投資所需資金。銀行透過發行股票所取得的資金稱為銀行資本。

以下是一個更為實際的銀行（E 銀行）其資產負債表：

表 13–3　E 銀行資產負債表

資產		負債與淨值	
準備金	100	存款	800
放款	700	對金融機構負債	150
證券投資	200	資本（股東權益）	50

此一資產負債表的右邊是銀行的負債與資本（或稱股東權益 (owners' equity) 或淨值 (net worth)）。E 銀行的股東注入了 $50 的資本，它也吸收了 $800 的存款且對其他金融機構有 $150 的負債。這些項目的總金額為 $1,000，並被用在資產負債表左邊的三個用途：$100 的準備金、$700 的放款，以及 $200 的證券（如股票與債券）投資。銀行根據資產的報酬與風險以及相關規定（如應提準備），決定如何將其資源在資產負債表左邊的這些項目進行配置。

根據會計法則，資產負債表左邊項目的總金額必須等於右邊項目的總金額。這是因為，根據定義，銀行的股東權益其值等於資產（準備金、放款與證券）之值減去負債（存款與債務）之值。因此，銀行資產負債表左右兩邊

的總金額恆等。

經濟體系中的許多企業都會進行槓桿操作 (leverage)，其為透過增加負債的方式取得資金來融通其投資計畫。就銀行而言，由於借貸是其業務的核心，所以槓桿操作對銀行是特別重要。

槓桿比率是銀行的資產之於其資本的比率。在上面這個例子，槓桿比率是 20($1,000/$50)。槓桿比率是 20 意味著每 20 元的銀行資產，其中只有 1 元是來自於銀行的資本，剩下的 19 元都是借來的 (吸收存款或增加負債)。

當銀行從事高槓桿操作時，它發生財務危機的風險也隨之增加。何以如此？讓我們繼續上面的例子。假設銀行的資產價值因其所持有的證券之價格上漲而增加 5%。那麼，銀行的資產價值由原先的 $1,000 上升為 $1,050，且由於銀行的存款與對其他金融機構負債之總和仍為 $950，所以銀行資本由原先的 $50 增加為 $100。因此，當槓桿比率是 20 時，銀行的資產價值增加 5% 會使其股東權益增加 100%。

當銀行的資產價值下跌時，也會有相同的擴大效應。假設銀行的某些房貸戶還不出房貸，而使銀行的資產價值下跌 5%，成為 $950。由於銀行的存戶與債權人，相較於銀行的股東，有優先請求權，所以銀行的股東權益降為零。因此，當槓桿比率是 20 時，銀行的資產價值下跌 5% 會使其股東權益下跌 100%。如果銀行的資產價值下跌超過 5%，則銀行變成無償債能力 (insolvent)，亦即銀行無法全額給付存款與對其他金融機構的負債。

銀行的監理機關會要求銀行保有一定金額的資本。此一應有資本之規定的目的在於保證銀行能全額給付存款 (不需求助於存款保險基金)。銀行被要求的資本金額決定於銀行所持有的資產種類。如果銀行所持有的資產其安全性高，如政府公債，則銀行被要求的資本金額就比較低。如果銀行所持有的資產其風險性高，如次級房貸 (即信用條件或還款能力較差的房貸戶所借的房貸) 或現金卡債權，則銀行被要求的資本金額就比較高。

在 2008 年，美國不少銀行 (如雷曼兄弟控股公司 (Lehman Brothers Holdings Inc.)) 從事高槓桿操作；後來因房地產泡沫破滅所引發的房地產價格與相關資產價格重挫而陷入財務危機，甚至宣告破產，最後造成全世界很多國家的金融危機與經濟衰退。我們會在第 16 章詳細說明此一風暴的成因與影響。

13.5　中央銀行的貨幣政策工具

我們在第一節曾提到，通常物價膨脹的成因為「太多的貨幣追逐太少的商品」；我們在第三節也曾提到，貨幣供給等於準備貨幣乘以貨幣乘數。因此，中央銀行如果要影響物價水準，它必須要能有效地改變準備貨幣數量與貨幣乘數水準，這樣才能改變貨幣供給量，進而影響物價水準。一般中央銀行的主要貨幣政策工具，亦即中央銀行可以用來改變準備貨幣與貨幣乘數的工具，包括(1)公開市場操作，(2)應提準備率，(3)重貼現率與融通利率與(4)對準備金付息或收息。以下分別介紹。

(一)公開市場操作

所謂公開市場操作 (**open-market operation**) 是中央銀行經由金融市場，以買賣票券或債券的方式，影響銀行體系的準備金，以調控準備貨幣的機制。當中央銀行要讓銀行體系的放款減少，以減少其所創造的存款貨幣時，那麼，中央銀行就賣出債券。當銀行體系買下中央銀行所賣出的債券時，其在中央銀行準備金帳戶的餘額，進而可以用來放款的超額準備就減少。相反地，如果中央銀行希望銀行體系的放款增加，以創造出更多的存款貨幣，那麼，中央銀行就買入債券，從而銀行體系在中央銀行準備金帳戶的餘額就會增加。如果銀行體系不把這部分增加的餘額全部作為超額準備，而把其中一部分用來放款，那麼貨幣供給就得以增加。所以，公開市場操作是一項中央銀行著眼於調控準備貨幣，以影響貨幣供給的貨幣政策工具。

因此，如果中央銀行希望讓貨幣供給增加，那麼它就買入債券；如果相反，就賣出債券。前者意味著中央銀行採行擴張性貨幣政策 (**expansionary monetary policy**)，而後者意味著中央銀行採行緊縮性貨幣政策 (**contractionary monetary policy**)。

由於我們的貨幣市場與債券市場的規模並不夠大，所以我國中央銀行主要是以其自己發行的定期存單（發行對象為金融機構）作為操作工具。當中央銀行希望貨幣供給增加時，定期存單到期後就不再續發，其本利和就成為銀行體系新增的超額準備。相反地，當中央銀行希望貨幣供給減少時，它就發行定期存單，收回準備貨幣。如表 13–4 的我國中央銀行資產負債表所示，在 2011 年年底，中央銀行發行的定期存單餘額達 9 兆 1,680 億元。

表 13–4　我國中央銀行資產負債表（2020 年年底）

單位：新臺幣百萬元

資產		負債與淨值	
國外資產	15,260,031	國外負債	0
對金融機構債權	1,636,166	通貨發行額	2,604,479
庫存現金	121	政府存款	236,720
其他資產	1,121,984	金融機構存款	
		準備性存款	2,243,071
		其他存款	2,152,262
		定期存單	9,168,090
		其他負債	454,736
		淨值	1,158,855
總計	18,018,212	總計	18,018,212

資料來源：金融統計月報，中央銀行網站。

美國聯邦準備銀行

身為世界經濟強權的美國，其聯邦準備的一舉一動都吸引著全球金融業者的目光。
圖片來源：shutterstock 網站。

就美國而言，由於其政府公債次級市場的規模夠大，所以其中央銀行（即聯邦準備體系 (Federal Reserve System)）的公開市場操作就是以買賣美國政府公債為主。美國聯邦準備體系的公開市場操作策略是由聯邦公開市場委員會 (Federal Open Market Committee, FOMC) 開會決定（每六至八個星期開會一次，一年共開會 8 次)。該委員會決定聯邦資金利率 (federal funds rate) 的短期目標；紐約聯邦準備銀行的營業臺 (trading desk) 則在 FOMC 會議的間隔期間達成該目標。

聯邦資金市場為美國金融同業的拆款市場。如果 FOMC 決定調高聯邦資金利率的目標值，紐約聯邦準備銀行的營業臺就賣出債券，收回準備貨幣。當這樣做時，美國銀行體系的超額準備，進而可拆借給同業的資金就減少，從而造成聯邦資金利率的上升。所以，當 **FOMC** 宣布調高（低）聯邦資金利率目標值時，就表示聯邦準備要採行較為緊縮（寬鬆）的貨幣政策。

由於在過去十幾年，美國經濟有較大的波動幅度，所以 FOMC 曾多次連續調整聯邦資金利率目標值。FOMC 曾於 1999 年 6 月起，於美國景氣高峰時連續 6 次調高利率，並自 2001 年 1 月起，於景氣開始有反轉向下的疑慮時開始調降利率，共連續 13 次，當時聯邦資金利率目標值由 6.5% 降至 1%；FOMC 並於 2004 年 6 月美國經濟復甦跡象比較確定時開始調升利率，共連續 17 次，聯邦資金利率目標值由 1% 上升至 2006 年 6 月的 5.25%，調幅不可謂不大。之所以如此，是因為 2005 與 2006 年國際石油價格大漲，美國物價膨脹的壓力也隨之升高，故聯邦準備採取比較積極的緊縮政策。不過，自 2007 年下半年起，次級房貸問題對美國經濟的不利影響已慢慢浮現，FOMC 遂於 2007 年 9 月起開始調降利率，共連續 10 次，當時聯邦資金利率目標值由 5.25% 降至 2008 年 12 月的 0～0.25% 的空前絕後水準，並起碼維持至 2012 年年中。

在一般情況下，當 Fed 調降聯邦資金利率目標值後，紐約聯邦準備銀行的營業臺就持續買進債券，直到新的聯邦資金利率目標值達成為止。但當聯邦資金利率的目標值降至 0 ～ 0.25% 時，已無下降空間，且美國在 2009–2012 年這段期間的經濟金融情勢仍未大幅好轉，Fed 仍需充裕銀行體系的資金，讓銀行不要緊縮放款。

為使紐約聯邦準備銀行的營業臺對買進債券的金額有所依據，Fed 遂於 2008 年年底與 2011 年 11 月實施兩輪的量化寬鬆貨幣政策，期間分別為 15 個月與 8 個月，且金額分別為 1.75 兆與 6,000 億美元（簡稱 QE_1 與 QE_2）。

所謂「量化」指的就是定量的總買進金額。後來更於 2012 年 9 月與 12 月再推出兩輪另一種型態的量化寬鬆貨幣政策（合稱為 QE_3）；這兩次的「量化」指的是定量的每月買進金額，分別為每月 400 億與 450 億美元。在 2013 年 12 月，由於美國 11 月的失業率已降至 7.0% 且房市持續復甦，Fed 遂宣布自 2014 年元月起將每個月的購債總金額由原先的 850 億美元縮減至 750 億美元，且在 2014 年 10 月，因美國的勞動市場持續改善（美國 2014 年 9 月的失業率已降至 5.9%），及經濟持續溫和復甦，而宣布結束 QE_3，並於 2016 年起開始調升利率。不過，在 2020 年 3 月，由於新型冠狀病毒肺炎疫情肆虐經濟，Fed 遂將聯邦資金利率的目標值由 1 ～ 1.25% 一口氣降為 0 ～0.25%，並宣布採取無限量的 QE 政策。

就我國而言，金融業隔夜拆款的年平均利率，自 2002 年起，至 2020 年年底都未突破 2.1%，2009 年降到只有 0.109%，2020 年更降到只有 0.102%；顯示我國這段期間的資金相當寬鬆。

㈡應提準備率

如本章第二與第三節的說明，當應提準備率調高時，銀行必須提更多的準備金，從而可用於放款的資金變少了，進而貨幣乘數與貨幣供給跟著減少。相反地，如果應提準備率調降，那麼，貨幣乘數與貨幣供給會增加。所以，應提準備率是一項中央銀行著眼於改變貨幣乘數以影響貨幣供給的政策工具。

如前所述，我國中央銀行在兩次石油危機期間曾調高活期存款（以及其他存款）的應提準備率。當國內一般物價已因國際石油價格飆漲而上漲時，中央銀行當然不希望因銀行放款增加致使國內整體支出增加，而對國內物價產生火上加油的影響。在 1980 年代下半期，為抑制不斷高漲的股票與房地產價格，中央銀行也曾於 1988 年 12 月與 1989 年 4 月兩次調高各類存款的應提準備率（當時中央銀行定期存單的發行金額也由 1985 年年底的 267 億元大幅增加至 1987 年年底的 9,461 億元），以減少股票與房地產市場的資金動能。相反地，中央銀行也曾於 2001 年美國科技泡沫破滅引發全球經濟衰退之際，在當年 10 月調降各類存款的應提準備率（如活期存款的應提準備率就從 13% 調降為 9.775%)，希望銀行能增加放款以刺激景氣。不過，那時本國銀行的放款餘額仍出現連續兩年減少的結果，從 2000 年年底的 12 兆 8,961 億元減少為 2001 與 2002 年年底的 12 兆 7,151 與12 兆 3,892億元❶。同樣地，中央銀行也曾於 2008 年美國次級房貸風暴引發全球經濟衰退之際，在當年 9 月調降各類存款的應提準備率（如活期存款的應提準備率就從 11.025% 調降為 9.775%)，希望銀行能增加放款以刺激景氣。不過，那時本國銀行的放款餘額仍從 2008 年 11 月底的 16 兆 8,035 億元持續降至 2009 年 5 月底的 16 兆 3,892 億元。在這兩次我國經濟出現負成長期間，可以想像的，不少企業與個人會有週轉困難的問題，但銀行對債信不佳的客戶寧願採取比較保守的放款態度；而銀行由於存款增加且放款減少，所以本身有不少所謂的「爛頭寸」。銀行也希望放款給債信良好的客戶，特別是大企業，不過那時大部分的大企業其投資也變得比較保守。所以，即使那時候中央銀行大幅調降應提準備率，本國一般銀行的放款在「不願貸」與「貸不出去」的雙重影響下，仍出現減少的結果（其他的存款貨幣機構也一樣）。從這些例子也可以看出，中央銀行的貨幣政策效果具有不對稱性：當國內一般物價持續上升時，如果中央銀行願意不計代價，它可以透過大幅增加定期存單的發行（準備貨幣減少）與大幅調高應提準備率（貨幣乘數下跌），使國內的貨幣供給大幅減少；但當國內經濟不景氣時，即使中央銀行大幅買進債券，甚至大幅調降應提準備率，如果銀行的放款以及企業與個人的借款態度變得比較保守，那麼，銀行體系的放款餘額仍有可能是減少的，亦即中央銀行的擴張性貨幣政策是無效的。不過，不管如何，當中央銀行宣布調整應提準備率時，那就表示中央銀行有比較強烈的決心要落實新的貨幣政策。在 2020 年，雖然不少行業（如住宿及餐飲業）因疫情嚴重而陷入衰退，但我國經濟

❶ 同樣地，中央銀行也曾於 2008 年美國次級房貸風暴引發全球經濟衰退之際，在當年 9 月調降各類存款的應提準備率（如活期存款的應提準備率就從 11.025% 調降為 9.775%)，希望銀行能增加放款以刺激景氣。不過，那時本國銀行的放款餘額仍從 2008 年 11 月底的 16 兆 8,035 億元持續降至 2009 年 5 月底的 16 兆 3,892 億元。(金融統計月報，中央銀行網站)

仍為正成長，再加上我國的各類應提準備率自 2008 年起即維持在歷史低檔，所以中央銀行並未調降應提準備率，而僅調降下一小節將介紹的重貼現率與融通利率。由於當年我國經濟仍為正成長，且主要為投資所帶動（利率低有一定程度的貢獻），所以本國銀行的放款與證券投資也都是正成長。

㈢重貼現率與融通利率

當企業或個人缺錢時，可以向銀行借錢；當銀行因準備金不足而缺錢時，可以向其他有超額準備的銀行借錢；當整個銀行體系準備金不足時，就只好向中央銀行借錢了。所以，中央銀行又稱為「銀行的銀行」，為金融業者資金來源的最後依靠者 (lender of last resort)。中央銀行對銀行的資金融通方式有兩種：重貼現和融通。所謂重貼現 (rediscount) 是銀行以其對顧客貼現而持有的合格商業票據，請求中央銀行予以「再貼現」。中央銀行同意後，再貼現的金額就成為銀行的準備金，而可以解決準備金不足的問題。而重貼現率 (rediscount rate) 為中央銀行再貼現時所收取的利率。

因此，當中央銀行宣布調高重貼現率時，就對銀行體系發出下列訊息：你最好不要因過度放款而有準備金不足的問題，否則你申請再貼現時，你會付出一個比較高的代價。因此，如果中央銀行宣布調高重貼現率，那就表示中央銀行要採行較為緊縮的貨幣政策；反之，則表示中央銀行要採行較為寬鬆的貨幣政策。中央銀行自 2001 年 2 月起至 2002 年 11 月，共連續調降了 12 次重貼現率，降幅共 3%；也曾自 2008 年 9 月起至 2009 年 2 月，共連續調降了 7 次重貼現率，降幅共 2.375%；不過，如前所述，本國銀行的放款餘額在兩次經濟衰退期間都出現持續減少的結果，因此，在資金相當寬鬆的情況下，調降重貼現率對提升銀行放款的實際效果可能相當有限，甚至無效。在 2020 年 3 月，中央銀行為因應疫情可能對經濟造成不利的衝擊，而將重貼現率自 1.375% 調降為 1.125%，其為史上最低水準。

中央銀行對銀行的資金融通方式還包括短期融通與擔保放款融通。銀行可以持政府債券，中央銀行發行的定期存單或其他經中央銀行同意的有價證券為擔保品，申請短期融通，期限不能超過 10 天；中央銀行收取的利率稱為短期融通利率。銀行因承做政府核定並經中央銀行同意的放款，或配合中央銀行貨幣政策承做的放款，或有緊急性資金需求並經中央銀行同意者，可以中央銀行同意的有價證券等為擔保品，申請擔保放款之再融通。該項融通的期限最長不能超過 360 天；中央銀行收取的利率稱為擔保放款融通利率。

當中央銀行同意銀行上述三種融通方式的申請時，銀行的準備金會增加，亦即準備貨幣會增加，所以其對貨幣供給的影響途徑與中央銀行買進債券一樣；只不過前一種方式，中央銀行是被動地等銀行申請，而後一種方式，中央銀行是主動的。

㈣對準備金付息或收息

傳統上，中央銀行並未付給銀行準備金利息。但在 2008 年 10 月，美國 Fed 開始對準備金付息，亦即當銀行將準備金存在 Fed 時，Fed 付給銀行準備金利息。此一變動讓 Fed 多了一項貨幣政策工具。當準備金的利率愈高時，銀行所願意保有的準備金數量就愈多；這意味著實際的存款準備率愈高，從而貨幣乘數愈低，進而貨幣供給會愈小。

相反地，當 Fed 調降準備金的利率時，銀行所願意保有的準備金數量會減少；這意味著資金從中央銀行回流到銀行，而銀行為避免這些資金成為「爛頭寸」，會調降利率以增加放款，從而貨幣供給會增加。不過，銀行願意增加多少放款還要看當時的經濟狀況。如果經濟狀況差，從而放款的呆帳率會上升，則銀行不見得會增加多少放款；在此情況下，貨幣供給增加的幅度就可能相當有限。

歐洲央行與日本央行甚至分別於 2014 年 6 月與 2016 年元月開始實施「負利率」政策，亦即銀行不單無法獲得準備金利息，還要付利息給央行。負利率政策是希望更多的資金從央行回流到銀行，迫使銀行增加放款，以加大刺激經濟的力道。不過，同樣地，由於銀行在經濟表現不佳期間寧願採取比較保守的放款態度，甚至當央行加大其貨幣政策的寬鬆力道時，銀行還可能認為經濟表現會比它們預期的要來得差，而使其放款變得更加謹慎，因此，歐、日與一些國家其央行的負利率政策並未產生它們所期望的效果。

除了上述四種一般中央銀行的貨幣政策工具之外，中央銀行的外匯操作也會影響貨幣供給。如前所述，當中央銀行向銀行購買外匯時，銀行的準備會增加。根據表 13–3 的中央銀行資產負債表，在其他項目不變下，中央銀行的國外資產增加時，其負債中的準備性存款也跟著增加。所以，中央銀行的外匯操作會影響其國外資產與準備貨幣，進而影響貨幣供給。如 1986 與 1987 兩年，中央銀行的外匯存底就增加高達 541 億美元（關於此點，我們會在第 15 章詳細說明），使其 1987 年年底的國外資產比 1985 年年底增加了新臺幣 1 兆 3,281 億元。其準備性存款也增加了 1,260 億元；此一增加金額之所以遠小於國外資產的增加金額，主要是因為中央銀行在這兩年期間的定期存單發行額增加了 9,214 億元。所以，中央銀行當時一方面買進外匯，放出準備貨幣，另一方面也積極發行定期存單，收回部分因買進外匯而放出的準備貨幣。不過，相較於 1985 年年底，1987 年年底的 M1B 仍增加了 6,323 億元，或 93.77%；此一龐大的增加金額，為我國當時泡沫經濟的重要成因。雖然，中央銀行的外匯操作會影響貨幣供給，不過，其主要目的在於影響匯率，而不在於影響貨幣供給。

摘要

1. 經濟學所稱的貨幣，指的是那些為社會大眾所共同接受而可以用來購買商品與服務的資產。貨幣的最大意義在於它使人類社會的交易順暢許多，因而提高專業分工的程度，從而提升生產力與生活水準。
2. 貨幣的功能包括交易媒介，計價單位與價值儲存。
3. 紙鈔與鑄幣合稱為通貨，它們具有完全的流動性；中央銀行所發行的通貨總額稱為通貨發行額。通貨發行額減去全體貨幣機構與郵匯局的庫存現金，稱為通貨淨額，其為社會大眾所有且在社會上流通的通貨數量。
4. 支票存款、活期存款與活期儲蓄存款合稱存款貨幣；存款貨幣由於其流動性高，所以也是貨幣的一種。
5. 我國目前的貨幣總計數共分為 M1A、M1B 與 M2 三種。其中 M1A 等於通貨淨額加企業及個人在貨幣機構之支票存款及活期存款；M1B 等於 M1A 加個人在貨幣機構之活期儲蓄存款；M2 等於 M1B 加準貨幣，準貨幣為一些流動性略低的金融資產，包括企業及個人在貨幣機構之定期存款、定期儲蓄存款、外匯存款以及郵政儲金。
6. 銀行必須保有的準備金稱為應提準備，其占存款的比率稱為應提準備率。銀行所持有的庫存現金加上它在中央銀行準備金帳戶的存款稱為實際準備；銀行的實際準備減去應提準備，稱為超額準備。

7. 在部分準備制下，銀行可以透過放款創造存款貨幣。存款貨幣機構與郵匯局之準備金，以及社會大眾持有的通貨，合起來稱為準備貨幣。貨幣乘數為貨幣供給相對於準備貨幣之倍數，同時，貨幣供給等於貨幣乘數乘以準備貨幣。貨幣乘數的最大可能值為應提準備率的倒數，實際的貨幣乘數小於應提準備率的倒數。
8. 實際上，銀行不只透過吸收存款來取得放款與投資所需資金，也像其他公司一樣，透過發行股票以及對其他金融機構負債（即槓桿操作）來取得放款與投資所需資金。
9. 當銀行從事高槓桿操作時，它發生財務危機的風險也隨之增加。在 2008 年，美國不少銀行（如雷曼兄弟控股公司）從事高槓桿操作；後來因房地產泡沫破滅所引發的房地產價格與相關資產價格重挫而陷入財務危機，甚至宣告破產，最後造成全世界很多國家的金融危機與經濟衰退。
10. 一般中央銀行的主要貨幣政策工具，亦即中央銀行可以用來改變準備貨幣與貨幣乘數的工具，包括(1)公開市場操作，(2)應提準備率，(3)重貼現率與融通利率與(4)對準備金付息或收息。
11. 公開市場操作是中央銀行經由金融市場，以買賣票券或債券的方式，影響銀行體系的準備金，以調控準備貨幣的機制。如果中央銀行希望讓貨幣供給增加，它買入債券；如果相反，就賣出債券。
12. 當應提準備率調高時，銀行必須提更多的準備金，從而可用於放款的資金變少了，進而貨幣乘數與貨幣供給跟著減少。相反地，如果應提準備率調降，那麼，貨幣乘數與貨幣供給會增加。
13. 中央銀行又稱為「銀行的銀行」，為金融業者資金來源的最後依靠者。中央銀行對銀行的資金融通方式有兩種：重貼現和融通。重貼現率與融通利率為中央銀行對銀行進行再貼現與融通時所收取的利率。
14. 當中央銀行調降（高）準備金利率時，貨幣供給會增加（減少）。
15. 中央銀行的外匯操作會影響其國外資產與準備貨幣，進而影響貨幣供給。不過，中央銀行外匯操作的目的在於影響匯率，而不在於影響貨幣供給。

習　題

1. 「如果人們將定期存款轉為活期儲蓄存款，則就 M1A，M1B 與 M2 而言，只有 M1B 會變動。」你是否同意？為什麼？
2. 當某一家小銀行發生擠兌時，貨幣供給會不會受到影響？當所有的銀行都發生擠兌呢？試說明之。
3. 如果應提準備率為 25%，且人們持有的通貨占貨幣的比率為 20%，那麼當中央銀行通貨發行額增加 $100 時，貨幣供給的最大可能增額為何？

4. 假設美元兌新臺幣的匯率為 $\frac{30NT\$}{US\$}$。如果中央銀行向銀行買 100 萬美元，且同時發行 3,000 萬元的定期存單，那麼貨幣供給會不會受到影響？為什麼？
5. 若一國的貨幣乘數下降，則其可能的原因為何？試說明之。
6. 何謂銀行的槓桿操作？試舉例說明當銀行從事高槓桿操作時，它發生財務危機的風險也隨之增加。
7. 當中央銀行在公開市場買進債券時，債券市場利率會如何變動？銀行放款利率又會如何變動？試說明之。
8. 當中央銀行調高應提準備率時，銀行的放款利率會如何變動？債券市場利率呢？試說明之。

第 14 章 貨幣供需、長期物價與短期利率

1. 何謂貨幣需求？其影響因素為何？如何影響？
2. 貨幣市場的均衡條件為何？
3. 長期物價的均衡水準如何決定？該水準的影響因素為何？如何影響？
4. 物價膨脹的社會成本為何？
5. 何謂通貨膨脹稅？
6. 短期名目利率的均衡水準如何決定？該水準的影響因素為何？如何影響？

Economics

都是物價膨脹惹的禍！

物價膨脹嚴重的時候，就像一個魔術師，把你的口袋的錢都變不見了，什麼也買不起。

圖片來源：shutterstock 網站。

也許你聽過「舊臺幣」，那是1946 年 5 月 22 日至 1949 年 6 月 14 日期間臺灣的紙鈔；初期最高面額為 10 圓，後來最高為 1 萬圓，並有面額最高為 100 萬圓的臺灣銀行「即期定額本票」同時流通。貨幣供給額大幅增加造成臺灣當時每年的物價漲幅都在 500% 至 1,200% 之間《通貨膨脹的經驗〉，中央銀行網站)；當時的一粒肉粽可以賣到 1 萬圓❶。政府後來在 1949 年 6 月 15 日實施幣制改革，規定舊臺幣持有者，可以無限制地以 4 萬圓舊臺幣兌換 1 元新臺幣的比率，兌換新臺幣。此一規定意味著，臺灣當時的貨幣供給額變成原先的四萬分之一，再加上當時的新臺幣是以黃金、白銀、外匯等作為十足準備，遂大幅提升民眾對新臺幣的信心，故物價得以迅速穩定下來。

上面的例子說明，在惡性物價膨脹時期與幣制改革之後，貨幣供給與物價之間相當顯著的密切關係。惡性物價膨脹 (hyperinflation) 一般的定義為每個月的物價上漲超過 50%。就長期而言，貨幣供給與物價之間通常有密切的關係；但就短期而言，它們之間的關係有時並不顯著。例如，相較於 1985 年年底，1987 年年底的 M1B 增加了 93.77%，但 1986 與 1987 年的 CPI 年增率分別僅有 0.70% 與 0.52%(見第 10 章表 10–1)。這是因為當時的金錢遊戲盛行，資金主要流向股票與房地產市場，所以雖然 M1B 大幅增加，但一般物價僅微幅上漲。

在本章，我們會先介紹貨幣需求 (money demand)，並藉由貨幣供給等於貨幣需求的貨幣市場均衡概念，來說明一國一般物價長期均衡水準的決定

❶ 林英敏，〈舊臺幣 4 萬圓換新臺幣 1 元〉，《戀戀山城重建區社會聯合電子報》，2004 年 12 月 2 日。

因素；接著再說明物價膨脹的社會成本。德國在第一次世界大戰後的 1923 年陷入惡性物價膨脹，一份報紙的售價高達 2,000 億馬克。在第二次世界大戰結束後，德國再度發生惡性物價膨脹；在 1947 年間，大半的交易被迫改用物物交換的方式進行（〈通貨膨脹的經驗〉，中央銀行網站）。即使物價膨脹沒有到達惡性的地步，它仍會造成多種的社會成本，也因此大多數國家的中央銀行，都相當重視物價膨脹的問題。最後，我們再利用貨幣市場的均衡概念，說明一國利率短期均衡水準的決定因素。

有了利率的短期均衡水準如何受貨幣供需影響的概念後，我們在本章附錄介紹 IS-LM 模型；此一模型同時考慮商品市場與貨幣市場的均衡。我們會利用此一模型說明總合需求曲線 (aggregate demand curve) 的導出過程以及影響因素，作為第 16 章一國短期經濟波動的分析基礎。

14.1　貨幣需求

貨幣需求指的是人們（包括個人與企業）想要持有的貨幣數量，而我們之前所介紹的貨幣供給，指的是人們實際持有的貨幣數量。當人們實際持有的貨幣數量等於想要持有的，亦即當貨幣供給等於貨幣需求時，貨幣市場達成均衡。

我們之前也曾提到，中央銀行可以透過公開市場操作，調整應提準備率或重貼現率，或外匯操作，來影響貨幣供給。雖然中央銀行對貨幣供給不具完全的影響力，但仍有相當的影響力。為簡化分析，本書在未來的討論中，均假設貨幣供給是完全由中央銀行決定的。

再回到貨幣需求。貨幣最主要的功能是作為交易媒介，因此，人們的交易值愈大，其貨幣需求量就愈大。一國的交易值通常以其名目國內生產毛額來代表，而名目國內生產毛額等於國內生產毛額平減指數（以 P 表示）乘以實質國內生產毛額（以 Y 表示），所以一國的貨幣需求為一般物價與實質所得的正函數。凱因斯❷稱此為交易性動機 (**transactions motive**) 的貨幣需求。

❷ John Maynard Keynes (1883–1946)，英國著名經濟學家。

貨幣本身是一種資產，但通貨並沒有利息且支票存款並不計息，而活期存款的利率通常也都很低，因此，貨幣的平均報酬率通常是各類資產中最低的，也因此，當其他資產的報酬率（通常以債券利率代表）上升時，持有貨幣的機會成本就增加，從而貨幣需求就減少。如果我們以 i 代表名目利率，那麼，貨幣需求是名目利率的負函數。此一結論也適用於物價膨脹時期，比方說，如果物價的年增率為 π，那麼一年後以百分比表示的貨幣購買力的減少幅度為 π，亦即持有貨幣的報酬率（假設不計息）為 $-\pi$；而名目利率為 i 的債券，其一年後的實質報酬率為 $i-\pi$。因此，貨幣與債券的實質報酬率的差 $((i-\pi)-(-\pi))$，仍等於名目利率 i。所以，不管物價膨脹率為何，持有貨幣的機會成本（以百分比表示）均為名目利率。

凱因斯從另一個角度來解釋何以貨幣需求是利率的負函數。當現行的利率水準高於「正常的」(normal) 水準時，那就表示現行的債券價格低於正常的水準（因為利率與債券價格呈反向關係），人們因而會預期債券價格未來會上漲；如果現在買進債券的話（亦即現在減少貨幣持有的話），未來可賺取債券價格上漲的資本利得 (capital gains)。相反地，如果現行的利率水準低於「正常的」水準，那就表示現在並不是買進債券的好時機，因為現在的債券價格偏高，人們會因而想要多持有貨幣，等待未來利率高於正常水準，亦即債券價格低於正常水準時，再買進債券，以賺取資本利得。因此，當利率上升（下降），亦即債券價格下跌（上漲）時，人們的債券需求會增加（減少），從而貨幣需求會減少（增加），故貨幣需求為利率的負函數。由於在利率低時，人們會想要保有更多的貨幣，是因為人們預期利率未來會上升，亦即債券價格未來會下跌，屆時再買進債券會有賺取資本利得的機會，故具有投機意味；凱因斯因而稱此為投機性動機 **(speculative motive)** 的貨幣需求。

影響貨幣需求的另一項因素為預期的物價膨脹率（expected inflation rate，以 π^e 表示）。當國際石油價格不斷上漲時，人們可能會因此調高未來物價的預期水準，亦即調高 π^e。這也意味著，人們認為貨幣未來的購買力會下降；為避免貨幣在未來使用時其購買力下降， 人們會想要減少貨幣的持有數量，並在現在多消費甚至囤積商品，或是購買黃金或房地產之類的保值性資產。相反地，當人們因物價持續下跌而調降 π^e 時，意味著人們預期未來可以買到比現在便宜的商品，從而現在的消費會減少，或現在的儲蓄會增加，而貨幣的持有（如存 M2 中的定期儲蓄存款）是儲蓄的一種形式。因此，貨幣需求是預期的物價膨脹率的負函數，亦即貨幣需求量隨 π^e 的上升而減少。

貨幣需求還會受到一些其他因素（以 O_m 表示）的影響。比方說，如果你的身體健康變差了，那麼未來的醫療支出可能會變得比較頻繁，甚至金額也會變大；這時你會未雨綢繆，從而想要保有的貨幣數量會增加。又比方說，你的朋友多，一起花錢的機會也多，但這些機會並非平均分配，有時會集中在一起，你會因而想要保有較多的貨幣數量。再比方說，你時常掉手機，但掉的頻率不固定。像為應付這些不時之需而想要持有的貨幣數量，凱因斯稱為預防性動機 (**precautionary motive**) 的貨幣需求。最後，我們通常也會觀察到，財富水準比較高的人，他皮夾裡擺的錢，或其支票存款與活期儲蓄存款的餘額也會比較多，所以，貨幣需求為財富水準的正函數。

綜上所述，我們可以把貨幣需求（以 M^d 表示）函數寫成

$$M^d = m(\overset{+}{P}, \overset{+}{Y}, \overset{-}{i}, \overset{-}{\pi^e}, O_m)。\tag{1}$$

函數中的變數其上方的 “+”、“−” 號表示該變數的水準上升時，對貨幣需求量的影響方向。

14.2　貨幣供需與長期的物價水準

我們在上一章曾提到，物價膨脹的成因為「太多的貨幣追逐太少的商品」。在惡性物價膨脹時期，此一說法是無庸置疑的；就長期而言，此一說法通常也是成立的。我們知道，一項商品的成交值等於價格乘上數量；此一成交值就賣方而言，是他的收益，就買方而言，是他的支出。由於貨幣是交易的媒介，所以，整個社會的支出水準一方面決定於貨幣供給的多寡，一方面也決定於貨幣的轉手次數。當一張 1 仟元的鈔票一年只用 1 次時（亦即轉

手 1 次)，它所創造的交易值為 1 仟元；當它被轉手 2 次時，它所創造的交易值為 2 仟元。除非是在惡性通貨膨脹時期，否則，一般而言，貨幣的轉手次數是穩定的，從而一個社會的支出水準主要決定於貨幣供給的多寡。我們稱貨幣的轉手次數為貨幣的流通速度 (the velocity of money)。如果一國的貨幣供給 (以 M^s 表示) 與貨幣的流通速度 (以 V 表示) 固定不變，那麼一國的交易總值 (P·Y) 也是固定的 (等於 $M^s \cdot V$)，從而物價水準會隨產出的增加而下降。這一點我們可以用貨幣市場的均衡觀念以及圖 14–1 來說明。

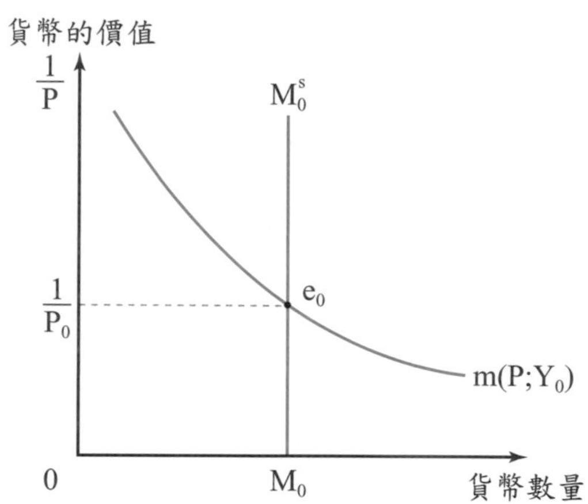

假設貨幣供給是由中央銀行所決定的，且固定在 M_0 的水準，所以貨幣供給曲線為對應於 M_0 的垂直線 M_0^s。給定實質 GDP 於 Y_0 的水準，我們可以畫出負斜率的貨幣需求曲線 $m(P; Y_0)$。這兩條線交於 e_0 點，其所對應的 $\frac{1}{P_0}$，為貨幣價值的均衡水準。

圖 14–1　貨幣市場均衡與貨幣的均衡價值

當貨幣供給等於貨幣需求時，亦即當人們實際持有的貨幣數量等於人們想要持有的貨幣數量時，貨幣市場達成均衡。此一均衡條件為

$$\begin{aligned} M^s &= M^d \\ &= m(P, Y, i, \pi^e, O_m) \end{aligned} \tag{2}$$

當此一條件成立時，貨幣的均衡價值 (equilibrium value of money) 也跟著決定。所謂貨幣的價值指的是貨幣的購買力。如果我們以 P 代表一般物價

水準，那麼貨幣的購買力（亦即每一塊錢所能購買的商品數量）為 $\frac{1}{P}$，從而貨幣的價值可以用 $\frac{1}{P}$ 來衡量。當一般物價上漲 1 倍時，同樣 1 塊錢所能購買的商品數量變成原先的一半，或貨幣的價值只有原先的一半。

如圖 14–1 所示，縱軸為貨幣的價值 ($\frac{1}{P}$)，橫軸為貨幣數量。我們假設貨幣供給是由中央銀行所決定的，且固定在 M_0 的水準，故圖中的貨幣供給曲線為對應於 M_0 的垂直線 M_0^s；圖中還有一條負斜率的貨幣需求曲線。我們假設實質 GDP 水準為 Y_0，也先忽略貨幣需求函數中的其他變數（包括 i, π^e 與 O_m）。

為何圖中的貨幣需求曲線 $m(P;\ Y_0)$ 為一負斜率曲線？我們前面曾提到，當物價上漲時，人們的貨幣需求量會增加；而當物價上漲時，貨幣的價值會下跌，所以貨幣的需求量（以橫軸長度表示）與貨幣的價值（以縱軸高度表示）呈反向關係，因此，圖中的貨幣需求曲線為一負斜率曲線。

如圖 14–1 所示，貨幣供給曲線與貨幣需求曲線交於 e_0 點。此時貨幣供給量與需求量同為 M_0，故 e 點為貨幣市場均衡點，從而其所對應的 $\frac{1}{P_0}$，為貨幣供給量等於 M_0 且實質 GDP 等於 Y_0 下的貨幣價值的均衡水準。

如果實質 GDP 水準由 Y_0 增加為 Y_1，那麼，由於貨幣需求是 Y 的正函數，所以每個貨幣價值水準下的貨幣需求量都會因 Y 的增加而增加，因而，如圖14–2所示，貨幣需求曲線往右移。在貨幣供給量仍維持於 M_0^s 的情況下，新的均衡點為 e_1，其所對應的新的貨幣價值均衡水準為 $\frac{1}{P_1}$，高於原先的 $\frac{1}{P_0}$。因此，在其他條件不變下，由於實質 GDP 的增加會使貨幣需求增加，所以，貨幣的價值會跟著提升，這也意味著一般物價水準的下跌。

由於貨幣的價值為一般物價水準的倒數，因此，貨幣價值的提升意味著一般物價水準的下跌。我們前面曾提到，在貨幣的流通速度固定下，一國的支出水準 (P·Y) 決定於貨幣供給量；當貨幣供給不變時，一國的支出水準也維持不變，從而實質 GDP (Y) 的增加，會造成一般物價 (P) 的下跌。這道理就如同當一項商品的市場需求不變時，其市場供給的增加會造成均衡價格下跌。

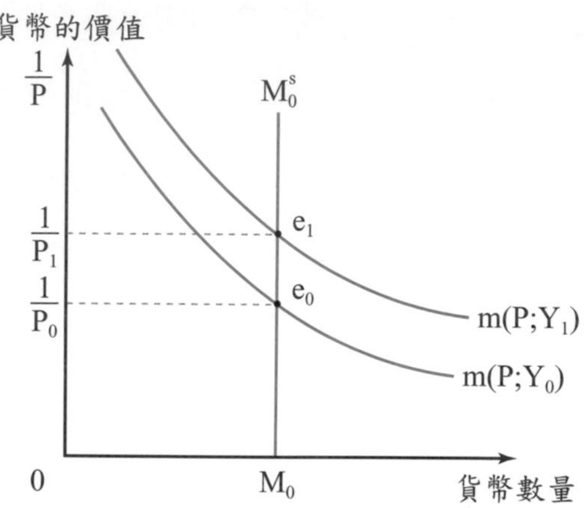

當實質 GDP 水準由 Y_0 增加為 Y_1 時，會造成貨幣需求的增加，從而貨幣需求曲線由原先的 m(P; Y_0) 右移至 m(P; Y_1)。新的均衡點為 e_1，新的貨幣價值的均衡水準為 $\frac{1}{P_1}$，高於原先的 $\frac{1}{P_0}$。

圖 14–2　實質 GDP 增加對貨幣價值均衡水準的影響

不過，以上一般物價水準隨著實質 GDP 的增加而下跌的結果與我國的實際情況並不相符。從第 10 章的表 10–1 可以知道，在 1961–2020 年期間，除了 2001 年與 2009 年之外，我國每年的實質 GDP 都是增加的，但我國的 GDP 平減指數基本上是呈現上升趨勢的。這就表示以上貨幣供給不變的假設是有問題的。實際上，從第 13 章的表 13–1 可以知道，我國的貨幣供給，不管是 M1A, M1B，還是 M2，基本上是逐年增加的 (在 1961–2020 年期間，每年年底的 M2 都是增加的，而 M1A 與 M1B 只有幾年是減少的)。

當貨幣供給量由 M_0 增加為 M_2 時，如圖 14–3 所示，貨幣供給曲線由 M_0^s 右移至 M_2^s。若貨幣價值仍維持在原先的 $\frac{1}{P_0}$ 水準，則貨幣需求量也會維持在原先的 M_0 水準，從而在貨幣供給增加之後，貨幣供給量 M_2 會大於貨幣需求量 M_0。此意味著人們實際持有的貨幣數量大於人們想要持有的貨幣數量，從而人們會開始處分多餘的貨幣數量 $(M_2 - M_0)$。當人們這樣做時，就表示支出會增加。比方說，你原先持有的貨幣為 2 萬元 (M_0)，後來增加為 3 萬元 (M_2)，可是在物價還沒變動前，你仍只想持有 2 萬元的貨幣，所以你會把多出的 1 萬元 (3 萬元 − 2 萬元) 用掉，或你的支出會增加 1 萬元。當人們的支出增加時，在實質 GDP 仍維持在 Y_0 的假設下，物價會開始上升；在物價上升，亦即貨幣價值下降之後，人們的貨幣需求量，如圖 14–3 中的箭頭所示，就會開始增加。不過，在還沒有到達新的均衡（圖 14–3 中的 e_2 點）之前，貨幣供給量仍大於貨幣需求量，從而人們還會繼續處分多餘的貨幣。此一過程會一直持續下去，在這過程中，物價會持續上漲，直到新的均衡達成為止。如圖 14–3 所示，新的貨幣價值均衡水準為 $\frac{1}{P_2}$，小於原先的 $\frac{1}{P_0}$，這是因為貨幣供給增加後，物價持續上漲，所以新的均衡物價水準 P_2 大於原先的 P_0。

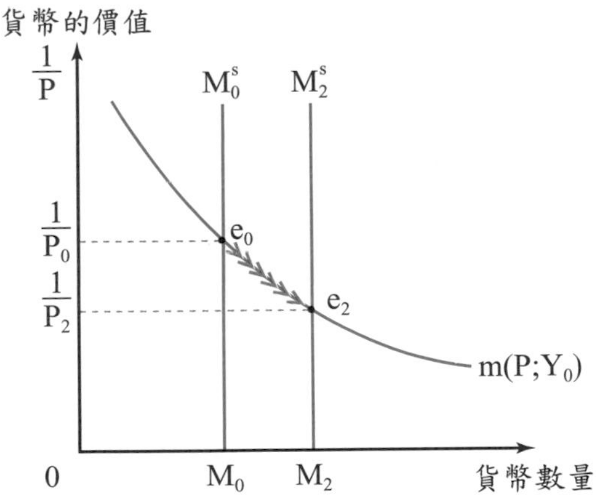

當貨幣供給量由 M_0 增加為 M_2 時，貨幣供給曲線由 M_0^s 右移至 M_2^s。在原先的貨幣價值 $\frac{1}{P_0}$ 下，貨幣需求量仍維持在原先的 M_0 水準，從而貨幣供給量 M_2 大於貨幣需求量 M_0。人們會處分多餘的貨幣數量，而使支出增加，進而造成物價的上漲。當物價上漲，即貨幣的價值下跌時，貨幣需求量會增加。此一過程會一直持續到新的均衡點 e_2 達成為止（如圖中箭頭所示）；此時新的貨幣價值的均衡水準 $\frac{1}{P_2}$，小於原先的 $\frac{1}{P_0}$。

圖 14–3　貨幣供給增加對貨幣價值均衡水準的影響

我們可以結合此一分析結果與圖 14–2 的結果，來說明 1961–2020 年期間我國一般物價的變動情形。

在其他條件不變下，貨幣供給增加會使一般物價水準上升；而實質 GDP 增加會使一般物價下跌。我國於 1961–2020 年期間，貨幣供給與實質 GDP 基本上均呈現增加的趨勢，且一般物價基本上是上漲的；這就表示在這段時間，貨幣供給增加對一般物價的正向效果，大過實質 GDP 增加對一般物價的負向效果。我們可以用圖 14–4 來說明此一結果。

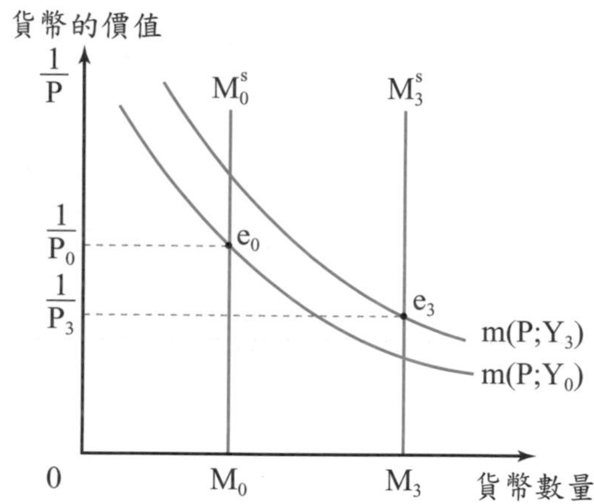

原先的貨幣供給量為 M_0^s，實質 GDP 水準為 Y_0，均衡點為 e_0，且貨幣價值的均衡水準為 $\frac{1}{P_0}$。當貨幣供給量增加為 M_3^s，且實質 GDP 水準增加為 Y_3 時，由於貨幣供給曲線右移的幅度大過貨幣需求曲線，新的均衡點，e_3，位於原先均衡點 e_0 的右下角。在此情況下，新的貨幣價值均衡水準 $\frac{1}{P_3}$，小於原先的水準 $\frac{1}{P_0}$。

圖 14–4　貨幣供給與實質 GDP 同時增加對貨幣均衡價值的影響

如圖 14–4 所示，一開始的均衡點為 e_0，貨幣價值的均衡水準為 $\frac{1}{P_0}$；此時的貨幣供給量為 M_0，實質 GDP 水準為 Y_0（我們可以想像成這是我國 1961 年時的情況）。當貨幣供給量增加為 M_3，且實質 GDP 水準增加為 Y_3 時，貨幣供給曲線與貨幣需求曲線均往右移，且貨幣供給曲線右移的幅度大過貨幣需求曲線右移的幅度；此意味著貨幣供給增加對貨幣價值的負向影響，大過實質 GDP 增加對貨幣價值的正向影響。新的均衡點為 e_3，位於原

先均衡點 e_0 的右下方；新的貨幣價值均衡水準為 $\frac{1}{P_3}$（我們可以想像成這是我國 2020 年的情況），小於原先的水準 $\frac{1}{P_0}$，換句話說，新的均衡物價水準高於原先的水準。

因此，透過貨幣供給與貨幣需求的變動，我們可以解釋一國長期物價水準的變動。

以上的分析是在影響貨幣需求的其他因素（如 i 與 π^e）被忽略，以及貨幣供給完全由中央銀行決定的假設下進行的。我們在上一章曾說明，貨幣供給等於貨幣乘數乘以準備貨幣，且貨幣乘數除了決定於應提準備率之外，也受到存款結構，通貨－存款比率，以及銀行的超額準備率的影響。雖然，貨幣乘數會受到企業及個人的存款決策以及銀行放款政策的影響，但由於 2020 年年底的準備貨幣餘額約是 1961 年年底的 875 倍，所以，就長期而言，貨幣供給主要決定於準備貨幣，而中央銀行可以透過公開市場操作，調整重貼現率與融通利率，以及外匯操作來影響準備貨幣。因此，就長期而言，上述貨幣供給完全由中央銀行決定的假設基本上是成立的。

就貨幣需求而言，雖然名目利率與預期的物價膨脹率也是決定因素，不過，在 1961–2020 年期間，本國銀行的存款加權平均利率最高為 1981 年的約 10.50%，最低為 2020 年第 3 季的 0.42%，差距並不算大；至於這段期間的 GDP 平減指數年增率，除了 1973–1974 年與 1979–1981 年兩次石油危機之外，基本上還算平穩，換言之，由於這段期間並未發生持續性的嚴重物價膨脹現象，因此，預期的物價膨脹率應不是貨幣需求的重要決定因素；更重要的是，我國 2020 年的實質 GDP 大約是 1961 年的 45 倍（見第 10 章表 10–1）。

所以，就一個經濟持續成長的經濟體而言，實質 GDP 是物價以外影響貨幣需求的最主要因素。不過，如果一國短期的名目 GDP 水準並沒有什麼變動，如我國在 2006–2009 年期間的情況，那麼一般物價、實質 GDP 與預期的物價膨脹率對貨幣需求的影響就很有限。在此情況下，一國的貨幣市場主要是透過名目利率的調整來達成均衡。關於這一點，我們會在下下節中說明。

14.3 物價膨脹的社會成本

我國在 2001–2005 年期間，除了 2001 年之外，其餘四年的 CPI 年增率都是負值，亦即當時有輕微的物價緊縮 (deflation) 現象❸，因此，你可能感受不到物價變動會引發什麼樣的社會成本。不過，你大概可以想像，在 1949 年，一粒肉粽可以賣到 10,000 圓舊臺幣，以及 1923 年一份報紙可以賣到 2,000 億馬克的德國，當時民眾瘋狂搶購物資的恐慌狀況有多嚴重。從這些歷史的慘痛教訓可以瞭解，為何絕大多數國家的中央銀行，都把穩定物價當作首要任務。我們以下分別介紹物價膨脹所造成的一些社會成本。

1. 皮鞋成本

當物價持續上漲時，貨幣的購買力，或貨幣的價值會持續下跌。人們為維持其貨幣的實質價值，可能會一拿到貨幣就拿去買東西。例如，原本你可能一個禮拜才去大賣場一次，現在變成你可能每天會去超市買東西，或你會去買黃金或美元等保值性資產 (一般物價在上漲時，黃金與美元價格會跟著漲，所以它們的購買力不會因物價膨脹而下跌)。在物價平穩期間，你是不會有這些「額外」的行動的。我們在本章一開始也曾提到，德國在 1947 年惡性物價膨脹期間，大半的交易被迫改用物物交換的方式進行(因為人們不願持有貨幣)。當一個社會用物物交換的方式進行交易時，需要花費很多時間才能使交易成

抗通膨商品——黃金

近年來，隨著油價高漲，黃金的保值性優勢也跟著顯現，因此所有與黃金相關的投資商品也都賣得嚇嚇叫。
圖片來源：shutterstock 網站。

❸ 在 2009 年，也有相同的情況。

立，甚至可能會把鞋子給磨破了(如我們在上一章一開始所提到的例子)。這些人們因物價膨脹而要減少貨幣持有所浪費的時間與資源稱為皮鞋成本(**shoeleather cost**)。

最省錢的菜單？

較有彈性的菜單，就是用粉筆直接在黑板上書寫，有變動時只要擦掉重寫即可，節省了一筆不小的支出。

圖片來源：shutterstock 網站。

2.菜單成本

當物價持續上漲時，廠商的各種成本，如原物料與零組件成本、薪資成本、租金成本與利息成本，通常也會跟著上升；廠商為維持其實質利潤，也會不斷調升其產品售價。當廠商改變其產品售價時，必須重印價目表，有時還需跟顧客解釋為何會有這樣的調整幅度。這些因訂價改變而引發的成本稱為菜單成本(**menu cost**)。廣義的菜單成本還包括在成本波動時，廠商為訂定新的價格所多花費的時間與人力。如果廠商訂的價格過低，其實質利潤會減少；如果訂得過高，會流失部分顧客，進而對其實質利潤有不利的影響。所以在成本波動時間，廠商必須花費較多的時間與人力才能訂出合理的價格。這些也是物價膨脹所造成的社會資源的浪費。

3.財富重分配

我們在第 12 章曾說明，資金供給者與需求者所在意的都是預期的實質利率，其為名目利率減去預期的物價膨脹率。如果實際的物價膨脹率大於預期的物價膨脹率，那麼，就資金供給者而言，其所收到的實質利率小於其所預期的水準，從而其實質財富水準會有沒預期到的縮水現象；就資金需求者而言，其所負擔的實質利率也會小於其所預期的水準，這時候他的實質債務水準也會有沒預期到的減少現象。所以，如果實際的物價膨脹率大過人們的預期水準，則會對債權人不利，而對債務人有利，因而會有財富重分配的結果。

比方說，假設人們原先預期的物價膨脹率為零，且一年期定期存款利率為 3%，一年期放款利率為 6%。如果實際的物價膨脹率為 10%，那麼一年期定期存款的實質報酬率均為 −7% (3% − 10%)，而一年期放款的實質負擔率約為 −4% (6% − 10%)。所以，如果你是存款人，你的實質財富縮水；但如果你是借款人，則你的實質負擔會減少。由於借款人實質負擔減少是「不勞而獲」來的，所以是一種不公平的財富重分配。在物價波動幅度比較大的時期，由於對物價膨脹率難以作正確的預期，所以資金所有者為避免實際的物價膨脹率高於預期的物價膨脹率，而使其實質財富縮水，會減少其存款或債券，而多買黃金、美元或房地產等保值性資產，因而流入金融體系的資金會減少，從而整個社會的投資水準會下降（我們在第 11 章提到，在封閉體系下，一國的投資等於儲蓄)。

除了上述債權人與債務人之間會因沒預期到的物價膨脹而產生財富重分配外，在物價膨脹期間，民間與政府之間也會因累進所得稅制度而發生財富重分配。在累計所得稅制度下，納稅人適用的平均稅率會隨貨幣所得的增加而增加。例如，假設應稅所得在 100 萬元以下的稅率為 10%，在 100 萬元以上，200 萬元以下的應稅所得其稅率為 20%。因此，如果一個家庭的應稅所得為 200 萬元，那麼其所得稅稅額為 30 萬元（100 萬 × 10% + （200 萬 −100 萬）× 20%)，且其適用的平均稅率為 15% (30 萬 /200 萬)，比應稅所得在 100 萬元以下所適用的 10% 來得高。如果一個原本應稅所得為 100 萬元的家庭，其應稅所得因物價上漲 1 倍而也增加 1 倍變成 200 萬元 (比方說家庭成員的薪水提高了)，這時候，雖然其稅前應稅所得的購買力並沒有增加，但其適用的平均稅率卻提高為 15%。在此情況下，其稅後的實質所得 (以原先未上漲前的物價計算) 為 85 萬元 ((200 萬 − 30 萬)/2)，比原先的稅後所得 90 萬元 (100 萬 − 100 萬 × 10%) 來得少。所以，在累進所得稅制度下，物價膨脹使民間的實質稅負增加 (以上例為例，由 10 萬元增加為 15 萬元)，或政府的實質稅收提高，因而民間的實質財富減少，且政府的實質財富增加，所以也是一種財富重分配現象。

4.生產力無法提升

如果一國因惡性物價膨脹而陷入物物交換的狀態，那麼如上一章所說明的，由於交易成本的提高，人們自給自足的比重會提高，因而專業分工的程度會下降，從而生產力也跟著下降。同時，由於市場交易數量下降，廠商也不會進行投資，因而生產力也無法提升。即使一國沒有惡性物價膨脹的現象，但在物價波動幅度比較大的時期，由於未來的物價會如何變動有比較高的不確定性，因此廠商很難評估投資可以增加的未來收益，也因此很難評估投資的報酬率，所以也會使投資需求減少。我們剛剛也提到，在物價波動幅度比較大的時期，流入金融體系的資金會減少，從而對投資也會產生不利的影響。由於一國生產力的提升主要來自於投資，所以，如果一國物價的波動程度比較大，則對其生產力的提升會有不利影響。

動腦筋時間 14–1

如果一國發生物價持續下跌的物價緊縮現象，會不會對該國生產力的提升有所助益？

另外，當政府透過增印鈔票來增加收入時（如光復初期），由於會發生物價膨脹，而使貨幣的購買力下降，從而持有貨幣的人們其所能購買的商品數量會減少，就如同被政府課稅一樣，我們稱此為政府課所謂的「通貨膨脹稅」(**inflation tax**)。這也是一種民間與政府之間的財富重分配現象。

14.4　貨幣供需與短期的利率

我國 2010 年年底的 M1B 為 10 兆 7,766 億元 ，2000 年年底為 4 兆 4,814 億元，因此，M1B 在 2001–2010 年期間的平均年增率為 9.17%。另外，我國 2010 年的名目 GDP 為 14 兆 603 億元，2000 年為 10 兆 3,285 億元，所以，名目 GDP 在 2001–2010 年期間的平均年增率為 3.13%。由於這段期間的物價相當平穩（見第 10 章表 10–2），所以，預期的物價膨脹率 (π^e) 應相當平穩，再加上以往針對臺灣貨幣需求的實證結果大多顯示，臺灣貨幣需求的所得彈性（= 貨幣需求增加率 / 所得增加率）值小於 2，所以，在 2001–2010

年期間，我國因名目 GDP 增加所造成的貨幣需求的平均年增率應約為 6% (3.13% × 2)。不過，如上所述，這段期間 M1B 的平均年增率為 9.17%，因此，從式(2)可以得知，這段期間的名目利率應是下降的，而使得貨幣需求的平均年增率能夠提升到與 M1B 年增率相當的水準。實際上，本國一般銀行的存款加權平均利率由 2000 年的 4.62% 下降至 2010 年的 0.61%。此一結果可以用圖 14–5 來說明。

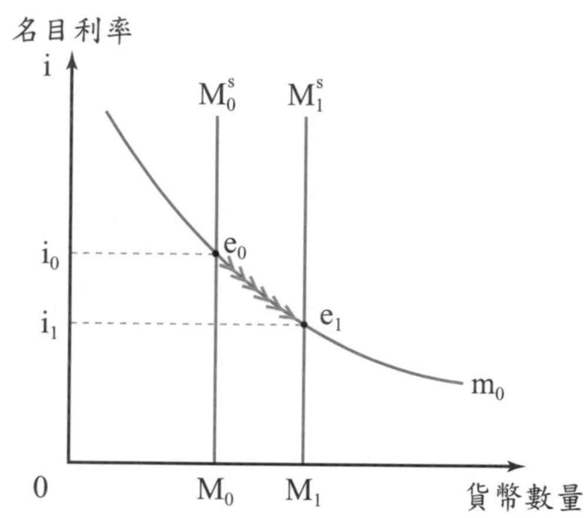

當貨幣供給量由 M_0 增加為 M_1 時，貨幣供給曲線由原先的 M_0^s 右移至 M_1^s。在原先的（名目）利率 i_0 下，貨幣需求量仍維持在原先 M_0 的水準，從而貨幣供給量 M_1 大於貨幣需求量 M_0。人們會因而處分多餘的貨幣數量，比方說買進債券，而使債券利率下跌。此一過程會一直持續到新的均衡點 e_1 達成為止（如圖中箭頭所示）；此時新的名目利率均衡水準 i_1，小於原先的 i_0。

圖 14–5　貨幣供給增加對短期名目利率均衡水準的影響

如圖 14–5 所示，縱軸為（名目）利率，橫軸為貨幣數量；我們仍假設貨幣供給是由中央銀行所決定的。當中央銀行買進債券（或中央銀行定期存單到期時不再續發），或調降應提準備率時，會使貨幣供給量增加，如從圖 14–5 中的 M_0 增加為 M_1。如圖 14–5 所示，貨幣供給曲線由原先的 M_0^s 右移至 M_1^s。若利率維持在原先 i_0 的水準，則貨幣需求量也會維持在原先 M_0 的水準，從而在貨幣供給增加之後，一開始的貨幣供給量 M_1 會大於貨幣需求量 M_0。此意味著人們實際持有的貨幣數量 (M_1) 大於人們想要持有的貨幣數量 (M_0)，從而人們會開始處分多餘的貨幣數量 ($M_1 - M_0$)。人們可以選擇的處分方式之一是把多餘的貨幣拿去購買債券。當人們這樣做時，債券的價格會上漲，這也意味著債券的利率會因債券需求增加而下跌；在利率下跌之後，人們持有貨幣的機會成本也跟著減少，而使貨幣需求量增加（如圖 14–5 中的箭頭所示）。此一過程會一直持續到新的均衡（圖 14–5 中的 e_1 點）達成為止。如圖 14–5 所示，新的名目利率均衡水準 i_1 小於原先的 i_0。

因此，在其他條件不變下，貨幣供給增加會使名目利率的均衡水準下降。從另一個角度來看，當中央銀行買進債券或調降應提準備率時，銀行的超額準備會增加；銀行會把一部分或全部新增的超額準備用來放款，從而貨幣供給會增加。而銀行為使資金能夠順利貸放出去，會調降放款利率，以吸引更多的企業與個人來向銀行借款。不過，由於銀行的利潤來自於存放款的利差，所以銀行也會同時調降存款利率。當銀行這麼做時，貨幣需求量會增加，直到貨幣市場新的均衡達成為止。

相反地，如果貨幣供給不變，而實質 GDP 或一般物價上漲了，這時候貨幣需求會增加，亦即每一利率水準下的貨幣需求量會增加。如圖 14–6 所示，貨幣需求曲線由原先的 m_0 右移至 m_1，從而使貨幣市場的均衡點由原先的 e_0 變成 e_2，而名目利率的均衡水準也由原先的 i_0 上升為 i_2。

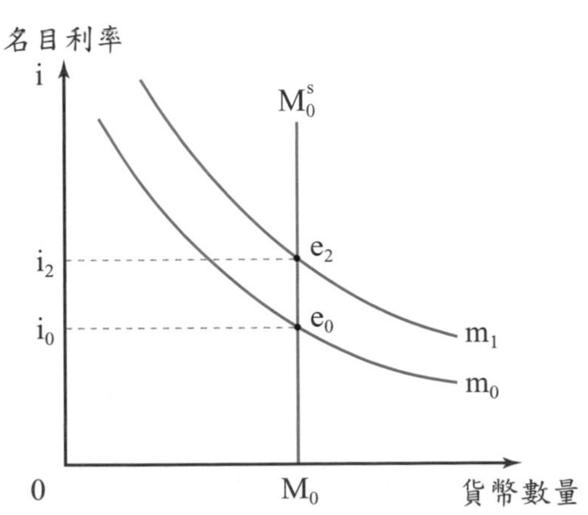

當實質 GDP 增加或一般物價上漲時，貨幣需求會增加，而使圖中的貨幣需求曲線由原先的 m_0 右移至 m_1，從而在貨幣供給不變的情況下，均衡的名目利率由原先的 i_0 上升至 i_2。

圖 14–6　實質 GDP 增加或一般物價上漲對均衡名目利率的影響

因此，當實質 GDP 或一般物價上漲時，名目利率會因貨幣需求增加而上升。從另一個角度來看，當式(2)左邊的貨幣供給不變時，利率變動所造成的貨幣需求量的變動要能抵銷因實質 GDP 增加或一般物價上升所造成的貨幣需求量的變動，貨幣市場才能重新回復均衡。因此，當貨幣供給不變時，實質 GDP 增加或一般物價上升會造成貨幣需求量增加，此時名目利率要上升，使貨幣需求量減少，才能抵銷之前因實質 GDP 增加或一般物價上升所造成的貨幣需求量的增加。

接下來，我們可以結合剛剛的分析結果，來說明我國在 2010 年的 M1B 與名目 GDP 較 2000 年增加，且名目利率較 2000 年下降的現象。

如圖 14–7 所示，當貨幣供給量由原先的 M_0 增加為 M_3 時，貨幣供給曲線由原先的 M_0^s 右移至 M_3^s；當名目 GDP 增加時，貨幣需求曲線會由原先的 m_0 右移至 m_1。如果貨幣供給曲線右移的幅度大過貨幣需求曲線，則表示在原先利率水準 i_0 下，貨幣供給量會大過貨幣需求量，從而人們處分多餘貨幣數量的結果，會造成名目利率的下降，直到新的均衡（e_3 點）達成為止。因此，相較於 2000 年，我國 2010 年的利率之所以較低，是因為貨幣供給增加的幅度大過因名目 GDP 增加所造成的貨幣需求增加。

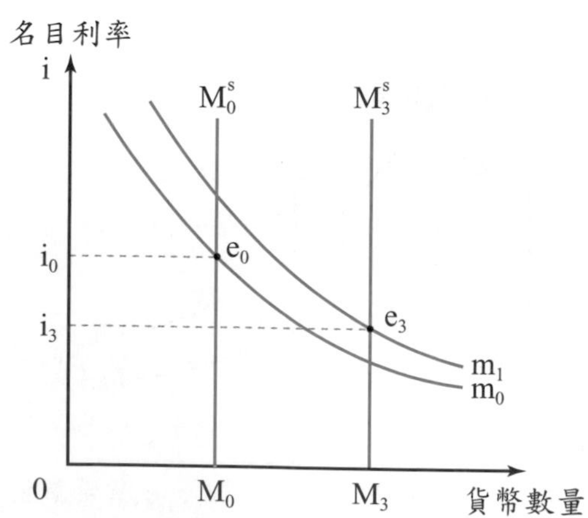

當貨幣供給增加的幅度大過因名目 GDP 增加所造成的貨幣需求增加的幅度時，如圖所示，貨幣供給曲線右移（由 M_0^s 右移至 M_3^s）的幅度會大過貨幣需求曲線（由 m_0 右移至 m_1），從而均衡的名目利率會由原先的 i_0 下降至 i_3。

圖 14–7　貨幣供給與名目 GDP 同時增加對均衡名目利率的影響

摘要

1. 貨幣需求指的是人們想要持有的貨幣數量，而貨幣供給指的是人們實際持有的貨幣數量。當人們實際持有的貨幣數量等於想要持有的，亦即當貨幣供給等於貨幣需求時，貨幣市場達成均衡。
2. 貨幣需求為一般物價與實質所得的正函數，此為交易性動機的貨幣需求。另外，貨幣需求為利率的負函數。在利率低時，人們會想要保有更多的貨幣，等未來利率上升時再買進債券，以賺取資本利得，此為投機性動機的貨幣需求。
3. 貨幣需求也是預期的物價膨脹率的負函數，與財富水準的正函數。另外，人們也會因預防性動機而對貨幣產生需求。
4. 一國長期的物價水準由一國的貨幣供給與需求共同決定。如果一國的貨幣供給與貨幣的流通速度固定不變，那麼一國的物價水準會隨產出的增加而下降，或一國的貨幣價值會隨產出的增加而上升。在其他條件不變下，一國的物價水準隨貨幣供給的增加而增加。
5. 物價膨脹所造成的社會成本包括：鞋皮成本、菜單成本、財富重分配與生產力無法提升。鞋皮成本為人們因物價膨脹而要減少貨幣持有所浪費的時間與資源；菜單成本為因訂價改變而引發的成本。
6. 如果實際的物價膨脹率大過人們的預期水準，對債權人不利，而對債務人有利；如果實際的物價膨脹率小於人們的預期水準，則正好相反。在累進所得稅制度下，物價膨脹使民間的實質稅負增加，因而民間的實質財富減少，而政府的實質財富增加。
7. 當政府透過增印鈔票來增加收入時，會讓持有貨幣的人們其所能購買的商品數量因物價上漲而減少，就如同被政府課稅一樣，我們稱此為政府課「通貨膨脹稅」。
8. 如果一國因惡性物價膨脹而陷入物物交換的狀態，其生產力會下降。在物價波動幅度比較大的時期，一方面由於廠商很難評估投資可以增加的未來收益，所以投資需求會減少；另一方面，流入金融體系的資金也會減少，從而對投資也會產生不利的影響。由於一國生產力的提升主要來自於投資，所以，如果一國物價的波動程度比較大，則對其生產力的提升是會有不利影響的。
9. 在短期，名目利率的均衡水準由一國的貨幣供給與需求共同決定。當實質 GDP 或一般物價上漲時，名目利率會因貨幣需求增加而上升；在其他條件不變下，一國的名目利率水準隨貨幣供給的增加而下降。

習題

1. 假設其他條件不變。當一國發生技術進步時，一國貨幣價值的長期均衡水準會如何變動？試繪圖說明之。

2. 假設其他條件不變。當一國發生技術進步時，一國名目利率的短期均衡水準會如何變動？試繪圖說明之。
3. 當人們調高預期的物價膨脹率時，在其他條件不變下，一國貨幣價值的均衡水準會如何變動？試繪圖說明之。
4. 假設其他條件不變。當一國的中央銀行調高應提準備率時，一國貨幣價值的均衡水準會如何變動？試繪圖說明之。
5. 當一國的中央銀行買進債券時，在其他條件不變下，一國利率的均衡水準會如何變動？試繪圖說明之。
6. 當銀行調高超額準備率時，在其他條件不變下，一國利率的均衡水準會如何變動？試繪圖說明之。
7. 如果實際的物價膨脹率低於人們的預期水準，那麼債權人與債務人之間會有什麼樣的財富重分配結果？試舉例說明之。
8. 在本章第 3 節，我們曾舉例說明，在物價膨脹期間，民間與政府之間會因累進所得稅制度而發生財富重分配。你認為所得稅制度做什麼樣的改變可以避免此一財富重分配現象？
9. 在惡性物價膨脹期間，物價膨脹率會大於、小於還是等於貨幣供給成長率？為什麼？

附錄——IS-LM 模型與 AD 線的推導過程

在本附錄，我們介紹 IS-LM 模型，並說明如何利用 IS-LM 模型導出我們在第 16 章會用到的總合需求曲線。

IS-LM 模型包括 IS 線與 LM 線。如果我們以實質 GDP 或實質所得 (Y) 為橫軸變數，以名目利率 (i) 為縱軸變數，那麼 **IS** 線為在 **(Y, i)** 的座標平面上，商品市場的均衡軌跡，亦即 **IS** 線線上任何一點的 **(Y, i)** 組合，均可使商品市場達成均衡；**LM** 線則為在 **(Y, i)** 座標平面上，貨幣市場的均衡軌跡，亦即 **LM** 線線上的任何一點的 **(Y, i)** 組合，皆可使貨幣市場達成均衡。以下分別介紹 IS 線與 LM 線的導出過程，且為簡化分析，我們只討論封閉體系下的情況。

一、IS 線

在封閉體系下，一國的總合實質支出包括實質民間消費 (C)，實質投資 (I) 與實質政府消費支出 (G)。我們假設民間消費函數為

$$C = a + b(Y - T),\ a > 0,\ 1 > b > 0，\tag{3}$$

其中 a 為自發性消費，b 為邊際消費傾向，T 為政府稅收。我們假設政府有其施政目標，且這些目標不受所得與利率水準的影響，因而政府稅收 (T)、政府消費支出 (G) 與政府投資支出 (I_G) 都為定數。另外，我們假設民間投資 (I_P) 為利率的負函數，亦即當利率上升時，民間的投資需求量會因投資成本增加而減少。由於我們假設政府投資支出為定數，所以國內投資支出 ($I = I_P + I_G$) 亦為利率的負函數，我們寫成

$$I = I(i),\ I' < 0。$$

根據以上的說明，商品市場的均衡式為

$$
\begin{aligned}
Y &= C + I + G \\
&= a + b(Y - T) + I(i) + G。
\end{aligned}
\qquad (4)
$$

等式左邊為最終商品與服務的實質產出水準，或一國的實質 GDP，或一國的實質所得水準，也代表商品市場的供給；等式右邊為一國的總合實質支出水準，代表商品市場的需求。因此，式(4)的意義為商品市場的供給等於需求，故為商品市場的均衡式。

由於邊際消費傾向為小於 1 的正數，所以圖 14–8 (a)中的總合支出線為比 45° 線來得平坦的直線。當名目利率為 i_0 時，總合支出曲線與 45° 線交點為圖 14–8 (a)中的 e 點；由於 e 點位於 45° 線上，所以實質所得等於總合支出，因此 e 點所對應的實質所得水準 Y_0，為利率等於 i_0 下使商品市場達成均衡的所得水準，所以圖 14–8 (b)中 E 點的 (Y_0, i_0) 組合可使商品市場達成均衡。

當斜率由 i_0 降為 i_1 時，投資由 $I(i_0)$ 增加為 $I(i_1)$，從而新的總合支出曲線與 45° 線交於 f 點，其所對應的所得水準為 Y_1。因此，圖 14–8 (b)中 F 點的 (Y_1, i_1) 組合也可使商品市場達成均衡。我們將 E 點與 F 點相連，即可得到圖 14–8 (b)中負斜率的 IS 線，線上任何一點 (Y, i) 組合均可使商品市場達成均衡，因此，IS 線為商品市場的均衡軌跡。

如圖 14–8 (a)所示，當投資因利率下降而由原先的 $I(i_0)$ 增加為 $I(i_1)$ 時，在原先所得水準 Y_0 下的總合支出水準也由原先的 eY_0 增加為 gY_0。由於gY_0大於 $0Y_0$，所以在投資增加後，一開始的總合支出大於總產出，這中間的差額靠存貨的減少來彌補。存貨的減少對廠商而言，是一個應該增產的訊號，所以接下來的產出與所得都會增加。在產出還沒有到達圖 14–8 (a)中的 Y_1 水準時，總合支出都大於總產出，所以存貨都會減少；此一過程會一直持續到商品市場達成新的均衡（圖 14–8 (a)中的 f 點）為止。因此，在此一簡單凱因斯模型中 (simple Keynesian model) 中，總合支出的變動會造成存貨的變動，進而造成總產出與總所得的變動，直到新的均衡達成為止。所以，在簡單凱因斯模型中，一國的所得水準決定於一國的總合支出水準。

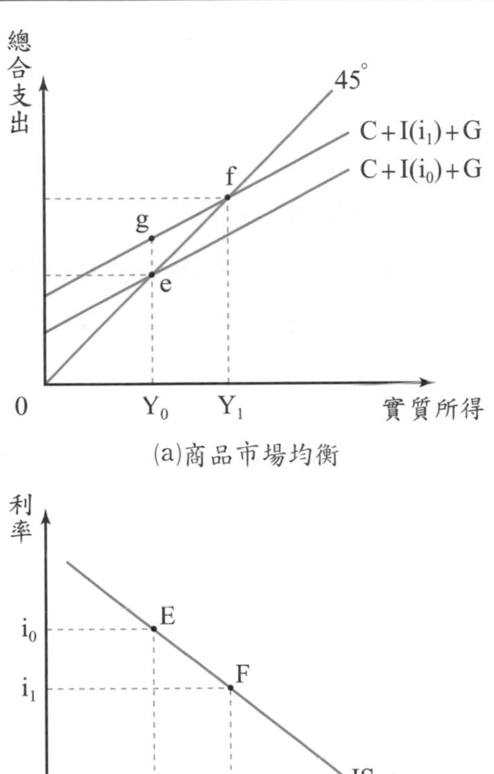

(a)商品市場均衡

(b) IS 線

當利率由 i_0 降為 i_1 時，投資由 I (i_0) 增加為 I (i_1) 而使圖(a)中的總合支出曲線往上移，從而與 45° 線的交點由原先的 e 點變成 f 點，使商品市場達成均衡的所得水準也由原先的 Y_0 增加為 Y_1。此一利率與實質所得的負向關係就繪成圖(b)中的負斜率 IS 線。

圖 14–8　商品市場均衡與 IS 線

當利率等於 i_1 時，民間計畫的 (planned) 投資水準為 I_p (i_1)；在所得未到達 Y_1 時，由於存貨會持續變動，因此，民間實現的 (realized) 投資水準與計畫的投資水準並不相等，中間的差額為存貨的變動。由於存貨的減少列為民間投資的減項，因此，在所得到達 Y_1 之前，實現的投資都會小於計畫的投資，只有在均衡達成時，由於總產出等於總合支出，因此，存貨不再變動，也因此，實現的投資等於計畫的投資。所以，商品市場均衡的另外一個意義為實現的投資等於計畫的投資。

就 IS 線而言，由於它是畫在 (Y, i) 的座標平面上，所以 Y 與 i 的變動只會造成 IS 線線上的移動，式(4)中的其他項目（如 G 與 T）的變動則會造成 IS 線整條線的移動。當政府稅收 (T) 減少時，民間的可支配所得 (Y − T) 會增加，從而民間消費會增加。所以，當政府消費支出 (G) 或政府投資支出（I_G，包括在 I 中）增加，或政府稅收 (T) 減少時，都會像前面所提的民間投資增加一樣，造成總合支出增加，也因此在利率不變下，也會使均衡所得水準增加。利率不變而均衡所得增加，意味著在上述項目變動後，新的 IS 線位於原先的右方，亦即當政府消費支出或政府投資支出增加，或政府稅收減少時，IS 線會往右移。

二、LM 線

LM 線為在 (Y, i) 的座標平面上，貨幣市場的均衡軌跡。我們可以把式(2)改寫而得到下面的貨幣市場均衡式

$$M^s = m(i; Y, P, \pi^e, O_m)。 \tag{5}$$

如圖 14–6 所示，在其他條件（包括 M^s, P, π^e, O_m）不變下，實質所得 Y 的增加，會使利率 i 上升，亦即 Y 與 i 呈同方向變動可使貨幣市場重新回復均衡。所以，如圖 14–9 所示，代表貨幣市場均衡軌跡的 LM 線為一正斜率曲線。

當貨幣供給 (M^s) 增加時，如圖 14–5 所示，在實質所得不變的情況下，利率會下跌，所以新的 LM 線位於原先的下方；換言之，貨幣供給增加造成 LM 線往下移。當預期的物價膨脹率 (π^e) 上升時，由於人們會減少貨幣需求，因此，在貨幣供給與實質所得及物價不變的情況下，利率必須下跌使貨幣需求增加，而抵銷因 π^e 上升所造成的貨幣需求減少，才能使貨幣市場重新回復均衡。因此，在其他條件不變下，人們調升預期的物價膨脹率會使 LM 線往下移。

當一般物價下跌時（由 P_0 下跌為 P_1），也會使貨幣需求減少，所以同樣地，在其他條件不變下，如圖 **14–9** (a)所示，**LM** 線會由原先的 **LM** (P_0) 下移至 **LM** (P_1)。

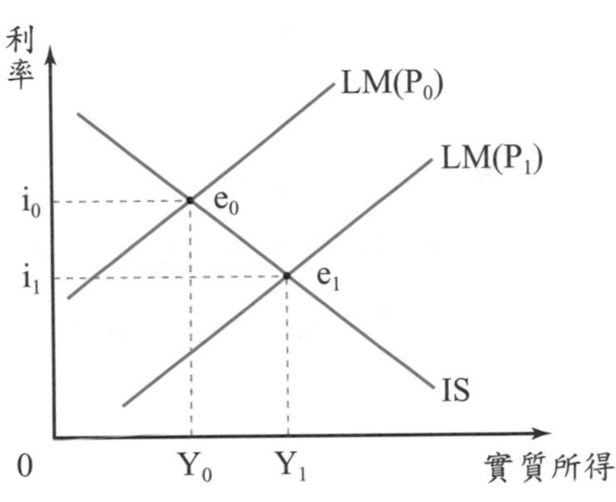

(a)物價變動對均衡所得與利率的影響

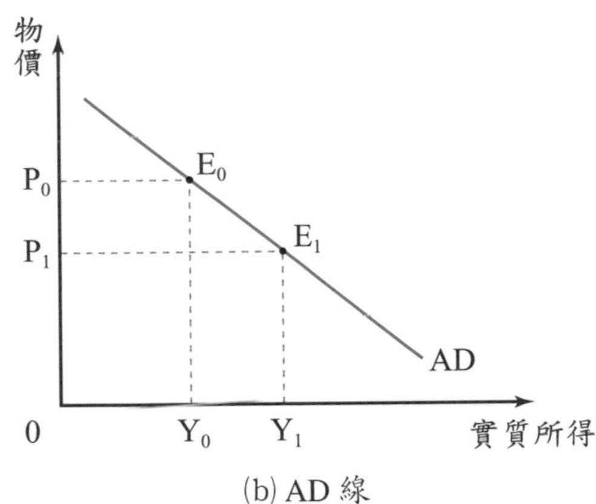

(b) AD 線

在封閉體系下，當物價由 P_0 降為 P_1 時，LM 線會往右移，而使 IS-LM 模型的均衡點由原先圖(a)中的 e_0 點變成 e_1 點，從而均衡利率由 i_0 降為 i_1，且均衡所得由 Y_0 增加為 Y_1。因此，圖(b)中的 E_0 點所對應的 (Y_0, P_0) 與 E_1 點所對應的 (Y_1, P_1) 均可使商品市場與貨幣市場同時達成均衡。E_0 與 E_1 兩點的連線就構成總合需求曲線 AD 線。

圖 14–9　AD 線的導出過程

三、AD 線

接下來，我們可以結合以上的分析而得出 IS-LM 模型的均衡結果。如圖 14–9 (a)所示，在物價水準為 P_0 時，IS 線與 LM 線的交點為 e_0。由於 e_0 點同時位在 IS 線與 LM 線上，所以其所對應的 (Y_0, i_0) 組合，可以使商品市場與貨幣市場同時達成均衡。由於此時的物價水準為 P_0，因此，我們可以得到圖 14–9 (b)中的 E_0 點。

當一般物價水準由 P_0 下降為 P_1 時，根據以上的分析，LM 線會由 LM (P_0) 下移至 LM (P_1)。由於我們所考慮的是封閉體系，因此沒有考慮出口淨額，也因此，本國一般物價的變動並不會影響總合支出，從而不會影響 IS 線。所以，在物價由 P_0 下降為 P_1 時，我們可以得到圖 14–9 (a)中新的均衡點 e_1，其所對應的均衡利率為 i_1，均衡所得為 Y_1。均衡所得之所以增加是因為物價下跌造成貨幣需求減少，而使利率下降；而利率的下降造成投資的增加，因此，均衡所得水準隨著總合支出的增加而增加。

由於此時的物價水準為 P_1，且均衡所得水準為 Y_1，所以我們可以得到圖 14–9 (b)中的 E_1 點。將 E_0 與 E_1 兩點相連，即可得到圖 14–9 (b)中的總合需求曲線 AD。所以，**總合需求曲線的意義為線上任何一點的 (Y, P) 組合均可使商品市場與貨幣市場同時達成均衡。**

當物價變動時，會造成總合需求曲線線上的移動；當那些會造成 IS 線或 LM 線整條線移動的項目變動時，則會造成總合需求曲線整條線的移動。我們前面曾提到，當政府消費支出或政府投資支出增加，或政府稅收減少時，IS 線會往右移；另外，像自發性消費支出增加，或民間看好未來的經濟前景而增加投資，也會使總合支出增加，而使 IS 線往右移。如圖 14–10 (a)與(c)所示，當物價水準為 P_0 時，均衡所得水準為 Y_0；當上述這些使 IS 線右移的項目變動時，均衡所得會增加為 Y_1，此意味著 AD 線會往右移，亦即總合需求會增加。同樣地，如圖 14–10 (b)所示，當那些會使 LM 線右移的項目變動時，如貨幣供給 (M^s) 增加或人們調升預期的物價膨脹率，均衡所得水準也會增加，從而 AD 線也會往右移。

雖然 IS 線與 LM 線往右移均會造成 AD 線往右移，但二者對利率有不同的影響；如圖 14–10 (a)與(b)所示，前者造成利率的上升，而後者造成利率的下降。**當政府支出或自發性消費支出增加，或政府採取減稅措施，而造成利率上升時，民間投資會因而減少，我們稱此一減少為這些項目變動對民間**

投資所造成的排擠效果 (**crowding-out effect**)。

我們在以上的分析過程中，並未考慮廠商實際的生產行為，因而一國的總產出只決定於總合支出水準；而且，單靠總合需求曲線也無法決定一國物價的均衡水準或瞭解物價如何變動。所以，我們會在第 16 章考慮廠商的生產行為，而得出總合供給曲線 (aggregate supply curve)，進而結合總合需求與總合供給曲線，探討一國物價與總產出的長短期均衡水準的決定與變動。

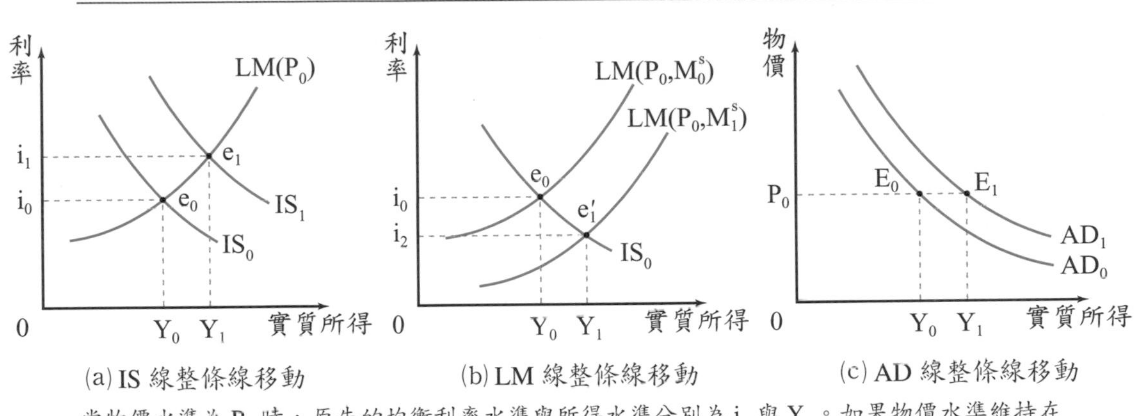

(a) IS 線整條線移動　(b) LM 線整條線移動　(c) AD 線整條線移動

當物價水準為 P_0 時，原先的均衡利率水準與所得水準分別為 i_0 與 Y_0。如果物價水準維持在 P_0 的水準，那麼，那些會造成 IS 線或 LM 線右移的項目的變動，均會使均衡所得水準增加，如從增加 Y_0 為 Y_1，從而使 AD 線右移，如從 AD_0 右移至 AD_1。

圖 14–10　總合需求的變動

Note

第 *15* 章
國際金融

1. 何謂國際收支帳？其主要項目為何？其各項目餘額的意義又為何？
2. 何謂國際收支順差與逆差？何謂國際收支均衡？
3. 何謂超額儲蓄？其實質面的意義為何？其資金面的意義又為何？
4. 為何一國有經常帳順差不見得就是好事，且一國有經常帳逆差不見得就是壞事？
5. 哪些交易構成一國外匯市場的供給與需求？
6. 在浮動匯率制度下，均衡匯率水準如何決定？
7. 何謂實質匯率、有效匯率指數與實質有效匯率指數？
8. 匯率制度有哪幾種？其各自的優缺點為何？
9. 何謂絕對購買力平價理論？何謂相對購買力平價理論？
10. 何謂未避險利率平價理論？如何用此一理論解釋臺灣 1980 年代的泡沫經濟現象與 1997 年的泰國金融風暴？

Economics

國際貨幣基金 (IMF)

IMF 是一個擁有 185 個會員國的國際組織，其成立目的為促進國際貨幣合作、促進匯率穩定與建立有秩序的匯率協定。IMF 對國際金融的合作與穩定扮演著很重要的角色。

圖片來源：IMF 提供。

我們在第 1 章曾提到，在 1980 年代後期，臺灣當時有一句話叫「臺灣錢淹腳目」；這句話在形容臺灣當時資金非常氾濫。資金氾濫造成臺灣當時的「資產泡沫」現象，即股票與不動產價格大幅飆漲至相當不合理水準的現象。此一現象的主要成因為強烈的新臺幣對美元升值的預期心理，以及中央銀行讓新臺幣對美元緩慢升值的匯率政策。關於此點，我們會在本章詳細說明。另外，像 1997 年的東南亞及南韓的金融風暴，其主要的導火線為這些國家的貨幣會大幅貶值的預期心理所導致的大規模資本外逃 (capital flight)。這些都是資金大規模跨國移動所造成的現象，也是「國際金融」(international finance) 探討的重要課題。

國際金融又稱國際總體經濟學 (international macroeconomics)，主要探討一國在開放體系下，亦即一國進行商品、服務與資產等國際交易的情況下，一國之匯率、國民所得、利率、一般物價等總體經濟變數水準之決定因素，以及在不同匯率制度下(固定匯率與浮動匯率)，總體經濟政策之效果。由於篇幅所限，本章僅介紹一些匯率理論及其應用。

本章首先介紹國際收支平衡帳(balance-of-payments account，簡稱國際收支帳)，其記錄在某一特定期間(通常是一年或一季)，一國之個人、企業及政府所進行之商品、服務與資產之國際交易流量。此帳有助於掌握一國的外匯收支情形，不過，它屬於事後的概念。本章接著介紹外匯市場與匯率，以及匯率制度，最後再介紹二個匯率理論：購買力平價 (purchasing power parity) 與利率平價 (interest rate parity) 理論。這些理論說明一國匯率的影響因素；當這些因素變動時，這些理論可以幫助我們預測匯率會如何變動，因此屬於事前的概念。

15.1　國際收支平衡帳

如前所述，國際收支平衡帳記錄某一特定期間，一國之個人、企業及政府所進行之商品、服務及資產之國際交易流量。如同國內生產毛額 (GDP)，國際收支帳是一流量 (flow) 概念，可以用來說明一國所得與支出中與國際貿易有關的部分；但與國內生產毛額不同的是，國際收支包括資產的跨國交易。

◆ 15.1.1　國際收支帳的項目

國際收支帳包含一些分帳，藉以將眾多的國際商品、服務與資產的交易項目分門別類，進而可提供我們與決策者關於一國經濟表現（如投資環境的相對吸引力）的有用資訊。其三個主要的分帳為經常帳 (current account)、金融帳 (financial account) 與準備資產 (reserve assets)，分別介紹如下：

1. 經常帳

經常帳記錄商品、服務與所得的跨國流通。它的四個基本項目為商品、服務、所得與經常移轉。

(1)商　品

此一項目包括消費財、資本財（如機器設備）、原物料與中間產品等有形商品的出口與進口。任何一項出口都會產生外匯收入；反之，任何一項進口都會產生外匯支出。在 2019 年，我國商品的收入約為 3,307 億美元，支出為 2,730 億美元，故約有 577 億美元的順差。

(2)服　務

此一項目包括運輸服務、旅行服務與其他服務（如通訊服務與資訊服務等）的進出口。就旅行服務而言，當你到國外旅遊時，搭乘交通工具或住宿飯店，可以想像成你「進口」該地的服務；相反地，外國人在本國旅遊時，可以想像成他享受本國所「出口」的服務。在 2019 年，我國服務的收入約為 518 億美元，支出為 569 億美元，故約有 51 億美元的逆差。

⑶初次所得

此項目主要包括薪資所得與投資所得。薪資所得是指居留期間在一年以下的非居民其工作的報酬；例如，本國國民在國外工作的薪資所得與我們支付給外籍勞工的薪資。投資所得是指持有國外金融資產的收益，主要包括股利與利息；例如，台積電付給外國股東的股利與本國收到外國的利息或股利。在 2019 年，我國初次所得的收入約為 391 億美元，支出為 237 億美元，故有 154 億美元的順差。

⑷二次所得

此一項目包括工作者匯款（居留期間在一年以上的外籍人員的工作報酬）與捐贈等。在 2019 年，我國二次所得的收入約為 82 億美元，支出為 110 億美元，故有 28 億美元的逆差。

將以上四個項目的淨額加總可以得知，我國 2019 年約有 652 億美元的經常帳順差。

2. 金融帳

此項目記載國內外個人、企業或政府（不包括中央銀行）之間資產的跨國交易，包括直接投資 (direct investment)、證券投資 (portfolio investment) 與其他投資。直接投資係投資者對於企業具有持久性利益的投資，如臺商到中國或外商到臺灣設廠的投資；證券投資包括股權證券（如股票）與債權證券（如債券）；其他投資為不屬於上述兩項的投資，如貸款與存款。

當本國增持國外資產時，會產生外匯支出；當本國處分國外資產時，會產生外匯收入。相反地，當外國增持本國資產時，會產生外匯收入；當外國處分其所持有的本國資產時，會產生外匯支出。

在 2019 年，我國約有 522 億美元的金融帳逆差，主要是因為證券投資約有 464 億美元的逆差。

3. 準備資產

準備資產係指貨幣當局（一般為中央銀行）所控管隨時可動用的國外資產，包括外匯存底（含外幣現金、存款及有價證券）、貨幣用黃金與其他債權。此項目記載貨幣當局所進行的金融資產跨國交易。若本國中央銀行所持有的國外資產增加，則會產生外匯支出；若本國中央銀行處分國外資產，則會產生外匯收入。

在 2019 年，我國約有 166 億美元的準備資產逆差，此一逆差也讓我國中央銀行的外匯存底由 2018 年年底的 4,617 億美元增至 2019 年年底的 4,872億美元。

◆ 15.1.2　國際收支的順差與逆差

國際收支帳除了上述的經常帳、金融帳與準備資產外，還包括「資本帳」(capital account) 及「誤差與遺漏淨額」兩項。資本帳包括資本移轉及非生產性、非金融性資產（如專利權、商譽等無形資產）的取得與處分。由於在記帳的過程中，有些項目是推估而來的或有些交易被遺漏，因此有「誤差與遺漏淨額」這一項。由於這兩項金額通常都不大，本書在後面的討論中會予以忽略。

外匯不會從天而降也不會憑空消失。例如，本國出口商在收到美元貨款時，會將這些美元賣給銀行，以換取新臺幣來支付員工薪水及其他生產要素；而銀行在收到這些美元以後，會賣給本國進口商、赴國外旅遊者、購買國外資產者，或中央銀行。簡單地說，由於外匯無法在本國做為交易媒介，所以我們因出口所賺取的外匯不是被用來購買國外商品，就是被用來購買國外資產。因此，如果我們有經常帳順差，則我們的金融帳與準備資產這兩項合起來一定會有逆差，且金額等於經常帳順差，亦即以下的等式會成立：

> 經常帳餘額 + 金融帳餘額 + 準備資產項下餘額 = 0。

由於經常帳與金融帳記載的是中央銀行以外的行為者的國際交易，這些行為者通常是基於自利動機進行這些交易，因此，經常帳與金融帳中的項目為所謂的自發性項目 (autonomous items)；而準備資產項下的餘額通常反映中央銀行介入外匯市場進行調節的結果，這些調節通常是企圖影響匯率水準，所以我們稱準備資產這個項目為調節性項目 (accommodating item)。

上面的等式意味著一國整體的國際收支餘額為零，那為什麼我們有時候會聽到媒體稱我們有國際收支順差或逆差呢？其實他們指的並不是整體國際收支，而是只包括經常帳與金融帳這兩大自發性項目的餘額而已。如果此一餘額為正值，表示不包括中央銀行，外國支付給本國的外匯金額大於本國支付給外國的外匯金額，此時稱本國有國際收支順差 (balance-of-payments surplus)。因為整體國際收支是平衡的，一國有國際收支順差就意味著該國的準備資產項下餘額為負值。以臺灣 2019 年為例，經常帳順差約 652 億美元，金融帳逆差約 522 億美元（即臺灣約有 130 億美元的國際收支順差），準備資產則約有 166 億美元的逆差（誤差與遺漏淨額約 36 億美元）。反之，如果一國經常帳加金融帳的餘額為負值，則稱一國有國際收支逆差 (balance-of-payments deficit)。如果經常帳加金融帳的餘額為零，則稱一國的國際收支均衡 (balance-of-payments equilibrium)。綜上所述：

若資本帳餘額及誤差與遺漏淨額均不大，那麼，一國若有國際收支順差，則其準備資產項會有逆差，通常表示該國中央銀行的外匯存底增加；一國若有國際收支逆差，則其準備資產項會有順差，通常表示該國中央銀行的外匯存底減少。當一國的經常帳加金融帳的餘額為零時，該國達成國際收支均衡。

◆ 15.1.3　國民所得會計帳與國際收支帳

接下來我們可以透過國民所得會計帳來瞭解國際收支帳中的經常帳餘額與金融帳餘額的意涵。一國的經常帳餘額反映一國與國外有關的所得的來源與支用。商品與服務的出口，以及本國生產要素的國外所得（初次所得）和來自國外的經常移轉（二次所得），均構成本國的當期所得；而商品與服務的進口，以及外國生產要素（如外傭）在本國的所得和本國對外國的經常移轉，均構成本國當期的支出。

因此，從支出面來看，一國的國民生產毛額（gross national product，簡稱 Y）可以表示成：

$$Y = C + I + G + CAB ,$$

其中 C 為民間消費，I 為國內投資（domestic investment，包括民間投資、政府投資、公營事業投資與存貨變動），G 為政府消費，CAB 為經常帳餘額（current account balance）。

上式可以改寫成：

$$Y-(C+I+G)=CAB。$$

此式的意義為一國的經常帳餘額為一國所得（Y）與總支出（C + I + G）之間的差。舉例來說，假設一國只生產椰子且每年生產 100 顆，其中民間與政府各消費 65 顆與 10 顆，且種了 20 顆（由於可使未來的椰子產量增加，故為投資），那麼剩下的 5 顆可以用來出口或進行經常移轉。這是從實質面來看經常帳餘額的意涵。

上式可再改寫成：

$$(Y-C-T)+(T-G)-I=CAB，$$

其中 T 為政府收入。Y − C − T 為民間儲蓄，T − G 為政府儲蓄，這兩項之和即為國民儲蓄（national saving，以 S 表示）。所以從上式可以得知，一國的經常帳餘額反映一國儲蓄與投資之間的差距。如果 CAB 之值為正，即一國有經常帳順差，則表示該國有超額儲蓄 (excess saving)，即 $S>I$。這是因為一國產出沒有被消費掉的部分 (Y − C − G) 構成國民儲蓄，而國民儲蓄沒有完全轉化成國內投資的部分，可以用來出口或進行經常移轉。反之，如果 CAB 之值為負，即一國有經常帳逆差，則表示該國有超額投資（excess investment)，即 $I>S$，二者差額的部分需由進口來支應。這是從實質面來看經常帳餘額與超額儲蓄之間的關係。

之前我們曾提到，一國的經常帳餘額加金融帳餘額再加準備資產項下餘額等於零。我們稱金融帳餘額加準備資產項下餘額為廣義的金融帳餘額。因此，一國若有一國經常帳順差（逆差），則表示該國一定有廣義的金融帳逆

差（順差）。如上所述，一國有經常帳順差，表示該國有超額儲蓄；當一國有超額儲蓄時，多餘的儲蓄可以用來購買國外資產，而形成淨資本外流，此時會有廣義的金融帳逆差。反之，一國有經常帳逆差，表示該國有超額投資；當一國投資無法完全由該國的儲蓄來融通時，須透過國外資金來挹注差額的部分，亦即會有淨資本內流，因而會有廣義的金融帳順差。這是從資金面的角度來看廣義的金融帳餘額與超額儲蓄之間的關係。

綜上所述，我們可以得到下列等式：

> 超額儲蓄 = 經常帳餘額 = −廣義的金融帳餘額。

透過這個等式我們可以連結國民所得會計帳與國際收支帳。

接下來我們要問，一國有經常帳順差是不是一定就是「好事」？或反過來說，一國有經常帳逆差是不是一定就是「壞事」？這個問題沒有一定的答案，要看發生的原因。

例如，臺灣的經濟成長向來是由出口帶動，所以經常帳順差增加通常表示臺灣的國際競爭力提升，但臺灣經濟在 2009 年負成長時，那一年的經常帳順差也由前一年的 248 億美元增加到 406 億美元❶。這主要是因為那一年的經濟表現不佳，生產及投資減少，致使商品進口大幅減少 646 億美元，而出口只減少 543 億美元，因此商品貿易順差增加 103 億美元。泰國在 1997 年第 3 季發生金融風暴，其第 4 季的經常帳也是因為進口大幅減少而由逆差轉為順差。所以，一國有經常帳順差不見得是好事。

而一國有經常帳逆差也不見得是壞事，如美國在 1990 年代經濟持續繁榮，其經常帳逆差也不斷擴大。從另一個角度來看，當一國有經常帳逆差時，也意味著這個國家有淨資本流入；如果一個國家能善用這些資本，提升其生產力，那麼，經常帳逆差也不見得會使失業率升高。但如果一國的貿易逆差源自於該國的國際競爭力下滑，且未善用淨流入的資本，那麼該國經濟就有

❶ 臺灣在 2001 年發生首度的年經濟負成長，那一年的經常帳順差也由前一年的 89 億美元增加到 182 億美元。

可能產生危機，如 1997 年發生金融風暴的泰國與 2010 年發生主權債信危機的希臘。所以，一國有經常帳順差不一定就是「好事」，或反過來說，一國有經常帳逆差也不一定就是「壞事」，要看發生的原因。

15.2　外匯市場與匯率

◆ 15.2.1　外匯市場供需與均衡匯率

由於新臺幣並非國際通用貨幣，因此我們在進行國際交易時，必須以美元之類的國際貨幣作為交易媒介。在臺灣，美元市場是主要的外匯市場。就國際交易而言，商品、服務與資產就像水一樣從一國流到另一國；而外匯市場就像國際的排水系統，此一系統是由銀行、外匯經紀商以及中央銀行所構成。透過此一系統，家庭、企業及政府可以買賣外匯，即他國貨幣。一國外匯市場的效率愈高，其商品、服務及資產的國際交易也就會愈順暢；而匯率（即外匯的市場價格）在此一系統中扮演相當重要的角色。

舉例來說，如果你是手機的出口廠商，且國外客戶訂單的報價是一支 500 美元，你會不會接下這筆訂單？這時候你必須知道美元兌新臺幣的匯率，你才能知道一支 500 美元的手機折合新臺幣多少錢，也才能知道一支 500 美元的報價你獲利多少；這是因為你是用新臺幣支付你的員工薪水、你的零組件貨款等。又比方說，你是進口車車行的老闆，國外出口廠商的報價是一輛 2 萬美元，你會不會下訂單？訂單的數量又是多少？這時候你也必須知道美元兌新臺幣的匯率，你才能計算未

手持外匯，周遊世界

由於匯率就等於是國外貨幣的價格，因此常往來世界各地的商務人士，也許會被這些複雜的價格搞得眼花撩亂。

圖片來源：shutterstock 網站。

來你的進口車的新臺幣訂價，以及此一訂價與其他同級的國產車相較起來是否有價格競爭力。

再比方說，你決定出國旅遊。如果你可以選擇的國家有好多個，但你只想選一個，最後你會選哪一個國家呢？如果你可以選擇的這些國家，你的綜合評價都差不多，那麼，最後你會選擇旅費最便宜的國家。哪個國家最便宜？這時候你必須知道這些國家的貨幣兌新臺幣的匯率。

以上這些例子說明了匯率會影響一國人民的國際交易的決策；這是因為影響交易的一個最重要因素就是價格，而匯率就是外國貨幣的價格。一國外匯市場的主要角色就是提供外匯買賣雙方交易平臺，進而決定匯率水準。

除了以上所舉的商品與服務的國際貿易會形成外匯的供給與需求外，國際間的資產交易也會影響外匯供需。例如，臺商對大陸的直接投資會形成臺灣外匯市場美元的需求，因為臺商不能直接拿新臺幣去支付大陸廠的建築與其他費用，他必須先以新臺幣購買美元，再將購得的美元匯至大陸，轉換成人民幣。又例如，如果國外投資機構想購買臺灣的股票，則他們必須先將外匯匯至臺灣，換得新臺幣後才能購買臺灣的股票；此一行為形成臺灣外匯市場的供給。簡單地說，記在國際收支帳借方的那些項目形成外匯市場的需求，而記在貸方的那些項目形成外匯市場的供給。

實務上，有多種外匯市場，也因此有多種匯率。上述例子中的外匯市場是外匯的即期市場 (spot market)，亦即外匯交易完成後，二至三個營業日內進行交割的市場。而即期匯率 (spot exchange rates) 就是即期外匯市場的價格。

即期匯率的表達方式有兩種。一種是以 1 塊錢的外國貨幣可以兌換多少單位的本國貨幣來表示，如美元兌新臺幣的匯率若為 30，即表示 1 美元可以兌換 30 元新臺幣，記為 30 NT$/$，這是本書採用的匯率表達方式。另一種表達方式是 1 塊錢本國貨幣可以兌換多少塊錢的外國貨幣。兩種方式所表示的匯率水準正好互為倒數。

如同一般的商品與服務的市場價格是由市場供需所共同決定，外匯市場的匯率水準在匯率可以自由變動時，也是由外匯市場的供需雙方所共同決定的。如圖 15–1 所示，根據需求法則，外匯市場需求曲線為一負斜率曲線；根據供給法則，外匯市場供給曲線為一正斜率曲線。兩條線交點所對應的匯率 (e_0) 為均衡匯率；所對應的數量 (Q_0) 為均衡外匯數量。

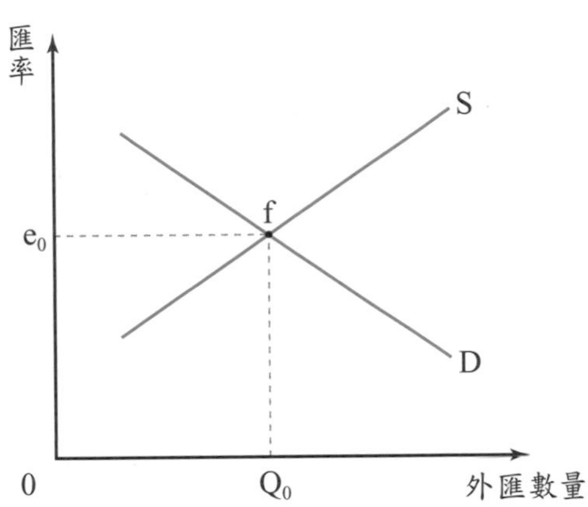

外匯市場需求曲線 D 與供給曲線 S 的交點 f 所對應的匯率 e_0，為均衡匯率；f 點所對應的數量 Q_0，為均衡外匯數量。

圖 15–1　均衡匯率的決定

如上所述，匯率是由外匯市場的供需雙方所共同決定，當供需發生變動時，匯率也就隨著變動。若外匯市場需求增加（減少），則在其他條件不變下，匯率會上升（下跌）；若外匯市場供給增加（減少），則在其他條件不變下，匯率會下跌（上升）。

例如，如果石油的國際價格大漲，則臺灣購油的支出與美元需求將增加。在其他條件不變下，此將導致美元兌新臺幣匯率的上升，比方說由 30 NT$/$ 上升至 31 NT$/$，此時我們稱美元（對新臺幣）升值或新臺幣（對美元）貶值。相反地，如果石油的國際價格大跌，則臺北外匯市場美元的需求將減少；在其他條件不變下，美元兌新臺幣的匯率將下跌，比方說由 30 NT$/$ 下降至 29 NT$/$，此時我們稱美元貶值或新臺幣升值。

又例如，外國企業比以前看好臺灣的投資環境，對臺灣的直接投資金額增加，從而造成臺灣的美元市場的供給增加；在其他條件不變下，此將造成美元貶值或新臺幣升值。相反地，如果外國企業看壞臺灣的投資環境，那麼臺灣的外人直接投資金額將減少，從而造成臺灣美元市場的供給減少及新臺幣貶值；如果臺灣既有的外資企業結束營業並將資金匯出，那麼臺灣美元市場的需求也會增加，從而加重新臺幣的貶值幅度。

◆ 15.2.2　實質匯率

到目前為止，我們所探討的是名目匯率 (nominal exchange rates)。以之前我們所舉的進口車車行為例，車行老闆所決定的進口量受到美元兌新臺幣的名目匯率的影響；如果新臺幣貶值，那麼他以新臺幣所表示的進口成本將上升。比方說，一輛報價 2 萬美元的進口車，在美元兌新臺幣的匯率為 30 時，其以新臺幣表示的進口成本為 60 萬元新臺幣；如果美元兌新臺幣的匯率為 31 時（即新臺幣貶值），則其進口成本上升為 62 萬元新臺幣。此時，進口車在國內車市的競爭力將下降。另外，如果進口車的報價上升為 21,000 美元且美元兌新臺幣的匯率為 30，那麼其進口成本將上升為 63 萬元新臺幣，此亦不利其在國內車市的競爭力。此外，如果美元的匯率維持在 30 且進口報價維持在 2 萬美元，那麼當國產車的價格下降時，該進口車在國內車市的競爭力也會下降。由以上的說明可以得知：一國的進口量除了受到名目匯率影響外，也決定於國外商品價格與國內商品價格。

國際貨幣匯兌的基準

國際金融制度的建立，是各國貨幣能夠順利流通的大功臣。

圖片來源：shutterstock 網站。

我們將國外商品價格（如 2 萬美元）乘以美元兌新臺幣的匯率（如 30），即可得到國外商品以新臺幣所表示的價格（如 60 萬元新臺幣）。在此情況下，國外商品可與國內商品直接比較價格，因為它們同是以新臺幣計價；而國內進口商也可以用這個相對價格（國外商品以新臺幣表示的價格 / 國內商品價格）來決定要不要進口國外商品或進口多少數量。此一相對價格稱為實質匯率或實質交換比率 (real exchange rate)。之所以稱為「實質」，是因為這個相對價格或交換比率反映出 1 單位國外商品可以兌換多少單位的本國商品(如 1 輛進口車以新臺幣表示的價格為 60 萬元新臺幣，而國內同級車的價格為 50 萬元新臺幣，那麼 1 輛進口車約可換 1.2 輛國產汽車)。

總而言之，一國進口數量的增減不能只看名目匯率的變動，還需要考慮國內外價格的變動；換言之，一國的進口數量決定於實質匯率水準。當實質匯率上升（下降）時，即國外商品相對本國商品變貴（便宜）時，本國的進口數量將減少（增加）。此一概念也可適用於本國的出口數量。當本國貨幣貶值，或國外商品價格上漲，或國內商品價格下跌而導致本國商品相對於國外商品變便宜時（即實質匯率上升時），本國的出口數量將增加。

如上所述，一國的進出口數量受到實質匯率的影響。如果我們以 e_t 表示第 t 期某一外幣兌新臺幣的平均匯率水準，P_t^* 表示外國第 t 期的物價水準，通常以消費者物價指數 (consumer price index, CPI) 代表，P_t 表示國內第 t 期的物價水準，那麼本國第 t 期的實質匯率水準 (E_t) 為

$$E_t = \frac{e_t P_t^*}{P_t}。$$

以 2000 年、2010 年及美國為例，2000 年及 2010 年美元兌新臺幣的平均匯率水準分別為 31.23 及 31.65；這兩年美國的 CPI 水準分別為 172.2 及 218.0 (1982–1984 = 100)，而臺灣則分別為 96.09 及 105.48 (2006 = 100)。有了這些數字，就可以計算出 2000 年及 2010 年美國商品之於臺灣商品的實質匯率水準分別為

$$E_{2000} = \frac{e_{2000} P^{US}_{2000}}{P_{2000}} = \frac{31.23 \times 172.2}{96.09} = 57.75；$$

$$E_{2010} = \frac{e_{2010} P^{US}_{2010}}{P_{2010}} = \frac{31.65 \times 218.0}{105.48} = 65.41。$$

由以上這兩個實質匯率數字可以得知：與 2000 年比較起來，美國商品相對臺灣商品在 2010 年變貴了，這主要是因為美國國內物價在這段期間的上漲率高於臺灣，且美元對新臺幣升值。

值得注意的是，影響一國的進出口表現，除了實質匯率水準之外，還有很多其他因素。例如，當一國國民所得水準增加時，即使其實質匯率水準不變，其進口數量也會增加。又例如，臺灣生產基地外移至中國大陸，也造成原先由國內直接出口到美國市場的商品，轉由中國大陸出口。此一因素可以部分解釋臺灣對美國的出口值由 2000 年的 348 億美元下降至 2010 年的 314 億美元。這段期間美元兌新臺幣的實質匯率升值了 13.2%，換言之，臺灣商品相對美國變便宜約 13%，但臺灣的出口值卻減少近一成。

◆ 15.2.3　有效匯率指數

之前提及的名目匯率只涉及兩種貨幣，但重要的外幣可能有很多種，比方說像美元、日圓、歐元與韓元等。在某一天，新臺幣可能對美元升值，但對日圓貶值。在此情況下，我們如何判斷新臺幣是變強還是變弱呢？我們用有效匯率指數 (effective-exchange-rate index) 來回答此一問題。有效匯率指數是由多種匯率加權平均計算而來，每種匯率的權數反映本國與這個國家之間的貿易占本國國際貿易的重要程度。

有效匯率指數的編製相當類似於 CPI 的編製。首先，我們必須決定一籃子的貨幣中要放哪些外幣，通常放的是本國重要的貿易夥伴的貨幣。接下來要決定籃子內每一種貨幣的權數。既然籃子內放的是本國重要的貿易夥伴的貨幣，那麼很自然地，我們以本國與個別國家的貿易總額（進口值加出口值）占本國與籃子內所有國家的貿易總額的比重為權數，且所有個別權數加總之和等於 1。最後，我們選取某一年作為基期年 (base year)，且其有效匯率指數為 100。如果某一年計算出來的有效匯率指數值大（小）於 100，則表示相對於基期年，該年臺灣的這些主要貿易對手國的貨幣之於新臺幣，平均而言，是升（貶）值的。

為了說明有效匯率指數的編製，我們以 2000 年為基期年並以美國及日本為例。首先，我們要先計算貿易權數。由表 15–1 的數字可以計算出臺灣與美國及日本的貿易總額為 115,095 百萬美元，因此美國的貿易權數為 0.52 $\left[\frac{(34{,}814+25{,}125)}{115{,}095}\right]$，而日本的權數為 0.48 (1 – 0.52)。在 2000 年及 2010 年，美元兌新臺幣的平均匯率水準分別為 31.23 及 31.65，所以美元的名目匯率指數為 1.01 $(\frac{31.65}{31.23})$。利用同樣的方式可以計算出日圓的名目匯率指數為 1.25 $(\frac{0.373}{0.298})$。將美日兩國各自的貿易權數乘以名目匯率指數再相加，即可得出 2010 年本例的有效匯率指數為 1.12 $(0.52 \times 1.01 + 0.48 \times 1.25)$。因此，我們可以得知：相對於 2000 年，2010 年美元及日圓加權平均後對新臺幣約升值 12%。

表 15–1 有效匯率指數的計算

貿易值單位：百萬美元

國別	2000 年 臺灣的出口值	2000 年 臺灣的進口值	貿易權數	2000 年 平均匯率	2010 年 平均匯率	名目匯率指數
美國	34,814	25,125	0.52	31.23	31.65	1.01
日本	16,599	38,557	0.48	0.298	0.373	1.25

資料來源與說明：進出口值，經濟部國際貿易局網站。
美元匯率，中央銀行網站。

以上有效匯率指數中的匯率是採用我們慣用的外幣兌本國貨幣比率的表示方式，因此，當有效匯率指數大於 **100** 時，表示相對於基期年，該年本國主要貿易對手國的貨幣，平均而言，對本國貨幣是升值的，即本國貨幣是貶值的。為達到有效匯率指數大（小）於 100 時，表示本國貨幣是升（貶）值的，這樣比較合乎一般人直覺的結果，國際上有效匯率指數中的匯率是採用本國貨幣兌外幣這樣的表示方式，其他的計算內容則與剛剛我們所提的一樣。

◆ 15.2.4 實質有效匯率指數

之前我們曾介紹如何計算兩國之間的實質匯率，如果牽涉到多個國家，我們也可仿照有效匯率指數的編製方式，編製出實質有效匯率指數 (real effective-exchange-rate index)，只是現在多了相關國家的 CPI。如果以 $RERI_{ti}$ 代表第 i 國在 t 年的實質匯率指數，亦即第 i 國第 t 年的實質匯率除以基期年的實質匯率，且以 ω_{ti} 代表第 t 年第 i 國的貿易權數，那麼本國在第 t 年的實質有效匯率指數 $REERI_t$ 為

$$REERI_t = \sum_{i=1}^{n} \omega_{ti}(RERI)_{ti}$$

值得注意的是，這邊的匯率是外幣兌本國貨幣的比率，因此，如果某一年本國的實質有效匯率指數大於 **100**，那表示相對於基期年，本國主要貿易對手國的商品之於本國商品，平均而言，是變貴了。換言之，**1** 單位本國商品所能換得的本國主要貿易對手國的商品數量變少了。

為了讓實質有效匯率指數大於 100，表示 1 單位本國商品所能換得的本國主要貿易對手國的商品數量變多了(相對於基期年)，這樣比較合乎一般人直覺的表示方法，中央銀行所編製的實質有效匯率指數中的實質匯率是採用 $\frac{P}{eP^*}$ 這樣的表示方式，與我們之前介紹的實質匯率正好互為倒數。在此情況下，如果中央銀行所宣布的實質有效匯率指數小於 100，那就表示，相對於基期年，1 單位本國商品所能換得的本國主要貿易對手國的商品數量變少了。

動腦筋時間 

如果中央銀行所宣布的實質有效匯率指數小於 100，這表示中央銀行希望新臺幣對美元是升值還是貶值？

15.3　匯率制度

在以上關於即期外匯市場之均衡匯率的討論中，我們假設匯率可以自由變動，亦即中央銀行不干預外匯市場。在此情況下，均衡匯率是由外匯市場供需雙方所共同決定的。不過，一國的中央銀行有時會透過買賣外匯，試圖影響匯率水準，甚至將匯率釘住在某一水準。因此，各國外匯市場的匯率有不同的決定方式，亦即各國有不同的匯率制度。

匯率制度依中央銀行介入外匯市場的程度的不同，大致可分為固定匯率制度 (fixed exchange rate system)、純粹浮動匯率制度 (pure floating exchange rate system) 與管理浮動匯率制度 (managed floating exchange rate system) 等三種。

◆ 15.3.1　固定匯率制度

一國貨幣當局 (通常是中央銀行) 將本國貨幣與某一外幣之間的兌換比率，固定在某一水準，除非維持此一水準有重大困難，否則不會輕易變動此一水準，這樣的匯率制度稱為固定匯率制度。例如，在 1973 年 2 月以前，新臺幣兌美元的官定匯率為 40 比 1，1973 年 2 月改為 38 比 1，然後一直維持到 1978 年 7 月 11 日中央銀行宣布實施「機動匯率」制度 (即管理浮動匯率制度) 為止。

在平常時期，亦即在國內外政經情勢穩定的時期，固定匯率制度的維持不至於有太大的問題；但如果國內外政經情勢有較大且持續的波動，則一國可能會被迫廢除固定匯率制度。這一點可以用圖 15–2 來說明。

假設中央銀行的官定匯率水準為 1 美元可以換 $\bar{e}$ 這麼多的新臺幣，且一開始 $\bar{e}$ 正好是外匯市場美元供給曲線與需求曲線交點 f 所對應的匯率水準。如果由於某一個原因，市場預期新臺幣對美元會升值，亦即美元對新臺幣會貶值，那麼美元的供給會增加 (比方說由圖 15–2 中的 S 右移至 S′)，且美元的需求會減少 (比方說由圖 15–2 中的 D 左移至 D′)。這道理就如同賣者預期一項商品的價格會下跌時，他現在的供給會增加，免得以後賣到較低的價格；而買者預期一項商品的價格會下跌時，他現在的需求會減少，因為未來還可以用更低的價格買到這項商品。

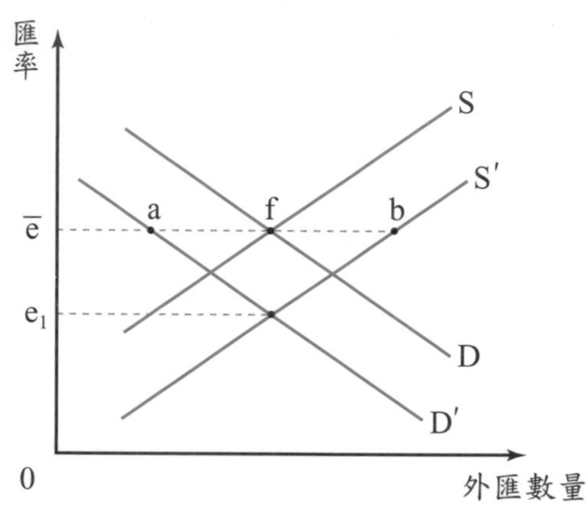

假設中央銀行官定的匯率水準為 $\bar{e}$ 且一開始外匯市場供給曲線與需求曲線交點 f 所對應的匯率水準為 $\bar{e}$。當外匯市場的供給曲線 S 右移至 S′，且需求曲線由 D 左移至 D′ 時，在 $\bar{e}$ 的匯率水準下，外匯市場會有 ab 的超額供給。

圖 15–2　固定匯率下外匯市場存在超額供給

如圖 15–2 所示，當美元的市場供給增加且需求減少時，在 $\bar{e}$ 這個匯率水準下，市場會有 ab 這麼多的超額供給。中央銀行為維持 $\bar{e}$ 這個匯率水準，它必須進場買進 ab 這麼多的美元，否則，美元兌新臺幣的匯率會跌到 e_1 的水準。當中央銀行向銀行買進 ab 這麼多美元時，它必須支付給銀行 $\bar{e}\cdot ab$ 這麼多元的新臺幣，從而造成銀行在中央銀行的準備金帳戶餘額呈現相同金額的增加。由於這部分準備金餘額的增加絕大部分屬於銀行的超額準備，亦即銀行可以用來進行放款的資金，因此，在部分準備制之下，最後貨幣供給量會呈倍數增加。

如果上述的美元對新臺幣會貶值的預期心理一直持續下去，則中央銀行為維持匯率固定，必須持續不斷地買進美元。在此情況下，雖然中央銀行的外匯存底會不斷地增加，但貨幣供給也會大幅增加，從而可能會造成物價膨脹或資產價格膨脹的結果。臺灣在 1980 年代後期房地產與股票價格的飆漲，基本上有相似的過程。這點我們會在下一節再詳細說明。

相反地，如果市場預期新臺幣對美元會貶值，亦即美元對新臺幣會升值，那麼美元即期市場的需求會增加且供給會減少。如圖 15–3 所示，這時在 $\bar{e}$ 的匯率水準下會有 gh 的超額需求。中央銀行為維持 $\bar{e}$ 的匯率水準，必須進場賣 gh 這麼多的美元。如果此一美元對新臺幣升值的預期心理一直持續下去，則中央銀行就必須不斷地賣美元且同時收回準備貨幣；前者最終會造成中央銀行外匯存底耗盡而被迫放棄固定匯率制度，後者可能造成對經濟的嚴重緊縮效果。泰國在 1997 年 7 月 2 日被迫放棄固定匯率制度基本上就是這樣的過程。這點我們也會在下一節再詳細說明。

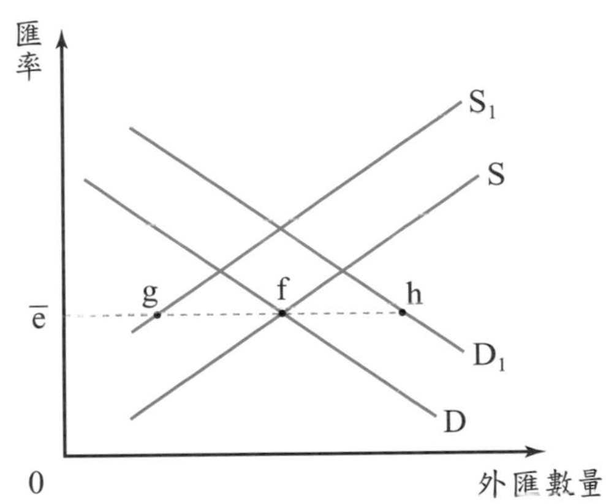

假設中央銀行官定的匯率水準為 $\bar{e}$ 由一開始外匯市場供給曲線與需求曲線交點 f 所對應的匯率水準為 $\bar{e}$。當外匯市場的供給曲線由 S 左移至 S_1，且需求曲線由 D 右移至 D_1 時，在 $\bar{e}$ 的匯率水準下，外匯市場會有 gh 的超額需求。

圖 15–3　固定匯率下外匯市場存在超額需求

因此，在固定匯率制度下，雖然在平常時期由於匯率固定不變，可以讓國際交易的決策不必考量匯率變動的風險，而使國際交易較能順利進行。例如出口商不必擔心未來收到美元貨款時，美元會不會貶值，又例如外人來臺進行直接投資，不必擔心未來新臺幣會貶值而使其新臺幣的利潤轉換成美元時會縮水。不過，在非常時期，固定匯率制度有可能造成一國經濟情勢有較大的波動，甚至其中央銀行有可能被迫放棄固定匯率制度。另外，由於在外匯市場有超額供給或需求時，中央銀行的外匯存底會跟著發生變動，進而準備貨幣以及貨幣供給量都會跟著被動調整。

由於匯率反映一國貨幣的對外價格，即一單位本國貨幣可以換多少單位的外國貨幣，因此在固定匯率制度下，中央銀行既已「管價（匯率）」，就不能同時又「管量（貨幣供給量）」。如果中央銀行讓貨幣供給增加，那麼在其他條件不變下，本國貨幣在數量變多後就不值錢，亦即本國貨幣會貶值，也因此中央銀行就無法讓匯率固定。所以，如果中央銀行要管匯率，它就不能採行公開市場操作等方式來控制貨幣數量；換言之，在固定匯率制度下，中央銀行喪失貨幣政策的自主性。相反地，如果中央銀行要控制貨幣數量，那麼由於它選擇「管量」，所以它就無法同時「管價」，亦即它必須要放棄固定匯率制度。

◆ 15.3.2 純粹浮動匯率制度

在純粹浮動匯率制度下，中央銀行完全不介入外匯市場，而放任外匯市場供需雙方共同決定均衡匯率水準。由於中央銀行完全不買賣外匯，因此，國際收支帳中的準備資產項下的餘額為零，也因此國際收支一定處在均衡的狀態下；同時，中央銀行的準備貨幣餘額也不會變動。所以，雖然國內外政經情勢的變動會影響本國外匯市場的供需，進而影響均衡匯率水準，但只要不影響貨幣乘數，就不會影響本國的貨幣供給量，這是因為貨幣供給量等於貨幣乘數乘以準備貨幣。不過，即使國內外政經情勢的變動會影響本國的貨幣乘數，如美國經濟蕭條會影響本國銀行的放款意願，進而使貨幣乘數下降，但中央銀行還是可以透過公開市場操作等方式讓準備貨幣增加，進而使國內貨幣供給量達到中央銀行所希望的水準。由於在純粹浮動匯率制度下，中央銀行完全不介入外匯市場，因此，中央銀行讓準備貨幣增加，並不會像在固定匯率制度下那樣，會造成其國際資產的變動，而抵銷掉原先的準備貨幣與貨幣供給量的增加。所以，在純粹浮動匯率制度下，中央銀行保有貨幣政策的自主性。

浮動匯率制度的另一個好處是可以隔絕國外因素對國內經濟的影響。例如，當外國一般物價上漲時，外國商品相對本國商品變貴了，從而使本國的出口增加且進口減少，進而導致外匯市場供給增加，以及外匯需求減少。出口增加且進口減少對本國經濟具有擴張的效果，但如圖 15–4 所示，外匯市場供給增加且外匯需求減少，會使匯率下降，亦即外國貨幣貶值；外國貨幣貶值表示外國商品相對本國商品變便宜了，因此使得本國出口減少且進口增加，這對本國經濟具有緊縮效果。最後，外國一般物價上漲對本國經濟的擴張效果與外國貨幣貶值對本國經濟的緊縮效果會互相抵銷，從而外國一般物價上漲只造成本國貨幣升值，本國一般物價與實質所得並不會受到影響。因此，在浮動匯率制度下，本國可以隔絕外國一般物價上漲對本國經濟的影響。

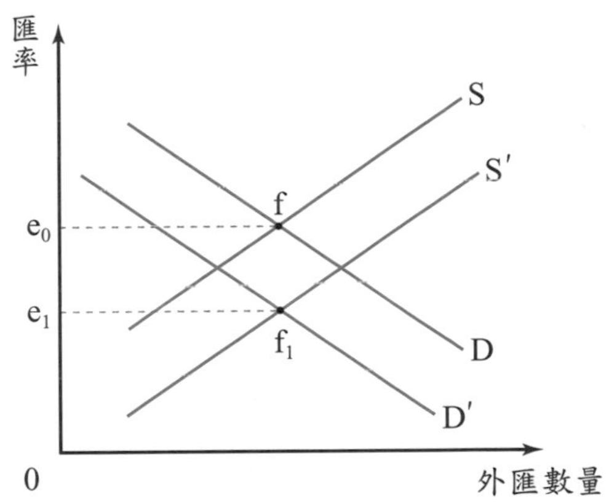

外國一般物價上漲將使本國出口增加且進口減少；前者使外匯市場供給曲線由 S 右移至 S′，後者使外匯市場需求曲線由 D 左移至 D′，而使得均衡匯率由 e_0 下降至 e_1。

圖 15–4　外國一般物價上漲對匯率的影響

不過，這個結論是針對外國一般物價，如果漲的是國際石油價格，結論就正好相反。由於我國的石油幾乎百分之百仰賴進口，且石油的需求彈性低，因此當國際石油價格上漲時，我國的石油進口支出會增加，而使得外匯需求增加，進而使匯率上漲。這表示石油的新臺幣進口成本會有雙重的推升效果。國內的石油價格上漲會使廠商的生產成本上升，而造成國內一般物價的上漲與產出的減少。因此，就石油進口國而言，浮動匯率制度並無法隔絕國際石油價格上漲對國內經濟的影響。

相較於固定匯率，在浮動匯率制度下，由於匯率是波動的，所以國際交易必須考量匯率變動這項因素。由於匯率變動很難捉摸，所以當匯率波動程度較大時，如果沒有足夠的避險管道，可能會妨礙國際交易的進行（匯率的避險工具不在本書的討論範圍，有興趣的讀者可以修習「國際金融」課程）。

動腦筋時間 15–2

就國際石油價格上漲及臺灣而言，在固定匯率制度下，國內一般物價的漲幅會不會小於在浮動匯率制度下的漲幅？為什麼？

◆ 15.3.3 管理浮動匯率制度

第三種匯率制度是管理浮動匯率制度，它是介於固定匯率與純粹浮動匯率二者之間的制度。在此制度下，匯率原則上是由外匯市場供需雙方共同決定，亦即中央銀行尊重外匯市場價格機能，但「若因偶發性因素，以致匯率波動過度時，央行將致力維持外匯市場之秩序。」❷亦即中央銀行將透過買賣外匯來降低匯率的波動幅度。

當中央銀行不希望新臺幣對美元升值時，亦即不希望美元對新臺幣貶值時，中央銀行會進場買美元以支撐美元的價位。之前我們曾提到，當市場預期新臺幣對美元未來會升值時，外匯市場的美元供給會增加且需求會減少。如圖 15–5 所示，若中央銀行不介入，則美元兌新臺幣的匯率會貶到 e_1；但如果中央銀行不希望美元跌到這個價位，它會進場買美元，而使市場需求增加（需求曲線由 D_1 右移至 D_2），從而使均衡匯率只下降到 e_2。由於中央銀行向銀行買進美元，因此準備貨幣與貨幣供給量都會增加。

相反地，若中央銀行不希望美元對新臺幣升值時，它會進場賣美元，以減緩美元對新臺幣升值的幅度。

在管理浮動匯率制度下，中央銀行通常是在匯率已經出現中央銀行認為過度波動的時候才會介入外匯市場，希望匯率不再照原先的趨勢繼續變動下去，因此，有緩和匯率波動程度的效果。基本上，中央銀行這樣的舉動屬於「逆勢而為」；既然是逆勢而為，中央銀行的干預能不能達到它所預期的效

❷ 中央銀行新聞稿，2006 年 11 月 5 日。

果，就要看中央銀行的「實力」相對於趨勢力量的大小而定。如果匯率的趨勢相當明顯，則中央銀行逆勢而為可能會造成比較嚴重的不利後果。關於這一點，我們會在下一節以 1980 年代後半期臺灣的泡沫經濟為例，加以說明。

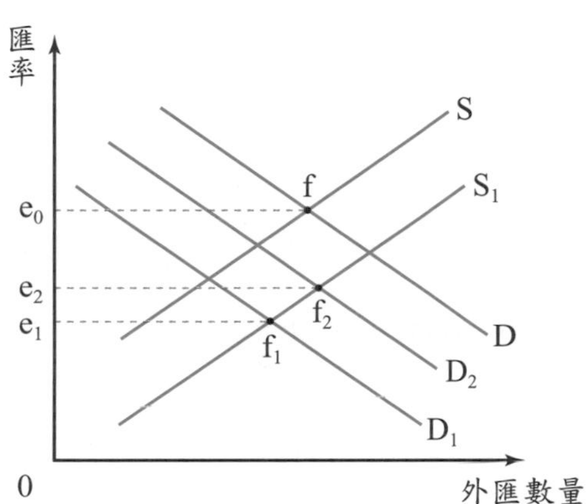

原先市場的均衡匯率為 e_0。當外匯市場的供給曲線由 S 右移至且 S_1 且需求曲線由 D 左移至 D_1 時，若中央銀行不介入外匯市場，則均衡匯率為 e_1。當中央銀行為支撐美元價位而買進美元，使市場需求曲線由 D_1 右移至 D_2 時，均衡匯率由 e_1 上升至 e_2。

圖 15-5　中央銀行買進外匯與匯率

中央銀行逆勢而為也會造成利益的重分配。例如，當新臺幣的升值幅度愈大時，外國的商品與服務相對於本國的就變得愈便宜，或本國的商品與服務就相對變得愈貴了，因而對本國進口商及本國消費者就愈有利，但對本國的出口商就愈不利。如果中央銀行進場買美元來減緩新臺幣的升值幅度，就等於是犧牲本國進口商及消費者的利益，來「圖利」本國的出口產業（包括廠商與其雇用的生產要素）。如果中央銀行因買了太多美元，而讓準備貨幣及貨幣供給量大幅增加，進而造成房屋價格高漲，則對那些想買房子的「無殼蝸牛」而言，更是不利。因此，在匯率走勢有比較明顯一面倒的時期，中央銀行進入外匯市場干預的時機與程度，對中央銀行而言，是一項非常傷腦筋的取捨問題。

動腦筋時間

如果中央銀行進場買美元來減緩新臺幣的升值幅度，除了「圖利」本國出口產業外，還可能「圖利」哪些產業？

15.4 匯率理論

到目前為止，我們並未有系統地說明哪些因素會影響外匯市場的供需，進而影響均衡匯率水準。在本節，我們會介紹兩個匯率理論：購買力平價理論與利率平價理論，希望能有系統地瞭解匯率的變動。這兩個匯率都告訴我們哪些因素會影響外匯市場的供需。如果我們知道這些影響因素未來會如何變動，那麼我們就可以根據這兩個理論來預測匯率的未來可能走勢。

◆ 15.4.1 購買力平價理論

購買力平價 (purchasing power parity, PPP) 理論認為影響匯率的最主要因素為兩國的物價水準。購買力平價理論講的是：「如果我們忽略運輸成本，且其他會影響價格的條件（包括稅率、市場結構等等）都一樣，那麼任一種貨幣，不管是用來購買該國商品，或依匯率轉換成外幣而用來購買其他國家同質的 (**homogeneous**) 商品，匯率會調整至讓此一貨幣都可以購買相同數量的兩國商品的水準。換言之，匯率會調整至讓一國貨幣不管是用來購買哪一國的同質商品，都會有相同的購買力。」因此，此一匯率理論稱為購買力平價理論。購買力平價有兩種形式，一是絕對購買力平價 (absolute purchasing power parity)，另一是相對購買力平價 (relative purchasing power parity)。以下我們將分別介紹。

(一)絕對購買力平價

購買力平價理論是以「單一價格法則」(law of one price) 為基礎。「單一價格法則」講的是如果不考慮運輸成本且其他條件都一樣，那麼在自由貿易下，兩地同質商品的價格會趨於相等。這是因為如果不相等，就會存在套利 (arbitrage) 機會。此一機會的存在會讓商人在便宜的地方買進此一商品，再運到貴的地方去賣，來賺取價差。此一套利行為會使便宜地區的市場需求增加，而導致其價格上漲，同時也會使貴的地區的市場供給增加，而導致其價格下跌。這兩地的價格最後會趨近於相等。接下來我們就以 1 GB DRAM 為例，來說明如何透過「單一價格法則」得出購買力平價的匯率理論。

假設臺灣 1 GB DRAM 原本的單價是新臺幣 300 元，美國的單價是 12 美元，且美元兌新臺幣的匯率為 30 NT$/$。根據這些價格，在自由貿易及不考慮運輸成本的情況下，臺灣的 DRAM 如果運到美國市場去賣，它的單位成本是 10 美元 [300 NT$/(30 NT$/$) = $10]。在此情況下，套利的立即報酬是 20%[(12 − 10)/10]。這樣的獲利機會會吸引很多商人在臺灣搜購 DRAM，再運到美國去賣。前者造成臺灣的 DRAM 新臺幣價格（令其為 P）上漲，後者造成美國 DRAM 價格（令其為 P^*）下跌。臺灣由於出口 DRAM 到美國，會收到出口的美元貨款，而使得臺灣外匯市場美元供給增加，進而造成美元兌新臺幣匯率（令其為 e）的下跌。

原先美國 DRAM 單價換成新臺幣為 360 元 (30 × 12)，且臺灣 DRAM 的價格（300 元）要比美國便宜。以符號來表示，可以寫成：

$$P < eP^*，$$

也就是一開始兩地存在價差。在「買賤賣貴」的套利行動後，臺灣的 DRAM 價格上漲（P 上升），美國的 DRAM 價格下跌（P^* 下降），且美元對新臺幣貶值 (e 下降)。這樣的價格調整會一直持續到兩地的價格相等為止 (比方說臺灣的 DRAM 單價漲到 308 元，美國的 DRAM 單價跌到 11 美元，且美元兌新臺幣的匯率跌到 28 NT$/$)。這樣的均衡結果以符號表示，可以寫成：

$$P = eP^*。$$

以上所說明的是「單一價格法則」，亦即在自由貿易及不考慮運輸成本的情況下，兩地同質商品的價格會趨於相等。上一個等式可以改寫成：

$$\frac{\$1}{P^*} = \frac{e}{P}。$$

此一等式左邊講的是 1 塊美元在美國可以買的商品數量，即這 1 塊美元在美國的購買力；右邊講的是這 1 塊美元以 e 的匯率換成新臺幣後，在臺灣可以買的商品數量，即這 1 塊美元在臺灣的購買力。在均衡達成時，美元在美國及臺灣有相同的購買力(讀者可以自行試著導出 1 塊錢新臺幣在臺灣及美國有相同購買力的結果)。

到目前為止，我們已說明「購買力平價」的結果。接下來我們馬上就可以得出購買力平價的匯率理論。上式可以進一步改寫成：

$$e=\frac{P}{P^*}。$$

此一等式的意義為美元對新臺幣的均衡匯率反映臺灣之於美國的相對物價水準。根據此一等式，當臺灣物價上升時（P 上漲），如果美國物價不變（P^* 不變)，那麼美元對新臺幣會升值（e 上升)，即新臺幣對美元會貶值。為何會有這樣的結果？我們知道這個等式是由上一個表示購買力相等的等式而來，當臺灣物價上升時，新臺幣在臺灣的購買力下降。根據購買力最終會相等的結果，新臺幣換成美元後，其在美國的購買力也會下降。在美國物價不變的情況下，此意味著新臺幣可以換的美元數量減少，即新臺幣對美元貶值（e 上升)。

在實際上，透過什麼樣的途徑，臺灣物價上升而美國物價不變會導致新臺幣對美元貶值？當臺灣商品相對美國商品變貴時，臺灣來自美國的進口數量會增加（比方說臺灣國產汽車價格上漲時，美國進口車的數量會增加)，且臺灣對美國的出口數量會減少（比方說臺灣 DRAM 的現貨市場價格由於某個原因大漲，那麼商人賣在臺灣的數量會增加，而出口到美國的數量會減少)。如圖 15–6 所示，前者造成臺灣外匯市場美元需求的增加，而後者造成美元供給的減少。二者均導致美元對新臺幣升值，即新臺幣對美元貶值。

總而言之，絕對購買力平價理論告訴我們，均衡的匯率水準反映兩國的相對物價水準。當一國相對於另一國的物價上漲時，這個國家的貨幣對另一國的貨幣會貶值。

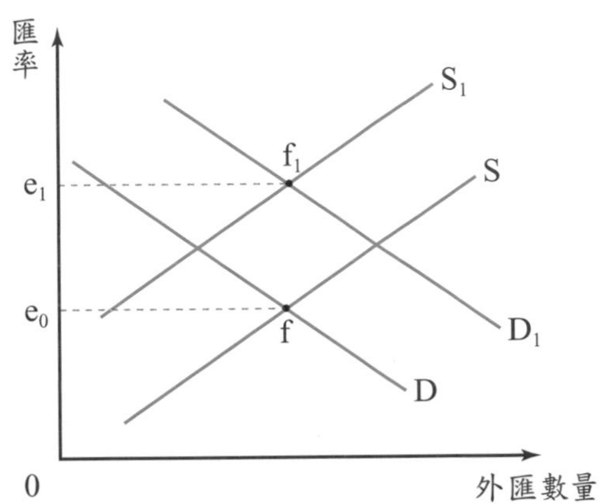

當本國物價相對外國物價上漲，亦即本國商品相對變貴時，本國的進口會增加，而使外匯市場需求曲線由 D 右移至 D_1，且本國的出口會減少，而使供給曲線由 S 左移至 S_1，從而使均衡匯率由原先的 e_0 上升至 e_1。

圖 15–6　本國物價相對外國物價上漲對匯率的影響

即使運輸成本小到可以忽略，實際的匯率水準與絕對 PPP 所預測的匯率水準通常並不相符。主要的原因有三點：

1. 會影響物價的因素不一定會影響匯率

比方說，假設政府提高營業稅的稅率。由於這個稅一體適用於本國商品及進口的國外商品，且為比例稅 (proportional tax)，因此，不會對國內外商品的相對價格有顯著的影響，從而進出口的數量不會有顯著的變動，進而外匯市場的供需以及匯率的變動幅度就很有限。然而，提高稅率會造成國內一般物價（P，通常以 CPI 代表）的上升。依據絕對 PPP 理論，P 的上升會導致本國貨幣的貶值(e 上升)，但剛剛提及提高營業稅稅率所造成的匯率的變動幅度應很有限，所以，就此例而言，根據 PPP 理論所做的匯率變化的預測並不正確。

2. 非貿易財 (nontradable goods) 價格的變動會影響 CPI，但不會影響匯率

例如，房屋租金的上漲會使 CPI 上升，根據 PPP 理論，本國貨幣會貶值。但房屋為非貿易財，即使房屋租金因房地產價格上漲而提高，我們也無法從國外進口房地產。因此，房租上漲並不會影響匯率，也因此 PPP 理論的匯率預測並不正確。

3. 資本的跨國移動，即廣義的金融帳的那些項目，也會影響匯率

根據外匯供需模型，只要外匯的供需發生變動，匯率就會變動；而外匯供需不只受到國際貿易的影響，也會受到資本跨國移動的影響。如果大量的國外資金匯入本國購買本國的資產，本國貨幣會大幅升值。例如，在 1986 至 1987 年期間，由於市場預期新臺幣會大幅升值，導致大量的投機性「熱錢」流入臺灣，而造成美元兌新臺幣的匯率一路由 40 NT$/$ 左右下降至 29 NT$/$左右。然而，這段期間臺灣 CPI 相對於美國 CPI ($\frac{P}{P^*}$) 變動幅度相當有限，所以，就此例而言，絕對 PPP 的匯率理論並不具解釋能力。

㈡相對購買力平價

以上所介紹的絕對 PPP，看的是相關國家的絕對物價水準，而且它預測匯率會反映兩國的物價水準，即 $e=\frac{P}{P^*}$。如上所述，實際的匯率會受到很多因素的影響，不見得會接近 $\frac{P}{P^*}$ 的水準。如果在一般期間內，實際匯率的波動幅度（以變動百分比表示）接近兩國相對 CPI（即 $\frac{P}{P^*}$）的波動幅度，那麼 PPP 理論仍有其價值。如果以 $\hat{X}$ 表示變數 X 在給定期間內的變動百分比，則由 $e=\frac{P}{P^*}$，可以得出

$$\hat{e}=\hat{P}-\hat{P}^*。$$

此一等式的意義為：均衡匯率的變動百分比等於本國與外國 CPI 變動百分比的差。以臺灣與美國為例，在 2000 及 2010 年，臺灣的 CPI 分別為 96.09 與 105.48，而美國則分別為 172.2 與 218.0。另外，美元兌新臺幣的平均匯率在這兩年分別為 31.23 NT$/$ 與 31.65 NT$/$。我們可以計算出在 2000 至 2010 年這段期間，臺灣與美國 CPI 的變動率分別為 9.77% 與 26.59%。所以根據上式，我們可以算出相對 PPP 所預測的美元兌新臺幣的變動率為 −16.82% (9.77% − 26.59%)，即美元對新臺幣應該會貶值。但美元

對新臺幣實際上是升值 1.3% 的。所以，以本例而言，相對 PPP 的匯率理論也不具解釋能力。

雖然在以上我們所舉的例子當中，不論是絕對 PPP，還是相對 PPP，均不具良好的解釋能力，但是一國發生嚴重的物價膨脹時期，我們通常都可以看到這個國家的貨幣對美元是貶值的。這是因為當國內物價持續上升時，本國貨幣的購買力會持續下降。人們為了保值，遂持有美元之類的國際通貨，而導致本國貨幣貶值；而本國的出口淨額也會因本國物價（相對國外物價）持續上漲而減少，這也會造成本國貨幣的貶值。

總而言之，在物價平穩時期且資本的跨國移動大到足以影響匯率時，國內外金融情勢的變化會主宰匯率的波動。這時候 PPP 理論對匯率的波動就比較不具解釋能力；但在國內外物價高度波動時期，PPP 理論的解釋能力就比較強。

另外，PPP 理論的一個常見應用是用它來做國際間所得購買力的跨國比較。

㈢比較各國的平均每人 GDP

全球最大旅外人士網站 InterNations 曾針對各國旅外人士就移居他國的生活品質、工作及財務等狀況做評量調查，結果，臺灣打敗 66 國與城市，榮登全球冠軍，成為最適宜居住的地方！其中一個原因是物價便宜❸。舉例來說，在國外一杯手搖飲料可能要 3 到 4 塊美金，但臺灣手搖飲料種類眾多，價錢從 25 塊到 70 塊新臺幣都有。

物價便宜讓臺灣民眾的所得其購買力高，所以，雖然臺灣在 2011–2018 年這段期間的平均年經濟成長率只有 2.03%，但在 2018 年，臺灣平均每位國民的購買力排在全世界第 14 名，優於瑞典、德國與日本等先進國家。本小節將說明為何會有這樣的結果。

為使國際間的比較有意義，各國都會有平均每人 GDP 的資料，且換算

❸ 其他原因包括：交通便利、美食王國、便利商店密集、人民熱情友善、蔬果新鮮、健康服務佳、安全、生態豐富且風景優美，以及環境整潔。資料來源：臺灣最宜居！10 個榮登榜首的原因，Knowing News，2016 年 8 月 30 日。

成美元。美元對該國貨幣的匯率有兩種：一為外匯市場的匯率，另一為 PPP 匯率。

1. 以外匯市場匯率計算

在 2018 年，臺灣的名目 GDP 為新臺幣 183,750 億元，期中人口數約為 2,358 萬人，這兩數相除可得平均每人 GDP 為新臺幣 779,260 元；當年美元兌新臺幣的平均匯率為 30.16 元 / 美元，因此，臺灣 2018 年平均每人 GDP 以美元表示為 $25,838，排在全世界第 34 名。此一數值最高的是盧森堡的 $114,234（國際貨幣基金 IMF 資料），新加坡、美國、香港、日本、南韓與中國的平均每人 GDP 分別為 $64,041、$62,606、$48,517、$39,306、$31,346 與 $9,608❹。

2. 以 PPP 匯率計算

(1)以市場匯率計算的問題

不過，上述的作法可能無法反映一國人民其所得的購買力，亦即其所得所能購買的商品與服務的數量。舉例來說，假設 A 與 B 兩國使用相同的貨幣（如歐元），且 A 國的物價水準比 B 國高出一倍，但其他條件都一樣，從而根據上述的作法，A 國的平均每人 GDP 為 4 萬美元（假設值），而 B 國只有 2 萬美元。雖是如此，A 國的 4 萬美元的平均每人 GDP 的購買力跟 B 國的 2 萬美元的購買力是一樣的。

為了讓平均每人 GDP 反映購買力，以美元所表示的平均每人 GDP 是用 PPP 匯率換算的。假設在美國購買某一籃子的商品要花 100 美元，而在臺灣購買同一籃子的商品要花 3,000 元新臺幣，那麼，如果 1 美元可以兌換 30 元新臺幣，則每一塊美元在美國跟臺灣都有相同的購買力；也可以說，每一塊新臺幣在臺灣跟美國都有相同的購買力。我們稱 1 美元可以兌換 30 元新臺幣為此例的 PPP 匯率，$e^{PPP}_{NT\$/\$} = 30$ 表示。

(2)以 PPP 匯率計算平均每人 GDP

如果由於某個原因，在臺灣購買此一籃子的商品變成只要 1,500 元新臺幣，那麼，$e^{PPP}_{NT\$/\$} = 15$。因此，在其他條件不變下，如果臺灣的物價下跌，則

❹ List of countries by GDP (nominal) per capita, Wikipedia, the free encyclopedia.

美元對新臺幣的 PPP 匯率會降低。在此情況下，臺灣以 PPP 匯率所換算的美元平均每人 GDP 會增加。此一例子跟臺灣的實際情況非常接近。在 2018 年，臺灣以 PPP 匯率所換算的平均每人 GDP 為 $53,023 ($e^{PPP}_{NT\$/\$} = 14.69$)，排在全世界第 14 名；雖然還是低於新加坡 ($100,345)、香港 ($64,216) 與美國（還是 $62,606），但高於日本 ($44,227) 與南韓 ($41,351)（中國為 $18,110）❺。

◆ 15.4.2　利率平價理論

當兩國相似資產的預期報酬率有所不同時，投資人會將資金由報酬率低的國家移向報酬率高的國家。此一移動一方面會使資金移出國其可貸資金供給減少，而造成其利率上升，另一方面也會使資金移入國其可貸資金供給增加，而造成其利率下降。另外，當資金由移出國移向移入國時，資金移入國的貨幣對移出國的貨幣會升值。匯率及兩國利率的變動會一直持續到兩國資產的預期報酬率相等，而使資金不再移動為止。此一狀態稱為利率平價 (interest-rate parity，簡稱 interest parity；嚴格來說，應稱為報酬率平價)。

利率平價理論分為兩種：未避險利率平價 (uncovered interest parity) 與已避險利率平價 (covered interest parity)。由於已避險利率平價牽涉到遠期外匯等可以規避匯率風險的避險工具，而這些避險工具不在本書的討論範圍，因此接下來我們僅介紹未避險利率平價。

㈠未避險利率平價

假設你是某大企業的財務長，你手中有 1 億元新臺幣的資金，你在考慮要購買我國一年期的政府公債（利率為 i）或美國一年期的政府公債（利率為 i^*)。再假設你認為這兩種公債的風險、交易成本與流動性是一樣的，那麼，你除了考慮這兩種公債的利率外，你還需考慮哪些因素？

購買美國政府公債首先需將新臺幣換成美元，到期後再將美國政府公債的美元本利和匯回臺灣。由於這兩個時點的美元兌新臺幣的匯率很可能不同，所以你在計算美國政府公債的預期報酬率時，還需考慮匯率的變動。如

❺ List of countries by GDP (PPP) per capita, Wikipedia, the free encyclopedia.

果未來這一年，美元對新臺幣貶值，那麼一年後美國政府公債的美元本利和，所能換到的新臺幣金額將變少，也就是說你會有所謂的匯兌損失。相反地，如果一年後美元對新臺幣升值，那麼你購買美國政府公債可享有匯兌收益。因此，你購買一年期的美國政府公債的預期報酬率為美國政府公債本身的利率加上你所預期的美元對新臺幣的升值率或貶值率。比方說，假設我國政府公債利率 i 與美國政府公債利率 i^* 分別為 3% 與 5% 且現在美元兌新臺幣的匯率為 30 NT$/$。如果你預期一年後美元兌新臺幣的匯率貶到 29NT$/$，那就表示你現在用 30 元新臺幣買到的 1 美元，一年後只剩 29 元新臺幣，因此，你會有 3.33% 的匯兌損失，從而你若是現在購買美國政府公債，一年後的預期報酬率只有 1.67% (5% – 3.33%)。在此情況下，你不應該購買美國政府公債。

假設現在美元兌新臺幣的即期匯率水準為 e，你預期一年後美元兌新臺幣的即期匯率水準為 E(e)。根據以上的說明，購買一年期的我國政府債券的每 1 塊錢新臺幣，一年後的本利和為 $1+i$。而每 1 塊錢新臺幣現在可以換 $\frac{1}{e}$ 這麼多的美元，而 $\frac{1}{e}$ 這麼多的美元購買一年期的美國政府公債，一年後的美元本利和為 $\frac{1}{e}(1+i^*)$，且你預期一年後可以換成 $\frac{1}{e}(1+i^*)E(e)$ 這麼多的新臺幣。如果：

$$1+i<\frac{1}{e}(1+i^*)E(e)，$$

則表示購買一年期美國政府公債的預期報酬率大於購買我國政府公債的報酬率。在此情況下，如果你對風險的態度是中立的（risk neutral，即如果預期值與確定值相同，則這兩種情況對你而言是無差異的），你會選擇將你手中的資金換成美元後去購買美國政府公債。

如果很多人跟你有相同或接近的預期匯率水準，則臺灣的美元市場需求會因美元資產需求增加而增加，從而造成美元對新臺幣升值。另外，由於資金從臺灣流向美國，臺灣的可貸資金供給減少，所以臺灣的利率會上漲（如果我們所舉的例子是日本這樣的資金大國，那麼大規模的資金由日本流向美國，可能會使美國的利率下跌）。

資金這樣跨國移動之後，本國的利率 (i) 上升，本國的貨幣貶值（e 上升），且外國的利率可能下降。在此情況下，上述不等式左右兩邊的差距會逐漸縮小，直到兩邊相等為止，亦即，

$$1+i=\frac{1}{e}(1+i^{*})E(e)\text{，}$$

此時達成所謂的利率平價均衡。在此情況下，資金不再作跨國移動。上式可以改寫成：

$$\frac{1+i}{1+i^{*}}=\frac{E(e)}{e}\text{。}$$

上式兩邊減 1 後成為：

$$\frac{i-i^{*}}{1+i^{*}}=\frac{E(e)-e}{e}\text{，}$$

從而：

$$i-i^{*}=(1+i^{*})\left[\frac{E(e)-e}{e}\right]=\frac{E(e)-e}{e}+i^{*}\left[\frac{E(e)-e}{e}\right]\text{。}$$

由於第二個等式右邊第二項為兩個百分比的乘積，一般來說其值可以忽略，因而上式成為：

$$i=i^{*}+\frac{E(e)-e}{e}\text{。}$$

此一均衡式稱為未避險利率平價條件 (uncovered interest parity condition)。之所以稱為「未避險」，是因為未來的即期匯率水準不一定等於

E(e)，且資金所有人未進行規避匯率風險的避險動作。如果我們將 i 與 i^* 擴大解釋成本國與外國相似資產自身的預期報酬率，那麼上式的意義為，在均衡時，本國資產的預期報酬率會等於外國相似資產的預期總報酬率，其為外國資產自身的預期報酬率加上外國貨幣兌本國貨幣匯率的預期變動率(簡稱預期匯差率)。

未避險利率平價條件告訴我們，一國的均衡匯率水準會受到兩國資產的預期報酬率與預期匯率水準的影響。當 i、i^* 與 E(e) 發生變動而使得未避險利率平價條件不成立時，會引發資金的跨國移動，從而造成 i、i^* 與 e 的變動，直到未避險利率平價條件重新成立為止。

例如，假設一開始未避險利率平價條件成立，後來由於某個原因，人們調降 E(e) 的水準；我們將這樣的變動簡單說成人們預期本國貨幣未來會升值（在人們調降 E(e) 的水準後，人們仍有可能預期本國貨幣未來會貶值，只是預期的貶值幅度沒有之前的大)。在此情況下，

$$i > i^* + \frac{E(e) - e}{e} \text{ 或 } i + \frac{e - E(e)}{e} > i^* \text{。}$$

由於現在人們預期本國貨幣會升值（E(e) 下降)，因此外人持有本國資產可享有匯差的報酬，而使本國資產的預期總報酬率變得較高，遂引發資金流向本國。資金流向本國後，本國貨幣會升值（e 下降)，且本國資產的價格會因需求增加而上漲，使得報酬率下降（i 下降)。由於本國貨幣升值後，持有本國資產可享有的匯差下降，再加上本國資產的報酬率下降，上面不等式左右兩邊的差距會縮小，而使流入本國的資金減少。這樣的調整過程會一直持續到未避險利率平價條件又重新成立為止。

若 i^* 代表美國利率且一開始未避險利率平價條件成立，那麼，如果美國聯準會出乎預期地調高利率，則持有美國生息資產(如債券或美元定期存款)的報酬率會高於本國相似資產的報酬率；這會造成美元需求的增加，從而導致美元的升值。因此，在其他條件不變下，i^* 與 e 會有正向關係，從而如果市場預期美國聯準會未來會調升利率，那麼市場也會進一步預期未來美元會

升值，亦即 E(e) 會上升。在此情況下，即使現在美國利率沒有變動，但由於人們預期美元會升值，現在持有美國生息資產可享有較高的預期升值率，從而造成現在美元需求的增加，進而導致現在美元的升值。

我們經常可以觀察到市場預期美國聯邦準備銀行未來會調升利率，導致現在美元升值的結果。美國聯邦準備銀行調升利率意味著它要採取較為緊縮的貨幣政策（通常是在美國物價蠢蠢欲動時），因此，如果美國所公布的物價膨脹率高於市場的預期水準，那麼市場會接著預期美國聯邦準備銀行會調升利率，從而預期美元未來會升值。根據我們上面的說明，這會造成美元現在就會升值。

如果美國所公布的失業率低於市場的預期，那麼，美元現在會升值還是會貶值？

Economics 部落格

從以上的討論可以得知，人們的匯率預期水準會影響資金的跨國移動。如果此一預期水準持續且單向調整，那麼很可能造成資金大規模往一個國家移動。在 1985 年 9 月，五國集團（Group of Five，或 G5，包括法國、德國、日本、英國和美國）的中央銀行總裁和財政部長在紐約的廣場飯店 (Plaza Hotel) 集會，討論的主題為美元。會後，G5 發表了一份聲明，聲明的內容後來稱為《廣場協定》(The Plaza Agreement)。G5 認為以美國經濟的基本情況而言（主要指美國龐大的商品貿易逆差，此一逆差在 1985 年高達 1,221 億美元），美元過於強勢。他們決定聯合干預，讓美元貶值。首當其衝的是日圓，因為美國對日本 1985 年的商品貿易逆差高達 435 億美元。G5 聯合干預的結果使美元兌日圓的匯率由 1985 年 9 月約 240 ¥/$ 持續貶值至 1988 年 12 月約 120 ¥/$ 的水準。由於日圓兌美元升值是緩步進行的，再加上 1986 年與 1987 年美國對日本的商品貿易逆差持續增加至 544 億與 569 億美元，遂引發市場之日圓對美元將持續升值的預期心理，而導致資金大量流入日本，進而造成日本的「泡沫經濟」。此一泡沫在 1990 年破滅，而使日本經濟持續十餘年不景氣（此點可由日本於 1999 年 2 月開始實施「零利率」之超寬鬆貨幣政策，至 2006 年 7 月才解除得知❻）。

㈡ 1980 年代後期臺灣的「泡沫經濟」

臺灣當時的情況與上面「Economics 部落格」所提的日本情況非常接近。臺灣在 1985 年對美國的商品貿易順差亦高達 109 億美元，所以美國亦對臺灣施壓，迫使新臺幣升值。如圖 15–7 所示，美元兌新臺幣的匯率由 1985 年 9 月約 40 NT$/$ 一路升值至 1989 年 9 月約 25 NT$/$ 的水準。這段期間新臺幣對美元的升值幅度高達 60%。由於臺灣 1985 年之前的經濟快速成長主要是由出口所帶動的，中央銀行為避免新臺幣快速且大幅升值，對出口造成不利影響，遂採取讓新臺幣緩慢升值的策略，不斷進入外匯市場買美元以支撐美元的價位。中央銀行的外匯存底在 1986 年與 1987 兩年就增加高達 541 億美元。

由於中央銀行此種策略，加上臺灣對美國的商品貿易順差於 1986 與 1987 兩年持續增加至 146 億與 175 億美元，遂引發市場新臺幣對美元將持續升值的預期心理。

根據上面所介紹的未避險利率平價理論，如果以臺灣為本國，那麼若資金持有者預期新臺幣對美元的升值率，大過美元對新臺幣的利差（在 1986–1988 年期間，一年期以下美元存款與新臺幣存款的利差不超過 5%），亦即 $\frac{e-E(e)}{e} > i^{*} - i$，那麼持有臺灣資產的預期報酬率 $i + \frac{e-E(e)}{e}$ 會大於持有美元資產的預期報酬率 i^{*}，從而資金會流向臺灣。這些資金就是當時所稱的投機性「熱錢」。

由於中央銀行不斷進場買美元，遂釋放出大量的準備貨幣。準備貨幣的餘額由 1985 年底的 3,933 億元新臺幣增至 1989 年底 1 兆 788 億元新臺幣，

❻ 之後，日本經濟又面臨 2008 年的全球金融海嘯，2010 年的歐洲主權債信危機，以及 2011 年 3 月 11 日的大地震，而無法強勁復甦。

再加上當時臺灣經濟的景氣不錯，銀行積極進行放款與投資，遂使臺灣的 M1B 餘額由 1985 年底的 7,514 億元增至 1989 年底 2 兆 687 億元新臺幣。由此可見臺灣當時資金有多氾濫，所以當時才會有「臺灣錢淹腳目」這一句話。

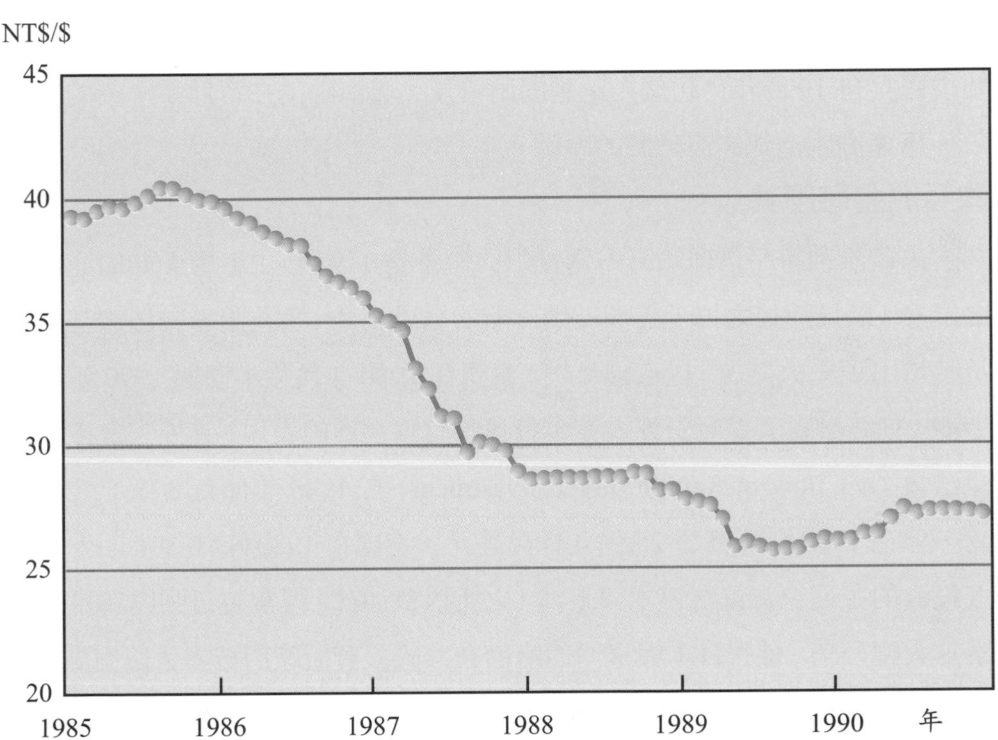

在 1985 年 9 月《廣場協定》簽訂之後，臺灣因對美國有龐大的商品貿易順差，加上中央銀行採取讓新臺幣緩慢升值策略，引發市場新臺幣將持續升值的預期心理。此一預期心理導致資金持續匯入臺灣，而造成 1986 與 1987 兩年新臺幣對美元大幅升值。
資料來源：《中華民國臺灣地區金融統計月報》，相關月份，中央銀行經濟研究處。

圖 15–7　1985–1990 年期間美元兌新臺幣匯率

資金氾濫再加上「熱錢」與本土資金的高投機性質，遂造成當時臺灣房地產與股票價格的飆漲，當時全臺灣可說是陷入瘋狂的金錢遊戲中。那時候「臺灣證券交易所發行量加權股價指數」由 1985 年 9 月約 700 點起漲，最高曾飆至 1990 年 2 月之 12,682 點。當時由於臺灣房地產價格飆漲，股票價格主要是由所謂的「資產股」領軍大漲。那時候生產火柴的「台灣火柴公司」，只因有土地資產，每股價格曾超過 1,400 元，由此就可以知道當時股票市場瘋狂的程度。

不過，泡沫經濟（簡單來說，就是有不少像「台灣火柴公司」那樣的公司，其獲利不足以長期支撐其股價）總是會破滅的。在新臺幣對美元不再升值（參閱圖 15–7）且政府採取多項緊縮措施抑制金錢遊戲之後，臺灣股票（與房地產）價格急轉直下，在短短的八個月期間，由 12,682 點跌至 1990 年 10 月之 2,485 點。不過，臺灣比日本幸運的是，由於美國經濟自 1992 年開始復甦且自 1990 年代起個人電腦開始普及，臺灣經濟在資訊電子業的領軍下，迅速擺脫泡沫經濟破滅的陰霾。

㈢亞洲金融風暴

未避險利率平價理論另一個實用的例子是 1997 年由泰國開始的亞洲金融風暴，以及隨後之拉丁美洲及俄羅斯的金融風暴。這些國家其經濟基本面當時均出現重大問題。以泰國為例，泰國在 1980 年代後半期與 1990 年代前半期，其經濟在大量吸引外人直接投資後有很亮麗的表現。其外人直接投資淨流量 (net flow of foreign direct investment) 在 1985 年僅有 3 億 5 仟萬美元，但在 1990 年即高達 25 億 4 仟萬美元。泰國在 1980 年代後半期外人直接投資的主要來源國為日本與臺灣，之所以會如此，與當時日圓與新臺幣對泰銖大幅升值，使得日本與臺灣的廠商在泰國投資設廠的成本大降有關（新臺幣對泰銖在 1986 與 1987 短短兩年就升值約 70%）。由於泰國的亮麗經濟表現，也吸引外人對泰國進行證券投資。因為這些資本的流入，泰國的外匯存底由 1985 年年底的 30 億美元快速累積至 1996 年年底的 387 億美元，從而造成泰國的準備貨幣大幅增加，再加上銀行放款浮濫，遂使泰國資金氾濫，進而造成房地產與股票價格飆漲的「資產泡沫」現象。這一點跟 1980 年代後半期的臺灣非常類似。

由於泰國的資產價格已飆漲，對外資而言，已不再具有吸引力，且有可能獲利了結後將資金匯出；同時，泰國的經常帳逆差也不斷擴大，如 1996 年的逆差高達 161 億美元。因此，在 1997 年，泰國的外匯市場就強烈預期泰國的國際收支會由順差轉為逆差，因而泰銖對美元會有嚴重的貶值壓力；再加上索羅斯 (Gorge Soros) 等投機客的狙擊（借泰銖買美元），使泰國外匯市場的美元超額需求更加嚴重。在泰國中央銀行賣了超過百億的美元以後，終於在 1997 年 7 月 2 日宣布棄守固定匯率。當時市場對泰銖的信心完全潰散，在短短的半年之間，泰銖對美元的匯率由原先約 26 泰銖換 1 美元，貶至約 55 泰銖換 1 美元。資金大舉撤出，讓泰國接著發生資產泡沫破滅，大規模企業與銀行破產的金融風暴。最後在國際貨幣基金 (International Monetary Fund, IMF) 與國際清算銀行 (Bank for International Settlements, BIS) 提供共約 200 億美元的貸款給泰國，使人們認為泰銖對美元不會再繼續貶值；再加上資金大舉撤出，讓泰國的國內利率因資金供給減少而高漲，且泰銖對美元已大幅貶值，從而使購買美元的機會成本大增後，資金才不再繼續從泰國撤出，情勢才穩定下來。

以上的過程我們可以用未避險利率平價理論來解釋。如果以泰國為本國，美國為外國，在泰銖對美元會嚴重貶值的預期心理下（即 E(e) 大幅上升），下列不等式會成立：

$$i < i^* + \frac{E(e) - e}{e},$$

進而造成資金從泰國大舉撤出。資金大舉撤出讓泰銖對美元大幅貶值（即 e 大幅上升），且泰國國內利率高漲（即 i 大幅上升）。在 e 與 i 均大幅上升，使購買美元的機會成本大增，且在 IMF 與 BIS 提供貸款給泰國，使人們認為泰銖對美元不會再繼續貶值（即 E(e) 不再上升）後，上式兩邊趨於相等，資金也就不會再繼續從泰國撤出，情勢因此穩定下來。

泰銖對美元大幅貶值後，一些東南亞國家(如菲律賓、馬來西亞、印尼)、南韓、巴西、俄羅斯與阿根廷等國也因其經濟基本面當時均出現重大問題(如外債過高，市場預期這些國家未來會有龐大的外幣需求)，而引發市場對這些國家貨幣將大幅貶值的預期心理，進而造成資金從這些國家大舉撤出。甚至香港與日本也受到波及（日本金融業在亞洲的債權額於 1996 年年底高達 1,186 億美元，其中泰國就占了 53%)。當時臺灣因為美國經濟持續強勁成長及個人電腦愈來愈普及，再加上臺灣沒有太多外債，所以受到的波及程度就比較有限；臺灣 1998 年經濟成長率仍達 4.20%（關於那時候全世界的金融情勢，有興趣的讀者上網鍵入「亞洲金融風暴」或「索羅斯」，就可得到相關資訊)。

從以上 1997 年泰國的金融風暴的例子可以知道，若一國金融情勢發生巨大變化而該國仍死守固定匯率不放的話，可能會造成很嚴重的後果。如果泰國中央銀行早一點放棄固定匯率而改採浮動匯率的話，情況就不至於這麼嚴重。這道理就如同暴風雨來臨時，水庫早點洩洪，水位最後就不會高到足以沖垮水壩，而釀成巨災。這裡的水庫水位對照泰銖的賣壓，如果泰國早採浮動匯率，泰銖的賣壓就可以持續宣洩，且在泰銖大幅貶值（即美元大幅升值）後，泰銖的賣壓（即美元的買盤力道）就會減緩，而不至於累積到足以釀成金融風暴的水準。所以，浮動匯率制度在一國面臨類似的衝擊時，可以降低對該國經濟的傷害程度。

摘　要

1. 國際收支平衡帳記錄某一特定期間，一國之個人、企業及政府所進行之商品、服務及資產之國際交易流量。由於外匯不會憑空消失或從天而降，因此，國際收支帳上的所有收入項目的總額一定等於所有支出項目的總額，而使收支平衡。
2. 國際收支帳包含三個主要的分帳為經常帳、金融帳與準備資產。經常帳記錄商品、服務與所得的跨國移動；它的四個基本項目為商品、服務、初次所得與二次所得。金融帳記載國內外個人、企業或政府（不包括中央銀行）之間資產的跨國交易，包括直接投資、證券投資與其他投資。準備資產項下記載貨幣當局所進行的金融資產跨國交易。
3. 若資本帳餘額及誤差與遺漏淨額均不大，那麼，一國若有國際收支順差，其準備資產項下餘額為逆差，通常表示該國中央銀行的外匯存底增加；一國若有國際收支逆差，其準備資產項下餘額為順差，通常表示該國中央銀行的外匯存底減少。當一國的經常帳加金融帳的餘額為零時，該國達成國際收支均衡。
4. 外匯市場是由銀行、外匯經紀商以及中央銀行所構成。透過此一系統，家庭、企業及政府可以買賣外匯。記在國際收支帳借方的哪些項目形成外匯市場的需求，而記在貸方的哪些項目形成外匯市場的供給。
5. 即期市場為外匯交易完成後，二至三個營業日內進行交割的市場。而即期匯率就是即期外匯市場的價格。在匯率可以自由變動時，即期匯率是由外匯市場的供需雙方所共同決定的。

6. 實質匯率為國外商品以新臺幣表示的價格除以國內商品價格，代表 1 單位國外商品可以兌換多少單位的本國商品。
7. 有效匯率指數是由多種匯率加權平均計算而來，每種匯率的權數反映本國與這個國家之間的貿易占本國國際貿易的重要程度。有效匯率指數的變動反映臺灣主要貿易對手國的貨幣之於新臺幣，平均而言，是升值或貶值的。而實質有效匯率指數的變動，反映 1 單位本國商品所能換得的本國主要貿易對手國的商品數量的變動。
8. 在固定匯率制度下，中央銀行既已「管價（匯率）」，就不能同時又「管量（貨幣供給量）」，所以，中央銀行喪失貨幣政策的自主性。在純粹浮動匯率制度下，中央銀行不「管價」，所以保有貨幣政策的自主性。
9. 在純粹浮動匯率制度下，一國可以隔絕外國一般物價上漲對本國經濟的影響；但就石油進口國而言，浮動匯率制度並無法隔絕國際石油價格上漲對國內經濟的影響。
10. 在管理浮動匯率制度下，匯率原則上是由外匯市場供需雙方共同決定，亦即中央銀行尊重外匯市場價格機能；但若匯率過度波動，中央銀行會透過買賣外匯來降低匯率的波動幅度。中央銀行這樣的舉動屬於「逆勢而為」，不一定能達到它所預期的效果，且可能會造成利益的重分配。
11. 購買力平價理論認為影響匯率的最主要因素為兩國的物價水準，匯率會調整至讓一國貨幣不管是用來購買哪一國的同質商品，都會有相同的購買力。當一國相對於另一國的物價上漲時，這個國家的貨幣對另一國的貨幣會貶值。
12. 實際的匯率水準與購買力平價理論所預測的匯率水準通常並不相符，主要的原因有三點：(1)會影響物價的因素不一定會影響匯率，(2)非貿易財價格的變動會影響一國的物價水準但不會影響匯率，以及(3)資本的跨國移動也會影響匯率。但在國內外物價高度波動時期，PPP 理論的解釋能力就比較強。
13. 未避險利率平價理論主張，一國的均衡匯率水準會受到兩國資產的預期報酬率與預期匯率水準的影響。當兩國資產的預期報酬率與預期匯率水準發生變動，而使得未避險利率平價條件不成立時，會引發資金的跨國移動，從而造成兩國資產的預期報酬率與匯率水準的變動，直到未避險利率平價條件重新成立為止。在均衡時，本國資產的預期報酬率會等於外國相似資產的預期總報酬率，其為外國資產自身的預期報酬率加上外國貨幣兌本國貨幣匯率的預期變動率。
14. 1980 年代後期臺灣的「泡沫經濟」，與 1997 年的泰國金融風暴，基本上，是當時兩國的外匯市場對兩國的貨幣有強烈的預期升值或貶值的心理，且兩國的中央銀行過度介入外匯市場所致。

習　題

1. 請將下列交易登錄在國際收支帳適當分帳下，並分析其對臺灣國際收支餘額之影響：
   (a)我國中央銀行向華南銀行購買其所持有的美國政府公債 $100 萬美元。
   (b)陳先生將 $100 萬美元的出口收入賣給華南銀行且林先生向華南銀行購買 $100 萬美元進行海外直接投資。
2. 「當本國政府支出增加時，本國的經常帳餘額會減少。」你是否同意？為什麼？
3. 試舉例說明，一國有經常帳順差不一定是件好事，且一國有經常帳逆差也不一定是件壞事。
4. 請說明為何一國放寬資本跨國移動限制時，通常該國匯率的波動程度會加大。
5. 當中央銀行進場賣美元時，在其他條件不變下，美元對新臺幣會升值還是貶值？中央銀行此舉會造成什麼樣的利益重分配？
6. 「在浮動匯率制度下，本國可以隔絕國際價格波動對本國物價的影響。」你是否同意？為什麼？
7. 假設匯率是固定的且其他條件不變。試分析下列事件對本國貨幣供給的影響。
   (a)本國出口增加。
   (b)本國對外投資增加。
8. 假設匯率是固定的且其他條件不變。
   (a)當本國中央銀行買進債券時，一開始本國貨幣供給與利率會如何變動？
   (b)利率變動之後，我國金融帳餘額會如何變動？此一變動會使本國外匯市場有超額供給還是超額需求？
   (c)面對此一外匯市場失衡情況，本國中央銀行要買進外匯還是賣出外匯？
   (d)中央銀行此一外匯操作會使本國貨幣供給增加還是減少？此一貨幣供給的變動方向是否與(a)小題的相反？
   (e)如果相反，那是不是意味著在固定匯率制度下，中央銀行並無法透過貨幣政策工具影響貨幣供給？
9. 假設一國物價的均衡水準是由貨幣供需所共同決定且匯率是浮動的。
   (a)當該國的實質 GDP 增加時，在其他條件不變下，該國的物價水準會如何變動？根據 PPP 理論，此一變動會使該國的貨幣升值還是貶值？
   (b)假設該國人民調高對物價的預期水準（此時該國的實質 GDP 不變），回答(a)小題的問題。
10. 假設只有 A 與 B 兩國且匯率是浮動的。
   (a)當 A 國中央銀行調高應提準備率時，在其他條件不變下，A 國的市場利率會如何變動？根據未避險利率平價理論，此一變動會使 A 國貨幣對 B 國貨幣升值還是貶值？

(b)假設市場調高 B 國貨幣兌 A 國貨幣匯率的預期水準（如果以 A 國為本國，B 國為外國，則可以表示成 E(e) 上升）。回答(a)小題問題。

11. 2007 年的中國金融情勢與 1987 年的臺灣頗為類似：兩國都有鉅額的對美貿易順差，且都被美國施壓其貨幣要對美元升值，但都採取緩步升值策略，從而造成熱錢的流入，進而導致股票與房地產價格的飆漲。如果你是人民銀行（中國的中央銀行）行長，你會採取什麼樣的措施，才能避免 1980 年代下半期臺灣（及日本）的「泡沫經濟」現象在中國重演？

Note

第 *16* 章
經濟波動：總合供需分析

1. 景氣循環的意義與特徵為何？
2. 何謂乘數效果？
3. 何謂節儉的矛盾？
4. 何謂平衡預算乘數？
5. 貨幣市場均衡利率的影響因素為何？如何影響？
6. 何謂總合需求曲線？其影響因素為何？如何影響？
7. 何謂總合供給曲線？長短期總合供給曲線的形狀各為何？
8. 影響長短期總合供給的因素為何？如何影響？
9. 如何利用總合供需的變動來解釋一國短期的經濟波動現象（如美國次級房貸風暴造成我國 2009 年的經濟衰退與 2020 年全球疫情嚴重的情況下我國經濟仍能維持成長）？
10. 何謂停滯性通膨？其成因為何？
11. 如何利用總合需求與長期總合供給的變動來解釋一國所得與物價均呈現上升的長期趨勢？
12. 何謂反景氣循環政策？這些政策有哪些時間落後問題？
13. 理性預期學派的主張為何？

Economics

我們在第 11 章說明一國長期經濟成長率，或一國長期實質 GDP 水準的決定因素；我們也在第 14 章說明一國長期的物價水準主要決定於貨幣供給與實質 GDP 水準。在本章，我們會探討一國短期實質 GDP 與物價水準的影響因素。因此，本書提供了探討一國長短期經濟表現的分析架構。

經濟波動 (economic fluctuation) 或景氣循環 (business cycle) 指的是一國的總體經濟指標環繞其長期趨勢，呈現上下起伏變動的現象。在本章，我們會先說明景氣循環的意義與特徵；接著介紹總合需求 (aggregate demand) 與總合供給 (aggregate supply)，再利用總合需求或總合供給的變動來說明景氣循環現象；最後再說明政府反景氣循環政策（亦即降低經濟波動幅度政策）之效果。

16.1 景氣循環的意義與特徵

景氣指的是一國在某一段期間其一般經濟活動盛衰的狀況。如圖 16–1 所示，景氣循環包括擴張期 (expansion) 與收縮期 (contraction) 兩個階段。擴張期可再分為復甦 (recovery) 與繁榮 (prosperity) 二個階段；收縮期可再分為緩滯 (slowdown) 與衰退 (recession) 或蕭條 (depression) 二個階段。一般而言，復甦指的是景氣脫離谷底逐漸恢復，而繁榮指的是經濟相當活絡的狀態。景氣緩滯指的是景氣由高峰反轉而下，呈現趨緩的現象；而景氣衰退則是經濟指標呈現下降的現象。至於景氣蕭條指的是經濟長時間嚴重的衰退現象。

行政院國發會會根據各項經濟指標認定景氣循環的週期。根據國發會所發布的「臺灣景氣循環基準日期」，如表 16–1 所示，自 1954 年 11 月起，至 2016 年 2 月為止，我國共經歷 14 次完整的景氣循環。其中，擴張期最長的是第二次循環的 96 個月（1956 年 9 月至 1964 年 9 月），最短的是第一次循環的 12 個月（1954 年 11 月至 1955 年 11 月）。而收縮期最長的是第五次循環的 37 個月（1980 年 1 月至 1983 年 2 月），最短的是第一次循環的 10 個月（1955 年 11 月至 1956 年 9 月）。

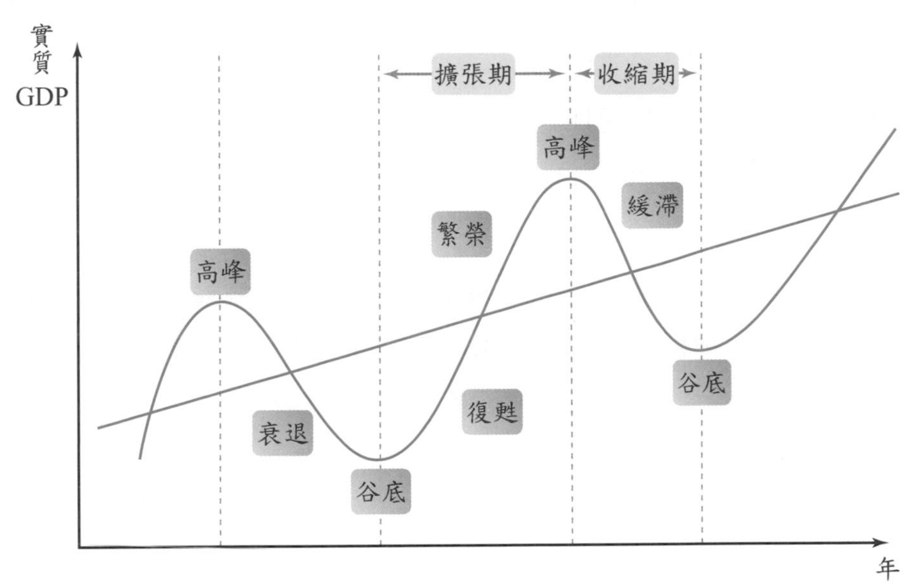

資料來源與說明：1. 行政院經濟建設委員會網站。
2. 作者部分修改。

圖 16–1 景氣循環階段

表 16–1 臺灣景氣循環基準日期

循環次序	谷底	高峰	谷底	持續期間（月數）		
				擴張期	收縮期	全循環
第 1 循環	1954.11	1955.11	1956.09	12	10	22
第 2 循環	1956.09	1964.09	1966.01	96	16	112
第 3 循環	1966.01	1968.08	1969.10	31	14	45
第 4 循環	1969.10	1974.02	1975.02	52	12	64
第 5 循環	1975.02	1980.01	1983.02	59	37	96
第 6 循環	1983.02	1984.05	1985.08	15	15	30
第 7 循環	1985.08	1989.05	1990.08	45	15	60
第 8 循環	1990.08	1995.02	1996.03	54	13	67
第 9 循環	1996.03	1997.12	1998.12	21	12	33
第 10 循環	1998.12	2000.09	2001.09	21	12	33
第 11 循環	2001.09	2004.03	2005.02	30	11	41
第 12 循環	2005.02	2008.03	2009.02	37	11	48
第 13 循環	2009.02	2011.02	2012.01	24	11	35
第 14 循環	2012.01	2014.10	2016.02	33	16	49
平均				38	15	53

資料來源：行政院國家發展委員會網站：首頁 > 主要業務 > 經濟發展規劃 > 景氣動向 > 臺灣景氣循環峰谷認定。

由以上的數字可以知道，景氣循環雖名之為「循環」，但是是不規則，且無法預測的，因此，有些經濟學家認為「經濟波動」是比較適宜的用詞。

另外，如上所述，收縮期包括緩滯與衰退二個階段；簡單地說，一國在其經濟成長率連續兩季低於其長期趨勢值即很有可能發生經濟衰退。據此，如果一國經濟本來有高度成長的趨勢，但在短期變成低度成長，那麼，雖然經濟還是正成長，但還是陷入經濟衰退。所以，雖然我國經濟只在 2001 年與 2009 年呈現負成長，但至 2016 年 2 月為止，總共經歷 14 次經濟衰退。例如，表 16–1 中的第 4 與第 5 循環的收縮期就是兩次石油危機發生的期間；雖然當時我國經濟仍維持正成長，不過正成長的幅度遠低於 1960 年代之後的趨勢值，所以被判定為收縮期。

動腦筋時間 16–1

如果有人可以準確地預測每次景氣循環的高峰與谷底，那麼，他會成為兆萬富翁，為什麼？

根據國民所得統計，按支出用途區分，(實質) GDP 等於民間消費支出、投資支出(固定資本形成毛額加存貨變動)、政府消費支出與出口淨額之和。表 16–2 顯示我國在 1981–2020 年期間，以 2016 年為參考計算之實質 GDP 與上述四項支出之成長率。就民間消費支出而言，一般人通常希望其跨期消費呈現平滑的型態，亦即不希望有暴起暴落的情形，所以表 16–2 中的民間消費支出的年成長率都未超過 13%，且民間消費水準主要被動決定於可支配所得水準，因此，除非人們極度看好或看壞未來經濟前景，而認為未來長期的失業率會大幅下降或大幅攀升，進而大幅增加或減少目前的消費，否則，民間消費支出的變動不會是一國 GDP 波動的主要因素。

就政府消費支出而言，除非社會民意強烈要求政府由「小而美」變成「大有為」，或是相反，否則政府消費支出的變動也不足以成為一國 GDP 波動的主要因素。如表 16–2 所示，政府消費支出的年成長率也未超過 14%。

表 16–2　我國國內生產毛額依支出用途分之成長率

單位：%

年	國內生產毛額	民間消費	政府消費	固定資本形成毛額	出口	進口
1981	7.10	5.17	3.21	4.96	9.13	0.61
1982	4.81	5.64	6.92	1.28	1.78	–3.36
1983	9.02	6.59	5.99	0.37	17.62	10.42
1984	10.05	8.94	8.91	6.52	18.84	13.92
1985	4.81	5.30	6.89	–3.66	2.18	–4.28
1986	11.51	7.62	3.97	12.70	28.02	22.99
1987	12.75	11.49	10.85	20.01	20.48	27.82
1988	8.02	14.13	8.19	14.78	6.56	24.77
1989	8.72	14.24	13.69	13.71	4.76	6.89
1990	5.54	9.13	13.05	8.88	0.59	5.09
1991	8.37	7.73	7.46	10.95	13.48	15.34
1992	8.31	9.93	2.85	11.47	7.21	9.83
1993	6.81	8.17	3.14	9.89	7.76	7.90
1994	7.50	8.68	0.63	9.29	5.29	4.09
1995	6.50	3.74	13.52	7.40	12.31	9.68
1996	6.18	7.11	7.03	3.29	7.23	5.77
1997	6.05	7.11	5.78	10.00	8.51	13.48
1998	4.20	6.68	4.79	7.73	2.37	7.59
1999	6.73	5.25	–2.41	3.50	12.03	4.09
2000	6.31	5.24	0.63	8.35	17.40	14.72
2001	–1.40	1.42	2.83	–17.40	–6.93	–12.99
2002	5.48	3.48	1.84	1.75	12.35	7.40
2003	4.22	2.86	–0.56	1.17	10.89	8.40
2004	6.95	5.24	1.18	13.95	16.32	18.02
2005	5.38	3.34	0.51	3.14	8.39	3.64
2006	5.77	1.78	–0.52	1.53	12.30	5.92
2007	6.85	2.40	2.21	1.66	11.27	4.55
2008	0.80	–1.74	1.65	–11.41	2.84	–1.23
2009	–1.61	–0.04	3.24	–8.88	–8.53	–12.81
2010	10.25	3.71	1.17	19.05	27.64	30.12
2011	3.67	3.03	2.20	–1.41	3.89	–0.19
2012	2.22	1.92	2.36	–1.28	1.90	0.42
2013	2.48	2.55	–1.36	7.03	3.21	3.26
2014	4.72	3.70	3.78	3.50	5.99	5.63
2015	1.47	2.86	–0.13	2.68	0.36	1.32
2016	2.17	2.64	3.68	3.44	–0.93	–0.99
2017	3.31	2.70	–0.41	–0.26	4.50	1.63
2018	2.79	2.05	4.02	3.19	0.20	0.78
2019	2.96	2.26	0.67	10.17	1.31	1.09
2020	3.11	–2.37	2.61	4.96	1.06	–3.86

說明：以 2016 年為參考年；2020 年數字為初值。
資料來源：中華民國統計資訊網；行政院主計總處網站：首頁 > 主計總處統計專區。

至於固定資本形成毛額（主要項目為民營企業投資），由於投資計畫的回收期間通常不會太短，有些甚至超過二十年，因此投資者對國內外政經情勢的變化會比較敏感，有時甚至形成「一窩蜂」的現象，也因此，固定資本形成毛額的成長率有時會有比較大的變動幅度，而造成一國景氣的變動。如表 16–2 所示，在 2001 年，我國固定資本形成毛額大幅減少 17.40%，而使得那一年的國內生產毛額負成長 1.40%。那一年的投資之所以會大幅減少，就國外因素而言，為美國在 2000 年下半期出現「科技泡沫」破滅，而步入經濟衰退；國內因素則可能主要為 2000–2001 年期間，出現「核四停工又復工」事件，打擊投資信心。在 2009 年，我國固定資本形成毛額因美國次級房貸風暴引發全球經濟衰退而大幅減少 8.88%，而使得那一年的國內生產毛額負成長 1.61%❶。

由於我國是高貿易依存度（通常以貿易總值占 GDP 的比率來衡量）國家，因此，國際景氣與國際重要原物料（如石油）價格的變化也會影響我國景氣。例如，當 1974 年爆發第一次石油危機時，國際原油價格由一桶不到 3 美元，大幅上漲到一桶超過 10 美元；國際原油價格的飆漲，不但造成我國進口金額大幅增加，也使我國出口金額因國際不景氣而中斷了 1954 年以後持續增加的趨勢。在上述雙重的影響下，我國經濟成長率由 1973 年的 11.83% 大幅降為 1974 年的 2.67%。2001 與 2009 年這兩年全球與我國經濟皆負成長，而使得我國的出口與進口雙雙衰退。由表 16–2 也可以看出，像臺灣這樣一個高貿易依存度的經濟體，進出口的波動程度遠高於民間消費與政府消費。

16.2 總合需求

根據以上的說明，一國總合支出（特別是投資支出）的變動會造成一國經濟的波動。在以下的分析中，我們假設政府有其施政目標，因而實質政府消費支出 (G)、政府投資支出 (I_G) 與政府稅收 (T)，不會受到實質 GDP (Y)、名目利率 (i)、一般物價 (P) 以及其他因素的影響，而固定在政府想要的水準。

❶ 我國經濟在 2008 年第 3 季即陷入負成長，而固定資本形成毛額在當年第 2 季就陷入負成長。

◆ 16.2.1　商品市場均衡

我們在第 12 章曾說明，民間消費與儲蓄為一體的兩面，二者之和為民間可支配所得，且民間儲蓄受到預期的實質利率 $(i-\pi^e)$ 與其他因素（表示成 O_S），如人們對未來景氣的看法的影響。如果我們以 Y − T 代表實質民間可支配所得，且假設預期的實質利率對儲蓄的替代效果大於所得效果，亦即預期的實質利率上升會造成儲蓄的增加（或消費的減少），那麼，我們可以把實質民間消費函數寫成：

$$C=C(\overset{+}{Y-T},\ \overset{-}{i-\pi^e},\ O_S)\text{。} \tag{1}$$

變數上方的 “+”、“–” 號代表該項變數的水準增加時對 C 的影響方向。因此，當可支配所得增加或預期的實質利率下降時，民間消費支出會增加；如果人們對未來景氣的看法變得比較悲觀時，則儲蓄會增加，因而消費會減少。

我們在第 12 章也曾提到，一國的實質投資函數可以寫成

$$I=I(\overset{-}{i-\pi^e},\ \overset{-}{P_K},\ O_I)\text{，} \tag{2}$$

其中，P_K 為實體資本財的價格；O_I 代表其他因素，如人們對未來景氣的看法。根據式(2)，當預期的實質利率上升或資本財價格上漲時，投資需求量會減少；當人們對未來景氣的看法變得比較悲觀時，投資需求量也會減少。

我們在上一章也曾提到，當一國的實質匯率 (eP^*/P) 上升時，由於國外商品相對於本國商品變貴了，所以本國的出口會增加且進口會減少，因而本國的出口淨額會增加。另外，當本國 GDP 增加時（假設不是因為出口增加），本國的進口會增加，因此出口淨額會減少；當外國實質 GDP（以 Y^* 表示）增加時，本國的出口會增加，因而出口淨額也會增加。所以，我們可以把出口淨額（以 NX 表示）函數寫成：

$$NX=NX(\overset{-}{Y},\ \overset{+}{Y^*},\ \overset{+}{\frac{eP^*}{P}})\text{。} \tag{3}$$

有了以上的各項支出函數之後，我們可以得到下列的商品市場均衡式：

$$Y = C + I + G + NX$$
$$= C(Y - T, i - \pi^e, O_S) + I(i - \pi^e, P_K, O_I) + G + NX(Y, Y^*, \frac{eP^*}{P})。 \quad (4)$$

此式的意義為，當一國的總產出（或總供給）等於一國的總支出（或總需求）時，商品市場達成均衡。一個最簡單的商品市場均衡式為：

$$Y = C + I + G + NX = C + I + G + EX - IM$$
$$= a + b(Y - T) + I(i) + G + EX(Y^*) - (m_0 + m_1 Y)， \quad (5)$$

其中 a 與 m_0 分別為自發性消費與自發性進口，b 與 m_1 分別為邊際消費與邊際進口傾向 (marginal propensity to import)。我們可以把等式右邊包括 Y 的項目移至左邊而得到：

$$(1 - b + m_1)Y = a - bT + I(i) + G + EX(Y^*) - m_0。$$

上式可進一步改寫成：

$$Y = \frac{1}{1 - b + m_1}[a - bT + I(i) + G + EX(Y^*) - m_0]。 \quad (6)$$

由於邊際進口傾向通常小於邊際消費傾向，亦即 $m_1 < b$，且 b 是小於 1 的正數，因此，$1 - b + m_1 < 1$，從而 $\frac{1}{1 - b + m_1}$ 大於 1。由上式可以得知，當等式右邊中括號內除了 bT 與 m_0 以外的所有項目增加 1 單位時，均衡的所得水準會增加 $\frac{1}{1 - b + m_1}$ 這麼多單位，或 Y 會以 $\frac{1}{1 - b + m_1}$ 的倍數增加。例如，在其他條件（包括稅收）不變下，當政府對本國最終商品的消費增加 ΔG 時，均衡所得的增加量 ΔY 為：

$$\Delta Y=\frac{1}{1-b+m_1}\Delta G。$$

移項之後成為：

$$\frac{\Delta Y}{\Delta G}=\frac{1}{1-b+m_1}>1。\tag{7}$$

因此，當政府對本國最終商品的消費增加時，均衡所得會以 $\frac{1}{1-b+m_1}$ 的倍數增加；其他的項目，包括式(6)中的 a, I 與 EX，其增加也會有相同的結果。我們稱 $\frac{1}{1-b+m_1}$ 為乘數 (multiplier)。為何會有這樣的乘數效果？以政府消費增加為例，且假設 $b=0.8,\ m_1=0.3$。當政府對本國最終商品的消費支出增加 100 並一直維持在增加後的水準時，一開始這增加的支出會變成某些人的所得，故所得 (Y) 增加 100。但故事並未到此結束，當這些人的所得增加 100 時，他們的消費會增加 80，其中有 30 是花在進口品上，所以，對國內最終商品的支出，從而國內的所得，會再增加 50 (80 − 30) 或 $100(b-m_1)$。接下來，這新增的所得 50 又會使國內最終商品的支出增加 25 或 $100(b-m_1)^2$。此一過程會一直維持下去，而使得政府消費增加 100 所造成的所得總增量為：

$$\begin{aligned}\Delta Y&=100+100(b-m_1)+100(b-m_1)^2+\cdots\\&=100\frac{1}{1-(b-m_1)}=100\frac{1}{1-b+m_1}。\end{aligned}$$

因此，之所以會有乘數效果，是因為邊際消費傾向大於邊際進口傾向，而使得一開始支出的增加會導致後續的國內所得與對國內最終商品的支出不斷地增加。如果人們把所得通通花在國外進口品，亦即邊際消費傾向等於邊際進口傾向，即 $b=m_1$，那麼 $1-b+m_1$ 就等於 1，也就沒有乘數效果。

在此情況下，對本國最終商品自發性支出的增加最後只會造成本國均衡所得呈同幅度的增加。如果一開始政府支出的增加通通用於國外商品（如政府採購國外武器），那麼在其他條件不變下（如政府稅收不變），由於 $\Delta G = \Delta IM$，由式(5)第一行第二個等式可知 $\Delta Y = 0$；換言之，政府支出增加並不會影響所得水準。

所以，在其他條件不變下，當邊際消費傾向愈大或邊際進口傾向愈小時，由於所得花在本國最終商品的比例愈高，因此對本國最終商品自發性支出增加的乘數效果就愈大。

當邊際消費傾向愈大時就表示邊際儲蓄傾向愈小，那麼，根據以上的推論，如果一個社會的儲蓄傾向愈高，亦即一個社會愈節儉，則其乘數效果反而愈小，從而該社會的投資增加或政府支出增加所能造成的均衡所得增加幅度會愈小。這似乎是一個矛盾的結果，因為節儉不是一種美德嗎？尤有進者，如果一個社會的自發性儲蓄增加，亦即該社會的自發性消費 **a** 減少，那麼根據式(**6**)，均衡所得反而會呈倍數的減少，也就是會有節儉的矛盾 (**paradox of thrift**) 的現象。

之所以會有此一節儉的「矛盾」現象，是因為我們在以上的分析過程中並沒有考慮利率 (i) 的變動。我們在第 12 章介紹可貸資金市場時曾說明，當國民儲蓄增加時，會造成利率的下降，從而造成國內投資的增加。就長期而言，根據我們在第 11 章的分析，各式各樣的投資是一國長期經濟成長的最重要決定因素，因此，一個社會愈節儉且其儲蓄愈能有效地轉化成投資，那麼其長期經濟成長率會愈高，從而節儉還是一種美德。

就短期而言，當自發性儲蓄增加，亦即當自發性消費減少時，除了會使均衡所得水準下降外，物價水準也會因總支出的減少而下跌。我們在底下會說明，所得與物價水準的下降會造成貨幣需求的減少，而使利率下跌，從而投資會增加，而抵銷部分因自發性儲蓄增加所造成的總支出以及均衡所得的減少。如果投資對利率愈敏感，那麼利率下跌所造成的投資增加量會愈大，從而上述的抵銷效果會愈大。因此，雖然自發性儲蓄增加會造成短期均衡所得的減少，但其減少的幅度可能是有限的，再加上長期的所得水準會因投資的增加而增加，所以，只要人們不因看壞本國未來的經濟前景或因經濟處於蕭條狀態而不願進行投資，則一國自發性儲蓄的增加或儲蓄率的提高應是利大於弊的（王永慶先生是怎麼成功的？簡單地說，就是不斷地儲蓄，再不斷地投資）。總而言之，「節儉的矛盾」只是短期的現象，且相較於長期的有利結果，其短期的不利影響是有限的。

我們剛剛分析了政府消費支出增加的乘數效果。如果政府支出的增加是完全透過稅收的增加來挹注，亦即 $\Delta G = \Delta T$，那麼政府支出增加的乘數效果會不會有什麼不同？當 $\Delta G = \Delta T$ 時，從式(6)可以得到

$$\frac{\Delta Y}{\Delta G} = \frac{1 - b}{1 - b + m_1} 。 \tag{8}$$

與式(7)比較起來，式(8)等式右邊的值比較小；換言之，如果政府支出增加是完全透過政府稅收的增加，而不是透過發行公債或以前的政府儲蓄來挹注，那麼其乘數效果較小。

之所以會有這個結果是因為，在原先的所得水準下，政府支出與稅收同幅度的增加一開始所增加的最終商品支出除了跟先前一樣的 ΔG 外，還要扣掉因政府稅收增加使可支配所得減少所造成的民間消費減少，其為 $b\Delta T$。因此，一開始所增加的最終商品支出只有 $(1 - b)\Delta G$，也因此，式(8)的分子為 $1 - b$。我們稱式(8)為平衡預算乘數 (balanced budget multiplier)。所以，當政府支出（包括投資支出）增加是完全由稅收增加來挹注時，由於一開始民間消費因邊際消費傾向小於 1 而不會呈同幅度的減少，所以還是會有乘數效果。

動腦筋時間　16–2

如果進口是可支配所得 (Y – T) 的函數，那麼平衡預算乘數為何？

◆ 16.2.2 貨幣市場均衡

我們在第 14 章曾說明，在短期，一國貨幣供需發生變動影響的主要是利率水準，而非物價水準。我們可以把貨幣市場均衡式寫成

$$M^s = m(\overset{-}{i}, \overset{+}{Y}, \overset{+}{P}, \overset{-}{\pi^e}, O_m)， \quad (9)$$

其中，M^s 代表貨幣供給，我們假設中央銀行可以透過公開市場操作，調整應提準備率，或調整重貼現率與融通利率等貨幣政策工具，將 M^s 控制在它所希望的水準；O_m 為影響貨幣需求量的其他因素，如財富水準。

式(9)表示貨幣供給等於貨幣需求，故式(9)為貨幣市場均衡式。當貨幣供給增加時，在其他條件不變下，利率的變動要使貨幣需求量增加，才能使貨幣市場重新回復均衡。由於利率代表持有貨幣的機會成本，因此，當利率下降時，貨幣需求量會增加，也因此，貨幣供給增加會造成利率的下降。

當物價 P 上漲或所得 Y 增加時，會造成貨幣需求量的增加；在其他條件（包括貨幣供給）不變下，利率要上升，使貨幣需求量減少，貨幣市場才能重新回復均衡。因此，就式(9)而言，在其他條件不變下，物價以及所得會與利率呈同方向變動。

當人們調高預期的物價膨脹率 (π^e) 時，為避免未來因貨幣購買力下降而遭受損失，所以貨幣需求量會減少，從而在其他條件不變下，利率要下降，使貨幣需求量增加，貨幣市場才能重新回復均衡。根據上述的分析，我們可以得到以下的結論：在其他條件不變下，貨幣供給的增加造成貨幣市場均衡利率的下降，而貨幣需求的增加則造成均衡利率的上升。

以上各個項目的變動會造成利率多大的變動幅度，決定於貨幣需求對利率的敏感程度，或貨幣需求的利率彈性。當此一敏感程度很高時，利率只要些微的變動就會造成貨幣需求量的大幅變動，從而上述各個項目的變動所造成的利率變動幅度就比較小。

在一個開放體系下，除了商品市場與貨幣市場均衡外，其實還需考慮國

際收支均衡。此一部分在「國際金融」課程中會有詳細的討論；受限於本書的篇幅，我們在以下的分析中，忽略國際收支均衡的部分。

◆ 16.2.3　負斜率的總合需求曲線

有了以上的商品市場與貨幣市場均衡的概念後，接下來我們就可以說明總合需求的意義與影響因素。

如果我們以實質所得為橫軸變數，物價為縱軸變數，那麼總合需求曲線會像圖 16–2 所畫的，是一條負斜率的曲線。為何如此？主要是有兩個效果：利率效果 (interest-rate effect) 與實質匯率效果 (real-exchange-rate effect)。以下分別介紹。

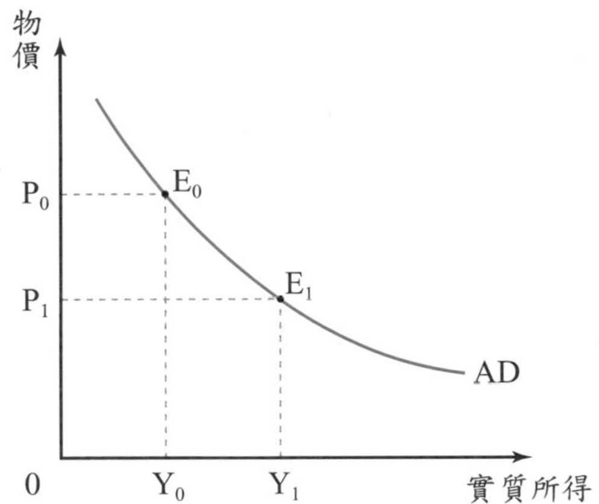

假設在原先物價水準 P_0 下，均衡所得水準為 Y_0。當物價下跌至 P_1 時，利率效果與實質匯率效果均會使均衡所得增加，而可以得到 E_1 點。將 E_0 點與 E_1 點相連，即可得出負斜率的總合需求曲線。

圖 16–2　總合需求曲線

1. 利率效果

假設原先的物價水準為 P_0，且使商品市場與貨幣市場同時達成均衡的所得與利率水準分別為 Y_0 與 i_0。圖 16–2 中的 E_0 點就代表 Y_0 與 P_0 的組合。當物價水準下降為 P_1 時，由於貨幣需求減少，所以利率下降；而利率下降會造成投資的增加，進而造成所得的增加。假設利率下降到 i_1 且所得增加到 Y_1，使商品市場與貨幣市場又同時達成均衡。這時候，我們可以得到圖 16–2 中的 E_1 點，其座標為 (Y_1, P_1)。將 E_0 與 E_1 點相連，即可得出一條負斜率的線，我們稱這條線為總合需求曲線 **(aggregate demand curve)**，其意義為線上每一點 **(Y, P)** 組合，均可使商品市場與貨幣市場同時達成均衡 (其實，在開放體系下，國際收支也達成均衡)。由於總支出水準決定於所得水準，而總支出代表一個社會的總需求，所以這條線稱為總合需求曲線。由於物價下跌之所以會造成所得增加，是因為利率下降造成投資增加，所以我們稱此一效果為利率效果 (透過利率效果而得出負斜率總合需求曲線的詳細推導過程，有興趣的讀者可以參考第 14 章的附錄)。

動腦筋時間 16–3

當邊際消費傾向提高時，總合需求曲線會變得比較陡還是比較平坦？邊際進口傾向提高對總合需求曲線形狀的影響會不會不同？

2. 實質匯率效果

當本國物價下降時，若匯率 (e) 與外國物價 (P^*) 不變，則本國產品相對於外國產品會變得比較便宜，亦即實質匯率 $(\frac{eP^*}{P})$ 會上升，從而本國的出口會增加且進口會減少。本國的出口增加意味著外國對本國產品的支出增加，而進口減少意味著本國個人與企業增加對本國產品的支出，因而二者都會造成全世界對本國產品的總支出增加，從而本國的所得會增加。因此，透過實質匯率效果，我們也可以得到本國物價與所得呈反向關係，亦即總合需求曲線是負斜率的結果。

以上所說明的是總合需求曲線線上的移動，接下來我們說明總合需求曲線整條線的移動。

3. 對未來景氣的看法

當人們對未來景氣的看法變得比較樂觀時 (比方說，兩岸關係有大幅且實質的改善)，由式(4)可以得知，不管物價水準為何，人們的消費與投資 (包括新建住宅) 以及企業的投資支出都會增加，從而造成國民所得的增加，此意味著總合需求的增加，也意味著總合需求曲線會往右移，如從圖 16–3 中的 AD_0 右移至 AD_1。相反地，如果整個社會對未來景氣的看法變得比較悲觀時，則社會的消費與投資支出會減少，從而造成總合需求的減少以及總合需求曲線往左移，如從圖 16–3 的 AD_0 左移至 AD_2。

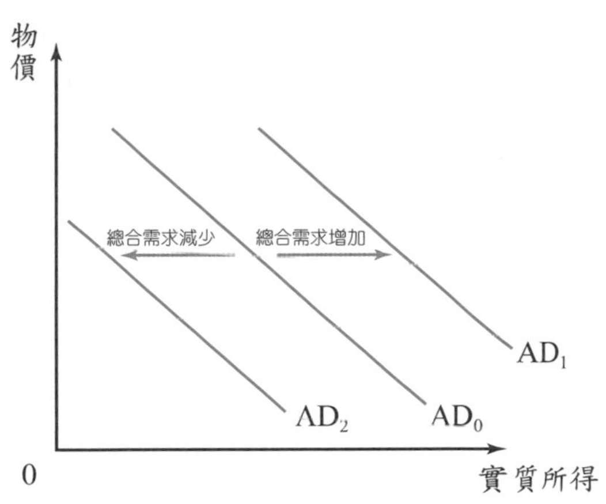

當社會的總支出增加時，會造成總合需求曲線往右移，如從 AD_0 右移至 AD_1；相反地，當社會的總支出減少時，總合需求曲線會往左移，如從 AD_0 左移至 AD_2。

圖 16–3　總合需求曲線的移動

4. 政府政策

當政府支出增加時，在其他條件（包括政府稅收）不變下，社會的總支出會增加，從而造成總合需求增加與總合需求曲線往右移。不過，如果政府支出的增加是透過發行公債來挹注，且人們認為政府支出的增加對本國未來生產力的提升並沒有助益，那麼由於未來政府公債到期時，政府會增加稅收以償還公債，因此人們現在可能會多儲蓄，亦即少消費，以因應未來稅收的增加。當愈多的人有這樣的想法時，政府支出增加所能造成的總合需求的增加幅度就愈小，亦即政策效果愈有限。政府也可以透過減稅的方式來刺激消費（以及投資），使總合需求增加；不過，如果政府在減稅時造成預算赤字增加，則人們現在仍可能會多儲蓄（少消費），以因應未來稅收的增加。在此情況下，政府透過減稅來刺激消費的效果會變小；如果完全沒有效果，亦即政府減稅無法使總合需求增加，則有所謂的李嘉圖對等 (Ricardian equivalence)

結果。總之，如果政府增加支出以及減稅均可使總合需求增加，則我們稱這些為政府的擴張性財政政策 (**expansionary fiscal policy**)。相反地，如果政府減少支出或增稅，造成總合需求減少，則我們稱政府採行的是緊縮性財政政策 (**contractionary fiscal policy**)。

政府除了透過支出與稅收的改變來影響總合需求外，也可以透過貨幣政策工具改變貨幣供給，來影響總合需求。例如，中央銀行可以透過買進債券或定期存單到期不再續發，或調降應提準備率或重貼現率，使貨幣供給增加。貨幣供給增加會使利率下降，從而使投資支出增加，進而造成總合需求增加。由於上述措施具有使總合需求增加的效果，我們稱中央銀行採行的是擴張性貨幣政策 (**expansionary monetary policy**)。

通常，中央銀行會採行擴張性貨幣政策是在景氣不好的時候，其效果會有多大決定於社會其他部門的反應。如果銀行因為景氣不好而擔心放款的呆帳會增加，那麼，即使中央銀行透過買進債券或調降應提準備率使銀行的超額準備增加，銀行放款的增加仍可能很有限；或如果整個社會的投資對利率比較不敏感，而使得投資因利率下降而增加的幅度有限，甚至社會因看壞未來景氣而減少投資，那麼，中央銀行採行擴張性貨幣政策所能刺激的總合需求增加幅度就會比較有限。相反地，如果中央銀行賣出債券或發行定期存單，或是調高應提準備率或重貼現率，那麼總合需求會因利率上升造成投資下降而減少，我們稱中央銀行採行的是緊縮性貨幣政策 (**contractionary monetary policy**)。

5. 預期的物價膨脹率

當人們調高預期的物價膨脹率 (如發生石油危機) 時，由式(4)可以得知，在其他條件不變下，民間的消費與投資會增加；同時，由式(9)可以得知，貨幣需求會減少。貨幣需求減少會使利率下降，而使投資支出增加，進而造成總合需求增加。因此，貨幣需求減少對總合需求的影響，就如同在貨幣需求不變下，貨幣供給增加對總合需求的影響一樣，因為二者一開始都造成貨幣市場的超額供給，進而造成利率下降。由於上述兩個變動 (消費與投資增加以及貨幣需求減少) 均會使總合需求增加，所以，當人們調高預期的物價膨脹率時，總合需求會增加，從而總合需求曲線會往右移。

6. 國外因素

從式(4)可以得知，在其他條件（包括匯率）不變下，當外國所得增加時，由於其進口會增加，所以我們的出口會增加；當外國的物價上升時，由於我國的產品變得相對便宜，所以我們的出口會增加且進口會減少。因此，外國所得增加或外國物價上漲，都會使本國的總合需求增加。另外，當外國利率上升時，本國貨幣會因本國資金流向外國而貶值，從而本國商品也會變得相對便宜，而使本國的出口淨額增加。所以，外國利率上升也會使本國總合需求增加。此外，當國際石油價格飆漲時，我國進口支出會大幅增加，從而總合需求會減少。還有，新冠肺炎疫情一方面讓我國的出口因宅經濟昌盛，使我國的出口因積體電路出口增加而增加，另一方面也讓我國的進口因對國外服務（如旅遊服務）的需求減少而減少。

16.3　總合供給

以上的分析都是以本國物價在某一水準為前提。如圖 16–2 所示，單靠總合需求曲線是無法決定均衡物價水準的。在本節，我們介紹長短期的總合供給，接著結合總合需求與長短期總合供給就可以分析長短期均衡物價水準是如何決定的，以及其影響因素。

為簡化分析，我們假設實體資本財存量、人力資本與技術水準均維持不變，因此，產量的變動純粹來自勞動雇用量的變動。在此假設下，我們之前所探討的一國經濟成長其所指的期間可以稱為「超長期」。本章所指的長短期其區分的標準為人們是否對物價作出正確預期；如果人們對物價作出正確預期，則我們稱一國的經濟處在長期均衡的狀態，此時該國的總產出水準，稱為自然產出水準 (**natural rate of output**)，其所對應的就業水準稱為自然就業水準 (**natural level of employment**)，其所對應的失業率為自然失業率 (**natural rate of employment**)。另外，為簡化分析，我們也假設所有的市場，包括勞動市場，都是完全競爭市場。

◆ 16.3.1 正斜率的短期總合供給曲線

如圖 16–4 所示，短期總合供給曲線 (AS_{SR}) 為一正斜率曲線，意味著當一國國內物價上漲時，該國的總產出會增加。有兩個理論可以解釋此一現象，一為名目工資僵固理論 (sticky-wage theory)，另一為錯誤認知理論 (misperception theory)。以下分別介紹。

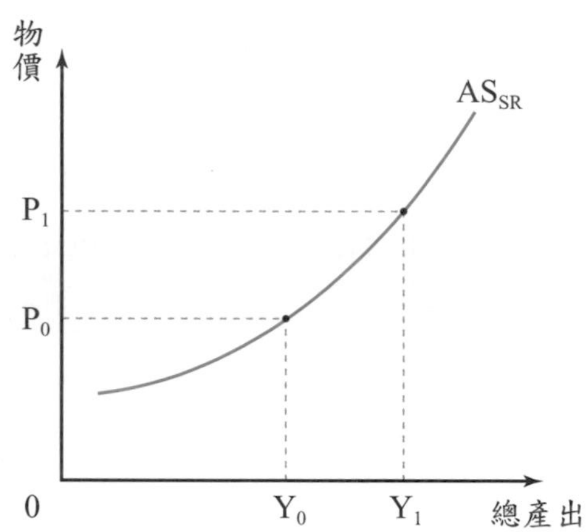

當物價水準為 P_0 時，社會的總產出為 Y_0；當物價水準上漲為 P_1 時，由於名目工資僵固或由於勞工對物價的錯誤認知，總產出會增加為 Y_1。所以，短期的總合供給曲線為正斜率。

圖 16–4　正斜率的短期總合供給曲線

1. 名目工資僵固理論

根據此一理論，名目工資在短期是僵固的。工資僵固的一個可能原因是勞工契約一簽就是數年，且在契約中明訂契約有效期間內的工資水準 (如美國職棒球員的契約)。如果一個社會這樣的長期勞工契約相當普遍，那麼這個社會的短期名目工資就具有相當程度的僵固性。在此情況下，當一國物價上漲時，由於勞動的邊際產值 (value of marginal product of labor，等於價格乘以勞動邊際產量) 提高，所以廠商的勞動需求增加。名目工資僵固意味著整個社會的勞動供給曲線是一條對應當前名目工資水準的水平線，因此，廠商勞動需求因物價上漲而增加後，整個社會的勞動雇用量會增加，從而總產出水準也會增加，所以，短期的總合供給曲線為正斜率。不過，整個理論無法解釋為何在物價下跌後，廠商可以解雇部分簽長約的勞工，而使其產量因勞動雇用量減少而減少。另外，就臺灣而言，長期勞工契約並不普遍，所以本章以下的分析採用錯誤認知理論。

2. 錯誤認知理論

勞動供給者其勞動供給會決定於其預期的物價水準 (以 P^e 表示)，這是因為一部分的薪資所得會被儲蓄下來，以供未來消費之用，因此，勞動供給者會在意未來的物價水準，也因此，每一條勞動市場的供給曲線會對應一個勞工預期的物價水準。如圖 16–5 (a)所示，L^s $(P^e = P_0)$ 這條曲線代表的就是勞工對物價的預期水準為 P_0 時的勞動市場供給曲線。

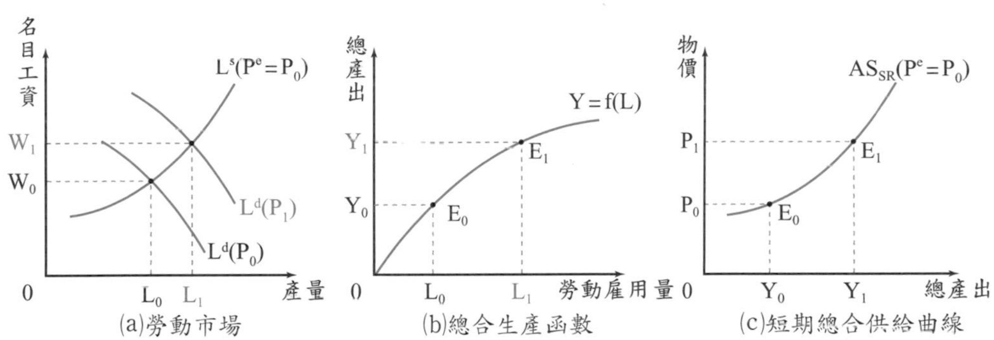

假設原先的物價水準為 P_0，且勞工對物價作出正確預期，此時的勞動雇用量為圖(a)中的 L_0，總產出為圖(b)中的 Y_0。當物價上漲為 P_1 時，若勞工對物價的預期仍維持在原先的 P_0 水準，那麼由於勞動需求增加且勞動供給不變，所以勞動雇用量會增加（如增加至圖(a)的 L_1），總產出也因而增加（如增加至圖(b)的 Y_1）。因此，我們可以得到圖(c)中的正斜率總合供給曲線。

圖 16–5　錯誤認知理論下的短期總合供給曲線

假設原先的物價維持在 P_0 的水準，所以一開始勞工對物價作出正確預期。在 P_0 的物價水準下，勞動市場的需求曲線為圖 16–5 (a)的 L^d (P_0)。此時，勞動市場的均衡數量為 L_0，均衡的名目工資為 W_0。在我們上述實體資本財存量、人力資本與技術水準均維持不變的假設下，總合生產函數為圖 16–5 (b)中的 $Y = f(L)$。因此，當勞動雇用量為 L_0 時，總產出為 Y_0，從而我們可以得出圖 16–5 (c)中 E_0 點之 (Y_0, P_0) 組合。由於這時候勞工對物價作出正確預期，我們稱 L_0 為自然就業水準，且 Y_0 為自然產出水準。

假設由於某個原因物價上漲至 P_1，且勞工由於訊息不完全，使其對物價的預期水準仍維持在原先的 P_0 水準，因此，勞工對物價有短期錯誤認知的情形。在此情況下，勞動市場的供給曲線並未變動。在物價上漲至 P_1 後，勞動市場的需求會增加(如增加至圖 16–5 (a)中的 $L^d(P_1)$)，而使勞動雇用量增加為 L_1，總產出增加為 Y_1，從而我們可以得到圖 16–5 (c)中 E_1 點的 (Y_1, P_1) 組合，亦即在物價上漲後，若勞工對物價有錯誤認知，則總產出會增加。因此，我們可以得到圖 16–5 (c)中正斜率的總合供給曲線 $AS_{SR}(P^e = P_0)$。由於此一總合供給曲線是在勞工對物價的預期水準維持在 P_0 下所得出來的，所以我們在 AS_{SR} 後面加上 $P^e = P_0$ ❷。

不過，勞工不會永遠對物價有錯誤認知；隨著時間的經過，勞工終究會覺察到物價已經上漲，因而會調高其對物價的預期水準。時間要經過多久，勞工才會調整其對物價的預期水準？這決定於整個社會訊息的流通效率。當勞工愈能迅速地接收到新的物價訊息時，其調整物價預期所需的時間也就愈短。

假設在物價由 P_0 上漲至 P_1 後，勞工後來也將物價的預期水準從原先的 P_0 調高到 P_1，亦即 $P^e = P_1$。在勞工調高對物價的預期水準之後，其每一勞動供給量下所要求的名目工資水準也跟著提高(以維持其未來的實質消費水準)，此意味著其勞動供給減少，或圖 16–5 (a)中的勞動供給曲線往左移。在勞動供給減少之後，勞動市場的均衡工資會上漲，而使勞動雇用量減少（讀者可自行利用圖 16–5 (a)畫出此一結果)，從而總產出會跟著減少，此意味著 P_1 下的總產出水準會比以前小，因此，我們可以得到圖 16–6 中的總合供給曲線由原先的 $AS_{SR}(P^e = P_0)$ 左移至 $AS_{SR}(P^e = P_1)$ 的結果。

因此，當勞工調高對物價的預期水準之後，短期總合供給曲線會往左移。從另一個角度來看，當勞動市場的供給因勞工調高對物價的預期而減少時，名目工資會上漲，從而廠商的生產成本會增加，因此，廠商每一產量下所要

❷ 其實，名目工資僵固理論也有相同的意涵，即每一總合供給曲線都對應勞工對物價的某一預期水準；這是因為勞工所願意接受的契約有效期間內的工資水準，反映其對未來物價的預期。

求的價格會上漲，而使短期總合供給曲線往上移，亦即往左移。雖然，我們在這邊只考慮勞動這一項生產要素，但其他生產要素的價格上漲，如石油價格上漲，或貨櫃運價上漲，同樣也會造成廠商成本的增加，從而也會造成短期總合供給曲線往左移，亦即造成總合供給減少。

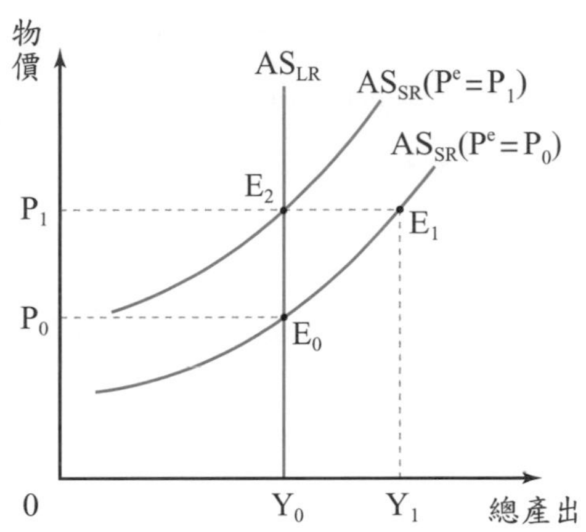

當勞動供給者調高對物價的預期水準後（如從 P_0 調高為 P_1），短期總合供給曲線會往左移，如從 AS_{SR} $(P^e=P_0)$ 左移至 AS_{SR} $(P^e=P_1)$。若實際的物價維持在 P_1，由於勞工對物價作出正確預期，此時的總產出水準為 Y_0，其為自然的產出水準。將 E_0 點與 E_2 點相連，即可得出垂直的長期總合供給曲線 AS_{LR}，其線上的每一點都代表勞工對物價作出正確預期下的自然產出水準與物價的組合。

圖 16–6　長短期總合供給曲線

◆ 16.3.2　垂直的長期總合供給曲線

我們剛剛提到，如果一開始的物價維持在 P_0，且勞工對物價作出正確預期，這時候的產出水準（如圖 16–6 的 Y_0）我們稱為自然產出水準。當物價上漲到 P_1 且維持在此一水準，同時勞工也對新的物價作出正確預期，那麼，這時候的總產出水準也會是自然產出水準。所以，圖 16–6 中的短期總合供給曲線 AS_{SR} $(P^e=P_1)$ 會通過 E_2 點，其對應的物價為 P_1，總產出為 Y_0。由於 E_0 點與 E_2 點所對應的總產出均為 Y_0，因此，將 E_0 與 E_2 點相連，即可得到圖 16–6 中的垂直線。由於此一垂直線線上的每一點都跟 E_0 與 E_2 點一樣，都表示勞工對物價作出正確預期 ，所以線上每一點都表示經濟達成長期均衡，因此，此一垂直線 (AS_{LR}) 為長期的總合供給曲線。

我們在下一節會說明，不管一個經濟的短期產出（所得）水準為何，終究會回到自然產出水準，亦即此一經濟的長期均衡點會落在長期總合供給曲線上。

一國的長期總合供給曲線的位置並非一成不變的。在「超長期」，一國的實體資本存量、人力資本與技術水準會因投資的增加而提升，從而一國的自然產出水準會增加。不過，為簡化分析，我們在下一節解釋經濟波動時仍維持資本存量與技術水準不變的假設。

16.4 利用總合供需模型解釋經濟波動

有了總合需求與長短期總合供給的概念後，接下來我們就可以結合這些概念來解釋一國短期的經濟波動與景氣循環現象。

如圖 16–7 所示，假設原先的總合需求曲線為 AD_0，且勞工對物價的預期水準為 P_0，因此，短期的總合供給曲線為 AS_{SR} ($P^e = P_0$)，其與 AD_0 交於 E_0 點。由於 E_0 點是總合需求曲線與短期總合供給曲線的交點，所以其所對應的物價水準 P_0，為短期的均衡物價水準。若總合需求與短期總合供給不變，則一般物價會維持在 P_0 的水準。因為 P_0 亦為勞工所預期的物價水準，所以，E_0 點位在長期總合供給曲線 AS_{SR} 之上，此時的總產出水準 Y_0 為自然產出水準。換言之，我們假設原先本國處在長期均衡之下。

假設現在由於某個原因，人們對未來景氣的看法變得比較樂觀而增加投資支出（消費支出也可能增加），這會造成總合需求的增加，總合需求曲線因而由原先的 AD_0 右移至 AD_1。假設一開始勞工並未改變他們對物價的預期水準，所以短期總合供給曲線仍為 AS_{SR} ($P^e = P_0$)。在此情況下，新的總合需求曲線 AD_1 與 AS_{SR} ($P^e = P_0$) 交在圖中的 E_1 點，其為新的短期均衡點。這時，總產出增加為 Y_1，且物價上漲為 P_1。隨著時間的經過，勞工終究會察覺物價實際上已經上漲，而調高他們對物價的預期水準；假設調高為 P_1，亦即 $P^e = P_1$。當勞工調高對物價的預期水準後，勞動市場的供給會減少，而使名目工資以及廠商的生產成本上升，從而短期總合供給曲線會由原先的 AS_{SR} $(P^e = P_0)$ 上移至通過 E_2 點的 AS_{SR} $(P^e = P_1)$。

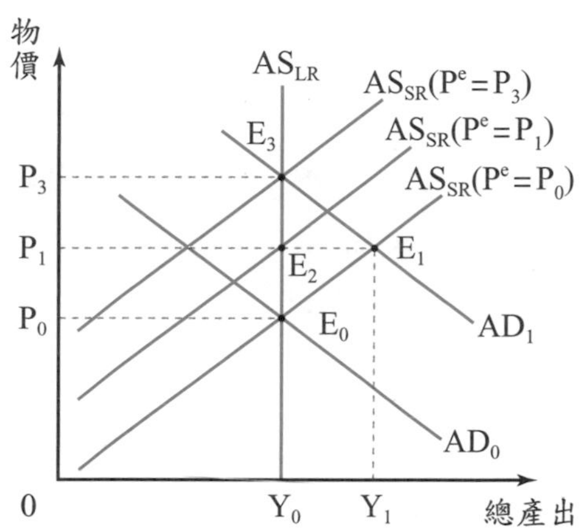

假設原先的總合需求曲線為 AD_0，短期的總合供給曲線為 AS_{SR} $(P^e = P_0)$，且二者交於 E_0 點。由於 E_0 所對應的物價水準為 P_0，因此，E_0 點位在長期總合供給曲線 AS_{SR} 之上，且其對應的總產出水準 Y_0 為自然產出水準。假設由於人們因看好未來經濟前景而增加投資，總合需求曲線因而往右移至 AD_1，與原先的 AS_{SR} $(P^e = P_0)$ 交於 E_1 點；E_1 點為短期均衡點，且物價水準與短期產出水準因總合需求增加而上升至 P_1 與 Y_1。假設隨著時間經過，勞工調高物價的預期水準至 P_1；此時，短期總合供給減少，所以物價會進一步上漲，之後，勞工也會再度調高物價的預期水準。在此一過程中，我們可以觀察到總產出由 Y_0 增加到 Y_1，然後再回到 Y_0，因此經濟有波動的現象。

圖 16-7　總合需求增加與經濟波動

當短期總合供給減少時，物價會由 P_1 再進一步往上漲；當物價再往上漲時，勞工會再進一步調高對物價的預期，而使短期總合供給再進一步減少。此一過程會一直持續下去，直到新的長期均衡點 E_3 達成為止，同時，總產出又回到自然產出水準 Y_0。因此，我們可以觀察到總合需求增加所造成的總產出水準由一開始的 Y_0 增加到 Y_1，再回到 Y_0 這樣的經濟波動過程。

相反地，當人們對未來的經濟前景看得比較悲觀時，投資會減少。以 2008 年第 3 季至 2009 年第 3 季為例，在那段期間，因美國次級房貸風暴所引發的全球經濟衰退，造成我國每一季的實質民間投資（以 2016 年為參考年）的年增率都出現負成長❸，進而造成當時每一季的實質 GDP 的年增率

❸ 我國的實質民間投資的年增率在 2008 第 2 季就出現負成長，且 2008 與 2009 年的水準分別較前一年減少 3,917 與 3,562 億元，或 14.5% 與 15.4%。

也都出現負成長，且 GDP 平減指數的年增率在 2008 每一季也都出現負成長❹。我們可以用圖 16–8 來說明這些現象。

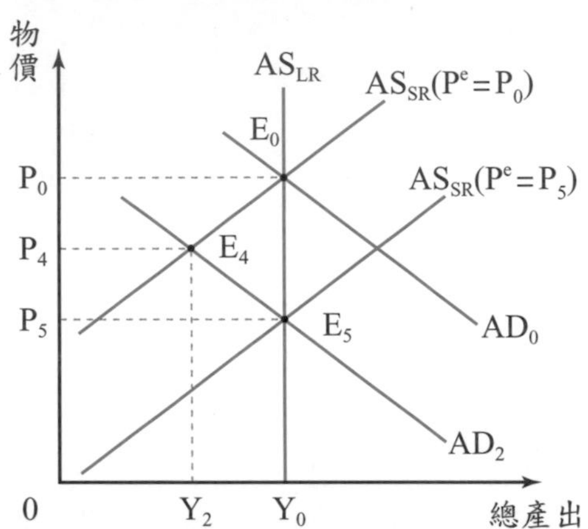

假設原先的均衡點為 E_0 點，且民間投資減少造成的總合需求曲線由原先的 AD_0 左移至 AD_2，交原先的總合供給曲線於 E_4 點。短期的物價由原先的 P_0 下降至 P_4，且總產出由原先的 Y_0 減少為 Y_2。之後，勞工調降對物價的預期水準，而使短期總合供給增加，最後，本國經濟回復到新的長期均衡點 E_5。在此一過程中，我們可以觀察到總產出由 Y_0 減少為 Y_2，然後再回到 Y_0，且物價持續下降。

圖 16–8　總合需求減少與經濟波動

假設原先我國處在長期均衡下（圖 16–8 中的 E_0 點）。隨後，民間投資減少造成總合需求減少，而使總合需求曲線由原先的 AD_0 左移至 AD_2，且交原先的短期總合供給曲線 AS_{SR} $(P^e = P_0)$ 於 E_4 點。短期的物價水準由原先的 P_0 下跌至 P_4，且總產出由原先的 Y_0 減少為 Y_2，因此，經濟出現負成長。之後，勞工調降對物價的預期水準，而使短期總合供給增加，從而造成物價的進一步下跌。此一過程會一直持續下去，直到新的長期均衡 E_5 達成為止。在此一過程中，我們可以觀察到總產出由 Y_0 減少為 Y_2，然後再回到 Y_0，且物價持續下跌。

所以，在此一過程中（特別是 E_0 點至 E_4 點的過程），總產出與物價水準的變化與上述 2008 年第 3 季至 2009 年第 3 季期間的情形頗為吻合。當

❹ 失業率也由 2007 年的平均 3.91%，上升到 2008 年的平均 4.14%，再進一步上升到 2009 年的平均 5.85%，最高為 2009 年 8 月的 6.13%。

然，這段期間的總合需求與總合供給都會因其他影響因素發生變動而改變，不過，該段期間的經濟衰退是始於 2008 年民間投資的大幅減少應是不爭的事實。

如表 16–1 所示，那一波經濟衰退的谷底發生於 2009 年 2 月，自那時起，全球經濟因世界各國採取強力的擴張性財政政策與貨幣政策而進入擴張期，當時的經濟波動現象可以用圖 16–7 來解釋。因此，我們可以結合圖 16–8 與圖 16–7 來說明一個完整的景氣循環：谷底為圖 16–8 中的 Y_2，高峰為圖 16–7 中的 Y_1。

由於美國次級房貸風暴所引發的全球經濟衰退造成我國的失業率大幅攀升，也造成部分歐洲國家爆發主權債信危機，而對全球經濟復甦產生很大的不確定性，所以接下來，我們花一點篇幅說明美國次級房貸風暴的成因與影響。

美國次級房貸風暴起源於美國的房地產泡沫破滅，而美國之所以會有房地產泡沫是因為其金融體系的資金太過寬鬆；而美國金融體系的資金之所以會太過寬鬆則要從 2001 年的美國科技泡沫破滅談起。

在 1990 年代中期，個人電腦開始普及，而網際網路在 1990 年代末期也開始盛行，同時出現一些新的商業模式，如亞馬遜 (Amazon) 的網路書店與 eBay 的拍賣網站。人們對這些商業模式的獲利前景高度樂觀，而大量投資資訊設備與產能，進而造成科技泡沫。大量投資的結果造成相關產品的價格大幅下滑，最後造成企業虧損與科技泡沫破滅，而引發全球的經濟衰退；臺灣經濟也在 2001 年出現有國民所得統計以來的首度負成長。當時，美國聯邦準備體系為刺激總合需求，自 2001 年 1 月起，開始調降聯邦資金利率目標值，共連續 13 次，由 6.5% 降至 1% 的歷史新低的水準。

之後的幾年，美國金融體系的資金相當寬鬆❺，有些金融機構（如美國兩大房貸機構，房地美 (Freddie Mac) 與房利美 (Fannie Mae)）便衝刺房貸業

❺ 我國的金融業拆款利率，自 2001 年起便持續下降，且不管是隔夜利率，還是七個月至一年期利率，自 2003 年降至 2% 以下的水準後，至 2005 年年底都尚未突破 2%，顯示我國這段期間的資金也相當寬鬆。

務（就如同我國一些銀行在 2002 與 2003 年衝刺現金卡與信用卡業務一樣，埋下我國在 2006 年爆發「雙卡風暴」的種子）。但一些貸款戶是所謂的次級 (subprime) 房貸戶，亦即就他們的所得與信用歷史而言，他們有較高的債務不履行風險。

讓次級房貸戶能借到房貸的另一項原因是證券化 (securitization)，其為金融機構（特別是專門承作房貸業務的房貸機構）將其部分放款集結成抵押擔保證券 (mortgage-backed securities) 的過程。這些抵押擔保證券再賣給其他金融機構（如銀行與保險公司），而這些金融機構不一定完全察知這些證券的風險（例如，如果次級房貸戶還不出房貸的本息，則相關的抵押擔保證券的需求會減少，從而其價格會下跌）。由於房貸金融公司可以藉由賣出抵押擔保證券將房貸被倒帳的部分風險轉嫁出去，所以它們承作次級房貸業務的意願提升，從而不少次級房貸戶能借到房貸。

不過，房市不可能長保榮景。從 2006 到 2009 年，全美國的房價大約下跌了 30%；這帶來下列兩項衝擊，而不利於美國的總合需求。

1. 房貸違約和法拍屋大幅增加。當房市熱絡時，不少次級房貸戶能借到房貸。但從 2006 到 2008 年，由於次級房貸戶其利率優惠期已過，而必須面臨頗高的利率；不少次級房貸戶便無法按時還款，而變成房貸違約戶。再加上當房價大幅下跌而造成房價低於房貸金額時，部分購屋人（如投資客與另一些次級房貸戶）便不再還房貸。在此情況下，銀行為減少損失，遂將這些問題房屋法拍，而造成房價的進一步下跌，並形成惡性循環，房市也因此低迷。當房市低迷時，建商也不願意推案，從而造成總合需求中的新住屋投資支出減少。

2. 持有抵押擔保證券的金融機構遭受巨額損失。如前所述，如果次級房貸戶還不出房貸，則相關的抵押擔保證券的價格會下跌。在此情況下，那些壓寶房市會維持榮景而持有大量抵押擔保證券的金融機構甚至會面臨破產。由於這些巨額損失，不少金融機構出現資金週轉問題，而被迫緊縮放款（包括消費性貸款）並賣出其所持有的證券資產（如股票），從而造成總合需求中的投資支出與消費支出減少，以及資產價格的全面重挫❻，而資產價格的重挫會讓人們進一步緊縮消費支出，進而讓廠商進一步緊縮投資支出。

由於這些事件與發展，美國的總合需求大幅緊縮，而造成實質 GDP 與就業的減少。從 2007 年第 4 季到 2009 年第 2 季，美國的實質 GDP 下降 4%，失業率則從 2007 年 5 月的 4.4% 上升至 2009 年 10 月的 10.1%。

由於這次的經濟衰退主要是由民間投資下降帶動總合需求減少所造成的，所以絕大多數的國家為擺脫經濟衰退，遂採行增加政府支出或減稅的擴張性財政政策，或引導利率下降以刺激民間投資的擴張性貨幣政策，來刺激總合需求。前者如我國在 2009 年推出四年 5,000 億的「振興經濟擴大公共建設方案」，以及在 2010 年將營利事業所得稅稅率由 20% 調降為 17%；後者如我國中央銀行於 2008 年 9 月調降各類存款的應提準備率（如活期存款的應提準備率從 11.025% 調降為 9.775%），以及自 2008 年 9 月起至 2009 年 2 月，共連續調降了 7 次重貼現率，降幅共 2.375%。而美國 FOMC 也於 2007 年 9 月起開始調降聯邦資金利率目標值，由 5.25% 降至 2008 年 12 月的 0 ～ 0.25% 的水準，並且在 2008 年年底與 2011 年 11 月實施兩輪的量化寬鬆貨幣政策。由於這些強力的總合需求刺激政策，全球經濟在 2010 年開始復甦，如我國當年的經濟成長率就高達 10.25%。

不過，天下沒有白吃的午餐。這些強力的刺激政策也帶來一些後遺症。例如，擴張性財政政策會造成政府財政惡化，而可能發生政府無法償還到期公債的主權債信危機，如希臘與葡萄牙。而擴張性貨幣政策可能會造成價格膨脹，如臺北市的「房價指數」自 2009 年的第 4 季持續上升至 2011 年的第 1 季，波段累積漲幅將近 3 成，而中國也因房價高漲而自 2010 年起開始實行包括限購等一連串的打壓房價的所謂「打房」措施；另外，全球的原物料（如糧食、黃金與石油）價格也因全球資金寬鬆而持續上漲❼。

在 2020 年，不少國家因新冠肺炎疫情，而陷入經濟衰退。以美國為例，其 2020 年第二季的季經濟成長率為 −31.4%，且其 GDP 平減指數由第一季

❻ 如我國的股價加權指數從 2008 年 5 月的 9,309 點跌至同年 11 月的 3,955 點。

❼ 在 2012 年 4 月 1 日，因國際油價上漲至每桶 120 美元以上，中油公司不堪虧損，而將過去 5 年因「凍漲」及「緩漲」而少漲的約 5 元油價的其中 6 成，一次漲足。

的 113.4 降為 112.8❽。會有這樣的結果是因為其民間消費與投資支出減少造成總合需求減少的緣故。

反觀臺灣，雖然實質民間消費減少，但投資、政府消費與出口淨額都增加，造成總合需求增加，而使 2020 年的經濟成長率為 3.11%（初值），且 GDP 平減指數由 2019 年的 98.63 增為 99.91。在那一年，由於世界的宅經濟昌盛，5G、物聯網、高效能運算與車用電子持續發展，且臺灣因疫情控制得宜與美中貿易摩擦使不少臺商回臺投資，而使實質民間投資支出（2016 年為參考年）由 2019 年的新臺幣 35,659 億元增為 36,812 億元，增加 1,153 億元（政府投資與公營事業投資也分別增加 390 億元與 612 億元）。另外，出口淨額由 2019 年的新臺幣 25,710 億元增為 30,879 億元，增加 5,169 億元；這主要是因為出口因上述讓民間投資增加的原因使積體電路出口增加❾，而由 2019 年的新臺幣 125,252 億元增為 126,574 億元，增加 1,322 億元，且進口因對國外服務（如旅遊服務）的需求減少❿，而由 2019 年的新臺幣 99,541 億元減為 95,694 億元，減少 3,847 億元的緣故⓫。

由美國 2020 年第二季的季經濟成長率為負值，且其 GDP 平減指數下降，以及臺灣 2020 年的經濟成長率為正值，且 GDP 平減指數上升可以得知，2020 年新冠肺炎疫情主要造成總合需求的變動，而導致經濟波動。

以上是透過總合需求的變動來說明經濟波動現象；一國的經濟波動也可能源自於總合供給的變動。當 1974 年第一次石油危機發生時，我國那一年的 CPI 年增率高達 47.50%，且 1974 年第 3 與第 4 季以及 1975 年第 1 季的實質 GDP 都較上年同期減少。這些現象可以用圖 16–9 來說明。

我們仍假設我國經濟一開始仍處在長期均衡下（圖 16–9 中的 E_0 點）。

---

❽ Fereral Reserve Bank, St. Louis.

❾ 積體電路為我國主要出口貨品，占比由 2016 年 28.0% 升至 2020 年 35.5%，金額為 1,225 億美元，成長率為 22%，遠高於臺灣總出口的成長率 4.9%，是帶動出口成長最主要的力量。（經濟部新聞稿，2021 年 1 月 29 日）

❿ 我國對服務的進口金額由 2019 年的 56,905 百萬美元減為 37,855 百萬美元，減少 19,050 百萬美元。（《金融統計月報》，國際收支簡表）

⓫ 行政院主計總處：首頁 > 主計總處統計專區。

當國際石油價格大幅飆漲時（由 P_{g0} 上漲至 P_{g1}），由於廠商的生產成本大幅增加，遂造成總合供給大幅減少，而使短期總合供給曲線大幅上移。如果人們因國際油價大漲而調高預期的物價膨脹率，那麼不單短期總合供給曲線會再進一步往上移，且總合需求也會因民間消費支出增加以及貨幣需求減少而增加。另外，如果預期的實質利率下降，則民間投資也會增加。不過，民間投資也有可能因為那時物價快速上漲，充滿不確定而下跌。自 1974 年第 2 季到 1975 年第 1 季，我國每季的實質民間消費都較上年同期成長，實質固定資本形成則在 1974 年的每一季都較上年同期成長。從支出面來看，我國經濟在 1974 年第 3 與第 4 季以及 1975 年第 1 季之所以較上年同期負成長是因為進口大幅增加所致。

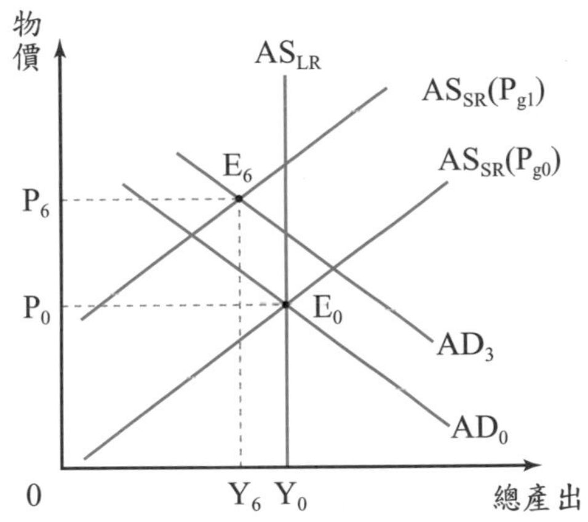

假設本國經濟一開始處在長期均衡。當國際石油價格由原先的 P_{g0} 大幅上漲至 P_{g1} 時，短期總合供給由原先的 $AS_{SR}(P_{g0})$ 大幅上移至 $AS_{SR}(P_{g1})$。如果總支出因人們調高物價膨脹的預期水準而增加，而使總合需求曲線由原先的 AD_0 右移至 AD_3，那麼新的短期均衡點為 E_6 點。此時，出現總產出減少且物價上漲的停滯性通膨現象。

圖 16–9　總合供給減少與停滯性膨脹

假設最後的短期總合供給曲線由原先的 $AS_{SR}(P_{g0})$ 大幅上移至 $AS_{SR}(P_{g1})$，且總合需求曲線由原先的 AD_0 右移至 AD_3。之所以假設總合需求增加是因為 1974 年的物價大幅上漲導致人們調高預期的物價膨脹率。新的短期均衡點位於 E_6 點，此時，總產出由 Y_0 減少為 Y_6，物價由 P_0 上漲為 P_6；換言之，我國當時出現實質 GDP 減少與物價上漲並存的停滯性通膨

(stagflation) 現象。當停滯性通膨發生時，政府會陷入兩難：如果要讓產出與就業回復原先的長期均衡水準，則必須採取擴張性財政政策或（且）擴張性貨幣政策，但這會讓物價進一步上漲；如果要讓物價回復原先的長期均衡水準，則必須採取緊縮性財政政策或（且）緊縮性貨幣政策，但這會讓失業率進一步上升。

石油價格終究會因全球經濟不景氣而開始下跌。屆時，剛剛所敘述的過程會反轉，經濟體系最後會回到原先的長期均衡。像這樣，一國經濟可能因石油危機造成生產成本上升而陷入衰退，也可能因石油價格下跌或發生重大技術進步造成生產成本下降而邁向擴張，因此，一國經濟的短期波動也可能來自於那些會造成生產成本大幅變化的因素發生波動所造成的，亦即一國經濟的短期波動也可能源自於短期總合供給的波動。

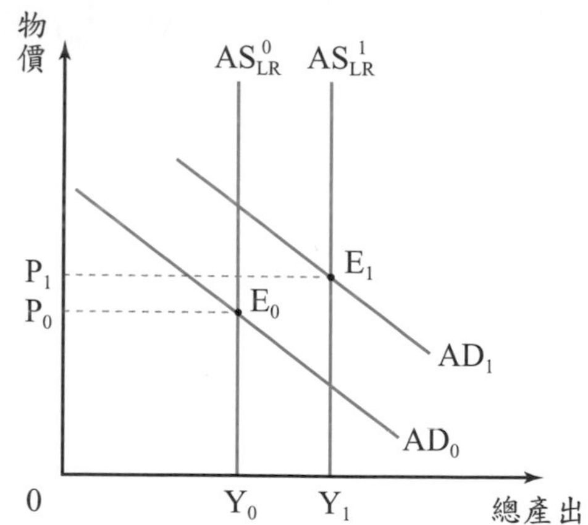

假設原先的自然產出水準為 Y_0，物價水準為 P_0。當一國的資本不斷地累積且技術不斷進步時，長期總合供給曲線會不斷地右移，假設最後移至 AS_{LR}^{1}，其對應的自然產出水準為 Y_1。如果最後總合需求增加的幅度大於總合供給，那麼，如 E_1 點所示，在超長期，不單總產出會增加，物價也會上漲。

圖 16–10　超長期的總產出與物價的變動

最後，我們也可以利用總合供需模型來分析「超長期」的總產出與物價的變動。當本國透過不斷地投資而使資本不斷地累積且技術不斷進步時，本國的自然產出水準也會不斷地增加，從而圖 16–10 中的長期總合供給曲線不斷地右移。如果總合需求增加的幅度小於長期總合供給，那麼我們會觀察到物價不斷地下跌。但我國在 1961–1998 年期間的物價水準基本上是呈現不斷上升的趨勢（見第 10 章表 10–2 中的 GDP 平減指數），因此，在這段期間，總合需求的增加幅度是大於總合供給的。總合需求的增加除了來自於因看好經濟前景而增加的投資，以及因世界經濟不斷成長而增加的出口淨額以外，還來自政府支出與貨幣供給的增加。如圖 16–10 所示，在總合需求曲線右移的幅度大過總合供給的情況下，在這段期間，不單我國的總產出增加，物價也是上漲的。在 1999 – 2020 年期間，GDP 平減指數則呈現上下波動現象，反映出這段期間的總合需求的波動。

16.5　政府政策效果

如前所述，當一國經濟處在衰退狀態時（如圖 16–8 中的 E_4 點），由於失業率上升，政府通常會採取擴張性財政政策或（且）擴張性貨幣政策，以刺激總合需求的增加。相反地，如果一國經濟處在繁榮的狀態（如圖 16–7 中的 E_1 點），政府為抑制物價的上漲，通常也會採取緊縮性的財政政策或（且）貨幣政策，使總合需求減少。因此，政府採取上述這些反景氣循環政策 (anticyclical policy) 政策的目的在於透過影響總合需求以降低經濟波動的程度。

不過，我們在 16.2 小節曾經說明，民間部門的一些反應可能會降低政府政策的效果。另外，即使政府的政策可以有效地影響總合需求，那也並不表示在經濟波動幅度不大的時候，政府應該採取比較積極的反景氣循環政策。這是因為政府政策有時間落後的問題。這些落後包括：(1)認知落後 (recognition lag)，其為政府當局體認到問題存在時，往往已經過了一段時間。(2)決策落後 (decision lag)，其為政府研擬政策到預算通過所需時間。(3)執行落後 (execution lag)，其為政策完全執行所需時間。(4)效應落後 (impact lag)，其為乘數效果充分發揮所需的時間。

由於我國歷次景氣循環的收縮期最短只有十個月，擴張期最短只有十二個月，在上述時間落後問題下，政府的反景氣循環政策反而可能有「火上加油」或「落井下石」的效果，因而反倒加大經濟波動的幅度。例如，當景氣已自高峰反轉向下時，若政府採取緊縮性政策，則有可能由於時間落後問題而加快經濟衰退的速度。

另外，一些政府在大選年，有時會採取擴張性政策讓失業率降低，以贏得選舉。理性預期學派 (rational expectations school) 主張，人們在作決策時，會充分應用其所擁有的信息。如果上述政府刺激總合需求的「技倆」被預期到，那麼勞動供給者會調高預期的物價水準，而使總合供給減少，進而部分或完全抵銷政府擴張性政策刺激景氣的效果。此一結果可以利用圖 16–7 來說明。假設原先的均衡點為 E_0，現在政府採取擴張性政策使總合需求曲線由 AD_0 右移至 AD_1。如果此一政策對物價的影響被預期到，則短期總合供給曲線會由原先的 AS_{SR} $(P^e = P_0)$ 上移，因而短期的均衡點不會落在 E_1 點，而是在它的左邊。如果政策對物價的影響被完全預期到，那麼短期總合供給曲線會上移到 AS_{SR} $(P^e = P_3)$，因而短期均衡點會由 E_0 點直接跳到 E_3 點。在此情況下，政府政策連短期的效果也沒有，只是造成物價上漲而已。

總而言之，主政者應該恰如其分地運用其所擁有的權力，而不應為了勝選而採行一些不恰當的經濟政策，這樣才能真正做到「經世濟民」。

摘 要

1. 經濟波動或景氣循環指的是一國的總體經濟指標環繞其長期趨勢，呈現上下起伏變動的現象。景氣循環包括擴張期與收縮期。擴張期可再分為復甦與繁榮二個階段；收縮期可再分為緩滯與衰退或蕭條二個階段。復甦指的是景氣脫離谷底逐漸恢復，而繁榮指的是經濟相當活絡的狀態。景氣緩滯指的是景氣由高峰反轉而下，呈現趨緩的現象；而景氣衰退則是經濟指標呈現下降的現象。至於景氣蕭條指的是長時間嚴重的衰退現象。
2. 景氣循環雖名之為「循環」，但是是不規則，且無法預測的。
3. 通常，民間消費支出與政府消費支出的變動不會是一國 GDP 波動的主要因素；固定資本形成毛額與出口淨額的變動是造成我國 GDP 波動的主因。
4. 當可支配所得增加或人們對未來景氣的看法變得比較樂觀，民間消費支出會增加；如果預期的實質利率對儲蓄的替代效果大於所得效果，那麼，當預期的實質利率下降時，民間消費支出也會增加。

5. 當預期的實質利率上升或資本財價格上漲時，投資需求量會減少；當人們對未來景氣的看法變得比較悲觀時，投資需求量也會減少。
6. 當一國的實質匯率上升或外國實質 GDP 增加時，本國的出口淨額會增加；當本國 GDP 增加時，本國的進口會增加，因此出口淨額會減少。
7. 當一國的總產出等於一國的總支出時，商品市場達成均衡。由於邊際進口傾向小於邊際消費傾向，當自發性支出增加時，均衡所得會以倍數增加，此一倍數稱為乘數。當邊際消費傾向愈大或邊際進口傾向愈小時，乘數效果愈大。
8. 一個社會的自發性儲蓄增加，均衡所得反而會呈倍數的減少，此一現象稱為節儉的矛盾。「節儉的矛盾」只是短期的現象，且相較於儲蓄增加所造成的投資增加，從而使長期生產力提升的有利結果，其短期的不利影響是有限的。
9. 政府支出與稅收同幅度的增加所造成的均衡所得增加的倍數，稱為平衡預算乘數。
10. 當貨幣供給等於貨幣需求時，貨幣市場達成均衡。中央銀行可以透過公開市場操作，調整應提準備率，或調整重貼現率與融通利率等貨幣政策工具，影響貨幣供給。當物價或所得增加時，貨幣需求量會增加；當利率上升或人們調高預期的物價膨脹率時，貨幣需求量會減少。
11. 在其他條件不變下，貨幣供給的增加造成貨幣市場均衡利率的下降，而貨幣需求的增加則造成均衡利率的上升。
12. 總合需求曲線其意義為線上每一點國民所得與物價的組合，均可使商品市場與貨幣市場同時達成均衡。總合需求曲線會是一條負斜率的曲線，主要是有兩個效果：利率效果與實質匯率效果。
13. 當物價水準下降時，由於貨幣需求減少，所以利率下降，而利率下降會造成投資的增加，進而造成所得的增加；此稱為利率效果。當本國物價下降時，本國產品相對於外國產品會變得比較便宜，亦即實質匯率會上升，從而本國的出口會增加且進口會減少，進而本國的所得增加；此稱為實質匯率效果。
14. 在其他條件不變下，使本國總合需求增加的因素包括：人們對未來景氣的看法變得比較樂觀，政府採行擴張性財政政策或擴張性貨幣政策，外國所得增加與外國物價上漲。
15. 當一國的經濟處在長期均衡時，該國的總產出水準稱為自然產出水準，其所對應的就業水準為自然就業水準，其所對應的失業率為自然失業率。
16. 短期總合供給曲線為一正斜率曲線：當一國國內物價上漲時，該國的總產出會增加。有兩個理論可以解釋此一現象，一為名目工資僵固理論，另一為錯誤認知理論。
17. 根據錯誤認知理論，當勞工調高對物價的預期水準時，勞動市場的供給會減少，而使名目工資以及廠商的生產成本上升，從而短期總合供給會減少；當勞工對物價作出正確預期時，經濟達成長期均衡，長期的總合供給曲線為一垂直線。

18.當總合需求增加時，短期總產出與物價均會上升；當總合需求減少時，短期總產出與物價均會下降。在長期，總產出會回復到自然產出水準。我們可以透過總合需求的變動與總產出回復到自然產出水準的結果，解釋一國景氣波動現象。

19.當短期總合供給減少時，短期總產出會減少，物價則會上升，而有所謂的停滯性通膨現象。一國經濟的短期波動也可能源自於短期總合供給的波動。

20.當本國資本不斷地累積且技術不斷進步時，本國的自然產出水準與長期總合供給會不斷地增加。如果總合需求增加的幅度小於長期總合供給，則物價會不斷地下跌。如果相反，則物價會不斷地上漲。

21.當一國經濟處在衰退狀態時，由於失業率上升，政府通常會採取擴張性財政政策或（且）擴張性貨幣政策，以刺激總合需求的增加。相反地，如果一國經濟處在繁榮的狀態，政府為抑制物價的上漲，政府通常也會採取緊縮性的財政政策或（且）貨幣政策，使總合需求減少。政府採取這些反景氣循環政策的目的在於降低經濟波動的程度。

22.政府政策通常有時間落後的問題。這些落後包括：認知落後、決策落後、執行落後與效應落後。在這些時間落後問題下，政府的反景氣循環政策反而可能有「火上加油」或「落井下石」的效果，而反倒加大經濟波動的幅度。

23.根據理性預期學派的主張，如果政府刺激景氣的政策被完全預期到，則政府政策無效。

習　題

1.「就總合供需模型而言，一般物價與實質 GDP 呈同方向變動。」你是否同意？為什麼？

2.假設貨幣政策有效，亦即貨幣供給增加（減少）會使實質 GDP（一般物價）增加（下跌）。那麼，一國的邊際消費傾向愈高，其貨幣政策效果是否愈大？試說明之。

3.承上題。一國的邊際進口傾向愈高，其貨幣政策效果是否也愈大？試說明之。

4.當銀行調高超額準備率時，在其他條件不變下，短期的一般物價與實質 GDP 水準會如何變動？

5.如果投資對利率愈敏感，亦即就相同的利率下跌幅度而言，投資需求量的增加幅度愈大，那麼，貨幣政策效果會愈大還是愈小？試說明之。

6.假設財政政策是有效的。當政府減稅時，在其他條件不變下，

(a)總合需求會如何變動？

(b)短期利率又會如何變動？試說明之。

7.當人們調高預期的物價膨脹率時，

(a)總合需求與總合供給會如何變動？

(b)短期一般物價與實質 GDP 又會如何變動？試說明之。

8. 當一國的自然失業率下降時，在其他條件不變下，該國的長期一般物價水準會如何變動？試說明之。

9. 當一國出現停滯性通膨現象時，該國政府（特別是中央銀行）會面臨什麼樣的取捨問題。試說明之。

10. 試說明 2009 年全球經濟衰退的成因與絕大多數國家所採行的政策以及這些政策的後遺症。

Note

簡明經濟學（修訂二版）

王銘正／著

一、舉例生活化

本書利用眾多實際或與讀者貼近的例子來說明本書所介紹的理論，也與時事結合，說明重要的經濟現象與政府政策。

二、視野國際化

本書除了介紹「國際貿易」與「國際金融」的基本知識外，也詳細說明重要的國際經濟現象與政策措施。

三、重點條理化

每章開頭以時事案例作為引言，激發讀者興趣，並列舉學習重點，有助於讀者對各章的內容有基本的概念，也能在複習時能自我檢視學習成果。

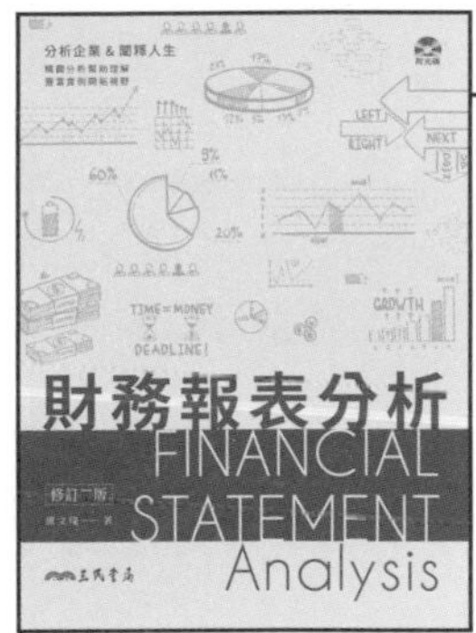

財務報表分析（修訂二版）

盧文隆／著

一、深入淺出，循序漸進

行文簡單明瞭，逐步引導讀者檢視分析財務報表；重點公式統整於章節末，並附專有名詞中英索引，複習對照加倍便利。

二、理論活化，學用合一

本書新闢「資訊補給」、「心靈饗宴」及「個案研習」等應用單元，並特增〈技術分析〉專章，融會作者多年實務經驗，讓理論能活用於日常生活之中。

三、習題豐富，解析詳盡

彙整各類證照試題，有助讀者熟悉題型；隨書附贈光碟，內容除習題詳解、個案研習參考答案，另收錄進階試題，提供全方位實戰演練。

國家圖書館出版品預行編目資料

經濟學／王銘正著.－－修訂三版一刷.－－臺北市：
三民，2021
　　面；　公分

ISBN 978-957-14-7172-3（平裝）
1. 經濟學

550　　　　　　　　　　　110005174

經濟學

作　者	王銘正
發行人	劉振強
出版者	三民書局股份有限公司
地　址	臺北市復興北路 386 號 (復北門市) 臺北市重慶南路一段 61 號 (重南門市)
電　話	(02)25006600
網　址	三民網路書店 https://www.sanmin.com.tw
出版日期	初版一刷 2008 年 1 月 修訂二版二刷 2014 年 5 月 修訂三版 2021 年 5 月
書籍編號	S552310
I S B N	978-957-14-7172-3

三民書局